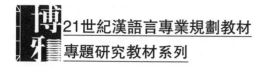

21世紀漢語言專業規劃教材
專題研究教材系列

漢語音韻學講義

孫玉文 著

圖書在版編目 (CIP) 數據

漢語音韻學講義 / 孫玉文著 .—北京：北京大學出版社，2023.12
21 世紀漢語言專業規劃教材 . 專題研究教材系列
ISBN 978-7-301-34775-1

Ⅰ.①漢… Ⅱ.①孫… Ⅲ.①漢語－音韻學－高等學校－教材 Ⅳ.①H11

中國國家版本館 CIP 數據核字 (2023) 第 256704 號

書　　　名	漢語音韻學講義 HANYU YINYUNXUE JIANGYI
著作責任者	孫玉文　著
責任編輯	杜若明
標準書號	ISBN 978-7-301-34775-1
出版發行	北京大學出版社
地　　　址	北京市海淀區成府路 205 號　100871
網　　　址	http://www.pup.cn　　新浪微博：@北京大學出版社
電子郵箱	zpup@pup.cn
電　　　話	郵購部 010-62752015　發行部 010-62750672 編輯部 010-62753334
印　刷　者	北京中科印刷有限公司
經　銷　者	新華書店
	650 毫米 ×980 毫米　16 開本　21 印張　302 千字 2023 年 12 月第 1 版　2023 年 12 月第 1 次印刷
定　　　價	60.00 圓

未經許可，不得以任何方式複製或抄襲本書之部分或全部內容。
版權所有，侵權必究
舉報電話：010-62752024　電子郵箱：fd@pup.cn
圖書如有印裝質量問題，請與出版部聯繫，電話：010-62756370

目 录

緒 論 …………………………………………………………… 1
  第一節　音韻學釋名 …………………………………………… 1
  第二節　音韻學的功用 ………………………………………… 4
  第三節　怎樣學習和研究音韻學 ……………………………… 15

第一章　音韻學名詞術語略釋 ………………………………… 25

第二章　中古音系 ……………………………………………… 65
  第一節　早期注音和《切韻》以前的韻書 …………………… 65
  第二節　《切韻序》試讀及《切韻》音系性質問題 ………… 68
  第三節　《切韻》系韻書 ……………………………………… 88
  第四節　《廣韻》的版本 ……………………………………… 95
  第五節　《廣韻》的內容和體例 ……………………………… 98
  第六節　《廣韻》音系 ………………………………………… 108
  第七節　中古的音值構擬 ……………………………………… 155

第三章　韻圖和等韻學 ………………………………………… 174
  第一節　等韻學釋名和等韻學簡史 …………………………… 174
  第二節　影響《韻鏡》每圖內部編排的因素 ………………… 179
  第三節　《韻鏡》對 206 韻的編排 …………………………… 188
  第四節　《韻鏡》的編寫原則和體例 ………………………… 192
  第五節　唐人語音分析的點滴材料 …………………………… 198
  第六節　等韻門法 ……………………………………………… 204

第四章　上古音系 …… 216
第一節　上古音和上古音研究簡史 …… 216
第二節　研究上古音的材料 …… 220
第三節　上古音系概貌 …… 229
第四節　上古韻部系統、韻母系統 …… 234
第五節　以歌部爲例談上古韻部的系聯 …… 242
第六節　上古聲調系統 …… 249
第七節　上古聲母系統 …… 263
第八節　上古音構擬 …… 277

第五章　近古《中原音韻》音系 …… 294
第一節　《中原音韻》音系的性質 …… 294
第二節　《中原音韻》的體例 …… 297
第三節　研究《中原音韻》的方法和步驟 …… 299
第四節　構擬音值的材料和方法 …… 302
第五節　近古中原漢語的聲母系統及其擬音 …… 304
第六節　近古中原漢語的韻母系統及其擬音 …… 308
第七節　近古中原漢語的聲調系統 …… 316

參考文獻舉要 …… 323
後　記 …… 327

緒　論

第一節　音韻學釋名

音韻學，也叫聲韻學。古人還叫"韻學"，宋沈括《夢溪筆談·藝文二》："自沈約增崇韻學，其論文則曰：'欲使宫羽相變，低昂殊節。'"（殊，《宋書》作"互"。）這是辨析漢字聲、韻、調的類别及其發音，研究漢語歷代語音系統，兼及演變線索、演變規律的一門學問。

從殷商甲金文看，當時的漢語跟今天一脈相承，只有用後代的漢語去釋讀殷商甲金文才可以將它釋讀出來，用别的任何語言都不能釋讀它，可知漢語早在殷商之前已經形成了，具體時間很難確切地了解清楚。漢語從它形成迄今，語音系統既有繼承，又有發展，繼承是主要的，後代漢語跟前代面貌不完全一樣。音韻學這門學科的成立，建立在古今語音有同有異的基礎之上。

可能在東西漢之交，人們開始給古書注音。東漢發明了反切。三國魏李登《聲類》的出現，標志着漢語音韻學正式形成，因爲《聲類》的出現，表明人們已從事系統性的語音研究。清戴震《聲韻考》卷一說，李登《聲類》和晉吕静《韻集》的出現，"韻學實始萌芽"，這個意見有根據。王先謙《釋名疏證補》卷一《釋天》"天"字條引葉德炯："成國此書實韻書之鼻祖。"説《釋名》是韻書鼻祖，混淆了韻書跟《釋名》的本質區别，不可取。有人以爲反切的創製是音韻學出現的標志，宋歐陽修《崇文總目叙釋》："孫炎始作字音，於是有音韻之學。"反切並不從孫炎開始，製作反切只是漢字注音法的重大進步，但還不是系統的語音研究，不宜認定爲音韻學出現的標志。"音韻"一詞，南北朝已出現，指抑揚頓挫的和諧聲音，《晉書·摯虞傳》載摯虞駁尚書文："施之金石,則音韻和諧。"也指文學作品的音節韻律,《宋書‧謝靈運傳論》："欲使宮羽相變,低昂互節,若前有浮聲,則後須切響。一簡之内,音韻盡殊;兩句之中,輕重悉異。妙達此旨,始可言文。"引申指漢字字音,南北朝時王該有《文章音韻》二卷。

音韻學有傳統和現代之分。傳統的音韻學隸屬於"小學"。小學,與"大學"相對,原指貴族人家八歲至十四歲孩子讀書的學校。《大戴禮記‧保傅》："及太子少長,知妃色,則入於小學。小者,所學之宮也。"北周盧辯注："古者太子八歲入小學,十五歲入大學也。"兒童入小學,先要學習認字,因此,小學引申指廣義的文字學。這個詞義漢代已有,《漢書‧藝文志》列有《史籀》等識字課本,總括說"凡小學十家,四十五篇"。這個意義的小學,在史志中置於經學之下,可算是經學附庸。這有它的道理,因為小學這門學科,很大程度上是為經學服務的。但傳統的小學,不全為經學服務,《說文解字》是文字學的書,作者許慎明確指出他編寫《說文》不限於讀經;至於音韻學著作的編寫,很大程度上都不直接服務於讀經。

文字有形音義,因此有專門研究字形、字音、字義的學問。研究字形的學問發展為文字學,研究字音的學問發展為音韻學,研究字義的學問發展為訓詁學。《隋書‧經籍志》除了將《爾雅》系列"解古今之意,并五經總義"的著作附到《論語》之後,將其他文字、訓詁、音韻著作都放到小學裏面,作為經學附庸。宋歐陽修《崇文總目叙釋‧小學類》:

《爾雅》出於漢世,正名命物,講說者資之,於是有訓詁之學。文字之興,隨世轉易,務趨便省,久後乃或亡其本,《三蒼》之說,始志字法,而許慎作《說文》,於是有偏旁之學。五聲異律,清濁相生,而孫炎始作字音,於是有音韻之學。

晁公武《郡齋讀書志》卷一:

文字之學凡有三:其一體制,謂點畫有衡縱曲直之殊;其二訓詁,謂稱謂有古今雅俗之異;其三音韻,謂呼吸有清濁高下之不同。論體制之書,《說文》之類是也;論訓詁之書,《爾雅》《方言》之類是也；論音韻之書，沈約《四聲譜》及西域反切之學是也。三者雖各名一家，其實皆小學之類。

傳統音韻學有今音學、古音學、等韻學三大門類。《四庫全書總目》卷四十二《經部·小學類三》按語：

> 案韻書爲小學之一類，而一類之中又自分三類：曰今韻，曰古韻，曰等韻也。本各自一家之學，至金而等韻合於今韻（韓道昭《五音集韻》始以等韻顛倒今韻之字紐），至南宋而古韻亦合於今韻（吳棫《韻補》始以古韻分隸今韻，又注"今韻某部古通某部"之類），至國朝而等韻又合於古韻（如劉凝、熊士伯諸書），三類遂相牽而不能分，今但通以時代次之。其《篆韻》之類，本不爲韻而作者，則仍歸之於字書。

後來段玉裁、王念孫主張形音義互求、自求，傳統小學又有新境地，音韻學研究有了新面貌。今音學是後人的說法，他們以先秦兩漢爲古，以南北朝以後爲今，主要以《切韻》系韻書爲研究對象，旨在弄清楚南北朝到隋唐的語音系統；古音學，跟"今音學"相對，研究對象是先秦兩漢韻文用韻、諧聲字、聯綿詞、聲訓、異文、早期注音等材料，旨在弄清楚周秦兩漢時期的語音系統；等韻學，以字母和唐宋以來的韻圖作爲主要研究對象，其中很多內容可算作是古代的普通語音學，或者說是中國古代特有的語音學。這門學問主要從審音的角度研究漢字字音，說明漢字的語音結構、發音原理；以韻圖爲基礎，探討韻圖的編製體例，怎樣根據韻圖拼出漢字反切的讀音。

現代音韻學，繼承了傳統音韻學的優良傳統，但在研究目的、方法、材料方面有些差別。上個世紀初以來，又增加了一門分支學科，它研究近古漢語的語音系統，主要以《中原音韻》系韻書、韻圖爲研究對象，旨在弄清楚宋元時期的語音系統。因爲側重北方話語音系統，所以有人叫"北音學"。

北京大學中文系開設的課程中，"音韻學"和"漢語語音史"是兩門課程，先開"音韻學"，後開"漢語語音史"。實踐證明，這是科學的設計。"音韻學"課程主要講授上面所說的今音學、古音學、等韻學、北音學等內容，重在今音學和等韻學，兼及語音的發展。"漢語語音史"隸屬於"漢語史"課程，主要講授漢語語音的發展線索及其規律。音韻學主要是一門傳統的學問，漢語語音史這門學科是在傳統音韻學基礎上，吸收國外相關研究成果發展起來的新學問，重在研究漢語語音的歷史變遷及其規律。有了音韻學做鋪墊，才好循序漸進，去學習、研究漢語語音史，我們的講授就是按照這種課程安排設計教學內容的。至於講授音韻學所需的語音學知識，中文系另有"語音學"課程，因此"音韻學"課程可以不專門講授它。

　　傳統的等韻學有些研究語音的內容，跟今天的語音學有重合的部分。儘管傳統音韻學有關於語音學的內容，但跟今天的語音學有區別。今天的語音學，主要來自西方，是建立在解剖學、心理學、神經學和物理學基礎上的一門學問，研究語言的聲音系統、語音表現、語音生成、語言音流的結構和變化以及變化的規律。今天研究音韻學要借助語音學這個工具，但音韻學和語音學是不同學科，音韻學包括中國傳統語音研究的一些內容，重在研究漢語歷代音系，兼及演變規律，必然涉及語音研究的部分內容。古人在等韻學中涉及的語音學知識，無疑是音韻學研究的內容。我們學習和研究音韻學，對這些涉及語音研究的內容必須要掌握，只有這樣，才能將音韻學這門課程學好。

第二節　音韻學的功用

　　音韻學有多方面的功用，本書主要概括它兩個方面的功用：

　　（一）爲釋讀、整理古書服務。這是傳統音韻學的主要功用，今天必須繼承。社會的進步離不開知識的積累，知識是人們既往在社會實踐中探索結果的總和。有些知識，積累的時間離今天遠一些，有些離今天很近，但都是人們實踐的結晶。中國至少有三千多年從不間斷的古書，反映了祖先對自然、社會的認識，是當今創造新文化取之不盡、用之不竭的寶庫。因此，中國古書是當今和未來建設文化的一個光輝起點。古書是用古代漢語寫下來，用漢字記錄下來的，要利用這些文獻建設文化，前提是要讀懂它們。漢字有形音義,要讀懂古書,首先要懂得記錄古代文獻的漢字的字形、字音、字義,音韻學研究字音,我們要釋讀、整理古書,就必須學習音韻學。

古書流傳至今,免不了有訛文、脱文、衍文、倒文,有後人改動的地方,造成失真,需要校勘。有些失真現象,要恢復原樣,必須有音韻學知識才能得到解決。例如《楚辭·卜居》有"寧超然高舉以保真乎,將哫訾栗斯,喔咿儒兒,以事婦人乎?"其中"栗"為"粟"的訛文。文中哫訾栗斯,喔咿儒兒由"哫訾""栗斯""喔咿""儒兒"四個聯綿詞順次組織起來,有語音技巧。就上古音來看:1. 每個聯綿詞都雙聲,如果原文作"栗",就跟"斯"不雙聲;寫作"粟",就跟"斯"雙聲。2. 四個聯綿詞之間,每個聯綿詞的第一個字疊韻或準疊韻,即"哫、栗、喔、儒"韻相同或相近;第二個字疊韻或準疊韻,即"訾、斯、咿、兒"韻相同或相近。如果原文寫作"栗",就破壞了這一技巧;寫作"粟",正好符合這一語音技巧。因此"栗"必為"粟"之訛,不懂上古音,就發現不了這裏的語音技巧,没法知道"栗"是"粟"的訛字。

再如今傳唐賀知章(約 656—約 744)的絶句《回鄉偶書》之一:"少小離家老大回,鄉音無改鬢毛衰。兒童相見不相識,笑問客從何處來。"這首詩經過了後人改動。"回、衰、來"處在韻脚字位置上,按當時近體詩押韻,都必須是蟹攝字。"衰"字如果要押上韻,就要取《集韻》的倉回切一讀,但是這個讀音的"衰"是指古代的一種喪服,跟賀詩上下文字義不合。如果要跟上下文字義相合,那就要作"衰白,衰枯"講,但這個字義《廣韻》是所追切,止攝字,跟"回、來"押不上韻。無論如何,作"衰"在《回鄉偶書》中都無法講通。宋人引用這首詩時,不作"衰",而作"腮、毸"等,作"腮"其實是"毸"字的假借。北宋孔延之(1013—1074)《會稽掇英總集》卷二作"鄉音難改面毛腮",趙令時(1051—1134)《侯鯖録》卷二作"鄉音難改面毛毸","毸"是謂詞,多須貌。可見賀詩原文應是"毸",作"衰"是經過了後人改動。如果没有中古音的知識,就没有辦法判斷宋代"衰"作"腮、毸、衰"等異文,其中哪一個才是賀知章的原文。

我國古書,經、史、子、集中都有大量直接記錄或間接反映歷代語音現象的內容。不懂音韻學，古書這部分內容就不可能讀透。例如上面所舉《楚辭·卜居》中的語音技巧，就需要上古音的知識才可以將它分析出來。分析出來後，我們就可以利用它讀懂《卜居》相關上下文，知道"粟斯"是個疊韻聯綿詞，不是臨時組織的句法結構，有人棄"粟"又寫作"粟"的異文於不顧，按照"粟"字去理解《卜居》，將"粟"後面的"斯"理解爲"語詞"，是不正確的。

訓詁學有一個重要方法"因聲求義"，這是要求借助音韻學知識解決訓詁問題。假如將來有人想從事訓詁學研究，如果不懂音韻學，那麼他的訓詁學一定有嚴重缺陷。古書多假借，假借是借用一個音同、音近的漢字，去記錄漢語中另一個詞。上古時期，單音詞特別豐富，而漢字有限，人們常常拿一個爲別的詞造的字去記錄另一個詞；後代漢語中，假借現象並沒有衰竭，在漢字使用中還會出現這種現象。有的詞一開始就沒有爲它造字，人們借用另一個字來記錄它，這是"本無其字"的假借。例如"其"本是爲簸箕的"箕"造的字，但是很早就假借它記錄語氣詞"其"。有的詞本來爲它造了字，但是人們有時候沒有用，而是借用另一個字來記錄它，這是"本有其字"的假借。例如書冊的"冊"殷商甲骨文就有此字；"策"是鞭策的"策"，本義指頂端有尖刺的馬鞭子，先秦已出現。但是《儀禮·聘禮》："若有故，則卒聘，束帛加書將命，百名以上書於策，不及百名書於方。"鄭玄注："策，簡也，方，板也。"賈公彥疏："云'策，簡''方，板也'者，簡謂據一片而言，策是編連之稱。"這是假借爲簡冊的"冊"。"冊、策"上古是同音字。

假借字的出現顯然在商代以前，反映了先民解決字少詞多而做的努力。歷代都有假借字，有音同假借，有音近假借。尤其是音近假借，在開始假借的那個時候，讀音相近，時間久了，它所記錄的兩個詞讀音就可能變遠。因此，要懂得古書，碰到假借字時，必須懂得歷代音系。例如《詩·豳風·七月》："八月剝棗，十月穫稻。"《毛傳》："剝，擊也。""剝"是爲作"剝裂，撕裂"講的"剝"造的字，上古是幫母屋部。"八月剝棗"的"剝"不能作"剝裂，撕裂"講，《毛傳》說"擊也"，這是認爲假借爲"攴"，所以《經典釋文》注音說："剝棗，普卜反，擊也。"它是給"剝"注上"攴"的音，《經典釋文》注假借字的音，都是跟着它所記錄的詞的讀音走，跟今天所認識的字詞關係完全合拍。"支"上古滂母屋部，"剝、支"音近，人們就用"剝"來記錄"支"，這樣"剝"就有"支"的讀音。

再如《詩·小雅·出車》："王事多難，維其棘矣。"《鄭箋》："棘，急也。"這個"棘"是"危急，急迫"的意義。"棘"本義是酸棗樹，枝上有刺，因此引申指有芒刺的草木，又引申指刺，戳。"棘"爲什麼有"危急，急迫"的意義？可能是通"亟"。"棘"和"亟"上古同音，都是見母職部。

"棘"還可以指戟，《左傳·隱公十一年》："公孫閼與穎考叔爭車，穎考叔挾輈以走，子都拔棘以逐之。"杜預注："棘，戟也。""棘"作"戟"講，是固定的詞義，古書中還有不少用例。有人以爲"棘"是"戟"的假借字，根據不足。這兩個字上古跟中古讀音都不同，"棘"上古見母職部，《廣韻》紀力切；"戟"上古見母鐸部，《廣韻》几劇切。如果"棘"同"戟"，那麼《經典釋文》應該給這個"棘"注上"戟"的讀音，但陸德明沒有，説明"棘"不改讀。《詩·小雅·斯干》"如矢斯棘"的"棘"《毛傳》《鄭箋》有不同的解釋，但《釋文》都是"居力反"，依《鄭箋》，"棘"指戟，可見還是按照"棘"原來的音來讀。

戟是一種以戈爲主，合戈、矛爲一體的兵器，具有刺殺和鈎啄兩種功能，便於殺敵。戈用於橫擊、鈎啄，不能用於直刺；矛用於直刺和扎挑；戟兼有戈、矛的功能。因爲戟和戈相似，是在戈的基礎上發展出來的，所以古書可以用"戟"注釋"戈"，偶爾也用"戟"注釋"矛"。《論語·季氏》"而謀動干戈於邦内"孔安國注："干，楯也。戈，戟也。""干戈"連用是泛指，當然包括"戟"。戟的形制歷代都有改進，清代以來，對戟的形制頗有不同看法。有人説，最早的戟上面是卜字形的，後來發明了十字形的，戰國末年，卜字形的淘汰了十字形的，西漢仍以卜字形爲主。但戟的基本功能沒有什麼改變，除了頂端有尖刺狀的刃，左右兩側也有尖刺狀的刃。《左傳》説的是春秋時候的戟，已經大規模用在戰場上，其頂端顯然跟荊棘的樣子很相像，所以由作"有芒刺的草木"講的"棘"完全可以發展出兵器名的"棘"，不必説是假借。"戟、棘"上古可算音近，可能是同源詞，但《左傳》的這個"棘"跟"戟"不同音。《説文》戈部："戟，有枝兵也。从戈、𢦏。《周禮》：戟長丈六尺。讀若棘。"大徐本注："'𢦏'非聲，義當從'榦'省，榦枝也。"段玉裁删去了"讀若棘"，注意到《左傳》此處爲什麽將戟叫作"棘"："棘者，刺也。棘有刺，故名之曰棘。"總之，"棘"和"戟"不是同一個符號，不是假借用法，這是古人的看法。要正確分析假借，必須要有音韻學知識。

人們借助同源詞來理解上下文字義，能克服不完全歸納推理推斷字義的缺陷，會將字義理解得更加準確；或者在不同的解釋中做出正確抉擇。要知道哪些詞跟哪些詞是同源詞，需要有音韻學知識。例如《詩·小雅·緜蠻》："緜蠻黄鳥，止於丘阿。"《毛傳》："緜蠻，小鳥貌。"朱熹的看法跟《毛傳》不同，《詩集傳》："緜蠻，鳥聲。"到底誰對呢？跟"緜蠻"同源的一些詞，都含有"細小"的意義。"蠛蠓"是一種小蟲，"霡霂"是小雨，"蘪蕪"是一種細葉的香草，"溟濛"是小雨，因此，《毛傳》的解釋是正確的。朱熹説"緜蠻"是鳥叫聲，並没有語言上的堅強證據，他是將"緜蠻黄鳥，止於丘阿"後面的話理解爲"爲鳥言以自比"，而將"緜蠻"説成是"鳥聲"。

可以説，如果没有音韻學的知識，我們根本無法將中國的古書真正弄明白。人們需要讀古書，就必然需要音韻學。

（二）爲語言研究和應用服務。在國内外語言學界，人們提出種種語言研究的美好願景（當然有的是誇誇其談，不可信），要實現這些美好願景，必須從最基礎的工作做起。什麽是語言研究最基礎的工作？要從語言符號的本質屬性説起。語言是一種音義匹配的符號系統，一個語言中，不同的符號有不同的音義匹配。要進行語言研究，首先要確定研究的對象是不是語言，也就是要將不同的符號區分開來。不做好這樣的基礎性工作，談不上真正科學的語言研究。語音是語言的物質外殼，因此，現代音韻學研究不但是語言研究的一個重要的分支學科，而且是語言研究的一項基礎性工作。

語言是一個音義匹配的符號系統，但爲了有效地研究語言，必須要有分析，必須將語言系統分析爲語音系統、詞彙系統、語法系統。書面語中還有文字系統。不同的研究者有不同的側重，無可厚非。但這種研究模式有利有弊，它們都是從不同的側面來幫助人們認識語言系統。在語言系統中，整體必然大於各部分之和。在語言這個整體中，它的物質外殼語音，是人們最能客觀感知的要素，文字、詞彙、語法系統的研究都離不開語音系統的研究。美國學者愛德華·薩丕爾《語言論》第三章《語言的音》說："經驗證明，無論是一種語言的純粹形式方面還是它的歷史過程，除非聯繫到體現這形式和這歷史的音，就不能充分地了解它。"第八章《語言，歷史的產物：語音規律》說："我以爲，如今的趨勢，把語音和語法孤立起來當作互不相關的語言學領域，是一件不幸的事。它們之間和它們各自的歷史之間可能有基本關係，只是我們現在還沒有充分掌握而已。"王力先生《漢語史稿》談到"漢語史的研究方法"，其中之一就是"重視語言各方面的聯繫"："在語言的構成部分中，語音、詞彙和語法是有機地互相聯繫着的一個不可分割的整體。平常我們把這三方面分開來研究或分開來叙述，那只是程序問題，並不意味着這三方面是截然分開的。"

　　漢語語音、詞彙、語法系統都是互相制約的。例如，先秦漢語已經有一大批雙音詞。就構成每個雙音詞的兩個字是否疊音來說，可以分爲疊音詞（"喈喈"）和非疊音詞（"展轉、君子"）兩類。在文字上，記錄疊音詞的兩個字相同，記錄非疊音詞的兩個字不同。只要研究先秦到今天的非疊音詞的語音構成就可以知道，無論是合成詞還是單純詞，非疊音詞的兩個音節不但在造詞時基本不同音，而且在後代的使用中也要維護兩個音節不同音。要得出這個結論，需要懂得歷代的語音系統。這種現象反映了語言系統一些什麽樣的規律呢？就語音層面說，說明漢語語音無論怎樣簡化，都得保證非疊音詞有足夠的語音區別，使新造的非疊音詞兩個音節讀音不同，也得保證這個雙音節在後來的使用中，仍然維護兩音節之間讀音的區別。也就是說，漢語的詞彙系統制約着語音系統，語音系統不能没有節制地簡化。就詞彙層面說，漢語的非疊音詞又受制於語音，如果不組成疊音詞，而是組成非疊音詞，那麽每個非疊音詞的兩個音節必須不同音，漢語語音在非疊音詞的組成中起制約作用。就語法層面說，大部分複合詞都按照語法結構關係來組詞，而且組成的詞兩音節不同音，說明語法結構對語音有制約作用,也説明語音對語法結構有制約作用。詳細論證參看孫玉文《漢語雙音詞兩音節之間語音異同研究》。

語音對語法的制約作用,我們通過詞和詞組也可以看得很清楚。從殷商甲金文到現代漢語,像"把門開開"的"開開",這種述補結構同音的例子極少,先秦文獻如《論語·顏淵》有"君君,臣臣,父父,子子",都是主謂結構,主語和謂語同音,因爲罕見,所以人們才特地提出來分析。由此可見,漢語歷代語音對歷代的語法有制約作用。有人認爲,制約詞組能否成立的因素是句法和語義,這是不全面的,語音也有制約作用。可見,研究音韻學,不但對研究歷代語音系統有直接作用,而且對研究漢語詞彙、語法系統都有非常重要的作用。可以説,不將音韻學研究好,就不可能弄明白漢語這個系統。

漢語各分支學科的進展必仰賴音韻學。文字學的研究,諸如考釋歷代文字,認識漢字特點、漢字和漢語的關係、漢字的發展等都需要有音韻學知識。不同的漢字,都是在不同時代音系的基礎上造出來的,離開特定時代的音系造出來的漢字是没有的。因此,要想將漢字系統分析清楚,就要懂音韻學。例如,就漢字的造字結構來説,我們會感到有些字不能分析爲會意字,只能假定爲形聲字。但按今天的讀音來讀,主諧字和被諧字讀音差別很大。這個字是不是形聲字,需要知道該字造字時代的語音系統,看主諧字和被諧字當時讀音是否音同、音近。再如從用字角度説,同一個字形,要知道它在記錄不同詞時,彼此之間是同形字、訓讀字還是假借字的關係,都需要音韻學幫忙。《説文》東部:"東,動也。从木。官浦説:从日在木中。"這是許慎根據小篆"東"的形體所作的解釋。"東"發展到小篆,字形有變。甲金文有"東"字,寫作🜚《甲骨文合集》20944)、🜚(同上,20074)、🜚(燕四〇三)、🜚(《甲骨文合集》6906)、🜚(同上 33043)、🜚(零九五六);🜚(簪平鐘)等形,"東"字不是從日從木的會意字,畫的是一個捆束起來的囊橐的形狀,有人想到可能是"橐"字。但上古"東"端母東部,"橐"透母鐸部,聲母相近,韻部相差很遠。這個"東"應是輕重的"重"的早期寫法,"重"定母東部,跟

"東"讀音近,所以可以借去表示東西的"東"。甲金文用這些字形表示輕重的"重",是因爲"重量大"的概念很抽象,人們就畫一個中間填得滿滿的,並且用繩子捆束起來的囊橐之形,表示重量大。

詞彙學研究必須依靠音韻學。詞由詞素構成,詞素是語言中最小的音義結合體,要認識詞素和詞,必須懂得音韻學。漢語起先是單音節構詞,產生了大量的單音節的同源詞,也有的是雙音節的同源詞,例如"虎(老虎)、唬(虎聲)、琥(玉虎,雕成虎形的玉器)"等是一組同源詞。研究了這些同源詞,不但有助於認識上古的詞彙系統,而且能幫助人們了解詞的本義、一些詞的來歷,有些看似很偏僻的字變得不偏僻,看似偏僻的詞義也變得不偏僻,看似後起的詞其實早有來歷。要想弄清楚這些同源詞,就必須懂得上古音和歷代語音。例如"喝"字作"飲用"講是宋元以後才出現的,但是這個詞不是近古突然出現的,它來自上古的"欱",《文選·班固〈東都賦〉》:"吐焰生風,欱野歕山。"吕延濟注:"欱、歕,猶吹吸也。言車騎儀飾之盛,可以吹吸山野之氣。"後來語音變化,"欱"寫成了"喝"。漢語雙音節構詞中,兩個音節之間不是隨意的組合,絕大多數雙音詞,除了受制於語法規則、語義結合規則,還受制於語音規則。例如"著稱"是"著名,出名"的意義,它內部結構是動賓式,"稱"是名詞性詞素,作"名號,名聲"講,原來讀去聲。不但詞是這樣,而且像成語一類的固定語也受制於語音規則。因此,要想理解一些詞語的構成,一定要懂音韻學。

在詞義系統中,一詞多義、一詞分化爲多詞是普遍現象。如何將一詞多義、一詞分化爲多詞的不同詞義分析出來,值得深入研究。詞義要經過概括才能得到,但如何加以概括,不能憑個人猜想,這種概括必須反映社會對具體一個詞詞義的認識。有時候,不同的詞義有不同的語音表現形式。這樣,我們可以借助音將它們分開。例如古代"受"有"接受"和"授予"兩個詞義,有人認爲可以概括爲一個詞義,指交付或接受東西。但兩個詞義應分開,因爲在中古以前,"接受"讀上聲,"授予"讀去聲。"陳"今天很多人將"將人或物陳列、排列出來"的意義都歸並爲一個"陳列,排列"的詞義,包括軍隊擺開陣勢。事實上,在古代,"將人或物陳列、排列出來"

一義是讀平聲；特指軍隊擺開陣勢，是讀去聲。還有一些詞義，它匹配的語音古今有不同，人們容易以今律古，誤系語源。例如"數"作"幾，幾個"講今天讀去聲，可是古代讀上聲，因此這個意義的"數"是作"一一列舉，計算"講的意義發展出來的，所謂"幾，幾個"，就是可以一一列舉出來的數目；它不是由作"數目，數量"講、讀去聲的"數"引申出來的。由此可見，音韻學對分析詞義系統很有幫助。捨音韻而專治詞義，捨語義而專治音韻，其失也皆偏。語音是物質外殼，是形式上可以捉摸的東西，格外重要。

　　語法學的研究必須依靠音韻學。例如上古第一人稱代詞有好幾個，"予"和"余"《廣韻》都是以諸切，都作"我"講。這兩個詞上古都是餘母，韻部都是魚部。如果僅僅依靠中古音往上推，上古也得處理爲同音字。代詞是具有高度抽象性的詞類，如果"予、余"上古也是同音字的話，就顯得十分奇怪：完全同音的"予"和"余"竟然是兩個不同的代詞。事實上，第一人稱代詞"予"上古上聲，中古平聲，它跟"余"上古讀音不同。顏師古《匡謬正俗》已經明確論證上古"予、余"不同音。《康熙字典》亅部"予"："《廣韻》弋諸切，《正韻》羊諸切，並與'余'同，我也。郭忠恕《佩觿集》：'予讀若余，本無余音，後人讀之也。'顏師古《刊謬正俗》：'《曲禮》"予一人"，鄭康成注：'余、予古今字。'因鄭此說，學者遂皆讀予爲余。《爾雅》：'卬、吾、台、予、朕、身、甫、余、言，我也。'此則予之與余，但義訓我，非同字也。《說文》：予，相推予也。余，詞之舒也。各有意義，本非古今字別也。歷觀詩賦，予無余音。'又吳棫《韻補》：'予當讀與。《詩》"或敢侮予"，"將伯助予"，《楚辭》"目眇眇兮愁予"，"何壽夭兮在予"，皆無余音。'"（按：顏說見《匡（《康熙字典》作"刊"）謬正俗》卷三，吳說見《韻補》卷三，此乃撮其大意。）王力先生《康熙字典音讀訂誤》："《康熙字典》這一條很好，它引用郭忠恕、吳棫的話，糾正了《廣韻》《正韻》的錯誤。上古'予'字作'我'講時，只讀上聲（如授予的'予'），不讀平聲。"

　　語法分爲詞法和句法。詞法中，漢語書面語中一字多詞現象普遍，它跟一字同詞如何區分，很多時候要利用音韻學知識。很多實詞、虛詞的切分，實詞虛化的研究，都需要音韻學幫忙。詞類的語法分析,不能籠統分析,要以一個一個的詞義爲確定詞類的立足點。這必須建立在大量語料分析的基礎上。排比語料時,正確的做法是將同義的例句歸納爲一組,將不同義的例句歸納爲另一組,然後去描寫它們在結構中組合關係的異同。漢語有大量的音變構詞,同一個讀音固然會有不同的詞義,但是如果不顧及一個字的音義匹配,把它在不同例句中出現的不同語音相匹配的詞義誤作同一個詞義,歸爲一組,那就不科學。例如《漢書·淮南王傳》"太子數惡被"的"惡"與《漢書·藝文志》"好惡殊方"的"惡",是不同的,不能看作是"惡"詞義相同的一組例子。"太子數惡被"的"惡"是"讒毁,説別人的壞話"義,讀入聲;"好惡殊方"的"惡"是"討厭,厭惡"義,讀去聲。有的詞組寫作同樣的漢字,但實際上它們之間沒有發展關係,只是同漢字組合而實爲不同的結構,《論語·鄉黨》"不時不食"何晏集解引鄭玄注:"不時,非朝夕,日中時。"《經典釋文》:"朝夕,如字。"這是説"朝"要讀如字,"朝夕"指早晨和晚上。《禮記·文王世子》:"朝夕至於大寢門之外。"《經典釋文》:"朝夕至於,直遙反。旦曰朝,暮曰夕。舊如字。""朝"讀直遙反,"朝夕"分別指早上拜見和晚上拜見;讀如字,"朝夕"分別指早上和傍晚。陸德明是説,這裏的"朝夕"是早上拜見和晚上拜見的意義,所以"朝"注音爲"直遙反"。"重"做副詞用,意義是再,又。這個用法是怎麽來的?有人説,它是讀平聲、作"重疊"講的"重"變來的。這是不準確的,因爲"重"作"再,又"講古代讀去聲,它讀去聲還有動詞用法,意義是"增加,加上",作"再,又"講的用法是這個"重"虚化來的。

就句法層面説,要想知道一些句法的演變,也得音韻學幫忙。例如古代常用"'爲'+施事+'所'+動詞"的格式表示被動。這個"爲"是來自讀平聲的"爲"還是讀去聲的"爲"?《史記·項羽本紀》"漢軍却,爲楚所擠",《漢書·霍光傳》"衛太子爲江充所敗",《張騫傳》"爲匈奴所閉道"的"爲",前人都不注音,是讀平聲,可見表示被動的"爲"來自讀平聲的"爲",不是來自作介詞、讀去聲的"爲"。再如現代漢語的動態助詞"着、了、過",都是由動詞虚化來的,今天都讀輕聲。原來的"著(着)、了、過"三個動詞,後來都可以放到其他動詞後面做補語,構成述補結構。其中述補結構"動詞+'了'"的

"了"音義匹配比較容易理解,因爲它在古代只有一個讀音,不存在多音多義的匹配問題,這個"了"一定來自讀上聲的"了"。"動詞+'過'"也比較好分析,"過"有平去二讀,讀平聲,義爲經過,走過;讀去聲,義爲超過,越過。"動詞+'過'"的"過"一定來自讀去聲的"過"。"着"是"著"的後起分化字,"動詞+'著'"的"著"來自入聲,這個沒有問題。但是"著"讀入聲,有二讀,一個是張略切,意義是把一個東西附着或放置在另一個東西的表面;一個是直略切,意義是一個東西已經被附着或放置在另一個東西的表面了。問題來了:"動詞+'著(着)'"的"著(着)"到底是來自入聲的哪一個讀法?不把這個問題弄清楚,就不能說弄清楚了"動詞+'著(着)'"這個述補結構的語義和來源,更不能說弄清楚了動態助詞"著(着)"的來源。要弄清楚這個問題,必須具備音韻學知識。

語法史的研究也給音韻學研究提出了新課題。例如漢語的句調是一種超音段音位,傳統音韻學對超音段音位的研究有所忽視。不同的語言表示說話人不同態度和感情的句子,它們的句調是不相同的。因此,要將歷代漢語句子的語氣研究清楚,就應該研究歷代的句調。將歷代的句調研究清楚了,大大有助於弄清楚歷代漢語句子的表意功能。

漢語方言的研究特別需要音韻學的知識。漢語方言都是從古代漢語發展出來的地域變體,因此,各方言之間必然有嚴整而系統的對應關係,它們跟古代音系也必然有這樣的關係。要想從源頭上歸納出這種對應關係,研究漢語方言的歷史,必須要跟古代語音進行對比,這就需要音韻學的知識。我們通過人們爲各方言的一些特殊詞語找本字、求源詞的過程,都能切實體會到音韻學的作用。

可以相信,隨着研究的深入,人們將會揭示漢語語音系統和漢字、漢語詞彙、語法系統更多的規律。只有全面揭示了反映這種關係的各種規律,我們對漢語的認識才能進入更深邃的境地。

在今天的語文活動中,例如寫對聯,借助古代的某些文體創作詩詞歌賦,編纂和修訂辭書,給普通話正音,注釋、吟誦古詩文時選擇規範讀音,運用和研究漢語修辭,都需要具備一些音韻學知識。

京劇中講究分尖團音,被視作一種基本功。但是不太容易咬準尖團音,矯枉過正的地方時有所見。爲了正確分尖團,掌握一點音韻學知識是有用的。我們知道,現代漢語文學語言形成的時間不太長,還不能說完全成熟。文學語言的成熟,需要內容和形式的完美結合,以增強感人的力量。因此,它離不開語音和韻律的研究,音韻學是能夠給予很大幫助的。

以上儘管都是舉例性質的,但是足以證明,漢語音韻學對於閱讀、整理中國古書,對於語言研究特別是漢語研究,對於漢語規範化,都有重要作用。沒有漢語音韻學,我們就不可能真正將中國的古書徹底讀懂,將漢語研究清楚。元黃公紹、熊忠《古今韻會舉要》卷二屋韻"畜"字下注:"音學不明,其誤後學多矣,知音者必辨之。"

第三節　怎樣學習和研究音韻學

不少人視音韻學爲畏途,苦於不得入門的鑰匙。怎樣學習和研究音韻學,是有規律可循的。這裏講五點:

(一)要學好音韻學,首先是要保持對它的興趣,了解它的基本概念。對音韻學不感興趣,就不可能把它學好。培養對音韻學的興趣,前提是對這門學科具有一定的知識儲備。因此,必須弄清楚音韻學的基本概念、術語系統,循序漸進。這門學科,從三國魏李登《聲類》算起,已經有近 1800 年的歷史,人們提出了相當多的概念、術語來闡述它,成就輝煌,舉世矚目。其中有一些概念、術語是進入這門學科必須要具備的。不掌握它們,就無法入門。中學階段的語文教學,相對於文字學、訓詁學、語法學來說,音韻學知識最容易被忽視,語文老師很少讓學生接受這方面的知識。有些語文知識的講解,必須跟音韻學掛鉤,老師往往繞道走。例如講形聲字,碰到"波"從"皮"得聲,只是說"波、皮"今天讀音差別大,上古讀音很近。至於爲什麼音近,怎麼相近,就不講了。講音近通假,碰到《離騷》"肇錫余以嘉名"的"錫",只是說"錫"通"賜"。"賜、錫"今天讀音差別大,上古讀音很近。至於爲什麼音近,就不講了。因此,學生往往知其然不知其所以然。這樣,學生大都沒有接觸相關概念、術語，偶有接觸，也只是蜻蜓點水，不能滿足他們的求知欲，因而對音韻學的一些重要概念、術語比較陌生。

古人使用的一些名詞術語，往往成於衆手，起於異時異地，它們對發音的認識還有不精確之處，不同的人對這些名詞術語的理解和用法頗有分歧。要注意同實異名和同名異實的情況。同實異名，指使用同一個概念，用不同的名詞術語去指稱它；同名異實，指用同一個名詞術語，去指稱不同的概念。我們學習音韻學，當然可以將這些同實異名和同名異實的情況加以規範。但是，我們還得看古人涉及音韻的書，因此，對這些名詞術語的具體所指，必須弄清楚，才能將音韻學了解得清楚。例如"雙聲"，就"雙"字來看，最初"雙聲"可能指兩個字的聲母相同，但是古人在後來的使用中，並沒有局限於兩個字之間；而且同音字儘管聲母相同，古人從來没有歸入雙聲。所以，嚴格地説，"雙聲"應該指兩個或兩個以上不同音的字聲母相同。《南史‧謝莊傳》："又王玄謨問莊：'何者爲雙聲？何者爲疊韻？'答曰：'玄護爲雙聲，磽(qiāo)磝(áo)爲疊韻。'"南朝齊王融《雙聲詩》："園蘅眩紅薳(wěi)，湖荇燡黄華。迴鶴横淮翰，遠越合雲霞。"像這樣的概念，都要結合具體實例去細心體會，真正弄懂它們。

再如清潘耒《類音》將聲母分爲"清音、濁音、半清半濁"，跟一般的理解很不相同。三十六字母的審禪心邪非奉微來日影喻，他叫"清"，群疑定泥牀從並明他叫"濁"，見溪端透照穿精清幫滂，他叫"半清半濁"，王力先生《〈類音〉研究》説，潘氏"清"相當於純粹摩擦音及元音，"半清半濁"相當於閉塞與閉塞擦音的幽音（按：即清輔音），"濁"相當於閉塞與閉塞摩擦的響音（按：即濁輔音）。這裏"清、濁"的概念跟早期韻圖很不一樣，跟一般的教科書也很不一樣。碰到這種情況，一定要順着原書作者的思路走，真正理解它。

這個例子還説明，我們必須注意：讀前人的音韻學著作，要認識到，有時候古人所理解的概念内涵跟今天大致相當，但是外延不完全一樣。例如群疑定泥牀從並明，今天也理解爲濁音。從這一點説，潘耒理解的"濁音"跟今天並没有什麼不同。但是他理解的"濁音"外延遠小於今天的理解，因爲他將禪邪奉來日喻放到了"清音"。不注意這一點,拿今天或者古代一般的理解去讀潘耒的書,就會膠柱鼓瑟。

有些名詞術語,必須要在理解的基礎上記住它們。記憶是一種心理過程,是人腦對經驗過的事物的識記、保持、再現或再認,它是進行思維、想象等高級心理活動的基礎,任何高層次的學習、研究能力必須以此爲基礎。没有記憶,就不能形成觀念,更不能推動學科發展。英國哲學家培根説:"一切知識的獲得都是記憶,記憶是一切智力活動的基礎。"這在學習音韻學時也是非常重要的。

應該在理解的基礎上記住一些基本的名詞術語。例如反切、直音等注音方法,聲母方面,應該記住三十六字母,五音、七音、清濁這些概念,各聲母跟韻圖分等的關係,上古、中古、近古的聲母系統等。韻母方面,應該記住《廣韻》的平聲韻和入聲韻,去聲裏面應該記住祭泰夬廢,還有韻攝,開合,各韻的歸等,上古、中古、近古的韻母系統等。聲調方面,應該記住平仄,平上去入四聲,入聲三派等。

現在已經整理出來的傳統音韻學名詞術語比較有限,還有相當多的術語没有整理出來,即使是後人整理出來的名詞術語,也有訂正、補充的需要。因此,在閲讀古代音韻學書籍時,不要拘泥於今天的了解,還需要自己在閲讀的過程中細細體會,將這些名詞術語理解準確。

(二)要具備相關學科的知識。主要有以下學科的知識:

1. 現代語音學的基礎知識,以及國際音標。學習音韻學,特別應該將精力放在歷代音系上面,要知道系統中有哪些音,這些音是怎麽發出來的,音跟音之間怎麽搭配的;前一個時期和後一個時期語音怎麽變的,爲什麽會變化,等等。前人在研究音韻學時,有這方面的一些言論,有音值方面的一些描述,這些描述,絶大多數跟現代語音學的結果是一致的,反映了古人在當時條件下,分析語音已有相當火候。但有些語音的發音説得不明不白,有些語音分析語涉玄虚,難以揣摩,也常常有描述失真的地方。這是時代局限造成的,不必苛責古人。

現代語音學研究語言的聲音系統、變化和變化規律,告訴人們語音怎樣構成,有多少類別,每一類怎樣發音,各類音怎樣結合,怎樣變化。它吸收了解剖學、心理學、神經學和物理學、歷史語言學的研究成果,使用了電子儀器等實驗手段,比純粹憑人肉眼觀察和內心自省要準確、明白得多,而且所觀察的人類語言多於中國古人,許多音是我們以前聞所未聞的,因此對相關語音現象的認識更全面、真切,更客觀、好懂。其中講生理的部分,也就是研究發音器官怎麼樣發出各種不同的音來,使我們對語音分析有一個比較堅實的基礎,對我們學習、研究漢語音韻學很有幫助,能幫助我們認識古人分析語音的優劣,對歷代語音現象認識得準確,開闊了我們的眼界。

　　現代語音學使用一套語音符號來標音,國際音標是一套精確的記音工具。這套記音工具,在創製時,就旨在將已經發現的各國語言的音精確地標注出來,一個音標只代表一個音素,一個音素只用一個音標表示,沒有含混不清的毛病。它自十九世紀末創製以來,還不斷完善,在國際上得到廣泛採用,是分析語音的最好幫手。學習音韻學,必須掌握這套記音工具。我們使用國際音標時,至少應該注意這樣兩件事:一是,鑒於漢語反映歷史語音信息的材料的豐富程度及其反映出來的歷代語音的複雜性,現代漢語方言五花八門的語音現象,其中可能有個別溢出國際音標的音素,需要我們自己去發掘。這在理論上是完全可能的。二是,即使採用國際音標構擬歷代音系的相同音素,例如 p,這並不能表明所有時代音系中,它的音值是完全相同的,可能在發音上還會有細微的差別。這在理論上也是完全可能的。

　　現代語音學有音位分析的內容。我國古代在字音分析實踐中常常自覺地運用到音位分析的方法,但古人沒有提煉出明確的理論。現代語音學的音位分析跟古人的實踐是契合的,但是它從理論上將音位分析的方法、步驟明確闡述出來,實踐證明,這些理論、方法、步驟都是能成立的,運用到音韻學中來,很方便我們分析歷代音系及其來龍去脈,便於我們學好音韻學。具備現代語音學的基礎知識去學習、研究音韻學,不但對歷代音系的認識更科學、客觀,而且學習起來更加真切好懂。

　　2.歷史語言學的知識。我國古代對於歷史語言學的具體問題有些研究，有不少真知灼見，但是也有些不正確的觀點。那時候，研究語言的歷史變化而產生的理論，往往缺乏足夠多不同語言的各種事實的支撐，沒有形成專學，因此不免魚龍混雜，深度廣度都有欠缺。歷史語言學是率先在歐洲產生的一門學問，是在歷史比較語言學基礎上形成的普通語言學的一個分支學科，研究對象是單一或不同語言群的語言變化、發展情況。它研究單一語言或語言群的形成、發展過程；建立語言變化過程的類型學，也就是音位、形態、句法和語義的變化類型；從發音、認知心理學、社會學、交際理論等有關條件的聯繫上對單個變化過程及普遍變化類型做出解釋；從語言內部和外部兩方面對變化的出現及傳播進行研究。這其中涉及語音的變化，有相當多可採之處，對漢語音韻學有幫助。因此，我們學習、研究音韻學，需要懂得一些歷史語言學的知識。

毋庸諱言，在歐洲大陸建立起來的歷史語言學，對漢語音韻學的成就吸收得不夠，或者說甚少吸收。漢語跟印歐語相比，在語言類型上有其獨特之處，漢語音韻學有近兩千年的研究歷史，著述如林，成就斐然。歷史語言學幾乎沒有吸收漢語音韻學的研究成果，即使是已經研究過的語言，也有很多規律沒有揭示出來。這就決定了，歷史語言學理論既有可採之處，也有缺陷。因此，我們利用歷史語言學理論學習、研究漢語音韻學，不能盲從，應該有批判地借鑒。

3. 文字學、訓詁學以及音義關係方面的知識。研究漢語音韻學的材料大部分是中國古書上的材料，既有傳世的，也有地下出土的，沒有這些材料，音韻學這門學科建立不起來，也不能取得真正的進展。這些材料，幾乎都是漢字記錄下來的。漢字是一種非拼音文字，這並不意味着漢字跟漢語語音現象絕緣。漢字大部分是形聲字，歷代都會造一些形聲字，這些形聲字都是在歷代音系的基礎上創造出來的。漢字在運用中，還有假借現象，假借是借一個漢字的字形和字音。這些都反映了漢語語音。學習、研究音韻學，必須要有文字學知識，能運用到音韻學的學習和研究上。

研究漢語音韻學，是研究語音，不是研究聲音。語言符號是語音和語義的結合體，離開語義的音，只能是聲音，不是語音。反映歷代音系的各種材料，都是跟語音結合在一起的，音義配合在不同時空會有些變化，要理解、分析出這些語音材料，只有跟語義聯繫起來才有可能；捨語義而研究語音，不研究歷代漢語符號的音義關係，其音系研究必不能臻於至善。訓詁學是研究漢語歷代古書詞義問題的一門學科，傳統的訓詁學是爲閱讀古書服務的。因此，學習、研究音韻學，必須要有訓詁學和音義關係方面的知識，運用到自己的研究實踐中去。

4.版本、目錄、校勘的知識。漢語的歷史音系都存在於不同的時空之中，離開了具體時空的音系是不存在的。學習、研究漢語音韻學，必須利用中國古書上的材料。要利用這些材料研究漢語歷代音系，首先要給古書上的材料進行時空定位。可是歷代古書，有偽作，有抄撮前人作品的地方，有流傳過程中的改動和誤、衍、倒、脱，也就是有失真的情況。版本、目錄、校勘諸學就是要解決這些問題的，因此，我們學習、研究音韻學，就必須具備這些方面的知識。

一方面，這些學科的發展離不開音韻學；另一方面，要學習、研究音韻學，必須具有這些學科的知識。總起來說，漢語音韻學和這些學科是相扶而進的。

（三）要有科學的歷史觀和系統觀。研究漢語音韻學，不得不以現代漢語爲最重要的已知條件。現代漢語從古代漢語一脈相承發展而來，假如沒有現代漢語作爲已知條件，我們就不可能研究音韻學。世界上有的語言早已經死亡了，沒有留下後代活的語言，也沒有留下這些死亡的語言跟別的有案可查的語言的交往材料，因此這些死亡的語言留下的碑文迄今還沒有辦法釋讀出來。正是有了現代漢語，我們才有必要條件去學習、研究漢語音韻學。王力先生《漢語史稿》談到漢語史的根據時說："首先要說：現代活生生的口語就是漢語史最好的根據。"

所以，一方面，我們學習、研究音韻學，必須要以現代漢語爲最大的已知條件；另一方面，我們又特別容易受制於現代漢語，常常會以今爲古、以今律古。要學習、研究好音韻學，特別需要有科學的歷史觀。有人爲避免犯以今爲古、以今律古的錯誤，在學習、研究音韻學時,走到另一個極端,爲求異而求異。這就"過猶不及"了,也是違反科學的歷史觀的。古今漢語的語音系統畢竟是有發展,也有繼承的。語音的發展,也就意味着繼承。繼承是主要的,如果沒有繼承,那麼古今語音之間就沒有一脈相承的關係,是完全不同的語言的音系,因而也就沒有漢語音韻學了。

要擺脫這兩種偏向,只能從歷代直接反映當時音系的材料入手,虛心涵泳,最大限度地擺脫現代語音的束縛,探明各代的音系真相;捨此,我們無法了解音韻學。歷代直接反映當時音系的材料本身很複雜,需要去僞存真、去粗取精,弄懂它,正確運用它。這當然需要下紮實的文獻功夫。有人感覺到,如果花大力氣全面、系統地分析、統計反映歷代音系的直接材料,太費時費力,於是想走捷徑,從自己感覺到是特例的那些材料中尋找突破口。這是不切實際的想法,只有知道了通例,才能確定特例;只有全面、深入分析材料,才能確定通例,進而知道特例。古書中出現的特例,是多方面原因造成的,不一定是原來系統性語言現象的遺留。我們學習、研究音韻學,一定要克服淺嘗輒止的毛病,不要通過一點特例就急着去構建歷代音系,那樣會害人害己,得不償失。

通過現代漢語,特別是現代漢語方言的各種有利條件去學習、研究音韻學,是個方便法門,但是要緊的是了解古今的對應、發展關係。漢語南方方言,更多保留些中古的語音成分,如果利用這些存古的語音成分去學習、研究音韻學,往往會收到很好的效果。所以,同學們可以利用自己的家鄉話學習、研究音韻學,但是別忘了,你的家鄉話只是更多地保留古語,它不是古語,不可能原封不動地保留古語。

任何語言的語音都是一個系統。系統是指同類事物按照一定的關係組成的整體,這個整體各部分相互聯繫、相互作用,產生某種功能,漢語歷代音系無疑是一個系統。只有研究系統的東西才能構成"學",學習、研究漢語音韻學必須要建立科學的系統觀。

漢語歷代語音系統不是研究者強加在歷代漢語上的,它必然由歷代反映音系的各種材料顯現出來,不同時空的音系不可能是一個模子。就空間說,現代北京音系跟天津音系不一樣,要想將今天的天津音系研究清楚,不深入今天的天津話,只是將北京音系研究得再精細,這是永遠得不出今天的天津音系的;就時間説,《切韻》音系和《詩經》音系不一樣,不研究《詩經》的内證材料,將《切韻》音系研究得再精細,也得不出《詩經》音系。因此,歷代的音系,只能通過對反映當時音系的材料的系統研究,才能科學地揭示出來。

從語音史角度説,歷代音系都是漢語語音動態發展過程的暫時靜止狀態,是平衡與不平衡、勻稱與不勻稱的對立統一,平衡和勻稱是相對的,不平衡、不勻稱是絶對的。因此,從系統的角度研究漢語歷代音系,不能主觀要求各代的聲韻調系統絶對平衡、勻稱,從而人爲地虛構音系,還得從具體材料着手。我們對於材料分析,不能就事論事,必須要有系統的眼光。

漢語不同時空聲韻調結合的格局是不可能相同的,每個時空的聲韻調組合都要符合具體時空的音位組合規則。所以學習、研究漢語音韻學,不僅要知道歷代有多少音位,還要知道不同時代聲韻調組合的格局,這也是堅持科學的系統觀的一種表現。

(四)要閲讀音韻學的相關經典著作,不能滿足於閲讀幾本現代人編寫的音韻學教材,特别要學會分析原始材料。漢語音韻學有近1800年的研究歷史,内容博大精深,構成一種系統。音韻學教材不等於音韻學學科;掌握了音韻學教材,不等於了解了音韻學。音韻學教材只是一種入門書,它受講授時間的限制,所講授的内容有限,往往只是抽取幾條抽象性的原則、方法講授歷代音系怎麽得出來的,將很多音韻學的内容壓縮在講義之中。人們編寫的教材不可能盡善盡美,有些地方没有講透,也有的地方可能失準。因此,學習、研究音韻學,一方面要借助現代人編寫的音韻學教材,另一方面不能以爲閲讀幾本現代人編寫的音韻學教材就掌握了這門學科的知識。

爲了彌補這樣的缺陷,讀者應該閲讀音韻學的一些基本著作。例如學習、研究中古音,需要閲讀《廣韻》《切韻考》;學習、研究等韻學,需要閲讀《韻鏡》《七音略》;學習、研究上古音,需要閲讀漢代許慎《説文解字》,清人顧炎武《音學五書》、段玉裁《六書音均表》等書,也應該背誦《詩經》《楚辭》裏面的一些韻文,等等,從中體會前人是怎麼去發現、分析材料,得出科學結論的。

有人試圖通過消化今人編寫的幾本音韻學教材,再利用網絡平臺,去查找某個字近古、中古、上古的音韻地位,以爲就能掃除自己將來治學方面的音韻障礙,這是皮相之見。現代人編寫的音韻學教材,會粗略地告訴讀者研究這個時代的音系有些什麼材料、研究方法,有些什麼結論,但是它們不可能講得很透徹,其中省掉了很多細緻的環節,特別是對怎麼樣去發現材料,怎麼樣通過對具體的原始材料的精細分析得出某種確切而出人意表的結論的細節方面,都沒有怎麼強調。這些恰恰是讓學生知其然知其所以然,真正懂得如何得出歷代音系最重要的地方。中學階段的語文教育中,常常片面強調培養學生抽象思維能力,忽視對作品的具體分析,造成不少學生尋找、分析材料的功夫有欠缺,許多很好的音韻材料輕易地忽略過去了,有些材料儘管注意到了,但挖掘得不夠,影響到對於音韻學這門學科掌握的深度和廣度,音韻學的知識容易停留在一知半解的階段。

例如唐代胡曾(約 840—?,邵陽人)《戲妻族語不正》:"呼十却爲石,喚針將作真。忽然雲雨至,總道是天因。"胡曾的基礎音系中"十≠石"、"針≠真"、"陰≠因",很多人都注意到所反映的當時的語音變化,p 尾讀作 k 尾,m 尾讀作 n 尾。其實還有別的語音信息。胡氏所選的這三組字都只有一項對立,"十"和"石",一個是緝韻,一個是昔韻,這說明昔緝二韻介音、主元音、聲調是相同的;"針、陰"是侵韻,"陰"還是重紐三等,"真、因"是真韻,"因"是重紐四等,這當然反映了胡曾的妻族重紐三四等合流,跟其他三等韻也合流了。就音值來說,胡曾此詩反映真侵二韻介音、主元音、聲調是相同的。這首詩還有聲母方面的信息,這裏不談。

(五)要勤做音系分析的練習,培養音系分析的動手能力。有很多音韻學的愛好者,閱讀了今人編寫的一些音韻學教材,經常感到懵懵懂懂,不明就裏。這主要是因爲只是被動地接受教材所講的知識,沒有切身體會歷代音系是怎麼研究出來的,缺乏必要的實踐環節。如同一個人想學會游泳,他閱讀了相當多講游泳的書,但是不下水去做游泳練習，嗆幾口水，結果是不可能學會游泳的。要學好音韻學，光看幾本音韻學教材，解決不了問題，得勤做音系分析的練習，培養音系分析的動手能力，以便真正掌握古音學、今音學、等韻學等內容，將音韻學學透。

這種音系分析的練習，主要是製作歷代聲韻調配合表。可以將今音學和早期等韻學的學習結合起來製表，因爲早期等韻是反映《切韻》音系的，後來的等韻學都是在早期等韻學的基礎上變化而來的。

做《切韻》音系音類的練習時，可以選擇《廣韻》校勘比較好的版本，先系聯聲類，得出聲類、聲母系統；再系聯各韻，得出韻母系統。然後可以仿照《韻鏡》《七音略》的編纂方式，注意採納四聲相承的可信研究成果，將系聯的成果往格子裏填，得出聲韻調配合表。這樣，就會對《切韻》音系和等韻學的知識內容有更真切的認識。這種辦法看似笨拙，實則巧妙，比閱讀幾本音韻學教材的功效不知要高出多少倍。

然後做上古音韻部劃分的練習。可以清代顧炎武《音學五書》爲基礎進行韻脚字系聯。讀者可以找到今天比較容易見到的王力先生的《詩經韻讀》爲工作底本，再將顧炎武《音學五書》、段玉裁《六書音均表》、江有誥《音學十書》的《詩經韻讀》等對於《詩經》韻脚字的諸家系聯成果擺在一起，這就能顯示出他們對於《詩經》韻脚字看法的異同以及韻部劃分的異同了；然後以顧炎武的分部爲基礎，自己一部一部地分析顧炎武是怎麼系聯的，其他各家是怎麼系聯，如何在顧炎武等人的基礎上加以改進，從而使韻部劃分越來越精密。至於上古聲母、聲調方面，要看各家的具體研究，要掌握一定的內證材料，從中以王力先生的上古聲母系統作爲觀察點，分析他的聲母系統是如何得來的。將上古聲韻調系統弄清楚以後，可以嘗試做上古各部的聲韻調配合表。實踐證明，製作上古聲韻調配合表，是深化上古音學習、研究的重要手段。至於怎麼去操作，可以參考郭錫良先生的《漢字古音表稿》。

通過上面談到的學習、研究方法去了解音韻學，就會使大家不至於浮在音韻學表面，真正具備比較紮實的音韻學基礎。

第一章　音韻學名詞術語略釋

從三國魏（213—266）李登《聲類》迄今，漢語音韻學有將近1800年的歷史，著述浩繁，名詞術語很多。這裏只能舉其主要者加以介紹。這些術語來源多途，有些術語沿用已久，要了解漢語語音史，繼承前人的研究成果，必須了解它們。有的是後人（包括今人）爲研究需要創立的，爲了將這門學科導向深入，我們應加以吸收，批判繼承。

有些術語留下的相關材料太少，還沒有弄清楚它們的確切意義或含義，期待今後有人做出貢獻；有些術語不是一下子可以講清楚的，我們準備在相關的地方來解釋。

理解這些術語，要注意：

一、同名異實和同實異名。這兩種現象在歷來的音韻學著作中普遍存在，必須結合具體的上下文，準確理解上下文中術語的含義。

二、有不少術語今天還沒有來得及解釋；有些術語含義較多，有的只是解釋了其中部分含義。遇到這種情況，千萬不要只拿今天已有的解釋套在上面，需要自己學會歸納總結。

三、要利用今天的語音學成果進行分析，這既便於科學地揭示古代名詞術語的意義，也便於理解、掌握它們，學習好音韻學。不少名詞術語，古人跟今人的理解是一致的，反映了古人觀察語音現象的細緻；有些今人理解要準確、深入得多，這是科學發展的必然。

前代創立的名詞術語，散見多處，需要披沙揀金，提煉出來，研究它們最早的出處、意義的異同及變化，弄清楚上下文名詞術語的真正含義。羅常培《漢語音韻學導論》以及相關論文解釋了不少古代音韻學的名詞術語,這是很有意義的工作;《漢語音韻學導論》一書,花了極大篇幅對傳統音韻學術語"加以爬梳剔抉"(《自序》),反映了羅氏對用現代語音學知識改造傳統音韻學的高度重視。王力先生《漢語音韻學》及相關著述也有用現代語音學知識改造傳統音韻學名詞術語的諸多內容。現在大規模地去從事這項工作的學者不太多見,有大量重要的名詞術語需要整理。

下面舉個例子來說明如何進行搜集、整理工作。例如《顏氏家訓·音辭》有這麼一段:

> 夫九州之人,言語不同,生民已來,固常然矣。自《春秋》標齊言之傳(按:指齊人公羊高所傳《公羊傳》,漢朝起先最重視《公羊傳》;標,標舉,顯揚),《離騷》目楚詞之經(經,準則),此蓋其較明(較明,同義連用,明顯)之初也。後有揚雄著《方言》,其言大備。然皆考名物之同異,不顯聲讀之是非也。逮鄭玄注《六經》,高誘解《呂覽》《淮南》,許慎造《說文》,劉熹製《釋名》,始有譬況、假借以證音字耳。而古語與今殊別,其間輕重清濁,猶未可曉;加以內言外言、急言徐言、讀若之類,益使人疑。孫叔言(當作"然")創《爾雅音義》,是漢末人獨知反語。至於魏世,此事大行。高貴鄉公不解反語,以爲怪異。自茲厥後,音韻鋒出。

這裏面涉及音韻學的名詞術語至少有11個,有些弄清楚了,有些還處在探索之中,沒有定論:

1. 聲讀。指字音的實際讀法。《儀禮·既夕禮》:"既正柩,賓出,遂匠納車於階閒。"鄭玄注:"車,載柩車。《周禮》謂之蜃車,《雜記》謂之團。或作輇(quán),或作摶,聲讀皆相附耳,未聞孰正。"

2. 譬況。用漢字解釋被注音字發音狀態的一種注音方法。《淮南子·地形》:"其地宜黍,多旄犀。"高誘注:"旄讀近綢繆之繆,急氣言乃得之。"

3. 輕重。(1)《音辭》的"輕重"含義不明。《廣韻》有《辯四聲輕清重濁法》,"輕清"和"重濁"含義亦不明。可能指一類字的聲、韻、調跟另一類字在對比,發音上是用力輕還是用力重。《山海經·北山經》:"景山……其上多草、藷藇。"郭璞注:"藷藇,曙豫二音。今江南單呼爲藷,音儲,語有輕重耳。"《廣韻·辯十四聲例法》將蹴口聲、撮唇聲、隨鼻聲、舌根聲、蹴舌下卷聲看作"重",將開唇聲、垂舌聲、齒聲、牙聲、齶聲、喉聲、牙齒齊呼開口送聲看作"輕",其中既有聲母方面,也有韻母方面的因素。

(2)鄭樵《七音略》有"重中重""重中輕",凡是第一個字爲"重"的,都是開口;有"輕中輕""輕中重",凡是第一個字爲"輕"的,都是合口。宋佚名《解釋謌義》"爲侃諸師兩輕重":"義曰……開口成重,合口成輕。"

"重中重""重中輕""輕中輕""輕中重"這四個術語,據《解釋謌義》,要弄清等韻門法,需要了解最後一個字的"輕、重"具體指什麽。四個術語的"輕、重"詞義相同,分別指發音清輕、發音重濁。但"中"字前後的"輕、重"含義不同:每個術語的第一個"重、輕"分別指韻母的開合;中間的"中"字是"中間"的意思;最後的那個"重、輕"都指韻。關於最後的那個"重、輕",韻圖編者將《廣韻》每個韻都作爲一個整體,將相關各韻納入"輕重"體系之中。一般來説,同一個韻要麽爲重,要麽爲輕,只有少數韻既有輕,也有重。可能人們感到當時有些韻讀得力道大一些,即讀得"重";有些韻讀得力道小一些,即讀得"輕"。在利用韻圖拼音時,提醒人們注意這一點,於是就有"重中重""重中輕""輕中輕""輕中重"等説法。

各韻(舉平以賅上去入,祭泰夬廢除外)歸輕重的具體情況是:【重】東江脂之微魚齊祭皆灰咍真臻痕寒桓删先仙蕭宵肴豪歌麻陽唐耕清青蒸登尤侯幽侵覃談咸銜鹽添。【輕】冬鍾支微虞模祭泰佳廢諄文欣元魂山仙戈麻陽唐庚耕清青蒸登凡。只有微、祭、仙、麻、陽、唐、耕、清、青、蒸、登十一韻兼屬"輕、重",可以稍作分析:第一,微韻"重中重""輕中輕"下都注明"内輕",這一韻的特殊之處在於將廢韻寄附在入聲欄下,又寄附在第十五、十六圖入聲欄下。《七音略》微韻這一圖排圖錯誤較多,難保"重中重""重中輕"的後一字無誤。第二,祭韻韻類多,排在灰咍下面的,韻屬"重";排在佳韻下面的,韻屬"輕",祭韻在韻圖編者那裏大概不是優先考慮的韻,所以一韻輕重不一。第三,仙韻韻類也多,跨了"輕重",應該跟祭韻情況相類似。第四，麻韻屬"重中重""輕中輕"，跨類了，但"輕中輕"的後一"輕"字下注："一作重"，按：當取"重"作"輕中重"。第五，陽唐屬"重中重""輕中輕"，《四聲等子》陽唐二韻的開合下面都說"重多輕少"，可見無論"重中輕"還是"輕中輕"，陽唐二韻的發音輕重沒有多大差異。第六，耕清青三韻跨了"輕重"，清韻屬輕的多，它又屬重，可能跟庚耕的區別有關。《四聲等子》相應韻圖的開合下都說"重多輕少"，可見無論"重中輕"還是"輕中輕"，"重中重"還是"輕中輕"，這幾個韻的發音輕重沒有多大差異。第七，蒸登屬"重中重""輕中輕"，這是跨類。《四聲等子》蒸登二韻的開合下都說"重多輕少"，可見無論"重中重"還是"輕中輕"，蒸登二韻的發音輕重沒有多大差異。總起來說，《七音略》中純屬"輕"的韻太少，除去兼屬輕重的韻，只有幾個韻純屬"輕"，這也許是有十個韻（麻韻不算）兼屬"輕"韻的一個原因。除了祭、仙、微、陽、唐、耕、清、青、蒸、登八韻，後字是"輕"字的，都置於"輕中輕"，也就是古代的合口。因此，"重中重"指開口中讀重濁的韻，"重中輕"指開口中讀輕清的韻，其餘類推。

（3）古人聲母也按發音方法分輕重。例如遍照金剛《文鏡秘府論》天卷《調聲》："至如有輕重者，有輕中重，重中輕，當韻即見。且'莊'字全輕，'霜'字輕中重，'瘡'字重中輕，'牀'字全重。"

4.清濁。（1）《音辭》的"清濁"含義不明。《廣韻》有《辯四聲輕清重濁法》，其中反切用"某某反"，不用"某某切"，表明《辯四聲輕清重濁法》來源較早，應在中唐或中唐以前，其中"輕清"和"重濁"含義亦不明。可能指拿一類字的聲、韻、調跟另一類字做對比，發音時呼吸的氣息在聽感上是清亮還是沈濁。具體到對比的各音中，有的側重聲母，有的側重韻母。《辯四聲輕清重濁法》應該就是這樣的，它在平、上、去、入四聲裏，各列了"清輕"和"重濁"兩類的一些例字。（2）韻圖中，清濁就聲母發音方法而言。凡是聲帶不顫動的輔音就是清音，聲帶顫動的輔音就是濁音。《韻鏡》將"清濁"分為四類：清、次清、濁、清濁。這裏"清""濁"和"清濁"的含義跟上面所說不同，屬同名異實。"清"，即全清，是聲帶不顫動、不送氣的塞音、塞擦音、擦音；"次清"，指聲帶不顫動、送氣的塞音、塞擦音；

"濁"叫全濁,是聲帶顫動的塞音、塞擦音、擦音;"清濁",又叫次濁,是鼻音、半元音、邊音和日母。(3)古人將聲母不同的發音部位分別歸入不同的清濁。《廣韻》有《辯字五音法》,將脣聲、舌聲看作清,可能是因爲發脣音時部位最靠前,發舌音時舌頭主動,口腔內似乎沒有什麽阻礙,發出的音聽起來清亮;齒聲、牙聲、喉聲看作濁,可能是感覺到口腔阻礙明顯,發出的音聽起來沈濁。《辯四聲輕清重濁法》中,"椿"敕倫反,舌聲,屬清輕;"春"昌倫反,齒聲,屬重濁。(4)指發不同韻時呼吸的氣息在聽感上是清亮還是沈濁。例如遍照金剛《文鏡秘府論》天卷《調聲》:"如'清'字全清,'青'字全濁。"《廣韻・辯四聲輕清重濁法》中"清"是清輕,"青"是重濁。(5)指變調構詞中聲調的分類,原始詞的聲調是平、上、入聲,是"輕清";滋生詞是去聲,是"重濁"。宋賈昌朝《群經音辨序》:"二曰辨字音清濁。夫經典音深作深(式禁切),音廣作廣(古曠切),世或誚其儒者迂疏,彊爲差別。臣今所論,則固不然。夫輕清爲陽,陽主生物,形用未箸,字音常輕。重濁爲陰,陰主成物,形用既箸,字音乃重。信稟自然,非所彊別。以昔賢未嘗箸論,故後學罔或思之。如衣施諸身曰衣(於既切),冠加諸首曰冠(古亂切),此因形而箸用也;物所藏曰藏(才浪切),人所處曰處(尺據切),此因用而箸形也。"

5.內言。是譬況注音法的一個具體術語,與"外言"相對,字面意思應該指古人感覺到發音時口氣在口腔內部停滯的時間較長。《漢書・王子侯表上》"襄嚵(chán)侯建"顏師古注引晉晉灼:"音內言嚵菟。"這表明"嚵"有異讀,《廣韻》"嚵"讀楚鑒切(鑑韻)、鋤銜切(銜韻),顏師古注"音士咸反",可見此讀是內言。又"獟(xiāo)節侯起"顏師古注引晉晉灼曰:"獟音內言鴞。"同樣表明"鴞"有異讀,《廣韻》《集韻》"鴞"只有一個讀音(都是于嬌切),另一讀沒有傳下來。顏師古注:"音于虯反。"可見"鴞"另一讀是幽韻字,這是內言。

6.外言。是譬況注音法的一個具體術語,與"內言"相對,字面意思應該指古人感覺到發音時口氣外敵的時間較長。《漢書・王子侯表上》"襄嚵侯建"顏師古注引晉晉灼:"音內言嚵菟。"則"嚵"的"士銜切"爲"外言"。"獟節侯起"顏師古注引晉晉灼曰:"獟音內言鴞。"則"鴞"的"于嬌切"是外言。

7.急言。是譬況注音法的一個具體術語,與"徐言""緩言"相對,字面意思應該指發音時口氣比較急促。《淮南子·説林》"亡馬不發户轔"漢高誘注:"轔,户限也,楚人謂之轔。轔讀似鄰,急氣言乃得之也。"可見"轔"和"鄰"讀音有別,"轔"是"門檻"的意義,《集韻》良刃切作"橉":"門閫也,楚人曰橉。"《淮南子》原文可能作"橉"。可見讀去聲是"急氣言",則讀平聲是緩氣言。

8.徐言。也叫"緩言",是譬況注音法的具體術語,與"急言"相對,字面意思應該指發音時口氣比較舒緩。《淮南子·原道》"蛟龍水居"高誘注:"蛟讀人情性交易之交,緩氣言乃得耳。"《本經》"飛蟊滿野"高誘注:"蟊,一曰蝗也,沇州謂之螣,螣讀近殆,緩氣言之。"可見讀入聲是"緩氣言",讀上聲是急氣言。

9.讀若。漢代開始出現的一種注音方法,用"讀""讀若""讀如"等字眼給一個漢字注音;有時兼有提示音義的作用,破假借而讀本字。例如《説文》皿部:"盉,小甌也。从皿,有聲。讀若灰,一曰若賄。"(賄,本讀上聲)《淮南子·原道》:"夫道者,覆天載地,廓四方,柝八極。"高誘注:"柝,開也。柝讀重門擊柝之柝也。"

10.反語。(1)今天通行的術語叫"反切",是一種給漢字注音的方法,用兩個漢字來注一個漢字的讀音,取前一字(即反切上字、切上字)的聲母,後一字(即反切下字、切下字)的韻母和聲調,拼合成被注音字的讀音。個別時候,反切創製者考慮到漢語中有無某種拼法,以及漢字的特點和漢字是否常用等,只要能拼切出被切字的讀音,在反切上下字上面略微放寬一點,讓上字管介音,下字只管韻腹、韻尾和聲調,仍然能拼出被切字的讀音。《説文解字繫傳》有"朝散大夫行秘書省校書郎臣朱翱反切"。

也叫"反語""反音""反言""切音",《顏氏家訓·音辭》:"孫叔然(孫炎)創《爾雅音義》,是漢末人獨知反語。"《文心雕龍·指瑕》:"近代辭人,率多猜忌,至乃比語求蚩,反音取瑕。"唐玄度《九經字樣序》:"其聲韻謹依開元文字,避以反言,但紐四聲,定其音旨。"清劉熙載《説文雙聲·叙》:"切音始於西域乎?非也。"也叫"體語",唐封演《封氏聞見記·聲韻》:"周顒好爲體語,因此切字皆有紐,紐有平上去入之異。"也叫"韻切",《廣韻·拯韻》"拯"下注:"無韻切,音蒸上聲。"也叫"反切語",宋趙彥衛《雲麓漫鈔》卷十四:"孫炎始爲反切語。"也叫"翻切",宋王應麟《困學紀聞·小學》:"《考古編》謂周顒始有翻切,非也。"也叫"音切",宋王觀國《學林》卷八《四聲譜》:"雖總古今之字,不逃乎音切,固有即音切而知其字義者。"也叫"切母",明徐伯齡《蟬精雋》卷三"世語"條:"世語中有切母成音,若今所謂綺談市語者。人自不覺,習久而不以爲異耳……精曰唧零之類甚多。"

古人具體反切中,起先在反切上下字後面用"反"字來表示這種注音方法。例如《漢書·地理志》"沓氏"漢應劭注:"氏水也。音長答反。"早期《切韻》系韻書都用"反"字,如"支",《王仁煦刊謬補缺切韻》注音"章移反"。《廣韻》《集韻》都是用"切"字,例如《廣韻》"東"是"德紅切"。"反"對於統治者來說,不是個好字眼兒,顧炎武《音論》卷下《反切之名》說:"反切之名,自南北朝以上皆謂之反,孫愐《唐韻》則謂之切。蓋當時諱'反'字。"有的用"翻"字,例如《九經字樣》"蓋"引《字統》"公艾翻",《資治通鑑》胡三省注,"爲"是"于僞翻"。有的用"紐"字,比較少見,例如《九經字樣》"受,平表紐"。有的徑直注上反切上下字,後面"反、翻、切"等統統不用,例如隋朝曹憲《博雅音》,"婪"直接注音"來南"。

古人發明反切,基本上能解决漢字注音問題。也有個別字用反切很難注音,因爲不容易找到常用字來注音。顧炎武《音論》卷下《讀若》:"反切之法,亦有韻窄而不可通者。《廣韻》上聲四十二拯部'拯'字下云:'無韻切,音蒸上聲。'"這裏"韻切"相當於反切。

反切上下字主要是上字定聲母,下字定韻母和聲調。但個別時候由切上字定被切字的開合或等第。例如《説文繫傳》朱翱反切"曠"反切"困盍反","困"合口,"盍"開口,由切上字"困"定"曠"的開合。極個別時候考慮到被切字本身的語音信息,例如諧聲字的聲旁顯示出來的開合口信息。"豫"朱翱反切"徒廣反","徒、廣"都是合口,"豫"開口。這是因爲從"象"聲的字都是開口,所以"豫"要切開口。

隋唐以後,人們對有意義區別的多音字特別重視,爲顯示某個被切字的讀音跟常見讀音不同,有意用這個字的常見讀音作切上字或切下字,造成被切字跟切上字或切下字同字而不同音。遇到切上字跟被切字同字,就用切下字表明被切字的韻母和聲調;遇到切下字跟被切字同韻母和聲調,就用切上字表明聲母不同。例如《史記・吳太伯世家》"子柯相立"正義:"相,音相匠反。"《燕召公世家》"爲從長"正義:"從,足從反。"兩個"相"聲調不同,兩個"從"聲母不同。

(2)指反切注音法基礎上形成的一種修辭手法,是魏晉南北朝至隋唐時流行的一種反切隱語。先按兩個字的前後順序切出一個字,再將切上字和切下字倒過來,成爲另一個反切,切出另一個字,然後將切出來的兩個字按拼切的先後拼合成一個詞語。例如據《南史・陳本紀下》,陳後主名叔寶,"叔寶"切出來是"少","寶叔"切出來是"福",反語爲"少福",以此表明陳後主的名不吉利。(可參孫玉文《談談南北朝至隋唐的反語》)又叫"體語",《北齊書・徐之才傳》:"尤好劇談體語,公私言聚,多相嘲戲。"也叫"反切語",宋朱輔《溪蠻叢笑》:"不闌者,斑也,蓋反切語。但俗謂團爲突鸞,孔爲窟籠即此意。"

11. 音韻。有多個含義:(1)今天通行含義是指漢字字音中聲母、韻母、聲調三要素的總稱,研究音韻的學問叫"音韻學"。王應麟《玉海》引《崇文總目序》:"孫炎始作字音,於是有音韻之學。"(2)指文學作品的音節韻律。南朝梁沈約《答陸厥問聲韻書》:"若以文章之音韻,同弦管之聲曲,則美惡妍蚩,不得頓相乖反。"《宋書・謝靈運傳論》:"欲使宮羽相變,低昂互節,若前有浮聲,則後須切響。一簡之内,音韻盡殊;兩句之中,輕重悉異。妙達此旨,始可言文。"(3)特指反切注音及韻書,主要指韻書,《音辭》的"音韻"大概只能這樣理解。陸法言《切韻序》:"遂取諸家音韻、古今字書,以前所記者,定之爲《切韻》五卷。"孫愐《唐韻序》:"蓋聞文字肀興,音韻乃作。《蒼頡》《爾雅》爲首,《詩頌》次之,則有《字統》《字林》《韻集》《韻略》,述作頗衆,得失互分。"

下面介紹其他一些重要的名詞術語,這些名詞術語多出現在古代常見的音韻學著作中。有的出現在別的地方,或者不太常見的音韻學著作中,但對古代音韻學產生過重要影響,也擇要介紹。

這些名詞術語,定名不一定都很科學,甚至非常錯誤,但是它們是理解古代音韻學著作的鑰匙,傳遞或折射出歷代音類、音值的信息。要認識清楚歷代語音,不應該忽視對這些名詞術語的搜集、整理。我們不能因爲古人使用或理解某些名詞術語存在不科學之處,就不理會它們。將古代音韻學的名詞術語撇在一邊,這種治學態度是不可取的。今後要發展音韻學和漢語語音史科學,就必須重視這項工作。

就學習音韻學這門課程來說,其中有些名詞術語,我們不需要現在就掌握,但是今後進一步學習、研究音韻學用得着。隨着漢語音韻學研究的深入,人們感覺到古代音韻學著作中有相當多的成果沒有很好地發掘出來,古人有很多名詞術語需要整理、解釋,可以相信,今後會有更多學者投入到這項工作中來,這是發展學科的一項基礎性工作。

字音 一個漢字就是一個音節,一個字讀一個音節,前人叫一個字音。《舊唐書·經籍志》載有晉王延《雜文字音》七卷。《史記·曆書》"商橫涒灘三年"正義:"涒音吐魂反。灘音吐丹反。又作'涒漢',字音與上同。"

音 1. 口音,話音。《顏氏家訓·音辭》:"南方水土和柔,其音清舉而切詣……北方山川深厚,其音沈濁而鈋鈍。"2. 字音,讀音。也用作動詞。《顏氏家訓·音辭》:"璵璠,魯之寶玉,當音餘煩,江南皆音藩屏之藩。"李汝珍《李氏音鑒》卷二《第十一問反切總論》:"所謂反切者,蓋反覆切摩而成音之義也。"某,音某,是常見的注音格式,"音"是動詞。有時候,也可以將"音"擺在注音字之後,成爲"某,某音"。《晉書音義》卷中給"躊躇"的"躊"注音:"儔音。"這個"音"可以理解爲名詞。3. 指聲母。宋邵雍《皇極經世書》有《聲音唱和圖》,"聲"指韻,"音"指聲母。明顧應祥《靜虛齋惜陰錄》卷六《字學》:"反切以上一字爲音,下一字爲聲。"4. 聲調。王觀國《學林》卷八《雙聲疊韻》:"雙聲者,同音而不同韻也。疊韻者,同音而又同韻也。……李群玉詩曰:'方穿詰曲崎嶇路,又聽鈎輈格磔聲。'詰曲、崎嶇,乃雙聲也。鈎輈、格磔,乃疊韻也。"《學林》對"雙聲、疊韻"下的定義有缺陷。

聲 1.指聲母。例如"雙聲"的"聲","聲、韻、調"的"聲",即聲母。《洛陽伽藍記》卷五:"'凡婢'雙聲。"《南史·謝莊傳》:"又王玄謨問莊:'何者爲雙聲?何者爲疊韻?'答曰:'玄護爲雙聲,碻磝爲疊韻。'"2.指聲調。例如"四聲"。鍾嶸《詩品下》:"昔曹劉殆文章之聖,陸謝爲體貳之才,銳精研思,千百年中,而不聞宮商之辨、四聲之論。"《南齊書·陸厥傳》:"(沈)約等文皆用宮商,以平上去入爲四聲。"3.指韻。後魏江式《求撰集古今文字表》:"晉世義陽王典祠令任城呂忱表上《字林》六卷……忱弟靜別放故左校令李登《聲類》之法,作《韻集》五卷,宮商角徵羽各爲一篇。"宋邵雍《皇極經世書》有《聲音唱和圖》,"聲"指韻。明顧應祥《靜虛齋惜陰錄》卷六《字學》:"反切以上一字爲音,下一字爲聲。"4.指漢字字音。《詩·豳風·東山》"蜎(yuān)蜎者蠋(shǔ),烝在桑野"毛傳:"烝,寘(tián)也。"鄭玄箋:"古者聲闐、塡、塵同也。"

位 指聲母。清江永《四聲切韻表·凡例》:"切字者,兩合音也。古曰反,或曰翻,後改切。上一字取同位,下一字取同韻。"也叫"母位",《四聲切韻表》最後有《切字母位用字》,列出《四聲切韻表》所用反切上字。

古音 1.跟"今音"相對。宋人稱隋陸法言《切韻》以前漢語音韻爲古音。2.專指周秦兩漢的上古音。明陳第有《毛詩古音考》。清錢大昕《十駕齋養新錄》卷五《舌音類隔之説不可信》:"字母家不識古音,讀'沖'爲'蟲',不知古讀'蟲'亦如'同'也。"

今音 1.後代讀音。《後漢書·班超傳》:"時龜茲王建爲匈奴所立,倚恃虜威,據有北道,攻破疏勒,殺其王。"李賢注:"《前書音義》龜茲音丘慈。今龜音丘勿反,茲音沮惟反,蓋急言耳。"2.跟"古音"相對,指以《切韻》《廣韻》《集韻》等韻書爲代表的隋唐音。清江有誥《音學十書·凡例》:"字母之學,雖出於後世,然實天地自然之理。今音雖與古異,而母則不異。"

直音 是用同音字注音,一般在注音字前冠以"音"字。例如《漢書·地理志》"上郡……縣二十三……龜茲"應劭注:"龜茲,音丘慈。"可見漢代"龜茲"二字均有異讀。在少數情況下,還可以冠以"音若"字,例如《漢書·高帝紀下》:"春,令郎中有罪耐以上,請之。"應劭注:"耏音若能。"古人有時爲了節省篇幅,在不至於誤會的情況下,直接注上同音字,省去"音"字。例如隋曹憲《博雅音》卷一"假,格",相當於"假,音格"。

有時候,遇到一個字有常見的、不同聲調的異讀,古人直接注某某聲調,或在具體聲調之後加上"聲"字,可算直音的一種變相。例如《文選·張衡〈東京賦〉》"不度不臧"的"度"下原注:"入。"《文選序》"源流間出"的"間"下原注:"去聲。"

有時候,一個字有兩個異體,一個異體比較常見,一個不太常見,這兩個異體可以算作兩個字,於是就用這個常見的異體給那個不太常見的異體注直音。例如隋代曹憲《博雅音》注音,《釋詁》"貟,負""瀘,法""歀,款""輓,輓"等,説明當時的用字習慣跟今天不完全相同。

有時候,直音不純注音,兼有破字、釋義的功能。例如《爾雅·釋言》:"棄,忘也。"《釋文》:"忘,音亡。"揭示了"忘:亡"的同源關係。還有的直音其實不是給被注音字注音,而是注異文或訓讀字。《後漢書·段熲(jiǒng)傳》:"永康元年,當煎諸種復反,合四千餘人,欲攻武威,熲復追擊於鸞鳥(què),大破之。"李賢注:"鳥音爵,縣名,屬武威郡。"這是説縣名"鸞鳥"的"鳥",儘管書面上寫作"鳥",但名從主人,要讀成"爵",也就是"雀"。"爵、雀"直到《廣韻》都是同音字,後來因避諱讀音變得不同。

前人在個別時候,混淆概念、詞、字三者的關係,本來表示同一個概念,甲地用一個詞,乙地用另一個詞,注家當作同一個字詞的不同讀音。例如錢大昕《十駕齋養新録》卷四"斫"字條:"'斫',之若切,今世俗讀如'坎'……東北人謂斫伐爲'坎',乃知此音之訛由來已久矣。"這個意義的"坎"今作"砍"。其實"斫、砍"只是同義詞,"砍"跟"斫"之間不可能是"音訛"的關係,另有來源。這種情況早期注音也存在,例如《爾雅·釋草》"華,荂(kuā)也"郭璞注:"今江東呼華爲荂,音敷。"應這樣理解:"華"跟"花、蕍(wěi)、荂"是一組同源詞,"敷"本是"分布、敷布"的意義,跟"専、敷、鋪、葩、藪(fū)"是一組同源詞,讀敷音的"荂"是個訓讀字,"荂"讀敷是"敷"的"分布、敷布"義引申出來的一個字義,跟"華、荂、蕍"之間没有引申關係,郭璞说"荂"音敷可能含有釋義的功能。"葩"也是由此義音變構詞滋生出來的,《廣雅·釋草》"蔤、葩、菁、藥、花,華也"王念孫《疏證》:"葩之言鋪也。干寶《說卦傳》云:'鋪爲花貌謂之蘵。'"又《方言》卷三"蘴,蕪菁也"郭璞注:"蘴,舊音蜂,今江東音嵩,字作'菘'也。"蘴、菘音遠,本身無法理解爲音轉關係。應這樣理解:表達"蕪菁"這個概念,江東用了"菘"這個詞,所以郭璞注"音嵩"。

紐四聲 一種注音方法,根據四聲相承的原理,取同聲母、韻母(入聲韻與陽聲韻相承)而不同聲調的常用字來給一個字注聲韻母,後面加上這個被注音字的聲調。這種注音方法《經典釋文》已有,唐玄度《九經字樣》大量採用,《九經字樣序》說:"謹依《開元文字》,避以反言,但紐四聲,定其音旨。"例如"攌,關去""擂,丑平""折,旃入""刊,渴平"。

紐聲反音 可能指反切上字和下字韻母相同或相配而聲調不同的反切。遍照金剛《文鏡秘府論·天卷》:"反音法有二種:一紐聲反音,二雙聲反音。一切反音有此法也。"例如"郎朗浪落"是聲母相同而韻母屬於四聲相承的字,"郎朗"切出來是"朗","朗浪"切出來是"浪","浪落"切出來是"落",倒過來也一樣。(參看朱煒、尉遲治平《〈韻詮〉五十韻頭三考》)

雙聲反音 可能指反切上字和下字韻母不同的反切。遍照金剛《文鏡秘府論·天卷·調四聲譜》:"反音法有二種:一紐聲反音,二雙聲反音。一切反音有此法也。"例如"郎朗浪落"和"黎禮麗捩","郎黎""朗黎""浪黎""落黎"切出來的都是"黎",餘類推。(參看朱煒、尉遲治平《〈韻詮〉五十韻頭三考》)

切脚 1."反切"的別名。西夏黑水城遺址出土《解釋謌義》(今藏俄羅斯科學院東方學研究所聖彼得堡分所):"互用者,是切脚之名。"2.也叫"切脚字",指雙音節的分音詞。宋洪邁《容齋三筆·切脚語》:"世人語音,有以切脚而稱者,亦間見之於書史中,如以蓬爲勃籠、槃爲勃闌、鐸爲突落、叵爲不可、團爲突欒、鉦爲丁寧。"這裏"叵"是合音詞,不是分音詞。俞文豹《吹劍錄全編·唾玉集》:"俗語切脚字:勃龍,蓬字;勃蘭,盤字;哭落,鐸字;窟陀,窠字;黧賴,壞字;骨露,錮字;屈攣,圈字;鴨盧,浦字;突郎,堂字;突攣,團字；吃落，角字；只零，精字；不可，叵字。即釋典所謂'二合字'。"（注意：裏面的例字有的分析得不太合適，分音詞與它對應的單音詞語音相差甚遠。）3. 反切下字，跟"切母"相對。清陳錦《詩韻釋音·例言》："蒙以爲反切必主音和，字母必分卅六，切母必歸本母，切脚必歸本韻，並辨其呼等。"

切母 反切上字。跟"切脚"相對。清陳錦《詩韻釋音·例言》："蒙以爲反切必主音和，字母必分卅六，切母必歸本母，切脚必歸本韻，並辨其呼等。"《康熙字典》"彴"字條："《玉篇》則變用通廣門法，扶約切，亦得電音。《字彙》不知此，其用符約切，切母《切韻》與《玉篇》同。而音房入聲，則與《爾雅》《正韻》《玉篇》異。蓋《字彙》不知《玉篇》之用通廣，仍以音和門法釋之，此其所以誤也。"

切韻 1. 確切的字音。《南史·周顒傳》："（周顒）轉國子博士，兼著作如故。太學諸生慕其風，爭事華辯。始著《四聲切韻》，行於時。"唐王仁昫《刊謬補缺切韻》入聲洽韻"凹"字下："名之《切韻》，誠曰典音。"2. 等韻學管反切上字叫"切"，反切下字叫"韻"。宋沈括《夢溪筆談》卷十五《藝文二》："所謂切韻者，上字爲切，下字爲韻。切須歸本母，韻須歸本等。"等韻門法中"正音憑切、寄韻憑切、喻下憑切、日寄憑切"的"切"均指反切上字。3. 指等韻學。元袁桷(jué)《清容居士集》卷四十二《問邵子聲音之學及字母淵源》："邵子聲音之學……溫公切韻皆源於此。然此學由西域來，今所謂三十六字母亦從彼出。"

音值 一個音系内部各音素的實際讀音。例如"安"的主元音受後面韻尾 n 的影響，讀作 a；"煙"的主元音受介音 i 和韻尾 n 的雙重影響，讀作 ɛ；"啊"後面没有韻尾，讀作 A；"昂"的主元音受韻尾 ŋ 的影響，讀作 ɑ。

反字 將反切拼切出字音。唐釋神珙《四聲五音九弄反紐圖·序》："夫欲反字，先須紐弄爲初。"

音類 根據一個音系内部字音的實際讀法，按照它們有没有區别字義的功能，將音值相同、相近而且不區别字義的音素歸在一起，再按照它們在古代語音的對應關係，得出一個一個的集合，這集合叫音類。音類是一個音系内部在音值的基礎上根據與古代語音的對應關係確定的音韻成分,不同音系之間儘管有些字音讀得相同或相近,但是不能糾纏在一起歸納音類。例如,北京話管"米"讀214的調值,武漢話管"迷"讀213的調值,調值很相近,但不能說北京話的上聲武漢話讀陽平,或者武漢話的陽平北京話讀上聲。事實上,北京話的"米"是上聲,武漢話的"迷"是陽平。

聲類 1.採用反切系聯等方法之後得到的反切上字的類別。陳澧《切韻考》卷二有《聲類考》。古人製反切,常常考慮跟韻母的相配,同一聲母的字,有的剛好成爲一類,有的可以成爲兩個或兩個以上的聲類,經過一定的分析手續進行歸併,就可以得到聲母。2.韻部。三國魏李登有《聲類》,清孔廣森有《詩聲類》,嚴可均有《説文聲類》,後兩種還含有按照韻部類聚諧聲偏旁的意思。

五音 本概指宮、商、角、徵、羽五種音階。引申指以聲母發音部位爲主並結合發音方法所分的五種聲母類別,即喉音、舌音、齒音、唇音、牙音。唐釋神珙《四聲五音九弄反紐圖》有"五音聲論",跟五方相配;宋鄭樵《七音略》跟宮、商、角、徵、羽相配:喉聲配東方,爲宮;舌聲配西方,爲徵;齒聲配南方,爲商;唇聲配北方,爲羽;牙聲配中央,爲角;來母爲半徵,日母爲半商。《廣韻·辯字五音法》:"凡呼吸文字,即有五音:唇聲、舌聲、牙聲、喉聲、齒聲等。"

七音 等韻學以唇音、舌音、牙音、齒音、喉音、半舌音、半齒音七種發音爲七音,是發音部位和發音方法結合分出來的。《通志·總序》:"天籟之本,自成經緯,縱有四聲以成經,橫有七音以成緯。"明宋濂《〈洪武正韻〉序》:"人之生也則有聲,聲出而七音具焉。所謂七音者,牙、舌、唇、齒、喉及舌、齒各半是也。"

九音 按聲母發音部位並結合發音方法所分的九種聲母類別,即牙音、舌頭音、舌上音、重唇音、輕唇音、齒頭音、正齒音、喉音、半舌半齒音。元劉鑒《經史正音切韻指南》的"分五音"説出了九類聲母,將"來日"歸入"半舌半齒音",跟另外八種並列,但沒有"九音"的名稱。清《皇朝通志》卷十七《七音略四》詳列牙音、舌頭音、舌上音、重唇音、輕唇音、齒頭音、正齒音、喉音、半舌半齒音九音,"半舌半齒"合起來算九音之一。《釋名》卷一:"天,豫司兗冀以舌腹言之。天,顯也,在上高顯也。青徐以舌頭言之。"王先謙《疏證補》引成蓉鏡:"案今等韻家分牙、舌頭、舌上、重脣、輕脣、齒頭、正齒、喉、半舌半齒爲九音,相傳來自西域。"

聲母 一個字音開頭的輔音部分。有少部分字以元音打頭,可以叫"零聲母"。

母、子 是相對的概念,"母"指聲母,"子"指韻。元黃公紹、熊忠《古今韻會舉要》卷二七《入聲·九屑》"切"下注:"反切。一音展轉相呼謂之反,亦作翻,以子呼母、以母呼子也。"清王祚禎《善樂堂音韻清濁鑒》:"反字音義與翻同,蓋以下一字之韻翻轉如上一字之音,法所謂以子呼母也,子者即下一字,母者即上一字也。"李汝珍《李氏音鑒》:"雙聲者,兩字同歸一母;疊韻者,兩字同歸一韻也。"有時候,不用"子",用"聲",跟"母"相對,這個"聲"相當於"韻"。清謝元淮《詩韻審音·論例》:"反切之法,上字從母,下字從聲。"或者不用"子",用"韻",跟"母"相對。例如宋盧宗邁《切韻法·三十六字母切韻訣》:"且以'東德'二字歸母,'東'字則云東丁俱端,'德'的則云德丁俱端,是'東德'二字皆歸端母也。且如德紅切,則云德丁俱東,紅字與東字同韻,故切歸東字也。"清梁僧寶《切韻求蒙·綱領十條》:"切韻即雙聲疊韻也。凡字同屬一母曰雙聲,同屬一韻曰疊韻。"

紐 本義是打結。引申爲紐結,有關全局的關鍵地方。繼續引申爲音韻學術語,指:1.聲母相同,韻母屬四聲相承的字。例如:壬、衽、任、入。唐封演《封氏聞見記》:"周顒好爲體語,因此切字皆有紐。紐有平、上、去、入之異。"用作動詞,指用四聲相承的原理練習雙聲、疊韻,以便掌握反切。唐釋神珙《四聲五音九弄反紐圖序》:"夫欲反字,先須紐弄爲初。一弄不調,則宮商靡次……紐字若不列圖,不肖再傳皆失。"宋趙彥衛《雲麓漫鈔》卷十四:"蓋一字有四聲,或只有三聲者,以側聲紐平聲,以平聲紐側聲,故有雙聲疊韻之别。如章字,有章、掌、障、灼四聲。以側聲灼字紐平聲,則灼良爲章;又以平聲紐側聲,則章兩爲掌,章亮爲障,章略爲灼。蓋良略是雙聲,章良是疊韻。"2.同主元音的陰聲韻和陽聲韻有相配關係時,入聲韻屬於其中相配的樞紐。例如《文鏡秘府論》天卷《調四聲譜》中,"皇晃璜"和"禾禍和"相配,入聲"鑊"是相配的樞紐:"上三字,下三字,紐屬中央一字,是故名爲總歸一入。"3. 相當於"某某反"或"某某切"的"反"或"切"字。例如《九經字樣》:"叐(biāo),平表紐。"4. 小韻。清瞿鏞《鐵琴銅劍樓藏書目錄》卷七"《切韻指掌圖》一卷"下云:"考《集韻》《類編》,皆溫公所修,《集韻》收'不'字於勿韻弗紐中,没韻則不收,與《廣韻》同。"5. 聲母,又稱"聲紐"。黃侃《聲韻略説》:"古雖有一字異讀,然不異紐,則異韻。"

聲紐　漢字的聲母。例如白滌洲有《廣韻聲紐韻類之統計》。

正紐　1. 指四聲相承的同聲母字。例如:壬、袵、任、入。見唐釋神珙《四聲五音九弄反紐圖》。2. 指練習反切拼音原理時,先給出某字的反切,這個反切上字爲正紐。《廣韻·雙聲疊韻法》:"章,灼良切……正紐入聲爲首。"指"灼良切"的"灼"是"章"的正紐。"紐"取"紐結"的意義,切上字跟被切字的聲母紐結起來。

到紐　"到"同"倒",指將某字的反切加以改造,讓原來的切上字作切下字,切下字作切上字,切出某個讀音。這個倒過來的反切上字爲到紐。《廣韻·雙聲疊韻法》:"章,灼良切……到紐平聲爲首。"這裏"灼良切"倒過來是"良灼切",切出"略"字,"良"是"略"的到紐。新的切上字的聲母跟新的被切字紐結起來。

旁紐　1. 相當於"類隔",指幫與非、端和知之類。唐景審《一切經音義序》:"古來反音,多以旁紐而爲雙聲,始自服虔,原無定旨。"2. 跟"正紐"相對,指聲母相同、韻母相近而聲調不同的字。唐釋神珙《四聲五音九弄反紐圖·序》:"傍紐者,皆是雙聲。正在一紐之中,傍出四聲之外。"

字母　聲母的代表字。宋代流傳有舊題守溫所作《三十六字母圖》一卷,今已亡佚。朱熹《朱子語類》卷一百四十《論文下(詩)》:"字之反切,其字母同者,便可互用,如'戎、汝'是也。"字母最開始可能用來指梵文字母,《華嚴經》後附《華嚴字母》,後引申指漢語聲母的代表字。鄭樵《七音序》:"七音之韻,起自西域,流入諸夏……華僧從而定之,以三十六爲之母。"宋元之際方回《以'讀書破萬卷,下筆如有神'为韻賦十詩,送趙然然如大都》詩:"三十六字母,文公之四書。"也寫作"字姆",宋祝泌《觀物篇解》卷四《皇極經世九》:"音之位百九十二,去不用之四十,故止百五十二,所以括切字姆脣舌牙齒喉,而分開發收閉也。"有時簡稱"母"。宋沈括《夢溪筆談》卷十五《藝文二》:"所謂切韻者,上字爲切,下字爲韻。切須歸本母,韻須歸本等。"

雙聲 兩個或兩個以上不同音的字聲母相同。《南史·謝莊傳》:"又王玄謨問莊:'何者爲雙聲?何者爲疊韻?'答曰:'玄護爲雙聲,磝碻爲疊韻。'"南朝齊王融《雙聲詩》:"園蘅眩紅蘤,湖荇燡黃華。迴鶴橫淮翰,遠越合雲霞。"

喉音 也叫"喉聲",跟今天所說的"喉音"含義基本一樣,但哪些聲母要歸到"喉音",古人沒有今天分析得確切。唐釋神珙《四聲五音九弄反紐圖》有"東方喉聲",敦煌寫本《南梁漢比丘守溫述》有"喉音"。《廣韻·辯字五音法》:"凡呼吸文字,即有五音:脣聲、舌聲、牙聲、喉聲、齒聲等……五喉聲綱各(喉聲濁也)。"

古人或將喉音分成"深喉"和"淺喉"。明呂維祺《音韻日月燈》卷首《音辨二》:"喉有深淺之分,曉匣重出爲深喉,影喻輕出爲淺喉。"

牙音 也叫"牙聲",就是舌根音。牙,大牙。王力先生《漢語音韻學》解釋了定名的緣由:"古代所謂牙音就是軟腭音(或稱舌根音),是舌根與軟腭接觸所發的音。舌根的位置緊靠着大牙(最盡頭的牙),古人沒有覺察到實在的情形,所以才錯把舌根和軟腭所發的音當作它們的近鄰大牙所發的音了。"唐釋神珙《四聲五音九弄反紐圖》有"中央牙聲",敦煌寫本《南梁漢比丘守溫述》有"牙音"。《廣韻·辯字五音法》:"凡呼吸文字,即有五音:脣聲、舌聲、牙聲、喉聲、齒聲等……四牙聲迦佉(牙聲濁也)。"(佉,音 qū。)也叫"鼻音",例如清王佶(jí)《韻譜彙編·例言》將見溪群疑四母歸入"鼻音"。這是因爲古人誤以爲發牙音時鼻腔裏面有氣流。清賈存仁《等韻精要·凡例》:"又按鼻音之義,非謂此音全出於鼻,謂讀説時,其氣皆返喉入鼻耳。"

隨鼻聲 指聲母是牙喉音的開口字。《廣韻》末所附《辯十四聲例法》:"六隨鼻聲。灼蒿考姑等,能所俱重也。"這裏"灼"當爲"爊(āo)"之訛,有人校爲"炮",恐非是。《辯十四聲例法》例字往往是同等的字,"蒿、考"都是豪晧韻的字,一等。"姑"當爲"好"之訛。清張玉成《別俗正音彙編》卷上《辨聲要訣》將"高豪好赫亨"叫"隨鼻"。

舌音 也叫"舌聲",指舌尖中音和舌面前音的塞音、鼻音。王力先生《漢語音韻學》解釋了定名的緣由:"古人所謂舌音,在我們看來,就是口內的閉塞音;古人之所以誤稱爲舌音,正因爲發破裂音時,舌頭必須翹起來,與口蓋接觸而完全閉塞了口腔的孔道,如此則舌頭的動作很容易覺察到,被動的口蓋的作用容易被忽略,而古人便以爲那音是由舌頭發出的了。"唐釋神珙《四聲五音九弄反紐圖》有"西方舌聲",敦煌寫本《南梁漢比丘守溫述》有"舌音"。《廣韻·辯字五音法》:"凡呼吸文字,即有五音:脣聲、舌聲、牙聲、喉聲、齒聲等……二舌聲靈歷(舌聲清也)。"舌音分舌頭音和舌上音兩類。

舌頭音 指舌尖中音。舌頭,舌尖。因爲發這類音時,舌尖向上與齒齦接觸,舌尖作用明顯,所以古人叫"舌頭"。敦煌寫本《南梁漢比丘守溫述》:"端透定泥是舌頭音。"

舌上音 指舌面前音。舌上,舌前。因爲發這類音時,舌面前部主動往上擡,作用明顯,所以古人叫"舌上"。敦煌寫本《南梁漢比丘守溫述》:"知徹澄娘日是舌上音。"

半舌音 也叫"舌聲",指邊音來母。王力先生《漢語音韻學》解釋了定名的緣由:"發這音的時候,舌頭和上顎的接觸很鬆,而且也只有舌頭的中面翹起,所以古人誤會,以爲只用了舌頭的一半。"《韻鏡》卷首張麟之《調韻指微》叫"舌齒音":"若'來'字,則先舌後齒,謂之舌齒。"《四聲等子·七音綱目》叫"半舌",元劉鑑《經史正音切韻指南·分五音》:"來日半舌半齒音。"

齒音 也叫"齒聲",指尖前音和舌面前音的塞擦音、擦音。王力先生《漢語音韻學》解釋定名緣由:"本來發摩擦音時,舌頭翹起並不接觸上顎,因此古人就以爲舌頭沒有動;另一方面,摩擦音的讀音時間比較長,在這較長的時間中,我們很容易得到氣由齒縫中流出的感覺。古人既沒有察覺到這類音的根源,又忽略了舌頭的作用,僅有氣由齒縫流出的感覺,因此便說這是齒發出的音了。"唐釋神珙《四聲五音九弄反紐圖》有"南方齒聲",敦煌寫本《南梁漢比丘守温述》有"齒音"。《廣韻·辯字五音法》："凡呼吸文字,即有五音:脣聲、舌聲、牙聲、喉聲、齒聲等……三齒聲陟珍(齒聲濁也)。"齒音分齒頭音和正齒音兩類。

齒頭音 指舌尖前音。齒頭,齒尖。因爲發音時,舌尖靠着上齒背或下齒背,而舌尖長時間不動,所以古人看重齒尖的作用,名"齒頭"。敦煌寫本《南梁漢比丘守温述》："精清從是齒頭音。"

正齒音 指舌面前音的塞擦音、擦音。正齒,齒的正中。發音時,舌面前部似乎向上齒的中部靠攏,所以古人看重上齒正中的作用,名"正齒"。敦煌寫本《南梁漢比丘守温述》："審穿禪照是正齒音。"

半齒音 指日母。王力先生《漢語音韻學》解釋定名緣由:"古人對於審音不大精確,把摩擦音叫作齒音,這是因爲有氣從齒縫中流出的感覺,現在因爲加入了鼻音,就有了兩個共鳴器,所以從口腔裏出來的氣便比普通摩擦音少了些,於是齒縫中出氣的感覺也比較小,古人隨着感覺的減小,便名之曰半齒。"按:稱作"半齒",可能表明當時日母字已沒有鼻音成分。之所以叫"半齒",據《韻鏡》卷首張麟之《調韻指微》,叫"齒舌音":"若……'日'字,則先齒後舌,謂之齒舌。"古人感覺到發日母,是"先齒後舌",因名"半齒"。《四聲等子·七音綱目》叫"半齒",元劉鑑《經史正音切韻指南·分五音》："來日半舌半齒音。"

脣音 也叫"脣聲"。指雙脣音和脣齒音。唐釋神珙《四聲五音九弄反紐圖》有"北方脣聲",敦煌寫本《南梁漢比丘守温述》："脣音:不芳並明。"《廣韻·辯字五音法》："凡呼吸文字,即有五音:脣聲、舌聲、牙聲、喉聲、齒聲等……一脣聲并餅(脣聲清也)。"脣音分重脣音和輕脣音兩類。

重脣音 指雙脣音。古人感覺發這類音力度重,故名。《韻鏡》卷首《三十六字母》有"脣音重",《四聲等子·七音綱目》叫"脣重",元劉鑑《經史正音切韻指南·分五音》："幫滂並明重脣音。"

輕脣音 指脣齒音。古人感覺發這類音力度輕,故名。《韻鏡》卷首《三十六字母》有"脣音輕",《四聲等子·七音綱目》叫"脣輕",元劉鑑《經史正音切韻指南·分五音》："非敷奉微輕脣音。"

舌根聲　指聲母是舌根音或喉音。《廣韻》末所附《辯十四聲例法》："七舌根聲。奚雞溪等，能所俱重。"例字都是齊韻字，韻母是 ɛi 的開口讀音。

蹙舌下卷聲　指影母字。《廣韻》末所附《辯十四聲例法》："八蹙舌下卷聲。伊酌等，能所重。"舉例有"伊酌"，其中"酌"當爲訛字。《辯十四聲例法》不用入聲字爲例字。宋陳元靚（jìng）《事林廣記》卷六《切字門·辯十四聲》有"卷舌伊幽一噎縈"，都是影母字；清張玉成《別俗正音彙編》卷上《辨聲要訣》將"伊幽乙意英"叫"卷舌"。古人理解的"卷舌"跟我們今天有所不同，張玉成說，發這些音時"舌居中"，也就是舌頭不翹起來，而是縮下去，由喉嚨來發音。

垂舌聲　指聲母是章組。《廣韻》末所附《辯十四聲例法》："九垂舌聲。遮車奢者，能所俱輕。"例字都是麻韻開口三等字。

齒聲　指齒音。《廣韻》末所附《辯十四聲例法》："十齒聲。止其始等，能所俱輕也。"例字都是之韻系開口三等字。"其"《大廣益會玉篇》作"具"，都可能是某個章組字的訛字。《廣韻·辯字五音法》："凡呼吸文字，即有五音：脣聲、舌聲、牙聲、喉聲、齒聲⋯⋯三齒聲陟珍（齒聲濁也）。"

齶聲　齶，也寫作"腭、咢"。1. 指牙喉音中拼 au 韻母者。《廣韻》末所附《辯十四聲例法》："十二齶聲。鴉嚻等，能所輕。"例字中"嚻"當爲"囂"之訛，《大廣益會玉篇》作"囂"。也叫"上顎"，清張玉成《別俗正音彙編》卷上《辨聲要訣》將"囂妖轎驕矯"叫"上鄂（顎）"。2. 指牙音。例如明呂維祺《音韻日月燈》卷首《音辨二》："牙音用斷聲，在上顎，故有竟以齶音名者。"方以智《通雅》卷五十《切韻聲原》見溪群疑四母歸"腭聲"。之所以叫"齶音"，清周春《小學餘論》卷下《韻學》說："見溪群疑屬牙音，後人因齒、牙易混，改爲齶（原注：一作腭，一作咢，並同。）音。"

喉聲　指牙喉音。《廣韻》末所附《辯十四聲例法》："十三喉聲。鴉加瘕等，能所俱輕。"（這個"瘕"可能是"瑕"的俗寫，當讀 xiá。）《廣韻·辯字五音法》："凡呼吸文字，即有五音：脣聲、舌聲、牙聲、喉聲、齒聲⋯⋯五喉聲綱各（喉聲濁也）。"也叫"引喉"，清張玉成《別俗正音彙編》卷上《辨聲要訣》將"勾狗鷗鴉厄"叫"引喉"。

尖團音 尖音和團音的合稱。以普通話爲例，尖音指跟今天的細音（指韻母是 i、y，或以 i、y 爲介音的韻母）韻母相拼、來自中古精系的那些字的讀音，團音指跟今天的細音韻母相拼、來自中古見系見溪群、影系曉匣的那些字的讀音。分不分尖團，指這兩組聲母跟細音韻母相拼時有没有分别。分尖團指精系和見曉系字和細音韻母相拼時讀音有分别，不分尖團指精系和見曉系字跟細音韻母相拼時没有分别。明萬曆年間（1573—1620）葉秉敬《韻表》（1605）有"辨韻有麤細圓尖"條，雖跟今天的尖團音含義不同，跟"四呼"相當，但這個術語應該跟聲母分尖團有關，清無名氏《圓音正考·序》："試取三十六字母審之，隸見溪郡曉匣五母者屬團，隸精清從心邪五母者屬尖，判若涇渭。"

"尖音"和"圓音"的術語，明人已經使用。例如張岱（1597—1689）《夜航船》卷二《地理部》："瀧（shuāng）水 尖音商，縣名。"可能指"商"字中間加一個細音成分。"圓音"一語出現很早，指佛說法之音。可能因爲這個意義用得較多，爲了意義明晰，人們將音韻學上的"圓音"叫作"團音"。清乾嘉時期黄旛綽、莊肇奎原著，道光時葉元清修正增補的《梨園原》"尖團"條："尖字、團字之分，近日罕有知其據者，往往團字變爲尖字，實爲曲白之大病。夫尖字系半齒音，如酒、箭、綫，乃半齒音，故應用尖；久、劍、現則不然，非隨意可以念成尖字也。近時多不察之。"

開 邵雍《皇極經世書》的術語，大致相當於一等聲母。

發 邵雍《皇極經世書》的術語，大致相當於二等聲母。

收 邵雍《皇極經世書》的術語，大致相當於三等聲母。

閉 邵雍《皇極經世書》的術語，大致相當於四等聲母。

發聲 也叫"出聲"，大致相當於不送氣的塞音、塞擦音。明方以智《通雅》卷五十《切韻聲原》分了二十類聲母，認爲聲母的清濁有"初發聲、送氣聲、忍收聲"之别，這是按方氏所體會出來的發音方法做的分類，跟今天輔音發音方法不一定對得起來；有少數聲母存在跨類情況，曉母既是送氣聲，也是發聲，疑母既是收聲，也是送氣聲。方氏的初發聲包括幫見端精知曉疑等聲母，主要是不送氣的塞音、塞擦音，還有擦音曉母和鼻音疑母。江永《音學辨微》加以推闡，更爲合理。陳澧《切韻考外篇》卷三："澧案：發、送、收之分最善。發聲者，不用力而出者也。"具體包括哪些聲母，各家不完全一樣。

送氣聲 也叫"送聲"，大致相當於送氣的塞音、塞擦音。《切韻聲原》的送氣聲包括滂溪夫透清穿曉等聲母，主要是送氣的塞音、塞擦音，還有擦音夫曉。《切韻聲原》還包括兩個擦音。陳澧《切韻考外篇》卷三："澧案：發、送、收之分最善……送氣者，用力而出者也。"

收聲 也叫"忍收聲"，大致相當於鼻音、邊音。《切韻聲原》的忍收聲包括明微泥疑心審日來等聲母，主要是鼻音、邊音，也有擦音心審二母。陳澧《切韻考》卷三："澧案：發、送、收之分最善……收聲者，其氣收斂者也。"

戛 指不送氣的塞音、塞擦音。清末勞乃宣《等韻一得外篇·字母》："鼻舌齒唇諸音，皆與氣相遇而成。氣之遇於鼻舌齒唇也，作戛擊之勢而得音者，謂之戛類。作透出之勢而得音者，謂之透類。作轢過之勢而得音者，謂之轢類。作按捺之勢而得音者，謂之捺類。戛稍重，透最重，轢稍輕，捺最輕。"

透 指送氣的塞音、塞擦音。《等韻一得外篇·字母》："鼻舌齒唇諸音，皆與氣相遇而成。氣之遇於鼻舌齒唇也，作戛擊之勢而得音者，謂之戛類。作透出之勢而得音者，謂之透類。作轢過之勢而得音者，謂之轢類。作按捺之勢而得音者，謂之捺類。戛稍重，透最重，轢稍輕，捺最輕。"

拂 指擦音。見於《等韻一得外篇·雜論》所引邵作舟說，邵對勞乃宣轢類再做區分："吾友邵子班卿（按：邵作舟字班卿）謂當分爲拂、轢二類，來爲舌之轢，而別有其拂；曉爲鼻之拂，審爲齒之拂，非爲唇之拂，而別有其轢"。

轢 勞乃宣《等韻一得外篇》將擦音和邊音來母都歸此類，沒有"拂類"；所引邵作舟說，將擦音叫"拂類"，來母叫"轢類"。《等韻一得外篇·字母》："鼻舌齒唇諸音，皆與氣相遇而成。氣之遇於鼻舌齒唇也，作戛擊之勢而得音者，謂之戛類。作透出之勢而得音者，謂之透類。作轢過之勢而得音者，謂之轢類。作按捺之勢而得音者,謂之捺類。戛稍重,透最重,轢稍輕,捺最輕。"

捺 指鼻音、半元音。《等韻一得外篇·字母》:"鼻舌齒唇諸音,皆與氣相遇而成。氣之遇於鼻舌齒唇也,作戛擊之勢而得音者,謂之戛類。作透出之勢而得音者,謂之透類。作轢過之勢而得音者,謂之轢類。作按捺之勢而得音者,謂之捺類。戛稍重,透最重,轢稍輕,捺最輕。"

揉 指鼻音、半元音。見於《等韻一得外篇·雜論》所引邵作舟說:"吾友邵子班卿……其所定字母譜列揉、轢、拂、透、戛為五類,揉即吾譜之捺也,拂與轢則吾譜轢之所析也。"

聲系 也叫"聲組",發音部位相同的一組聲母。例如"幫滂並明"可以叫"幫系"或"幫組","見溪群疑"可以叫"見系"或"見組"。有人區分"系"和"組",例如丁聲樹《漢語音韻講義》,先分"系",再分組,"幫系"下分"幫組、非組"。

音和 後人拼讀反切時,反切上字跟被切字同聲母,反切下字跟被切字同韻母,就是音和。敦煌寫本《南梁漢比丘守溫述》有《聲韻不和切字不得例》,《四聲等子》有《辨音和切字例》。

類隔 後人拼讀反切時,雖然反切下字跟被切字同韻基,但反切上字跟被切字不同聲母,就是類隔。有兩類:一是端系和知系互切,二是輕重唇互切。《南梁漢比丘守溫述》的《聲韻不和切字不得例》:"夫類隔切字有數般,須細辯輕重,方乃明之。"有人理解的"類隔"範圍更廣一些,開合口互切也算進來。例如清汪鳴鑾《詩韻釋音序》:"其在原切者古法之類隔,如輕唇之切重唇,舌上之切舌頭,以及開合口之互翻皆是也。"

韻書 一種聚集同音字,按韻或韻部編排,主要用來查找、分辨正確字音的字典,服務於寫作韻文和審音。最早的韻書是三國魏李登《聲類》,已亡佚;今存影響最大的韻書是《廣韻》。宋羅大經《鶴林玉露》卷三:"楊誠齋在館中,與同舍談及晉于寶,一吏進曰:'乃干寶,非于也。'問何以知之,吏取韻書以呈,'干'字下注云:'晉有干寶。'誠齋大喜曰:'汝乃吾一字之師。'"孫奕《示兒編》卷一"不字"條:"世俗語言及文字中所急者,惟'不'字極關利害,韻書中如府鳩、方久二切者,施之於詩與賦押韻,無不可者。"也作"均書",清郭師古《音學偶存·入聲即陽平説》:"惟國書十二字頭猶存古音,而不爲均書所誤。"

官韻 科舉時代朝廷指定韻書中所定的韻,當時科舉考試考詩賦時作爲押韻的標準。亦指這類韻書中的韻類。如唐代指定《切韻》,宋代有《禮部韻略》等。宋王讜(dǎng)《唐語林》卷一《言語》:"宋濟老於詞場,舉止可笑。嘗試賦,語失官韻,乃撫膺曰:'宋五又坦率矣!'"清潘耒《類音》卷二:"唐稱《唐韻》,宋稱《廣韻》,頒於場屋,謂之官韻,士子奉爲章程,莫敢出入。"

韻母 1. 一個音節除去聲母和聲調,剩下的部分。這是今天通行的用法。2. 指聲母。明陳藎(jìn)謨《元音統韻》卷一《通釋上·三十六韻母》:"韻母者,既創定《經緯圖》,挨取三十六字母以立韻母,所以發人本有之元音,引人自具之喉舌也。"

韻基 一個韻中包含介音的部分,介音、主元音和韻尾(如果有韻尾的話)相同的韻爲一個韻基。中古韻書的一個韻可以包含一個或一個以上同聲調的不同韻母,原來只是用"韻母"這一概念去稱呼它們,不容易準確,所以這裏立"韻基"的術語。韻基是對韻的進一步切分,跟韻書中的"韻"不同在於:同韻的字不管介音,同韻基的字管介音;跟"韻母"的不同在於:同一韻母中屬於同一聲調的字才歸爲同一個韻基。例如"公"和"弓"都屬於東韻,聲調相同,但是有兩個韻基,它們的中古介音不同。

韻 1. 音節中韻的部分。《文心雕龍·聲律》:"雙聲隔字而每舛,疊韻離句而必睽。"[睽(kuí):乖離,違背。]2. 詩賦等韻文中的韻脚或押韻的字。《文心雕龍·聲律》:"異音相從謂之和,同聲相應謂之韻。"3. 韻書中同主元音、韻尾(如果有韻尾的話)、聲調的字歸爲一韻。也寫作"均",清郭師古《音學偶存·反切論》:"同音謂之雙聲,同均謂之疊均。"4. 同韻母、聲調的字歸爲一韻。《廣韻·雙聲疊韻法》:"灼略、章良是疊韻。"陳澧《切韻考·條例》:"切語之法,以二字爲一字之音,上字與所切之字雙聲,下字與所切之字疊韻。"5. 相當於今天所說的"小韻",例如《切韻殘頁》(伯三七九八)"二冬"韻最後注:"右十一韻。"這是說,冬韻有十一個小韻。6. 將《切韻》系韻書中同主元音、韻尾(如果有韻尾的話)或跟陽聲韻韻尾相承的入聲字歸爲一韻。這個意義的"韻"相當於韻部。也叫"韻頭、韻事"。所謂"韻頭",字面意思是這個韻的頭一個字。例如《切韻》系韻書中"東董送屋"是四個韻,但是武玄之《韻詮》"東董送屋"歸爲一個韻,也就是"一東",包括"董送屋"。全書有五十個韻,日釋安然《悉曇藏》叫"五十韻頭",了尊《悉曇輪略圖抄》叫"五十韻事"。(參看尉遲治平、汪璞贇《〈韻詮〉五十韻頭續考——〈韻詮〉研究之五》)

押韻 也叫"壓韻"。韻文中某些句子末一字或末字爲虛字的前一字用字屬相同或鄰近的韻,使音調和諧優美。《康熙字典》手部"押"下說:"又詩賦用韻曰押。言押者,壓也。"

韻目 1.唐代稱小韻的首字爲韻目。《王仁昫刊謬補缺切韻》載王仁昫《序》:"謹依《切韻》增加,亦各隨韻注,仍於韻目具數云爾。"2.韻書中一個韻的標目,這是一個韻的代表字。《王仁昫刊謬補缺切韻》去聲"五十六釅":"魚俺反。陸無此韻目,失。"《古今韻會舉要·凡例》:"舊韻上平、下平、上、去、入五聲,凡二百六韻,今依平水韻並通用之韻爲一百七韻。(原注:'說見一卷韻目後注。')"唐代還管韻目叫"韻首"。《王仁昫刊謬補缺切韻》卷第二("廿八韻"):"韻首:先(蘇前)·仙(相然)·蕭(蘇彫)……"

韻系 反映中古的韻書、韻圖中,四聲相承的一組韻稱爲一個韻系。例如"東董送屋"爲一個韻系,可以叫"東韻系"。

韻攝 等韻學家將韻腹相近、韻尾相同的不同韻系歸併而成的類別。《韻鏡》《七音略》沒有明確提到韻攝,但暗含十六攝。元劉鑑《經史正音切韻指南》把《廣韻》二百零六韻歸併爲十六攝,《四聲等子》歸併爲十五攝(江攝併入宕攝),它們都在韻圖的右邊注上"通攝""效攝"等字樣。

韻部 1.將互相押韻的字,除去合韻的字,串聯成的一個一個的類別,叫韻部。同一個韻部的字主要元音和韻尾(如果有韻尾的話)相同。2.相當於韻書中的"韻"。唐孫愐《唐韻序》:"若細分其條目,則令韻部繁碎,徒拘桎於文辭耳。"陳澧《切韻考》卷三有《韻類考》:"《廣韻》平上去入二百六韻,必陸氏《切韻》之舊也。夫韻部分至二百六,固已多矣。"3.有人將韻書中平上去相承的各韻的集合也叫"韻部"。例如"東董送"叫東部,即東韻部。

韻段 具體韻文中互相押韻的一組字成爲一個韻段。例如柳宗元《江雪》:"千山鳥飛絶,萬徑人蹤滅。孤舟蓑笠翁,獨釣寒江雪。"其中"絶、滅、雪"是一個韻段。有的詩有多個韻段,如《木蘭辭》等。

正韻 指互相押韻的同韻部的字,江有誥《音學十書·凡例》:"古有正韻,有通韻,有合韻。"這是江有誥的術語。

合韻 1. 相當於"叶音、協音、協句",指後人讀前代韻文時感到某字跟整個韻段不能押上韻,於是臨時改讀,以求押韻和諧。例如《漢書·司馬相如傳》載《子虛賦》:"其上則有宛雛孔鸞,騰遠射干。其下則有白虎玄豹,蟃(màn)蜒(yàn)貙(chū)豻(án)。"顏師古注:"蜒又音弋戰反。貙音丑于反。豻合韻音五安反。"2. 讀音相近而分屬不同韻部的字互相押韻或相通。清段玉裁《六書音均表三·古合韻說》:"不知有合韻,則或以爲無韻……或指爲方音……"3. 古音學家按照韻部音值的遠近排列韻部,在陰陽入(如果入聲獨立)三種韻部的内部,韻部沒有排在一起,而是隔了一部的字互相押韻,就叫"合韻",江有誥《音學十書·凡例》:"古有正韻,有通韻,有合韻……韻隔一部爲合韻。"這是江有誥的術語。

通韻 跟"合韻"相對,古音學家按照韻部音值的遠近排列韻,在陰陽入(如果入聲獨立)三種韻部的内部,韻部不同但排在一起的字互相押韻,叫"通韻",江有誥《音學十書·凡例》:"古有正韻,有通韻,有合韻。"這是江有誥的術語。

借韻 1. 近體詩的一種格律要求,指五、七言近體詩,首句入韻時,可以借用鄰近的韻通押。宋嚴羽《滄浪詩話·詩體》"有借韻"原注:"如押七之韻,可借八微或十二齊韻是也。"2. 江有誥按照韻部音值的遠近排列韻部,遇到在陰陽入(如果入聲獨立)三種韻部之間的字互相押韻,就叫"借韻",《音學十書·詩經韻讀》有"脂元借韻、脂文借韻、歌元借韻"等。3. 也叫"借聲""借次韻",指借用甲韻的切下字作乙韻的切下字。例如《磧砂藏》隨函音義:"紛糾,上音分,下俱有反。紛糾,亂也。有字是借韻用。"又:"紛糾,上芳文反,下均有反。有,借聲。"又:"糾舉,上俱有反。糾,告也。借次韻。"糾,黝韻;有,有韻。二字在韻書中不同韻。

古韻 1.指先秦韻部。元熊朋來《熊先生經說》卷二《易詩書古韻》:"以《易》《書》證於《詩》,古韻歷歷可考。"2.泛指《切韻》系韻書以前的分韻或用韻。宋嚴羽《滄浪詩話·詩體》:"有今韻,有古韻。如韓退之《此日足可惜》詩,用古韻也。"

今韻 指《切韻》系韻書的分韻。宋嚴羽《滄浪詩話·詩體》:"有今韻,有古韻。"元熊朋來《熊先生經說》卷二《易詩書古韻》:"鄭氏辨今韻之訛,其間亦有自破其韻例者。"

韻轍 "轍"是"準則,規範"的意思。明清以來的白話講唱文學將互相押韻的字歸併在一起,形成一個一個的集合,叫韻轍,作爲押韻的依據。比較流行的是"十三轍",是皮簧、鼓詞等戲劇曲藝所用的十三個韻類,也叫"十三道轍",即:中東(中冬)、江陽、衣期(一七)、姑蘇、懷來、灰堆、人辰(壬辰)、言前(檐前)、梭波(梭潑)、麻沙(發花)、乜邪(疊雪)、遙迢(遙條)、由求(油求)。

韻腳 韻文句末或某些句末虛字前互相押韻的字。五代王定保《唐摭言·已落重收》:"不止題目,向有人賦此,韻腳亦同。"宋吳曾《能改齋漫録·事始二》:"至開元二年,王丘員外知貢舉,試旗賦,始有八字韻腳,所謂'風日雲野,軍國清肅'。"

寬韻 韻書中字數多、容易組成韻腳的韻。宋歐陽修《六一詩話》:"聖俞戲曰:'前史言退之爲人木強(jiàng),若寬韻可自足,而輒旁出;窄韻難獨用,而反不出,豈非其拗強而然歟?'"

強韻 也叫"險韻""窄韻",詩文押韻時生僻少用的韻。《梁書·王筠傳》:"筠爲文能壓強韻,每公宴並作,辭必妍美。"唐皮日休《寒夜文宴聯句》:"清言聞後醒,強韻壓來艱。"宋歐陽修《歸田録》卷二:"余六人歡然相得,群居終日,長篇險韻,衆制交作。"《六一詩話》:"聖俞戲曰:'前史言退之爲人木強,若寬韻可自足,而輒傍出;窄韻難獨用,而反不出,豈非其拗強而然歟?'"清汪烜《詩韻析·論韻》將江、佳、肴、蒸、覃、咸等韻列爲"險",指的是險韻。在利用韻文研究歷代韻部系統時,要考慮韻的寬緩。

大韻 唐代管韻叫"大韻"。《裴務齊正字本刊謬補缺切韻》卷首:"右四聲五卷,大韻總有一百九十三(當作'五'),小韻三千六百七十一。"

小韻 1.詩八病之一,又叫"傷音病",指五言詩一聯中,除韻脚外的其餘九字,如果用了同韻的字,就叫"犯小韻"。可參《文鏡秘府論》。宋魏慶之《詩人玉屑》卷十一:"六曰小韻。除本一字外,九字中不得有兩字同韻,如'遙'、'條'不同。"《廣韻》遙,宵韻;條,蕭韻。宋代功令允許二韻"同用",故可算同韻。2.韻書中一個韻裏面同音的字聚集到一起,稱爲一個小韻。同一個小韻的字必同音,不同的小韻必不同音。《裴務齊正字本刊謬補缺切韻》卷首:"右四聲五卷,大韻總有一百九十三,小韻三千六百七十一。"

領音 也叫"音紐"。韻書中小韻的開頭一字。清《皇朝通志》卷十七"古今通韻":"至韻中有數音者,各以一字領之。如東韻中有東同終蟲等音,而以東字爲涷、崬之首,同字爲桐、童之首,所謂領音,亦謂音紐。"

韻類 同一個韻的字採取反切系聯等方法進行串聯之後得到的反切下字的類別,這不同的類別反映了不同的韻基。陳澧《切韻考》卷三有《韻類考》。

韻譜 1.相當於韻書前面的分韻表,顧炎武《音學五書》的《音論》卷上有《唐宋韻譜異同》。2.排比歷代的韻部系統的一種表譜。清王念孫有《毛詩群經楚辭韻譜》《周秦諸子韻譜》《西漢(〈楚辭〉中)韻譜》《西漢(〈文選〉中)韻譜》。3.相當於"等韻圖"。研究歷代音系,製成聲韻調配合的連續性表格,這種連續性的表格叫作"韻譜"。

同用 利用官韻的分韻組織韻文韻脚字時,有些相鄰的韻允許互相押韻,叫同用。例如《廣韻》注明上平聲寒韻和桓韻可以互押,在寒韻下注明"桓同用"。同用的韻表明它們在當時讀音一般已經混同了。古人規定"同用、獨用",還考慮到該韻是寬韻還是窄韻。

獨用 利用官韻的分韻組織韻文韻脚字時,有些韻不允許跟別的韻互相押韻,只能用本韻的字相押,叫獨用。例如《廣韻》上平聲東韻下注明"獨用"。

疊韻 1.兩個或兩個以上不同音的字同韻。疊韻聯綿詞多用之。《南史·謝莊傳》："又王玄謨問(謝)莊：'何者爲雙聲？何者爲疊韻？'答曰：'玄護爲雙聲，磽碻爲疊韻。'"唐皮日休《雜體詩序》："'梁武帝云：「後牗有朽柳。」沈約云：「偏眠船舷邊。」由是疊韻興焉。'" 2. 兩個或兩個以上不同音的字同韻母和聲調。《廣韻·雙聲疊韻法》："灼略、章良是疊韻。"陳澧《切韻考·條例》："切語之法，以二字爲一字之音，上字與所切之字雙聲，下字與所切之字疊韻。"

陰聲韻 韻尾是元音或沒有韻尾的韻母。例如"何"沒有韻尾，"好"有元音韻尾，都是陰聲韻。也叫"陰聲"。早期韻書排韻時，已經有陰聲韻、陽聲韻、入聲韻的觀念，所以全部陰聲韻都不跟陽聲韻相配；入聲韻只配陽聲韻。戴震《答段若膺論韻》："(舊)有入者如氣之陽……無入者如氣之陰。"

陽聲韻 以鼻音 m、n、ŋ 做韻尾的韻母。例如"藍、賓、綱、翁"都是陽聲韻。也叫"陽聲"。戴震《答段若膺論韻》："(舊)有入者如氣之陽……無入者如氣之陰。"

入聲韻 以塞音 p、t、k 做韻尾的韻母。例如"汁、雪、黑"都是入聲韻。也叫"入聲"。入聲，有時候指入聲韻，有時候指入聲調。

穿鼻 指以鼻音 ŋ 做韻尾的韻母。清毛先舒《韻學通指·聲音韻統論》："穿鼻者，口中得字之後，其音必更穿鼻而出作收韻也，東冬江陽庚青蒸七韻是也。"也有人叫"鼻音"，明沈寵綏《度曲須知》卷上《鼻音抉隱》："緣夫吳俗承訛既久，庚青皆犯真文，鼻音誤收舐腭。"

展輔 指主元音或韻尾爲 i 的韻母。清毛先舒《韻學通指·聲音韻統論》："展輔者，口之兩旁角爲輔，凡字出口之後，必展開兩輔微如笑狀作收韻也，支微齊佳灰五韻是也。"

斂唇 指主元音或韻尾爲 u 的韻母。清毛先舒《韻學通指·聲音韻統論》："斂唇者，口半啓半閉聚斂其唇作收韻也，魚虞蕭肴豪尤六韻是也。"

抵腭 指以鼻音 n 做韻尾的韻母。清毛先舒《韻學通指·聲音韻統論》："抵腭者，其字將終時，以舌抵著上顎作收韻也，真文元寒删先六韻是也。"也叫"舐(shì)腭"，《四庫全書總目》卷四十二《經部·小學類三》："謂庚收穿鼻，真收舐腭，兩不相叶，然'嘉名''靈均'，乃見於屈原之《騷》。"也叫"齊齒音"。《康熙字典》心部"心"下："按《字彙》《正字通》心俱音辛，誤。辛在真韻，齊齒音也；心在侵韻，閉口音也。"

直喉 指主元音為 a、沒有韻尾的韻母。清毛先舒《韻學通指·聲音韻統論》："直喉者，收韻直如本音者也，歌麻二韻是也。"

開尾韻 指沒有韻尾的韻母。清潘逢禧《正音通俗表摘要·論源流》叫"直收本音"："凡字有一音而得者，收音不待轉喉，是謂直收本音。（原注：《通俗表》中沙遮伊鋪須知六部皆是。）"

開口聲 指韻母發音開口度大的元音。《廣韻》末所附《辯十四聲例法》："一開口聲。阿哥河等，並開口聲。"聲母是牙喉音、韻母是歌韻 ɑ 的一等開口讀音，口腔開度最大。清張玉成《別俗正音彙編》卷上《辨聲要訣》將"何可我歌羹"叫"開口"。

合口聲 也叫"閉口韻""閉口""閉口音"，以雙唇鼻音 m 作韻尾或相承的以 p 收尾的韻母。《廣韻》末所附《辯十四聲例法》："二合口聲。菴甘堪諳等，並是合口聲。"例字都是覃談韻的字，開口一等。元周德清《中原音韻·正語作詞起例》："且六朝所都江淮之間，緝至乏俱無閉口，獨浙有也。"明沈寵綏《度曲須知》卷上《中秋品曲》："廉纖、侵尋、監咸三韻，音收於閉口。"清毛先舒《韻學通指·聲音韻統論》："閉口者，却閉其口作收韻也，侵覃鹽咸四韻是也。"《康熙字典》心部"心"："按《字彙》《正字通》心俱音辛，誤。辛在真韻，齊齒音也；心在侵韻，閉口音也。"

齊齒 1.指"齊齒呼"，見該條。2.以舌尖鼻音 n 作韻尾或相承的以 t 收尾的韻母。《康熙字典》心部"心"："按《字彙》《正字通》心俱音辛，誤。辛在真韻，齊齒音也；心在侵韻，閉口音也。如心字去聲，音近信，然不得竟以信字音之者，蓋信字為真韻內辛字之去聲，乃齊齒音也。若侵韻內心字之去聲，乃閉口音，有音而無字矣。字有不可下直音者，此類是也。蓋齊齒之辛，商之商也。閉口之心，商之羽也。每一音中，具有五音，不可無別。"

蹙口聲 指韻母是發音時嘴唇只留下狹窄縫隙所發出的開口讀音。蹙，狹窄。《廣韻》末所附《辯十四聲例法》："三蹙口聲。憂丘鳩休等，能所俱重也。"這些例字聲母是牙喉音，韻母都是尤韻 iəu

的字，介音和韻尾都可以算高元音。也叫"縱唇"，清張玉成《別俗正音彙編》卷上《辨聲要訣》將"休丘求鳩九"叫"縱唇"。

撮唇聲 指嘴唇撮圓所發出的元音韻母。主元音都是 u，聲母都是牙喉音。《廣韻》末所附《辯十四聲例法》："四撮唇聲。烏姑乎枯，能所俱重。"明沈寵綏《度曲須知》卷上《音同收異考》："魚韻撮唇，齊微嘻口。"清張玉成《別俗正音彙編》卷上《辨聲要訣》將"呼虎烏塢汙"叫"撮唇"，這些例字韻母都是 u。

開唇聲 可能指聲母是雙唇，後接韻母為 ɑ 或 o 的音。雙唇音處在聲母位置上，韻母是 ɑ 或 o，因此發韻母時口腔開度很大。《廣韻》末所附《辯十四聲例法》："五開唇聲。波坡摩婆，能所俱輕。"例字跟開口聲的聲韻母都有區別。清張玉成《別俗正音彙編》卷上《辨聲要訣》將"坡波頗播"等字叫"開唇"。

牙齒齊呼開口送聲 《廣韻》末所附《辯十四聲例法》："十四者牙齒齊呼開口送聲。吒沙拏茶，能所俱輕。"就例字看，是指聲母是舌齒音、韻母是麻韻開口二等的字。

元音尾韻 以元音結尾的韻母。

噫音 以 i 結尾的韻母。明沈寵綏《度曲須知》卷上《中秋品曲》："齊微、皆來，以噫音收。"

嗚音 以 u 結尾的韻母。明沈寵綏《度曲須知》卷上《中秋品曲》："蕭豪、歌戈，以嗚音收。"

鼻音尾韻 以鼻音 m、n、ŋ 作韻尾的韻母。跟"陽聲韻"外延相當，但屬於不同的集合。

[ɚ]音 指讀 ɚ 的系列字。例如"而、二"等。參看李思敬《漢語"兒"[ɚ]音史研究》。

兒化音 指"兒"字作後綴時跟詞根語素結合成一個音節的語音現象。例如"花兒、小曲兒"等。在詩歌押韻上也叫"兒化韻"，或"小轍兒"。參看李思敬《漢語"兒"[ɚ]音史研究》。

本音、音轉 段玉裁創立的古韻學的一種理論，"本音"跟"音轉"相對。《廣韻》中有的韻上古要分派到不同的韻部中，也就是上古不同韻部的字《廣韻》中變成了同一個韻的字，其中一個上古韻部所含《廣韻》的韻是本音。例如尤韻有的要歸上古之部，有的要歸幽部，段玉裁以歸幽部的尤韻字爲本音，幽部變到中古尤韻的那些字沒有出現古今異部的情況，段玉裁以爲古今韻部沒有改變，因此是"本音"，之部的本音是之哈二韻，尤韻字本音不在之部，所以這些之部的尤韻字上古本音歸入之哈，變到中古尤韻是"音轉"。《六書音均表一·古十七部本音説》："凡一字古今異部，以古音爲本音，以今音爲音轉。如'尤'讀怡、'牛'讀疑、'丘'讀欺，必在弟一部（按：之部）而不在弟三部（按：幽部）者，古本音也。今音在十八尤者，音轉也。"

音之正、音變 段玉裁創立的古韻學的一種理論，"音之正"跟"音變"相對，和他"本音"的理論有關。段玉裁根據"本音"的理論，確定上古一個韻部所含《廣韻》一至幾個韻爲本音，一個韻部所含的這幾個韻，有的主元音後代音值差别大，如果上古差别也大，就不應該一起押韻。爲解釋上古用韻和諧以及上古到中古的分化，段玉裁創立了這套術語。音之正，指上古各部所含《廣韻》不同的韻，其中主元音音值相同的一個或幾個韻是上古的正讀，另外的一至幾個韻在上古要按照正讀來讀。音變，指上古正讀中的另外一些韻到中古沒有按照正讀來讀，而是音值發生了變化。《六書音均表一·古十七部音變説》："音之斂侈必適中，過斂而音變矣，過侈而音變矣。之者，音之正也。哈者，之之變也……明乎古有正而無變，知古音之甚諧矣。"

轉紐 指聲韻相同或聲同而韻有相配關係的不同聲調的字互相轉化。清江永《四聲切韻表·凡例》："其（按：指顧炎武）説以爲屋承東、術承諄、鐸承唐、昔承清，若吕之代嬴、黄之易芈，以其音之不類也。不知入聲有轉紐，不必皆直轉也。"

對轉 相配的陰陽入聲之間韻尾的互相轉化或相通。陰聲韻和陽聲韻之間的互相轉化或相通，叫陰陽對轉，例如"亡"上古有魚部和陽部二讀；陰聲韻和入聲韻之間的互相轉化或相通，叫陰入對轉，例如"寺"上古之部，"特"職部；陽聲韻和入聲韻之間的互相轉化或相通，叫陽入對轉，例如"朕"上古有蒸部和職部二讀。清代考古派古音學家，將入聲併入陰聲，他們的陰陽對轉包含陽入對轉。

旁轉 1.指陽聲韻和相配的入聲韻之間的互相轉化。清潘耒

《類音》卷二《圖說》:"'恩因温氳'之轉'○一揾鬱',則變聲而成,本非一氣,外戚旁親也,是爲旁轉。"2.指陰聲韻、陽聲韻、入聲韻內部,讀音相近的韻母可以互相轉化或相通。例如"牛"先秦歸之部,漢代轉入幽部;"焚"和"燔"是同源詞,屬文部和元部旁轉。3.戴震在段玉裁古音理論的基礎上創立的術語,相當於段玉裁的"音轉"。指上古韻部中所含《廣韻》的韻字不按本音的變化通例進行變化,而是跟上古其他韻部本音來的字混同。戴震《答段若膺論韻》:"支佳韻字雖有從歌戈流變者,虞韻字雖有從侯幽流變者,皆屬旁轉,不必以例正轉。"

正轉 1.指入聲韻和相配的陰聲韻之間的互相轉化。清潘耒《類音》卷二《圖說》:"'○衣○於'之轉'○一揾鬱',本屬一聲,長言之即平,短言之即入,一體天親也,是爲正轉。"2.戴震創立的術語。指上古音同一韻部之內各韻的讀音轉化,以及相配的陰、陽、入之間,相鄰的陰、陽、入內部的互相轉化。戴震《答段若膺論韻》:"其正轉之法有三:一爲轉而不出其類,脂轉皆,之轉咍,支轉佳,是也。一爲相配互轉,真文魂先轉脂微灰齊,換轉泰,咍海轉登等,侯轉東,厚轉講,模轉歌,是也;一爲聯貫遞轉,蒸登轉東,之咍轉尤,職德轉屋,東冬轉江,尤幽轉蕭,屋燭轉覺,陽唐轉庚,藥轉錫,真轉先,侵轉覃,是也。"第一類,相當於段玉裁的"音變";第二類,相當於"陰陽對轉";第三類,大致相當於今天所說的"旁轉",指鄰近的韻部之間的互轉。

從轉 指入聲韻和鄰近的陰聲韻之間的互相轉化。清潘耒《類音》卷二《圖說》:"'○○威○'之轉'○一揾鬱',雖亦穩順,而長言、短言,非即一聲,支流族屬也,是爲從轉。"

別轉 指收 m、p 尾的字,因爲不配陰聲,所以它們之間的互相轉化叫別轉。清潘耒《類音》卷二《圖說》:"若閉口三類,則以一轉一,無正無旁,故名別轉。"

直轉 指聲母相同的入聲韻和陰聲韻之間或平上去三調之間的互相轉化。清江永《四聲切韻表·凡例》:"(顧炎武)不知入聲有轉紐,不必皆直轉也……入聲可直轉者,惟支脂之微數韻耳。"

開口 唐宋以來,依韻母的介音或韻腹發音時口、唇形狀將韻母分爲開口和合口兩類。介音或主要元音没有 u 的，叫開口。也稱"開口呼"（個別稱"啓口呼"），例如《四聲等子》。也叫"重"，《七音略》有"重中重、重中輕"，前面出現"重"字，都是開口。西夏黑水城遺址出土的《解釋謌義》："開口成重，合口成輕。"宋邵雍《皇極經世書》叫"闢"，例如"多良千刀妻宫心"爲"闢"，基本上相當於開口。

合口 唐宋以來，依韻母的介音或韻腹發音時口、脣形狀將韻母分爲開口和合口兩類。介音或主要元音有 u 的，叫合口。也稱"合口呼"，例如《四聲等子》。也叫"輕"，《七音略》有"輕中輕、輕中重"，前面出現"輕"字，都是合口。宋邵雍《皇極經世書》叫"翕"，例如"禾光元毛衰龍"爲"翕"，基本上相當於合口。

滿口聲 指合口。宋魏了翁《鶴山集》卷五六《吴彩鸞唐韻後序》："是書號《唐韻》……然其部叙於一東下注云：德紅反，濁，滿口聲。自此至三十四乏皆然。"清劉禧延《中州切音譜贅論》："如小兒初生，其啼聲開口則爲阿（原注：阿，呼如吴下土音捱字，今北人有此音），合口則爲哇（原注：合口，俗稱滿口）。"發合口時，兩唇撮圓，古人感覺到口腔内氣最充滿，故名滿口。明沈寵綏《度曲須知》卷上《音同收異考》："歌戈似與模韻相通，但滿呼、半吐殊唱。（原注：模韻滿呼，歌戈半吐。）"清潘逢禧《正音通俗表摘要·論源流》："凡人呼字之始，不過開口、合口而已……讀字之始，音未能遽出，必其力滿口而後得音者，謂之合口。"

洪音 唐宋以來的等韻，在開口、合口兩類裏面，結合 i 介音的有無和主元音的發音時開口度的大小，各分爲一、二、三、四四個等列。一等發音最洪大，順次減弱，四等最細。清江永《四聲切韻表·凡例》："音韻有四等，一等洪大，二等次大，三四皆細，而四尤細。"

細音 唐宋以來的等韻，在開口、合口兩類裏面，結合 i 介音的有無和主元音的開口度的大小，各分爲一、二、三、四四個等列。一等發音最洪大，順次減弱，四等最細。清江永《四聲切韻表·凡例》："音韻有四等，一等洪大，二等次大，三四皆細，而四尤細。"

等 字面意義是等列。引申爲音韻學術語，指：1. 等韻圖根據分析出來的讀音相近的不同韻基的語音特點，結合聲韻拼合關係和韻圖結構要求，分別填入同一個韻圖上下位次不同的四類格子中，最上一層格子爲一等，依次爲二、三、四等。敦煌寫本南梁漢比丘守温有《四等重輕例》。也叫"等第"，元劉鑑《經史正音切韻指南》有《明等第》。2.等韻圖中將聲母歸爲"五音"或"七音"等類别，每一類又有清濁的不同，有時也叫"等"。宋沈括《夢溪筆談》卷十五《藝文二》："脣音、舌音各八，牙音、喉音各四，齒音十，半齒、半舌音二，凡三十六，分爲五音，天下之聲總於是矣。每聲復有四等，謂清、次清、濁、平也，如'顛、天、田、年''邦、胮、龐、厖'之類是也。"

假二等 韻圖中將所有跟照系二等相配的三等韻類都排到二等裏面，跟真正的照系二等韻字所排列的等位相同。這些按反切系聯該歸三等而韻圖硬性排入二等的韻，叫假二等。

假四等 韻圖中將所有的跟精系和喻母相配的三等韻類都排到四等裏面，跟真正的精系四等韻的字所排列的等位相同，讓本拼三等的喻四排到四等。這些按反切系聯該歸三等而韻圖硬性排入四等的字，叫假四等。

等韻 等韻學分析漢字字音結構的一種方法，有廣狹兩個意義：廣義指等呼、七音、清濁、字母、反切等，狹義專指韻母的等呼。有時也指等韻學和等韻圖。也叫"等音"，清高翁（wěng）映有《等音聲位合匯》。

等韻圖 也叫"韻圖、聲韻圖、切韻圖、七音圖"等，指古代音韻學家製作的表現歷代聲韻調配合關係的一種連續性圖表，一般每個小韻選一個代表字，填入相應格子中，主要用來拼切一個字的讀音。現存韻圖以《韻鏡》和《七音略》爲最早。鄭樵《通志·六書略》："所以韻圖之類，釋子多能言之，而儒者皆不識起例，以其源流出於彼耳。"《圖譜略》載有《聲韻圖》一書，還有《指歸圖》《僧守温三十六字母圖》《定韻清濁鈐》《内外轉歸字圖》等，都是等韻圖。

轉 等韻圖中，在一張圖表中，畫出一個音系中全部聲母和聲調，跟同開合的若干不同洪細的韻母相拼合，形成一個表格，叫"一轉"。内外轉是按韻攝的不同確定的，同一韻攝的字共用一個"内轉"或"外轉"。查找一個反切的聲母，需要利用别的表格，確定聲母的讀音；但是在這個表格中，可以查找出某個切下字的韻母和聲調，輾轉相拼，拼出被切字的音。宋張麟之《韻鏡序》："反切之要，莫妙於此，不出四十三轉，而天下無遺音。"四十三轉，指《韻鏡》的四十三個表格。

內轉 跟"外轉"相對，都是以三等韻爲立足點，以韻攝爲一個整體單位，凡没有真正的二等韻的韻攝叫作内轉。唐宋以來將切韻音系的韻部分爲十六攝，其中通、止、遇、果、宕、曾、流、深八攝爲内轉。拼音時，擺在二等韻的那些照系字要轉到三等韻來拼切。

外轉 跟"内轉"相對，都是以三等韻爲立足點，以韻攝爲一個整體單位，凡有真正的二等韻的韻攝叫作外轉。唐宋以來將切韻音系的韻部分爲十六攝，其中江、臻、山、梗、假、效、蟹、咸八攝爲外轉。拼音時，擺在二等韻的那些照系字不要轉到三等韻來拼切。

重紐 《廣韻》支、脂、祭、真、諄、仙、清、宵、尤、幽、侵、鹽等幾個三等韻的喉、牙、唇音字的反切，除開合的對立，其反切下字仍有兩類，其他一些韻書或注音材料也有反映，早期韻圖多將這兩類字分別置於三等和四等，這類韻叫"重紐"。"紐"指小韻，重紐是上古兩類三等韻在中古的遺留，可參孫玉文《上古漢語韻重現象研究》，中古以來不同的語音材料對重紐的保留情況不一。

門法 利用等韻圖拼出反切讀音的一些規則、方法，也反映了韻圖製作時的某些規則。元劉鑑《經史正音切韻指南》有"門法玉鑰匙"，也叫"玉鑰匙門法"，下轄"一十三門"，談十三種門法。清劉獻廷《廣陽雜記》卷三："唐、宋、元、明以來諸書，切腳咸宗等韻，苟於門法稍有齟齬，則不能得字。"

四呼 是明清以來分析近代和現代漢語韻母的術語，依發韻頭或韻腹時口、唇形狀將韻母分爲開口呼、齊齒呼、合口呼、撮口呼四類，合稱四呼。葉秉敬《韻表》（1605）有"辨韻有麤細圓尖"條，"圓"與"團"同義。他改以前的開合各四等爲兩等，以"庚干"爲粗大，"經堅"爲細尖，"觥官"爲圓滿，"肩涓"爲圓尖，跟後來的四呼一致。四呼的名稱見於明末，陳藎謨《元音統韻》卷一《通釋上》"廣華嚴字母"："其根韻爲開口，居韻爲撮口，基韻爲齊齒，姑韻爲合口。"

清初樸隱子《詩詞通韻》(1685)和潘耒《類音》(1708)承之。《詩詞通韻·反切定譜·四呼七音三十一等字母全圖》："開口呼,舒頰引喉,音疏以達。""合口呼,聚脣開吻,音深以宏。""齊齒呼,交牙戛齒,音窒以斂。""撮口呼,斂頤蹙脣,音奄而藏。"

開口呼 韻母不是i、u、y或不是以i、u、y打頭的,叫開口呼。也叫"開口",明陳藎謨《元音統韻》卷一《通釋上》"廣華嚴字母":"其根韻爲開口,居韻爲撮口,基韻爲齊齒,姑韻爲合口。"

齊齒呼 韻母是i或以i打頭的,叫齊齒呼。也叫"齊齒",明陳藎謨《元音統韻》卷一《通釋上》"廣華嚴字母":"其根韻爲開口,居韻爲撮口,基韻爲齊齒,姑韻爲合口。""齊齒"又指韻尾,見"齊齒"條。

在清代,有的學者將ɿ、ʅ二韻母也看作齊齒呼。例如盧靖《合聲易字》就是這樣處理的,跟今天的理解有不同,這是考慮了兩個韻母的來源。

合口呼 韻母是u或以u打頭的,叫合口呼。也叫"合口",明陳藎謨《元音統韻》卷一《通釋上》"廣華嚴字母":"其根韻爲開口,居韻爲撮口,基韻爲齊齒,姑韻爲合口。"

"合口"還指閉口韻。清張玉成《別俗正音彙編》卷上《辨聲要訣》將"甘合咸襤甲"叫"合口"。

撮口呼 韻母是y或以y打頭的,叫撮口呼。也叫"撮口",明陳藎謨《元音統韻》卷一《通釋上》"廣華嚴字母":"其根韻爲開口,居韻爲撮口,基韻爲齊齒,姑韻爲合口。"

聲調 1.字音。陸法言《切韻序》:"以古今聲調既自有別,諸家取捨亦復不同。"宋魏了翁《鶴山集》卷五六《吳彩鸞唐韻後序》:"今之爲韻者既不載聲調之清濁,而平聲輒分上下。"2.也叫"聲"、"音",指漢字字音的高低升降和長短,具有區別字義的作用。南北朝時期已發現聲調,但"聲調"這術語可能產生得很晚,有人說是趙元任提出來的,但還得仔細考證。王力先生《漢語音韻學》:"依耳朵的感覺,音色、音的強度、音的長度,似乎都與聲調沒有關係。若要作嚴格的實驗的研究,恐怕都有關係。"

四聲 中古漢語的四類聲調,即:平、上、去、入。《南史·陸厥傳》："汝南周顒善識聲韻。約（沈約）等文皆用宮商，將平上去入四聲，以此制韻，有平頭、上尾、蜂腰、鶴膝。"古人將"四聲"跟"五音"相配，"宮商"爲平聲，"徵"爲上聲，"羽"爲去聲，"角"爲入聲。宋王應麟《困學紀聞》卷八《小學》："愚考徐景安《樂書》，凡宮爲上平，商爲下平，角爲入，徵爲上，羽爲去。"又將"四聲"跟"四方"相配，據遍照金剛《文鏡秘府論》天卷《調四聲譜》，平配東方，上配南方，去配西方，入配北方。

平聲 1.簡稱"平"，漢語的聲調之一。南朝梁鍾嶸《詩品序》："余謂文制本須諷讀，不可蹇礙，但令清濁通流，口吻調利，斯爲足矣；至平上去入，則余病未能，蜂腰鶴膝，間里已具。"唐釋神珙《四聲五音九弄反紐圖》："譜曰：平聲者，哀而安。"平，得名於製定這個術語者的基礎方言中讀成平直的聲調。也叫"平音"。清孫同元《詩辨》卷中麻韻："華陽。林和靖詩：'終約吾師指芳草，静吟閒步岸華陽。'華讀平音。"2.古人有時候用平聲字兼包上去二聲，認爲平、上、去、入的調值長度依次遞減，平聲最長，入聲最短，"平聲"跟"入聲"相對，此時"平聲"相當於陰聲韻和陽聲韻的總稱。清潘耒《類音》卷二《一百四十七韻説》："元周德清作《中原音韻》，乃以平聲分十九類。"段玉裁《六書音均表三·古異平同入説》："入爲平委，平音十七，入音不能具也，故異平而同入。"（委，指支流。）

陰平 古代的平聲字在現代大部分方言中往往依聲母的清濁分化爲兩類聲調。這些方言中，來自古代清聲母的平聲字，以及來自入聲等聲調但讀作跟這些平聲字同調值的字，就是陰平。清毛先舒《韻學通指·七音略例》："陰平、陽平、上聲、陰去、陽去、陰入、陽入之七聲，其音易曉而鮮成譜。"《中原音韻》中，這類聲調叫"平聲陰"，明方以智《通雅》卷五十《切韻聲原》叫"腔(qiāng)"。清毛先舒《韻學通指·七音略例》又叫"陰平聲"。也叫"清平"，清允禄等《音韻述微》卷四《天竺西番字母分陰陽説》："字書以陰平爲清平，陽平爲濁平。"

陽平 在古代平聲分化爲兩類聲調的方言中，來自古代濁聲母的平聲字，以及來自入聲等聲調但讀作跟這些平聲字同調值的字，就是陽平。清毛先舒《韻學通指·七音略例》："陰平、陽平、上聲、陰去、陽去、陰入、陽入之七聲,其音易曉而鮮成譜。"《中原音韻》中,這類聲調叫"平聲陽",明方以智《通雅》卷五十《切韻聲原》叫"噇(tāng)"。《韻學通指·七音略例》又叫"陽平聲"。也叫"濁平",清允禄等《音韻述微》卷四《天竺西番字母分陰陽說》:"字書以陰平爲清平,陽平爲濁平。"

上聲 簡稱"上",漢語的聲調之一。南朝梁鍾嶸《詩品序》:"余謂文制本須諷讀,不可蹇礙,但令清濁通流,口吻調利,斯爲足矣;至平上去入,則余病未能,蜂腰鶴膝,閭里已具。"唐釋神珙《四聲五音九弄反紐圖》:"譜曰……上聲者,厲而舉。"上,得名於製定這個術語者的基礎方言中讀成上升的聲調。"上"字,本身是上聲字,今天本應該讀去聲,但爲了表示它是上聲字,後來仍然讀上聲,這是讀音例外。明袁子讓《字學元元》卷一《一百一十二聲平上去入》:"'上'當作時掌切,如'賞'讀,與時仗切如'尚'讀者不同。若讀如'尚',又是去聲矣。"

去聲 簡稱"去",漢語的聲調之一。南朝梁鍾嶸《詩品序》:"余謂文制本須諷讀,不可蹇礙,但令清濁通流,口吻調利,斯爲足矣;至平上去入,則余病未能,蜂腰鶴膝,閭里已具。"唐釋神珙《四聲五音九弄反紐圖》:"譜曰……去聲者,清而遠。"去,得名於製定這個術語者的基礎方言中讀成下降的聲調。

入聲 1.簡稱"入",漢語的聲調之一。南朝梁鍾嶸《詩品序》:"余謂文制本須諷讀,不可蹇礙,但令清濁通流,口吻調利,斯爲足矣;至平上去入,則余病未能,蜂腰鶴膝,閭里已具。唐釋神珙《四聲五音九弄反紐圖》:"譜曰……入聲者,直而促。"2.相當於"入聲韻"。入,得名於製定這個術語者的基礎方言中讀成有塞音收尾的聲調。入聲尾之前有元音,口裏的氣出來;等到發入聲尾,有成阻、持阻,沒有除阻,口氣似乎進入口腔之內,所以叫"入"。

仄聲 跟"平聲"相對,平、仄,字面意思分別是平和不平,仄聲是上、去、入三種聲調的總稱。仄,又寫作"側"。"仄"、"側"直到中古都是同音字,後來"側"的讀音聲母例外,讀成送氣,跟"仄"讀音不同。唐佚名《奏請避諱狀(天福三年二月中書門下)》:"廟諱平聲字,即不諱餘三聲;諱側聲,不諱平聲字。"(《全唐文》卷九七五)宋胡仔《苕溪漁隱叢話》卷三十："此作羊脾，歐公作羊胛，仄聲押韻，未知孰是。"也叫"仄音"。清孫同元《詩辨》卷上冬韻："封。又見宋韻。元微之詩：'徵俸封魚租。'封讀仄音。"

五聲 1.指中古韻書按聲調所作的分卷。南朝梁沈約《答陸厥問聲韻書》："以累萬之繁，配五聲之約。"《古今韻會舉要·凡例》："舊韻上平、下平、上、去、入五聲，凡二百六韻，今依平水韻併通用之韻爲一百七韻。2.王國維用來指他所考訂的上古五個聲調，《觀堂集林·五聲說》："古音有五聲，陽類一與陰類之平、上、去、入四是也。說以世俗之語，則平聲有二，上、去、入各一，是爲五聲。"3.指陰平、陽平、上聲、去聲、入聲五種聲調。李汝珍《李氏音鑒》卷一《第二問五聲總論》："敢問五聲何謂也？對曰：陰陽上去入也。陰者，陰平聲也，其音低而悠。陽者，陽平聲也，其音高而揚。或謂陰平、陽平，抑或謂之陰聲、陽聲者，皆省文耳。"

四聲相承 韻書中不同聲調的各韻，韻母主元音相同，韻尾（如果有韻尾的話）相同或陽、入相配，在韻書中一定要排在相對應的位置上，形成嚴格的照應。如平聲一東、上聲一董、去聲一送、入聲一屋是四聲相承的一組韻，在韻書的排序上一定要反映出來。

第二章　中古音系

第一節　早期注音和《切韻》以前的韻書

　　先秦古書在後代流傳的過程中，必然有些字、詞在口語中消失了。要將那些消失的字、詞念出來，最初只能依靠研究各種古書的學者口耳相傳。一般地說，我們應該相信這些研究、傳授古書的學者的記憶力和治學的嚴謹，應該不會走樣。可能到了西漢的某一個時期，學者們發明了注音的方法，具體的發明人不詳。現在已知最早的注音，是東西漢之交的人做的。鄭玄注《周禮》，常常提到杜子春的注音。唐賈公彥《序周禮廢興》："徒有里人河南緱（gōu）氏杜子春尚在，永平（東漢明帝劉莊年號，58—75）之初年且九十，家於南山，能通其讀。"漢魏時期，注音蜂出。例如許慎《説文》《淮南子注》，鄭玄《三禮注》，何休《公羊傳注》，《漢書》服虔《漢書音訓》）、應劭（《漢書集解音義》）、韋昭（《漢書音義》）、文穎、李奇、鄧展、張揖、蘇林、張晏、如淳、孟康（《漢書音》）等人注，孫炎《爾雅音義》，韋昭《國語解》，薛綜《二京賦音》，張揖《埤蒼》《古今字詁》《雜字》，周氏《雜字解詁》等，這些注音能促進人們語音分析水平的提高。

　　可能在東漢中期，人們又發明了反切注音法，服虔、應劭、鄭氏、李奇、文穎、蘇林、如淳、孟康、韋昭等人注《漢書》，孫炎《爾雅音義》等都用到反切。這種注音方法可能是受到上古漢語分音詞和合音詞原理的影響而形成的，是自生的。《爾雅·釋器》："不律謂之筆。"郭璞注："蜀人呼筆爲不律也，語之變轉。"但是分音詞和合音詞是一種構詞現象，而反切是一種注音方法，二者本質上不同。反切注音法的出現是古代語文事業的一大進步，從此基本上可以做到給每個漢字注音了。有了反切，才有可能產生韻書，反切注音是韻書產生的必要條件，也反映了古人審字辨音水平的大幅度提升。這些注音材料，有的完整保留下來了，有的只有些殘存，都是研究漢魏時期語音極爲珍貴的內證材料，但是發掘得不夠，希望有人繼續利用它們。

到三國魏，文人經常雅集，文學批評活動更加自覺，因此對韻文形式的追求也更加自覺，促進了韻書的編寫。魏左校令李登寫出我國第一部韻書《聲類》，影響深遠。左校令，是漢朝開始設立的官職，秩六百石，三國魏入材官校尉。唐代封演《封氏聞見記》卷二《文字》："魏時有李登者，撰《聲類》十卷，凡一萬一千五百二十字，以五聲命字，不立諸部。"（部，部首。）《顏氏家訓·音辭》："李登《聲類》以系音羿……必須考校。"《聲類》今已亡佚，但是李登篳路藍縷之功不可磨滅，《聲類》的出現，表明漢語字音的知識得到系統而全面的積累，標志着漢語音韻學作爲一種科學正式產生。此後，韻書的編纂、審音水平的提高、平上去入四聲的定名及運用等等，都不可離開《聲類》的積極影響。

隨後西晉呂靜寫了《韻集》。《魏書·江式傳》："晉世義陽王典祠令任城呂忱表上《字林》六卷……忱弟靜別放故左校令李登《聲類》之法，作《韻集》五卷，宮商角徵羽各爲一篇。"《顏氏家訓·音辭》："《韻集》以成、仍、宏、登合成兩韻，爲、奇、益、石分作四章……此例甚廣，必須考校。"《書證》："《說文》曰：杭，樹貌也。在木部。《韻集》音次第之第。"《廣韻》：成，清開三；仍，蒸開三；宏，耕合二；登，登開一。這裏是説《韻集》耕清二韻混，蒸登二韻混。據《王仁昫刊謬補缺切韻二》小字注，蒸登沒有注明各家分韻異同。耕清平聲也沒有注，耕韻上聲耿韻呂靜跟靜韻同，跟庚韻上聲梗韻有別；去聲諍韻又跟庚韻去聲敬韻同，跟青清韻的輕聲徑勁有別；靜韻又跟青韻上聲迥韻同，呂氏的書四聲相承的各韻之間協調不一。《廣韻》：爲，支韻；奇，支韻重紐三等。益，昔韻重紐四等；石，昔韻。顏之推是批評呂靜將這些韻的兩類三等韻分成兩韻。可見，《韻集》

在分韻上面很有缺陷。

《聲類》《韻集》按宫商角徵羽列字，應是按四聲列字。不過當時没有平上去入這樣的名稱，平上去入的名稱是周顒、沈約他們發明的，周、沈還明確運用到詩歌的創作中，形成永明體。此二書已亡佚，清黃奭輯有《李登聲類》《吕静韻集》，顧震福輯有《聲類》《韻集》。

《顔氏家訓·音辭》説，《聲類》《韻集》之後，"音韻鋒出"。《隋書·經籍志》《舊唐書·經籍志》《新唐書·藝文志》所載有：

段弘《韻集》八卷。

王延《文字音》（又叫"雜文字音"）七卷、《翻真音》一卷。

周顒《四聲譜》（也叫《四聲切韻》）。

沈約《四聲》（也叫《四聲譜》）一卷。

陽休之《韻略》一卷、《辨嫌音》二卷。《顔氏家訓·音辭》："陽休之造切韻，殊爲疏野。"

杜臺卿《韻略》一卷。

李概（季節）《音譜》四卷、《修續音韻決疑》十四卷。《顔氏家訓·音辭》："李季節著《音韻決疑》，時有錯失。"又："北人之音，多以'舉'、'莒'爲'矩'；唯李季節云：'齊桓公與管仲於臺上謀伐莒，東郭牙望見桓公口開而不閉，故知所言者莒也。然則莒、矩必不同呼。'此爲知音矣。"

劉善經《纂韻鈔》十卷、《四聲指歸》一卷。

周研（思言）《聲韻》四十一卷。

釋静洪《韻英》三卷。

夏侯詠《四聲韻略》十三卷。夏侯詠還有《漢書音》，可見他是比較精於音韻的。

張諒《四聲韻林》（也叫《四聲部》）二十八卷。

王該《文章音韻》二卷。

趙氏《韻篇》十二卷。

佚名《韻集》十卷。

佚名《群玉典韻》五卷。

佚名《五音韻》五卷。

佚名《雜字音》一卷。

佚名《音書考源》一卷。

佚名《證俗音字略》六卷。

佚名《叙同音》三卷。

潘徽《韻纂》(《隋書·潘徽傳》)。

這些當然不可能是南北朝"音韻鋒出"的全貌,但也洋洋可觀。它們先後都亡佚了。《顏氏家訓·音辭》評價南北朝的韻書:"各有土風,遞相非笑,指馬之諭,未知孰是。共以帝王都邑,參校方俗,考覈古今,爲之折衷。推而量之,獨金陵與洛下耳。"唐代以後,這些韻書流傳情況不一,人們有一些評論,可以參考。

隋陸法言《切韻》編纂旨在溝通古今南北,分韻求密,定音求精,袪除魏晉以來韻書的弊病,成爲一部集大成的韻書,是上溯古音、下推今音的橋梁。它的出現,加速了南北朝其他韻書的失傳。儘管《切韻》後來失傳了,但從模仿《切韻》而作的韻書以及《切韻》對前代韻書的繼承看,我國是世界上最早專門對一種語言的語音系統做出全面分析的國度之一。

第二節 《切韻序》試讀及《切韻》音系性質問題

《切韻序》收錄於《廣韻》卷首。後來又發現《唐寫本切韻殘卷》(即《箋注本二》斯二〇五五)、《王仁昫刊謬補缺切韻二》(北京故宮博物院藏)等,互有舛訛,但是相異處較《廣韻》爲少,應更接近陸法言《序》原貌。今據三本互勘,多採唐本,庶更合陸書之舊:

昔開皇初,有劉儀同(臻)、顏外史(之推)、盧武陽(思道)、魏著作(彥淵)、李常侍(若)、蕭國子(該)、辛咨議(德源)、薛吏部(道衡)等八人,同詣法言門宿。夜永酒闌,論及音韻:以古今聲調既自有別,諸家取捨亦復不同。吳楚則時傷輕淺,燕趙則多涉重濁;秦隴則去聲爲入,梁益則平聲似去。又支(章移反)、脂(旨夷反)、魚(語居反)、虞(語俱反),共爲不韻;先(蘇前反)、仙(相然反),尤(于求反)、侯(胡溝反),俱論是切。欲廣文路,自可清濁皆通;若賞知音,即須輕重有異。呂靜《韻集》、夏侯詠《韻略》、陽休之《韻略》、李季節《音譜》、杜臺卿《韻略》等各有乖互,江東取韻與河北復殊。因論南北是非,古今通塞,欲更捃選精切,除削疏緩。顏外史、蕭國子多所決定。魏著作謂法言曰:"向來論難,疑處悉盡,何為不隨口記之?我輩數人,定則定矣。"法言即燭下握筆,略記綱紀。

後博問英辯,殆得精華。於是更涉餘學,兼從薄宦;十數年間,不遑修集。今返初服,私訓諸弟:凡有文藻,即須聲韻。屏居山野,交遊阻絕,疑或之所,質問無從。亡者則生死路殊,空懷可作之歎;存者則貴賤禮隔,以報絕交之旨。遂取諸家音韻、古今字書,以前所記者,定之為《切韻》五卷,剖析毫氂,分別黍累。

何煩泣玉,未可懸金。藏之名山,昔怪馬遷之言大;持以蓋醬,今歎揚雄之口吃。非是小子專輒,乃述群賢遺意。寧敢施行人世?直欲不出戶庭。

於時歲次辛酉,大隋仁壽元年也。

本文可算是一篇駢文,是了解《切韻》創製緣由、編纂始末、音系性質等的第一手材料,已成為中國語言學的一篇經典文獻。上面說到,我國第一部韻書是三國魏李登的《聲類》,晉呂靜有《韻集》。《顏氏家訓·音辭》說:"孫叔言(當作'然')創《爾雅音義》,是漢末人獨知反語。至於魏世,此事大行。高貴鄉公不解反語,以為怪異。自茲厥後,音韻鋒出。"音韻,主要指韻書;鋒,通"蜂"。南北朝時期,產生了大量韻書。陸法言創製《切韻》,在《序》中必須交代他對這些韻書沿革的見解,特別是自己對此前韻書的改進之處,以及寫作《切韻》的必要性,他是怎樣保證《切韻》的編寫質量遠超前代韻書的,等等,否則《切韻》這部韻書就沒有編寫的必要。

《切韻序》圍繞這些問題展開,交代了《切韻》寫作緣起、過程,分韻和審音定切的原則、方法,對《切韻》一書流傳的期待等,語氣謙卑而透出自信,有破有立,對研究《切韻》音系的性質、了解《切韻》一書有很大幫助。清紀昀《沈氏四聲考·自序》說,沈約用韻跟

《切韻》分韻十分相合,"陸氏所作,豈非竊據沈譜(按:沈約有《四聲譜》)而稍爲筆削者乎?"這個批評有些過頭。陸法言應該看過沈約的書,《切韻》沒有提及沈約之書,提及的幾家韻書陸氏及論韻八賢都有所褒貶。《切韻》對於各聲調的名稱,沒有採用宮商角徵羽這些說法,而是採用平上去入,儘管可能是繼承了前代韻書,但是無疑是接受了周顒、沈約等人的見解。

一、《序》的分段及第一段第一層試讀

這篇《序》,除了最後一句"於時歲次辛酉,大隋仁壽元年也"交代寫序時間,其他的内容可以分爲三段。第一段從開頭至"略記綱紀",寫開皇初的一天晚上八賢在長安論韻以及陸法言記錄綱紀的事。

這一段可以分爲三層:第一層從開頭到"論及音韻",寫論韻的時間、地點、參加的人員、論韻的緣起;第二層從"以古今聲調"到"多所決定",寫論韻的内容;第三層從"魏著作"到"略記綱紀"寫陸法言記錄論韻的緣起及記錄的粗細情況。

開皇初:開皇,隋開國皇帝(即隋文帝)楊堅的第一個年號(581—600)。《切韻序》作於仁壽元年(601)。

劉臻(527—598):字宣摯,沛國相(今江蘇徐州)人。曾在南朝梁做官。隋文帝受禪後,劉臻進位儀同三司,是個散官。宋孔平仲《續世説·觝漏》:"隋劉臻爲儀同,有劉納者亦爲儀同,俱爲太子學士,情好甚密。"劉臻精於《漢書》和樂律研究。今存《河邊枯樹詩》。

顔之推(531—597?):字介,琅琊臨沂(今山東臨沂)人,曾先後仕南朝、北朝。外史,顔之推任外史一職,史書未見記載。王顯説,顔之推參加論韻時,在隋朝沒有擔任官職,所以陸法言用"外史"這個雅號去稱呼他。顔之推精於小學。今有《顏氏家訓》《觀我生賦》等著作傳世。

盧思道(535—586):字子行,范陽(今河北涿州)人。北齊時,曾遷武陽太守。入隋,"開皇初,以母老,表請解職,優詔許之","歲餘,被徵,奉詔郊勞陳使。頃之,遭母憂,未幾,起爲散騎侍郎,奏内

史侍郎事……是歲,卒於京師,時年五十二"。張說《齊黃門侍郎盧思道碑》:"隋開皇六年,春秋五十有二,終於長安,返葬故里。"則盧思道死於586年。今有詩歌及《納涼賦》等多篇作品傳世。

魏彥淵(526?—590?):名澹,鉅鹿下曲陽(今河北晉州西)人。初仕北齊,隋文帝受禪後,遷著作郎。精於史學和文學,注釋過庾信的集子。《唐寫本切韻殘卷》的《切韻序》,將"魏著作(彥淵)"置於"盧武陽(思道)"之後,《王仁昫刊謬補缺切韻二》置於八人的最後,這裏遵從《唐寫本切韻殘卷》的排序。今有多篇詩歌及《鷹賦》等傳世。

李若(?—?):頓丘(今河南清豐縣)人。他"有聲鄴下",在北齊"乾明初,追還,後兼散騎常侍。大被親狎,加儀同三司","隋開皇中,卒於秦王府咨議"。(《北史·李崇傳》附)李若文學創作情況,今不易考訂。

蕭該(535?—610?):蘭陵(今江蘇常州)人,是梁的宗室,開皇初拜國子博士。他通五經,對音義關係很有研究,研究《文選》是蕭該的家學。曾撰《漢書音義》《文選音義》《范漢音》。

辛德源(?—601?):字孝基,隴西狄道(今甘肅臨洮)人,楊堅子蜀王楊秀奏以爲掾,後轉咨議參軍,卒官。精於史學,注釋過《春秋三傳》、揚雄《法言》。今存詩歌多篇,有《幽居賦》等賦作,已佚。

薛道衡(540—609):字玄卿,河東汾陰(今山西萬榮)人,歷仕北齊、北周;隋文帝開皇八年,薛道衡"授淮南道行臺吏部郎,兼掌文翰"。(《隋書·薛道衡傳》)今傳詩歌多篇,有《宴喜賦》等傳世。

《北齊書·文苑傳》詳細羅列北齊文苑才俊,其中就有盧思道、李若、薛道衡、魏澹、辛德源、顏之推,還提及陸爽,可以推定,當天在陸法言家論韻者,都是當時南北的文苑巨子。開皇初論韻,一定在盧思道過世之前,不晚於公元583年或586年;陸法言寫這篇序時,當年論韻的八賢還有人健在,如薛道衡;其他還有幾位卒年不可詳考,如魏彥淵、李若、蕭該、辛德源諸位,陸法言寫《切韻序》時,可能仍有在世的。陸氏本人當時還保存了論韻"綱紀"的書面證據,因此,陸《序》的可靠性有保證,他一定是有根有據的,不會虛造一個八賢論韻的故事。

詣：來到。法言：這是陸法言稱自己的字。法言，名詞，臨漳（今屬河北邯鄲）人。父陸爽（539—591），字開明。北周滅北齊，周武帝徵他跟陽休之等人一同入關，"諸人多將輜重，爽獨載書數千卷"，可見其家多藏書。隋文帝受禪，轉太子内直監，爲太子洗馬，開皇十一年卒。《切韻》撰成時，陸爽已經過世好幾年。門：家。

　　夜永：夜深。闌：將盡，將要結束。音韻：反切注音及韻書。論韻的八位，顯然是陸法言父親陸爽召集來的。他們多是官場多年的同僚，彼此比較熟悉；這次約定在陸家住宿，不必擔心晚上要趕回家去，心態比較從容。大家開懷暢飲，酒酣耳熱，心情亢奮，話匣子也打開了。當時國家剛要結束南北朝近三百年的分裂局面，論韻八賢大都是當時享有盛名的文學家，對詩歌用韻等問題非常關注，語言文字問題最容易引起重視，於是自然談及了語音問題。

二、第一段第二層的三個表意群及第一個表意群試讀

　　第二層中，"顏外史、蕭國子多所決定"應該是陸法言叨陪末座時，察言觀色，根據大家達成共識的具體情況作出的一種判斷。餘下的幾句話則是達成共識的"綱紀"，也就是大綱要領。儘管是一個晚上酒後的討論，但內容也會有不少，陸法言所記錄的只是"綱紀"。除"顏外史、蕭國子多所決定"，這個"綱紀"下分三個表意群，分別由"以""又""因"引起，這些詞的使用起到關涉表意群的作用，絕非可有可無，閱讀時不能忽視。

　　第二層的第一個表意群，是從縱的方面斷言古今語音不同，從橫的方面斷言各地方音有別。以：以爲。"古今聲調既自有別，諸家取捨亦復不同"和"吳楚則時傷輕淺，燕趙則多涉重濁；秦隴則去聲爲入，梁益則平聲似去"兩句之間是並列關係。論韻八賢都是當時的飽學之士，自然會先考慮古今語音的異同問題，前面一個複句側重於此，是一種縱向的對比。聲調：讀音。"古今聲調既自有別"是說古今讀音有不同。先秦開始，人們已經注意到讀音問題，兩漢開始，留下了數量可觀的各種注音材料，魏李登《聲類》之後，更是"音韻鋒出"；加上這八賢多是文學巨匠，對於古今的押韻材料當然

很敏感，由此得出"古今聲調既自有別"的結論自在意料之中。

"諸家取捨亦復不同"是承"古今聲調既自有別"而來，因爲"有別"，所以不免會影響到諸家對於字音的取捨。"諸家"云云，應該指給古書注音和創作韻書的各家對於字音的取捨有差異。

因此，八賢提出了總結既有韻書和注音，分析韻書分韻、定音的差異問題，他們顯然是在思考，在當時的歷史條件下，不可任憑差異長存，而是如何消弭這種差異，求同存異或求同去異，爲當時的正音服務。陸法言將這個"綱紀"收入《切韻序》中，表明他創製《切韻》，有這個目的，從而從一個側面凸顯了《切韻》一書跟既往韻書的不同，它的創新點。

"吳楚則時傷輕淺，燕趙則多涉重濁；秦隴則去聲爲入，梁益則平聲似去"則是側重橫向的對比，是八賢對各地方言讀音音值差異的一種論斷，是說各地音值差別不小。吳楚、燕趙，是泛指，吳楚泛指南方，燕趙泛指北方。當時南北分裂已久，人們從南北等方位視角去認識方音，自在情理之中。燕趙泛指北方，秦隴、梁益應該是實指。秦隴：陝甘青一帶；梁益：陝南和四川、重慶一帶。顏之推《顏氏家訓·書證》："《詩》云：'有杕之杜。'江南本並木傍施大，《傳》曰：'杕，獨貌也。'徐仙民音徒計反。《説文》曰：'杕，樹貌也。'在木部。《韻集》音次第之第，而河北本皆爲夷狄之狄，讀亦如字，此大誤也。"這裏"杕"應該理解爲有的方言讀入聲，有的讀去聲，跟《切韻序》所説不是一回事。再看《集韻》，裏面有一些去聲字秦地讀入聲，例如《質韻》"四"讀"息七切"："關中謂四數爲四。"《術韻》"涙"讀劣戌切："關中謂目汁曰淚。"這不能作爲"秦隴則去聲爲入"的證據，而是反映了秦隴一帶的舒聲促化現象，葡萄的"葡"是平聲，但 S.617《俗務要名林·菜蔬部》注音"蒲北反"；白居易的詩歌多反映這種現象，《集韻》中有些平聲字也在秦隴一帶讀去聲。左思是西晉齊國臨淄人，他的《蜀都賦》"駟"跟入聲字押韻，《文選》選了此文，五臣注説"音悉，協韻"，《集韻·質韻》"駟"音"息七切"。

八賢批評東西南北各地讀音都有失誤，這當然反映他們心目中懸着一個基礎音系，跟方言音系相對。方言音系，指注家給具體方音中的字所注的方言讀法。基礎音系，指注家給具體方言注音時採取的立足點的音系。例如《顏氏家訓·音辭篇》："其謬失輕微者,則南人以錢(從)爲涎(邪),以石(禪)爲射(牀三),以賤(從)爲羨(邪),以是(禪)爲舐(牀三)。北人以庶(御)爲戍(遇),以如(魚)爲儒(虞),以紫(紙)爲姊(旨),以洽(洽)爲狎(狎)。如此之例,兩失甚多。"根據這則材料,當時南方人將"錢、賤"等從母字讀作"涎、羨"等邪母字,將"石、是"等禪母字讀作"射、舐"等牀母三等(船母)字。這暗示當時北方話從邪、船禪分得很清楚。顏之推似乎是站在北方話音系的立足點上批評南方話。但是當時北方人將"庶、如"等御魚韻的字讀作"戍、儒"等遇虞韻字,將"紫"這個紙韻字讀作旨韻的"姊"字,將"洽"這個洽韻字讀作狎韻"狎"字。這暗示當時南方話魚虞、支脂、洽狎分得很清楚。顏之推似乎又是站在南方話的立足點上批評北方話。爲什麼有些音的區分顏之推從北,有些音的區分從南？只能認爲,他確定正音另有基礎,這個基礎決定他對有些音的區分從南,有些從北。

"南人以錢爲涎,以石爲射,以賤爲羨,以是爲舐"告訴我們:在南方方音中,"錢"="涎","石"="射","賤"="羨","是"="舐";基礎音系中,"錢"≠"涎","石"≠"射","賤"≠"羨","是"≠"舐"。這是就被注音字和注音字的基礎音系的關係來說的。也就是說,作爲基礎音系,被注音字"錢、石、賤、是"和注音字"涎、射、羨、舐"各按大家已知的讀法來讀,其聲母在大家已知的讀法中不同。這說明,南北朝時期,研究漢語語音,聲母的問題也提上了日程,哪個字歸哪個聲母,當時已經有精細的研究了。陸法言《切韻序》的"先(蘇前反)、仙(相然反),尤(于求反)、侯(胡溝反),俱論是切"與此是相通的。編寫韻書,不光是一個分韻和歸韻問題,它要給每一個字定音,必然要求韻書編者對聲母有精細的知識,要避"旁紐、正紐"等聲律方面的毛病。

"吳楚則時傷輕淺,燕趙則多涉重濁","清淺"和"重濁"不好講,但肯定是講音值的差異。論韻八賢中"多所決定"的顏之推,他的《顏氏家訓·音辭》也說:"南方水土和柔,其音清舉而切詣,失在浮淺,其辭多鄙俗。北方山川深厚,其音沈濁而鈋鈍,得其質直,其辭多古語。"陸德明《經典釋文·條例》:"方言差別,固自不同。河北江南，最爲鉅異。或失在浮清，或滯於沈濁。今之去取，冀袪茲弊。"可見這種認識是南北朝後期學問家的共識，是説南北方言都有缺陷，顯然當時的八賢跟陸德明一樣，認識到要"袪茲弊"。但是怎樣"袪茲弊"，要看《序》的後文才知道。這裏，"時"是"有時"還是"時常"？結合顔之推和陸德明的話，應該理解爲"時常"。"傷"和"涉"都應該是動詞，"涉"只能作動詞。傷：嫌，失之於；涉：涉及，關涉到。這裏八賢批評"吴楚"和"燕趙"，南北方音都批評了，當然也是站在基礎音系的立場上提出批評的。

"秦隴則去聲爲入，梁益則平聲似去"，這會影響辨析聲韻，影響文學創作。這是批評一些方音調值的讀法的，不可能是批評秦隴一帶去入混爲一調，梁益一帶平去混爲一調，因此不可能是調類問題。所有的證據都能證明，南北朝時期，秦隴一帶去入分開，梁益一帶平去各調。八賢評價秦隴、梁益聲調的情况，也是以立足點音系爲基礎進行的。更古時代的調值八賢不可能知道，因此這裏的基礎音系的調值必然是當時活的權威方言的調值，應該是金陵、洛下，金陵、洛下的調值可能差不多。唐顧齊之《新收一切藏經音義序》："又音雖南北，義無差別。秦人去聲似上，吴人上聲似去。"也是評價當時秦人和吴人聲調的情况，自然也是以基礎音系爲基礎進行的。看來顧齊之的基礎音系是當時的洛陽話。"秦人去聲似上"記録的是唐代秦人的去聲跟洛陽話的上聲調值相近；"吴人上聲似去"記録的是唐代吴人的上聲跟洛陽話去聲調值相近。就立足點洛陽話説，當時上去二聲分得很清楚；就秦人、吴人調類説，上去二聲也是分開的。

有人説，《切韻》反映的是一時一地之音，而且反映的是南北朝後期的洛陽音。從對"秦隴則去聲爲入，梁益則平聲似去"這句話的理解來説，似乎對此説有利。但是這只是就聲調的調值來説的；至於調類，當時不同的主要方言的差別應該不會太大。《切韻》對於聲調之外的取捨説明，陸法言並没有完全以洛陽音爲鵠的。

上面這個表意層，反映了八賢對理想的韻書的要求：一是要協調好古今音異的關係，二是要盡量摒棄南北方音的影響。《切韻序》後面既然説到自己"乃述群賢遺意"，這無疑也會成爲《切韻》的編纂理念。

三、第一段第二層的第二個表意群試讀

第二層的第二個表意群，八賢總結既往韻書的分韻，先舉出分韻方面的具體例證，導出分韻原則，據此原則批評既往韻書存在的缺陷。這同時也就意味着陸法言《切韻》在哪些方面做出改進。

"又支（章移反）、脂（旨夷反），魚（語居反）、虞（語俱反），共爲不韻；先（蘇前反）、仙（相然反），尤（于求反）、侯（胡溝反），俱論是切"中，"又"承上啓下，表明陸法言記錄了"綱紀"的另一層意思。"不韻"《廣韻》作"一韻"，但早期寫本《唐寫本切韻殘卷》《王仁昫刊謬補缺切韻二》都作"不韻"，不可忽視。將"一韻"改作"不韻"，這兩句就要理解爲正面立論。緊接着的一句"欲廣文路，自可清濁皆通；若賞知音，即須輕重有異"是八賢對支脂、魚虞分韻，三四等的先仙反切上字選用要求的立論根據：他們看出既往的分韻、定音的不一致處，區分"廣文路"和"賞知音"，主張創作韻文用韻時可以從寬，"自可清濁皆通"；編寫韻書審音時要從嚴，"即須輕重有異"。這樣一區分，就解決了韻書分韻的寬嚴問題，主張從嚴。這實際上爲韻書編寫提出了一個非常重要的分韻原則，爲了"賞知音"，可以將分韻分得很細；分得很細，不妨礙"廣文路"，只要將有些韻合在一起押韻就可以了，所以能做到兩不誤。如果分韻太寬，則只能做到"廣文路"，不能達到"賞知音"的目的。因此韻書分韻重在"賞知音"上。

因爲重在"賞知音"，所以分韻的問題就好解決了。"支（章移反）、脂（旨夷反），魚（語居反）、虞（語俱反），共爲不韻"是圍繞這個視角展開的。意思是說，支和脂，魚和虞，都要算不同的韻。不韻：語音不協調，也就是要分成不同的韻才能達到審音的和諧。"不韻"的"韻"，是動詞，指音韻和諧。其實用韻也可以有從寬、從嚴的不同追求，沈約《答陸厥書》："韻與不韻，復有精粗。"

根據上面的引證可以知道，"支脂"相混、"魚虞"相混，這是針對當時北方話來說的。羅常培寫過《〈切韻〉魚虞的音值及其所據

方音考》,通過韻文材料證明,魚虞兩韻在南北朝時期"沿着太湖周圍的吳音有分別,在大多數的北音都沒有分別",他特地提到洛陽是魚虞不分的。因此,《顏氏家訓·音辭》《切韻序》和羅常培的研究對於《切韻》音系反映的是洛陽一地的語音系統的説法是不利的。《音辭》批評支脂、魚虞分别相混,《切韻序》説支脂、魚虞"共爲不韻",也含有批評北方相混的意思,而這種相混很有可能是對以當時的洛陽音爲代表的讀法來做出批評的,這對《切韻》音系反映洛陽音系之説不利。

反映"魚(語居反)、虞(語俱反),共爲不韻"的材料較多,研究得較充分,我們可以利用它們探討顏之推等人爲什麽從南方魚虞分韻,不從北方魚虞混併。南北朝時期,部分北方話中,魚韻繼續高化,魚虞合,這是魚韻轉入虞韻,即讀 iu;南方話多維持分用局面。據《切韻》原注,吕静《韻集》語韻和虞韻混同,《切韻》分韻採用了夏侯詠、陽休之、李季節、杜臺卿等從分的意見。這些人,既有南方的,也有北方的,可見南北方知識分子的正音中魚虞有别。《顏氏家訓·音辭》:"其謬失輕微者……北人以庶(御)爲戍(遇),以如(魚)爲儒(虞)……如此之例,兩失甚多。"這代表了在這個問題上以南方音爲正音。當然,顏之推知道並非所有的北方話都是魚虞相混,他這裏是就主要方言區來説的,《音辭》還説:"北人之音,多以舉、莒爲矩。"加了一個"多"字,暗示北方話仍有魚虞分開的。直到唐代,北方仍有分魚虞的,《慧琳音義》卷三十六"躊躇"注:"躇,音除,又音厨。"除,魚韻;厨,虞韻。

值得注意的是,魚虞分韻的陽休之、李季節是典型的北方人,他們爲什麽也魚虞分韻?《音辭》説:"北人之音多以'舉''莒'爲'矩',唯李季節云:'齊桓公與管仲於臺上謀伐莒,東郭牙望見桓公口開而不閉,故知所言者莒也。然則莒矩必不同呼。'此爲知音矣。"這既説明北方正音中,魚虞有别;又點出李季節不將魚虞合併的理由。當時李季節的音系中,虞模合併,都是合口;魚可能也跟虞模合併了,變成了合口。但李氏考證古音,魚韻是開口。他根據的是上古的語料。《吕氏春秋·重言》:"君呿(qū)而不唫(jìn),所言者'莒'也;君舉臂而指者,所當者莒也。"《韓詩外傳》卷四也説:

"君東南面而指,口張而不掩,舌舉而不下,是以知其莒也。"可見"莒"古是開口。既然魚韻讀開口於古有徵,所以夏侯詠、陽休之、李季節、杜臺卿等人魚虞分韻,與其説是採用南方方音,不如説是採用古音。由於南方方音魚韻還是開口,不與讀合口的虞模韻相混,所以保留了古音。《切韻》音系魚虞模分成三韻,但虞模排在一起。

可見,論韻八賢批評當時東西南北四方的方音,並不是純然以洛陽音爲基礎音系進行批評的,而是注意到分韻不分韻,要合於古。所謂合於古,一方面有八賢和後來陸法言對前代材料的考證做依據,另一方面他們必然注意到有的韻甲方言相混,而乙方言却分開,他們就多從分,從分也就往往合於古,《切韻序》後文提到"論南北是非,古今通塞",正是注意到合於古。

"先(蘇前反)、仙(相然反),尤(于求反)、侯(胡溝反),俱論是切"是説,先和仙,尤和侯,要聯繫起來,一同論定那些切要的地方。"爲不韻"和"論是切"都是動賓結構,"不韻"作"爲"的賓語,"是切"作"論"的賓語。是切:跟"不韻"對舉,是,繫詞,古人看作是語助。切,切要,緊要。"切"在隋代没有"切音"的意義。"是切"可能是南北朝至隋唐經常出現的語典。陶淵明《祭程氏妹文》:"伊我與爾,百哀是切。"唐玄宗《命徵辟東宫官屬制》:"今望苑初開,端僚是切。"《舊唐書·食貨志下》:"軍興之時,財用是切。"八賢所説的切要地方,包括聲母、開合、洪細。

理由是:要區分"廣文路"和"賞知音"。"欲廣文路,自可清濁皆通",想拓寬寫韻文的路子,自然可以將不同的韻互相押,也就是支脂可押,魚虞可押;先仙可押,尤侯可押。廣:放寬,拓寬。文路:寫韻文的路子。文,專指韻文。南北朝時,"文"可以專指韻文。自:自然,當然。清濁:跟下文"輕重"互文見義,含義不明,可能指一些可以拿來對比的不同的韻。《廣韻》有《辯四聲輕清重濁法》,可能與此有關,可以繼續研究。"若賞知音,即須輕重有異",承"欲廣文路,自可清濁皆通"而來,表示轉折,是説,如果想被贊賞爲通曉字音,就必須審音辨韻。

這兩句話,反映了八賢區分了"廣文路"和"賞知音",提出了韻書編寫細緻審音的要求，爲八賢後面的"捃選精切，除削疏緩"張本；《切韻序》後文說到，《切韻》編寫"剖析毫氂，分別黍累"，繼承了這一編纂理念。也就是說，《切韻》的編寫主要是"賞知音"，不排斥"廣文路"。一般地說，這兩個目的不矛盾，從"賞知音"的目的說，應該將韻分得細密一些；從"廣文路"的目的說，如果不以文害意，需要將韻押的寬一些，只要將兩個或兩個以上的韻合起來用即可。唐代以後的功令"同用、獨用"，與此一脈相承。但是《切韻》在少數情況下，並沒有完全遵守"賞知音"的要求，而是根據"廣文路"的目的，直接合併到其他相鄰的韻中。這主要是考慮到這些合併的韻，字少，韻基有限，常用字不多，於是就沒有讓它們獨立成韻。例如冬韻上聲附見腫韻，臻韻上聲附見隱韻，去聲附見焮韻，嚴韻上聲和去聲沒有單獨立韻，痕韻入聲附見沒韻。但是這種情況不太多，由此可見《切韻》一般是遵循"賞知音"的要求的。還有就是，哪些韻合爲一韻，哪些分成兩韻，應該也考慮到"廣文路"的問題。例如陽唐分韻，陽三等，唐一等。可是東韻既有一等，也有三等。是不是東韻一三等主元音和韻尾相同，所以不能分開；而陽唐主元音不同，要分成兩個韻？從押韻材料看，陽唐沒有分開的理由。從音理來說，很難想象：有 iaŋ，却沒有與之相應的 aŋ。合理的解釋應該是：陽唐兩韻，各自押韻可供選擇的字很多，可以要求嚴格一些，多讓一等字自押，三等字自押，不至於讓陽唐二韻成爲窄韻。而東韻如果分成兩韻，押韻的字可能就不太容易選擇了。

"賞知音"的分韻原則很重要：它不但是《切韻》分韻的最重要目的，說明是爲"知音"的人士服務的；而且跟我們今天民族共同語的語音標準是北京話大異其趣。今天的普通話以北京話爲標準音，是爲各個方言區的人民大衆的交際服務的，是深受西方影響形成的正音標準。所以理解《切韻》音系一定要緊緊抓住"賞知音"。

"吕静《韻集》、夏侯詠《韻略》、陽休之《韻略》、李季節《音譜》、杜臺卿《韻略》等各有乖互，江東取韻與河北復殊"，是八賢在前面提到的"賞知音"的理念的基礎上，以此爲尺度，對幾本重要韻書缺陷所做的分析、批評，對上面提出的"賞知音"韻書編寫理念做出補充。

上面所提及五人的五部韻書,正好是陸法言編寫《切韻》時主要的參考用書,《王仁昫刊謬補缺切韻二》在各卷韻目的目錄下面都注明了五家分韻的異同和《切韻》分韻對五家五部韻書的沿革。乖互:抵觸,不合,指分韻有不精細的地方,也就是指各家分韻均有寬緩之處。比較《王仁昫刊謬補缺切韻二》所列,正好可以證明這一點。

呂靜是西晉時《字林》作者呂忱的弟弟,籍貫不詳,可能是任城(今河北任縣)人。夏侯詠:生平不詳,是南朝學者。陽休之(509—582):字子烈,右北平無終(今天津薊縣)人,曾仕北魏、北齊、北周,卒於隋開皇二年,他在北齊文壇很有影響。李季節:名概,趙郡平棘(今河北趙縣)人。生卒年不詳,約北齊文宣帝天保中前後在世。杜臺卿(?—597?):字少山,博陵曲陽(今河北蠡縣)人。生年不詳,曾仕北齊、隋,約卒於隋文帝開皇十七年。可見論韻八賢及陸法言《切韻》,參考了南朝和北朝的音韻著作,北朝著作作者多在今河北一帶,有些人在八賢長安論韻時還健在。這當然反映了當時好的研究風氣,即使是同時代的學者,也要對他們的著作進行有理有據的批評。五部韻書的作者有更早的呂靜,他的《韻集》可能既吸收、改進了李登《聲類》的分韻,又保留了更多的早期語音現象;南朝有夏侯詠;北朝的三位都是燕趙一帶的學者,可能他們編的韻書分韻算是比較細緻的,燕趙距離洛陽遠,可能就意味着語音變化慢一點,分韻細一點。八賢對這些韻書都有研究,所以看出了它們"各有乖互"。

"江東取韻與河北復殊"是對五家韻書"各有乖互"的一種原因分析,之所以"各有乖互",一個原因是五家韻書反映了南北語音的差異。江東:長江在蕪湖、南京間作西南南、東北北流向,隋唐以前,是南北往來主要渡口的所在,習慣上稱自此以下的長江南岸地區為江東。這裏泛指南方。取韻:劃取韻,分韻。河北:黃河中游以北,這裏泛指北方。

所謂"各有乖互",要注意兩點:一是,結合《顏氏家訓》看,南北朝時期的韻書,並非各地方音的忠實記錄,而是主觀上想弄出一個各地都能接受的音系,只是這些韻書在分韻、歸字方面深受各方言的影響。《音辭》批評南北朝韻書時説:"自兹(指曹魏)厥後,音韻鋒出,各有土風,遞相非笑,指馬之論,未知孰是。共以帝王都邑,參校方俗,考覈古今,爲之折衷。摧而量之,獨金陵與洛下耳。"可見南北朝的韻書各有"土風",没有全依方音;而是"共以帝王都邑,參校方俗,考覈古今,爲之折衷"。這個"帝王都邑","摧而量之,獨金陵與洛下耳"。摧:舉其大要,約略。可見這些韻書還是很重視當時影響很大的方言"金陵與洛下"的。二是,結合《切韻序》"剖析毫氂,分别黍累"等來看,"乖互"主要是指這些韻書受方音影響,將本該分出的韻合併了,而一般不是將本該合併的韻分開。這一點,下面還要説到。

四、第一段第二層的第三個表意群試讀

第二層的第三個表意群是"因論南北是非,古今通塞,欲更捃選精切,除削疏緩"。八賢在前面既提出"賞知音"的理念,又强調分韻要避免以前的韻書囿於方言的弊病,這裏就是進一步的實施理念。

"因論南北是非,古今通塞",是將古今、南北結合起來分韻、定音。這是八賢達成的又一項韻書編纂理念,是既往韻書没有能做到的事情。"因"承前文"綱紀"中提及的八賢的議論和理念而來,表明意思更進一層。"南北是非"有南是北非、北是南非。確定是非的準繩是什麽?是"古今通塞"。所謂"古今通塞",合於古又合於今的,無疑是"通";合於古不合於今的,應該是"塞",例如聲母方面,原來舌上歸舌頭,可能晉代以後才分開,《切韻》基本上是分開的;合於今而不合於古的,恐怕也是"通"。因爲如果當時所有方言都消失了某種語音現象,無論就當時的研究能力還是就其實用性來説,都不可能恢復起來,韻書的編者最多只能追溯到魏晉時期,因爲那時候開始有韻書,而且《聲類》《韻集》等韻書傳了下來。從魏晉南北朝詩歌押韻來看,兩晉的語音跟《切韻》音系有較大區别,所以《切韻》的音系框架很難追溯到兩晉;合於兩晉而不合於時音的,八賢和《切韻》恐怕很難採用。不但分韻如此,聲母、介音方面

也如此。有人説《切韻》音系是東漢至西晉的洛陽舊音，恐怕有問題。《切韻》的聲韻母系統跟洛陽舊音相差很遠。先秦有一點記録語音的材料，東西漢之交以後，有些注音材料，但都零零散散，歸納不出一個音系。八賢當然是求其"是"與"通"，不可能求其"非"與"塞"。所以，從客觀條件説，《切韻》音系只能是在魏晉南北朝以後口語基礎上形成的一種盡量求分的讀書音系統。現在看來，《切韻》分韻跟南北朝的音韻學家具有很大的一致性，例如"磔"字原本《玉篇》注音"五合、五闔二反"，説明《玉篇》合盍有别，這跟《切韻》分韻一致。

至於分韻是否以"金陵""洛下"爲主，没有直接材料可以論證它。《顏氏家訓·音辭》説，南北朝的韻書"摧而量之，獨金陵與洛下耳"，細味文意可知，這是個中性的説法，並没有表明顏之推本人贊同理想的韻書分韻要求"獨金陵與洛下"。《切韻序》也没有提到各方言和"金陵、洛下"的關係，不知是有意還是無意。但南北朝時期的人，也有嘲笑洛陽音的。一般地説，南北朝時期，金陵和洛下的方言，分別是南北方最具有權威性的方言，所以諸家韻書受這兩地的影響是可以理解的。但是，由於金陵和洛下分別是南北方的中心，政治、經濟、文化中心，常常是語言創新的策源地，因此金陵、洛下語音較其他遠離二地的方言可能變化得還要快一些。因此，以金陵和洛下作爲韻書分韻的標準，可能不是最理想的，難以達到"論南北是非，古今通塞"的分韻操作要求。洪誠《中國歷代語言文字學文選》十五《切韻序》注釋裏説，從"因論"句本身來看，"假定切韻是記録一個方音系統，那麼討論古今南北的是非通塞是多餘的。下文'顏外史、蕭國子多所決定'也就很難理解了"，他的説法有道理。八賢提到五家韻書，南朝的是比較早期的呂靜、夏侯詠的書，北朝幾乎都是跟他們同時代的燕趙一帶學者編的韻書，可能是因爲他們或者時間早，或者是作者的家鄉距離洛陽較遠，因此分韻已經是較細了，理想的韻書用它們來做主要參考，易於操作。

好在南北朝分治也就一百七十來年，即使"南染吴越，北雜夷虜，皆有深弊"（《顏氏家訓·音辭》），其語音變化也不可能面目全非，況且像《音辭》所談南北方音的一些差異，不一定是南北朝分治時才形成的,因此金陵和洛下的語音分裂變化不會太大,差別也不會太大。那麼《切韻》編寫是不是跟金陵、洛下沒有關係呢？在我看來,《切韻》分韻跟金陵、洛下關係可能不大,但是《切韻》音系的音值,應該受二地的影響甚大,上面說到,"秦隴則去聲爲入,梁益則平聲似去"應該是立足於洛陽音來批評這兩個地域的調值的。陳寅恪先生寫過一篇《從史實論切韻》,裏面談到"洛生詠"在南方的影響,看了材料以後,我感覺到主要是說音值方面的事。

"南北是非,古今通塞"是八賢在"賞知音"基礎上得出的重要分韻原則,它決定了《切韻》音系的性質,也決定了《切韻》是魏晉南北朝以來分韻最爲細密的韻書。"欲更捃選精切,除削疏緩"則是分韻、定音的具體操作辦法。捃(jùn)選:選取。精切:形容詞性並列結構,精當貼切。這裏指精當貼切的分韻和注音。除削:去掉。疏緩:寬緩。這裏指分得很寬的韻和歸韻寬緩的注音。應該說,《切韻》的反切一般都有來歷,很少是陸法言自創的,他要遵循"捃選精切"的原則,在已有的反切中選取精切的反切。S.2071、裴務齊《切韻·范韻》"范"下說:"無反語,取'凡'之上聲。"《廣韻·拯韻》"拯"下說:"無韻切,音'蒸'上聲。"這些話可能基本上是《切韻》原貌,S.2071、宋跋本《切韻·拯韻》都作"無反語,取'蒸'之上聲。"這些都很典型地反映了《切韻》選用反切,是有歷史沿革的。

"顏外史、蕭國子多所決定"是陸法言補敘八賢討論出理想的韻書編寫的原則、辦法時誰的貢獻大,也爲後人結合《顏氏家訓》及蕭該的相關注音材料研究《切韻》提供了思路和依據。《顏氏家訓·音辭》說"自兹厥後,音韻鋒出",表明顏之推看了魏晉南北朝不少韻書,因此他無疑是很有發言權的。論韻八賢,顏之推、蕭該都是南方出來的,對南方韻書的情況應該比其他幾位學者要熟悉一些;蕭該對《詩》《書》《禮記》《漢書》等都很熟悉,治《文選》可以說是他的家學,當然也很有發言權。

五、第一段第三層試讀

第一段第三層,顯然是八賢在討論編寫理想韻書的中途,大的問題解決之後，魏彥淵讓陸法言做記錄的。魏彥淵這時候已是朝廷的著作郎了。他對陸法言說："向來論難，疑處悉盡，何爲不隨口記之？我輩數人，定則定矣。"向來：剛才。論難（nàn）：討論詰難。由魏澹的話可以知道，八賢討論時有過辯論；"疑處悉盡"反映魏澹對於這次討論的成效持非常正面的肯定態度，認爲很重要，對魏晉以來的韻書編寫實踐做了高度準確的總結，得出了努力編寫理想韻書的途徑，能解決問題，以至於擔心事後遺忘了，於是讓陸法言"隨口記之"。八賢匯集了當時南北文化界的翹楚，又多是朝廷負責文化方面的重臣，所以魏澹說"我輩數人，定則定矣"。據王顯考證，八賢論韻時，只有顏之推還沒有任職。

陸法言特地交代這一細節，一方面是要彰顯十多年前魏澹的提醒之功，另一方面，陸氏寫序時，魏澹應該還健在，陸法言是讓他做個見證。

"法言即燭下握筆，略記綱紀"是說陸氏當時對那次討論已經有記錄在案，這是白紙黑字，進一步表明確有其事，同時提醒讀者，他的《切韻》一書對八賢有繼承，有發展，當時只是記錄了"綱紀"；確定要編寫《切韻》，以及具體的、細密的編寫工作，那是陸法言的重要貢獻。

六、第二段試讀

第二段，是寫陸法言在那次討論之後直到編寫成《切韻》一書的簡略過程，以及自己在八賢討論基礎上的創新處。分兩層："後"至"修集"是第一層，編寫之前的準備工作；"今"至"累"是第二層，開始編寫到成書。

"後博問英辯，殆得精華。於是更涉餘學，兼從薄宦；十數年間，不遑修集"是說論韻之後的十幾年，儘管沒有開始寫作《切韻》，但一直在做準備。據此可見，陸法言編寫《切韻》的初衷，在那次論韻以後就已經形成了，並且爲此做準備，獲得了一些具體材料和看法。英辯：跟後面"精華"對舉，應該是並列結構，"英"指精英之人，"辯"指辯才無礙之人。這裏指在審音方面有精辟見解的優秀學人。"博問",説明陸法言做了大量的咨詢,對分韻、定音獲得了不同意見。殆:幾乎。"殆得精華"表明,當時被咨詢的學人幫助他解決了不少疑難問題。於是:在這時。更(gèng):又,還。兼:同時又。薄宦:卑微的官職。據《隋書·陸爽傳》,陸法言"釋褐承奉郎",承奉郎是個散官,爲隋開皇六年(586)吏部別置散官八郎之一,位在朝議郎之下。遑:閑暇。修集:指編寫。

"今返初服,私訓諸弟:凡有文藻,即須聲韻。屏居山野,交遊阻絶,疑或之所,質問無從。亡者則生死路殊,空懷可作之歎;存者則貴賤禮隔,以報絶交之旨。遂取諸家音韻、古今字書,以前所記者,定之爲《切韻》五卷,剖析毫氂,分別黍累",寫正式編寫到成書。

返初服:指不再擔任官職,恢復原來的百姓身份。初服:未入仕時的服裝,與"朝服"相對。《楚辭·離騷》:"進不入以離尤兮,退將復脩吾初服。"據《隋書·陸爽傳》,陸爽原來做太子楊勇的洗馬,"嘗奏高祖云:'皇太子諸子未有嘉名,請依《春秋》之義,更立名字。'上從之。及太子廢,上追怒爽云:'我孫製名,寧不自解?陸爽乃爾多事。扇惑於勇,亦由此人。其身雖故,子孫並宜屏黜,終身不齒。'法言竟坐除名"。楊勇是開皇元年立爲太子的,開皇十一年(591),陸爽過世,二十年(600)"冬十月"(《隋書·高祖紀下》)楊勇連同他的兒子一起廢爲庶人,仁壽末年賜死。因此,陸法言被免去承奉郎一職,是在開皇二十年年底,《切韻》撰成是601年,因此《切韻》成書也就一年的時間。

私:副詞,用在謙稱自己的場合。訓:教誨。諸弟:所有同宗之弟。《國語·晉語四》:"而惠慈二蔡,刑於大姒,比於諸弟。"韋昭注:"諸弟,同宗之弟。"後文説"直欲不出户庭",與此正相照應。

文藻:文采,詞采。聲韻:指音韻。"凡有文藻,即須聲韻",强調了懂得審音和運用審音成果對於增强文學作品文采的重要作用。

屏(bǐng)居:隱居。山野:指民間,與"朝廷"相對。交遊:交往的人。阻絶:隔斷了。或:通"惑"。質問:詢問以正其是非。從"屏居"到"無從"是説無法向八賢及八賢之外的學者咨詢音韻問題。

亡者:指開皇初論韻的八賢過世者。可作:可以起死復生。這句用典,《國語・晉語八》:"趙文子與叔向遊於九原,曰:'死者若可作也,吾誰與歸?'"韋昭注:"作,起也。"《禮記・檀弓下》:"文子曰:'死者如可作也,吾誰與歸?'"當年論韻的八賢,有好幾位已經過世了。存者:指開皇初論韻的八賢在世者。貴賤禮隔:貴,指八賢在世而地位顯貴者。賤:指陸法言自己。因為他已被罷官,在朝廷沒有地位。以:通"已"。報:告知。絕交之旨:斷絕交往的意圖。八賢中至少已知薛道衡、蕭該等人還在世,蕭該也受到朝廷排斥,但是薛道衡官位仍然很高。這兩句是說陸法言從罷官到寫作《切韻》這段時間,都無法繼續向八賢求教。

　　陸法言此時無法向八賢和八賢之外的通人討教,那也就意味着只能向書本和他原來的"綱紀"討教了。諸家音韻:各家的注音和韻書。字書:以字為單位,解釋漢字的形體、讀音和意義的書。《切韻》編寫,光參考前代韻書是不夠的,裏面要收很多字,包括它們的讀音和音義配合,比較方便的辦法是參考古今的字書。這裏所說不包括韻書。

　　以:介詞,根據,依照。前所記者:指八賢論韻的"綱紀"。

　　定之為《切韻》五卷:平聲字多,分為兩卷,上去入各一卷,共五卷。《切韻》平聲兩卷,跟《廣韻》表達方式不同。《廣韻》是"上平聲、下平聲";就距離《切韻》時代較近的唐寫本來看,《切韻》是平聲韻目一標到底,不分"上平聲、下平聲"。

　　毫氂:形容極微細的長度。毫、氂都是微小的量度單位。南北朝佚名《孫子算經》卷上:"度之所起,起於忽。欲知其忽,蠶吐絲為忽。十忽為一絲,十絲為一毫,十毫為一氂,十氂為一分,十分為一寸。"黍累:形容極輕的重量。十黍為一絫,十絫為一銖。《漢書・律曆志上》:"權輕重者,不失黍絫。"顏師古注引應劭曰:"十黍為絫,十絫為一銖。"這兩句是形容《切韻》按照八賢提出的"賞知音"和"論南北是非,古今通塞"、"捃選精切,除削疏緩"理想的韻書編寫理念而做的具體工作,也告訴讀者《切韻》為什麼在所有古今韻書中分韻最多的原因,從而也凸顯了《切韻》獨特而巨大的價值,實現了八賢和陸法言本人的審音抱負。

七、第三段試讀

　　第三段是寫序的客套話，但也體現了陸法言對本書的期待。因爲是駢文，所以用了較多的典故。典故中提到的人，除了和氏，其他都有傳世之作，而且都有期待著述傳世的言行，和氏是期待荆山之玉被人開採出來。陸法言用了這些典故，含蓄地表達了他對《切韻》的期待，能啓發讀者從學術史上審視《切韻》的價值。

　　何煩泣玉：典出《韓非子·和氏》："楚人和氏得玉璞楚山中，奉而獻之厲王。厲王使玉人相之，玉人曰：'石也。'王以和爲誑，而刖其左足。及厲王薨，武王即位，和又奉其璞而獻之武王。武王使玉人相之，又曰：'石也。'王又以和爲誑，而刖其右足。武王薨，文王即位。和乃抱其璞而哭於楚山之下，三日三夜，淚盡而繼之以血。王聞之，使人問其故，曰：'天下之刖者多矣，子奚哭之悲也？'和曰：'吾非悲刖也，悲夫寶玉而題之以石，貞士而名之以誑，此吾所以悲也。'王乃使玉人理其璞而得寶焉。"何煩：何必。這裏是說，自己不期待《切韻》能成爲和氏璧那樣的寶玉。

　　未可懸金：典出《史記·吕不韋列傳》："是時諸侯多辯士，如荀卿之徒，著書布天下。吕不韋乃使其客人人著所聞，集論以爲八覽、六論、十二紀、二十餘萬言。以爲備天地萬物古今之事，號曰《吕氏春秋》。布咸陽市門，懸千金其上，延諸侯游士賓客有能增損一字者予千金。"這裏是說，自己不期待《切韻》能成爲《吕氏春秋》那樣一字千金的名作。

　　藏之名山，昔怪馬遷之言大：典出司馬遷《報任安書》："僕誠已著此書，藏之名山，傳之其人，通邑大都；則僕償前辱之責，雖萬被戮，豈有悔哉！"這裏是說，自己不期待《切韻》能成爲受盡羞辱的司馬遷寫成的《史記》那樣的名作，也爲自己早年對司馬遷創作《史記》的抱負不理解而感到悔恨。

　　持以蓋醬，今歎揚雄之口吃：典出《漢書·揚雄傳》："雄少而好學，不爲章句，訓詁通而已，博覽無所不見。爲人簡易佚蕩，口吃不能劇談……雄以病免，復召爲大夫。家素貧，耆（shì）酒，人希至其門。時有好事者載酒肴從遊學,而鉅鹿侯芭常從雄居,受其《太玄》《法言》焉。劉歆亦嘗觀之,謂雄曰:'空自苦!今學者有祿利,然尚不能明《易》,又如《玄》何?吾恐後人用覆醬瓿也。'雄笑而不應……自雄之没至今四十余年,其《法言》大行,而《玄》終不顯,然篇籍具存。"(覆:覆蓋。醬瓿(bù):盛醬的器具。)這是說,自己不期待《切韻》能成爲受盡清貧、受人譏諷的揚雄寫成的《法言》《太玄》那樣的名作,自己現在對揚雄口吃而創作《法言》《太玄》這樣的名著感到驚嘆不已。

非是小子專輒,乃述群賢遺意:這既是實事求是,也是客氣話。專輒:專斷,專擅。述:闡述前人成説。群賢:衆多德才兼備的人,主要指論韻八賢。遺意:前人的心願和意見。

寧敢施行人世?直欲不出户庭:這是化用司馬遷《報任安書》"藏之名山"而來,也是客套話,表面上是説希望《切韻》只在家族内部流傳,實際上對本書的廣泛流傳充滿了期待。

第三節 《切韻》系韻書

現在都以北宋編纂的《廣韻》作爲《切韻》音系的代表。《廣韻》儘管是宋人編的,但是它反映的却是比唐宋時期更早的音系,這只要比較《切韻》系韻書的流傳情況和唐宋韻文等材料就可以清楚地看出來。《切韻》現在已經失傳了,它的早期增訂本《王仁昫刊謬補缺切韻》分爲 195 韻,明確注明《切韻》没有上聲"广"(也就是後來的"儼")韻、去聲"嚴"(也就是後來的"釅")韻是"失",可見《切韻》原來只有 193 韻。《切韻》没有將"广、釅"二韻單獨立韻,不一定是失誤,應該有陸法言的考慮,他考慮到了"廣文路"的問題:"广"在《廣韻》中只有 3 個小韻,"釅"只有 4 個小韻,常用字不多,所以没有另立韻目。

清俞正燮《癸巳存稿》卷三《書廣韻後》説,《切韻》"不見爽(指陸爽)及劉臻等傳,亦不見《經籍志》,蓋隋時官不采録,唐初書亦未顯"。《切韻》在唐代何時成爲官韻,還没有考訂清楚。唐封演《封氏聞見記》卷二《聲韻》:"隋朝陸法言與顔、魏諸公定南北音,撰爲

《切韻》,凡一萬二千一百五十八字,以爲文楷式(按:應該理解爲雙賓語格式)。而先仙删山之類,分爲別韻。屬文之士,共苦其苛細。國初,許敬宗等詳議,以其韻窄,奏合而用之,法言所謂'欲廣文路,自可清濁皆通者'也。"許敬宗(592—672)出生在隋代,當時《切韻》還没有編出來。唐貞觀二十三年(649),高宗即位,許敬宗代于志寧爲禮部尚書,可能在高宗朝,許敬宗因爲負責禮部事,所以"以其韻窄,奏合而用之"。沈佺期(約 656—約 715)在高宗上元二年(675)登進士第,寫了《被試出塞》,這是一首應制詩,可見高宗或高宗以前已經要求考進士科的考生寫詩了,只是跟後來省試詩的體制有所不同,但要求按《切韻》來押韻無疑是一樣的。這件事跟《封氏聞見記》的說法可以互相印證。由此看來,《切韻》在唐初的某個時候就已經成爲科考的官韻了。既成官韻,鑽研它的人就多起來了。有的覺得《切韻》分韻還是有該分的没有分,應該分開;有的覺得《切韻》還有錯誤和不足,反切用字需要改進;有的覺得小韻和又音要增加,收字(包括異體字)和訓釋也要增加。因此,唐代出現了相當多《切韻》的增修本,也出現了一些受《切韻》影響的其他非《切韻》系韻書。顔元孫的《干禄字書》明言"字書",但是也是按四聲和分韻編排,明顯受了《切韻》的影響。

據《舊唐書·經籍志》《新唐書·藝文志》以及王國維《觀堂集林》(第二册)相關文章,唐代非《切韻》系韻書有:

顔湣(mǐn)楚(顔之推次子)《證俗音略》一卷。

蕭鈞《韻音》二十卷。

武玄之《韻詮》十五卷。

唐玄宗《韻英》五卷。

元庭堅《韻英》十卷。

張戩(jiǎn)《考聲切韻》。

所謂《切韻》系韻書,指不以反映時音爲立足點,而是根據審音的結果或後代某些語音變化,在不打亂《切韻》分韻的前提下,對《切韻》做出某些分韻或併韻的變化而產生的韻書。唐代《切韻》系韻書的增修本大多已經亡佚了,如顔真卿《韻海鏡源》三百六十卷(王國維以爲算類書。其實跟一般類書不完全一樣,此書應該兼有類書和韻書的作用。顏真卿自己寫的文章和封演《封氏聞見記》中都談到《韻海鏡源》跟《切韻》的密切關係)、孫愐《唐韻》五卷（今存殘卷）、李舟《切韻》十卷、僧猷智《辨體補脩加字切韻》五卷、佚名《天寶元年集切韻》五卷、張參《唐廣韻》五卷等，王國維《唐諸家切韻考》有叙述，可以參看。這些韻書，可能東鱗西爪地受到時音影響，例如李舟《切韻》將本收 t 的"日"收入了收 k 的韻，《集韻》職韻："日，而力切，太陽精也。李舟説。"《法華經譯文》引祝尚丘："日，太陽之精也。古音而職反。"這應該是反映了唐代北方方音，不是《切韻》之舊。

　　唐五代《切韻》的增修本因爲因緣際會，今天能見到的有一些，尤其是發現了故宫藏本《王仁昫刊謬補缺切韻》，敦煌藏經洞，新疆吐魯番、和田等地也發現了一些《切韻》增訂本殘卷，有抄本，也有刻本，對於認識《切韻》原貌及《切韻》系韻書的影響、演化等都很有幫助。不過其中有不少錯字，需要做進一步校勘。《廣韻》就是在唐五代這些韻書基礎上編纂成功的，所謂"廣韻"，就是增廣《切韻》。《廣韻》前面所列宋真宗"景德四年（1007）十一月十五日"和"大中祥符元年（1008）六月五日"的牒文後提到"郭知玄拾遺緒正，更以朱箋三百字；關亮增加字；薛峋增加字；王仁昫增加字；祝尚丘增加字；孫愐增加字；嚴寶文增加字；裴務齊增加字；陳道固增加字。更有諸家增字及義理釋訓"。

　　今存唐代《切韻》系韻書或殘卷、殘片，據王國維《觀堂集林》（第二册）、周祖謨《唐五代韻書集存》，大致可以分爲幾個系列：

　　（一）《切韻》傳寫本，有四種殘頁、兩種斷片：伯三七九八，伯三六九五、三六九六，斯六一八七，斯二六八三、伯四九一七，《切韻斷片一》（日本大谷光瑞《西域考古圖譜》），《切韻斷片二》（列 TID）。

　　（二）箋注本或增訓加字本《切韻》，箋注本有三種寫本殘卷、殘片：斯二〇七一，斯二〇五五，伯三六九三、三六九四、三六九六，斯六一七六；增訓加字本有斯五九八〇，伯三七九九，伯二〇一七，斯六〇一三，斯六〇一二，伯四七四六，斯六一五六，等等，比較多地保留了《切韻》原貌。

　　（三）《王仁昫刊謬補缺切韻》，刊謬是勘正訛誤，補缺是增加收字和訓釋，也增加了些小韻。有兩類：一是只題王仁昫撰定的。包括兩種：1. 伯二一二九、伯二〇一一，五卷都有殘缺。2. 北京故宮博物院藏本，是完整的。對比孫愐《唐韻》，此本更接近《切韻》。二是題王仁昫撰、長孫訥言注、裴務齊正字的，藏於北京故宮博物院，《唐五代韻書集存》叫《裴務齊正字本刊謬補缺切韻》。

（四）孫愐《唐韻》殘本、殘片。有兩種：一種是敦煌殘頁伯二〇一八等，一種是蔣斧印本《唐寫本唐韻》。孫愐《唐韻》在唐代影響很大，孫愐不同時期有所修改，內容不完全相同，王國維考訂有開元、天寶兩個本子。宋高承《事物紀原》卷四《經籍藝文部十七》說，孫愐在"天寶十三載"增修了《唐韻》，孫愐的《唐韻序》是天寶十載所作。周祖謨《唐五代韻書集存》、徐朝東《蔣藏本〈唐韻〉研究》以爲蔣斧印本《唐韻》是開元本，跟一些古書所引《唐韻》有所不同。據宋人記載，唐代才女抄寫過一種《唐韻》，從齊韻中分出"栘、觹"二字另立一個"栘"韻，但是還無法確定它與孫愐《唐韻》的關係。

此外，還有一些五代本的韻書。《廣韻》的編寫無疑參考了《切韻》以及唐五代各種《切韻》系韻書，甚至參考了《切韻》系之外的韻書和別的工具書，如《說文》。而《切韻》又吸收了魏晉南北朝的韻書和注音，因此《廣韻》收字及其反切是不斷增加的。《切韻》在小韻首字下面注反切，還注明該小韻收字多少，例如《切韻殘頁一》（伯三七九八）："冬，都宗反。二。"起先《切韻》的增訂本增加字時，將增加的字擺在最後，也不改動《切韻》小韻首字下標明所收的字數，只是在該數字下加上"加＋數字"表明新增加了多少字。例如《箋注本切韻》（斯二〇七一）："表，方小反。又方矯反。二。"下收"縹"字。《箋注本切韻》（伯三六九三正面）："表，方小反。又方矯反。二。加一。"下依次收"縹、䫌"，"䫌"下注："出《說文》。"《王仁昫刊謬補缺切韻》則沒有"加＋數字"這種方式，直接改動《切韻》數字，看不出哪些是《切韻》原字數，哪些是新加字。這種直接改動字數的做法，後來的韻書《廣韻》等都繼承下來了。

《廣韻》前面除了列陸法言《切韻序》，還列了長孫訥言《切韻箋注序》、孫愐《唐韻序》，因此這三部書對《廣韻》編纂影響很大。一方面，唐代《切韻》系韻書比陸法言《切韻》分韻還要細密，例如《王仁昫刊謬補缺切韻》分了195個韻,比《切韻》多"广、嚴(去聲)"兩個韻,蔣斧印本《唐寫本唐韻》可能分204或205韻,跟《廣韻》很接近了;李舟《切韻》不但分出"宣"韻,而且還調整了《切韻》的次序和四聲相承,爲《廣韻》所採;另一方面,"屬文之士,共苦其苛細",這説明,唐代韻書分韻多,還是秉承了"賞知音"的理念,不反映唐朝語音的變化,《廣韻》繼承唐代206韻的格局,不可能反映宋代音系。《四庫全書總目》説,顏元孫《干禄字書》"其例以四聲隸字,又以二百六部排比字之後先",這是説《干禄字書》已經有206韻,恐非的論,需再斟酌。但分韻爲206個,不會是《廣韻》的首創,《韻鏡》應該是北宋以前出現的韻圖,它是以206韻的分韻來安排聲韻調配合表的。《切韻序》記載八賢提出"賞知音"的理念,陸法言努力貫徹,因此想通過《切韻》一書培養"賞知音"人才的目的基本上都達到了,這只要看看唐宋以來《切韻》系韻書之"鋒出",分韻越來越多,跟當時的語音變化實際相差甚遠,就可以清楚地發現這一點。

宋代,仍然新編了一些《切韻》系韻書。據《宋史·藝文志》,有:

徐鍇《説文解字篆韻譜》(又稱《説文解字韻譜》《説文韻譜》)十卷,多用孫愐《唐韻》和李舟《切韻》反切。

勾中正(宋初人)《雍熙廣韻》一百卷(跟《唐廣韻》關係密切。書已佚,可能兼有類書的性質)。

丘世隆(宋初人)《切韻搜隱》五卷。

陳彭年等《重修廣韻》五卷。

戚綸等詳定《景德韻略》(原名《新定韻略》,爲《廣韻》略本,早於《廣韻》一年頒布)一卷。

丁度《集韻》十卷、《景祐禮部韻略》(與《集韻》相輔而行,簡稱《禮部韻略》《禮部韻》《禮韻》《韻略》,此書頒布後,宋代有一些私家的校訂本)五卷。

淳熙監本《禮部韻略》五卷。

丘雍《校定韻略》五卷。

夏竦《重校古文四聲韻》五卷。

劉熙古《切韻拾玉》五卷。

僧師悅《韻關》一卷。

張孟《押韻》十卷。

許冠《韻海》五十卷。

郟升卿《四聲類韻》二卷、《聲韻類例》一卷。

劉球《隸韻略》七卷。

僧妙華《互註集韻》二十五卷。

佚名《韻選》五卷。

佚名《洪韻海源》二卷。

佚名《韻源》一卷。

此外，據宋人著錄，還有《禮部疑韻》二十卷、《纂注韻略》五卷、毛晃《增修互注禮部韻略》五卷、《互注韻略》（又叫《互注禮部韻略》）五卷、劉孟容《修校韻略》五卷、秦昌朝《韻略分毫補注字譜》一卷、《附釋文互注韻略》五卷、歐陽德隆和易有開《押韻釋疑》五卷、楊樸《禮部韻括遺》、黃啓宗《補禮部韻略》、張貴謨《聲韻補遺》等。

《廣韻》是我國第一部官修韻書，全稱《大宋重修廣韻》，原名《校定切韻》，真宗景德四年（1007）編定，王應麟《玉海》說："祥符元年（1008）六月五日，改爲《大宋重修廣韻》。祥符三年（1010）五月庚子，賜輔臣人一部"。那時候，印刷術已經發明，《廣韻》流傳很廣，是《切韻》系影響最大的一部韻書。清桂馥《晚學集》卷四《書廣韻後》說："《廣韻》……小學家之津梁也。"鑒於《廣韻》有不完善的地方，宋仁宗時又開始刪增《廣韻》，成《景祐集韻》，也就是今天見到的《集韻》。《玉海》說："景祐四年（1037），翰林學士丁度等承詔撰，寶元二年（1039）九月書成上之，十一日進呈頒行。"《集韻》比《廣韻》多多少少折射出更多的五代至宋代的語音信息，因此用甲音注乙音的現象比《廣韻》多很多，但是不可能將宋代音系完整反映出來。例如"蟄"本該是祭韻字，但《集韻》注音"許計切"，"計"是霽韻字，反映了霽祭相混；不僅如此，《集韻》還將"許計切"放到未韻，反映齊祭微韻已混。再如"瑟"字，本是櫛韻字，除了用作櫛韻的切下字，也用作質韻的切下字，反映了質櫛二韻相混。

大家經常提到的"平水韻"也是《切韻》系韻書的分韻。平水在今山西臨汾市。清葉德輝《書林清話》卷四《金時平水刻書之盛》：

"金元分割中原不久,乘以干戈。惟平水不當要衝,故書坊時萃於此。"據元黃公紹《古今韻會·凡例》,江北平水劉淵於南宋理宗淳祐十二年(1252),也就是壬子年,刊行了《壬子新刊禮部韻略》,合併《禮部韻略》同用的韻,分爲107韻,劉淵不一定是編寫人。這本韻書已經亡佚了。《古今韻會》中,凡根據《壬子新刊禮部韻略》增加的內容,就注上"平水韻增",這就表明有了"平水韻"的說法了。

劉淵刊行的這本韻書是《切韻》系韻書中改革幅度最大的。這種改革應該不是劉淵一個人的功勞,明方以智《通雅·小學大略》指出:"王文郁、劉淵皆有《韻略》。"錢大昕《十駕齋養新錄》卷五《平水韻》說,他見過元刊本的平水書籍王文郁編寫的《平水韻略》,後題"正大六年己丑季夏中旬",正大是金哀宗完顏守緒的年號,六年即1229年,由此知道王文郁是金人,不是宋人,早於劉淵二十三年。錢大昕推測,可能是劉淵看到了王文郁的書,拿過來,去掉王氏姓名,於是《古今韻會》被誤認爲是劉淵寫的。錢大昕說,王文郁的《平水韻略》已經是106韻,清高奣映《等音聲位合匯》卷上《十三韻論》:"今所通行詩韻亦有將上聲迥拯與迥併,共一百零六韻。"後來王國維又見到張天錫作的一部《草書韻會》,也是106韻,但署上"正大八年",比王文郁的書晚兩年,張書是在南京寫就的。據此以推,"平水韻"應是南宋以後形成的,至於誰最開始將206韻併爲106韻,還需要再研究。

通過上面的敘述可知,《廣韻》反映的不是唐宋音系,它分206韻,比《切韻》多13韻,這不是反映了新的語音變化,而是"賞知音"的結果;某些分韻可能也間接折射了唐宋時期語音的變化,但不是主要方面。多出來的13韻是:從原來的寒旱翰末分別離析出桓緩換曷,從原來的真軫震質分別離析出諄準稕術,從原來的歌哿箇分別離析出戈果過,加上《王仁昫刊謬補缺切韻》離析出來的"广"(改叫名"儼")、"嚴"(改叫名"釅"),這主要是採用了《唐韻》的分韻;對一些反切的改動,也多從《唐韻》。但《唐韻》從仙分出一個"宣"韻,《廣韻》沒有採納;五代有些韻書除了接受"宣"韻,還分別從獮、薛、術韻分出了"選、雪、聿"韻,這些都有根據,夏竦《古文四聲韻》採納了,成爲210韻,但《廣韻》都沒有採納。從《切韻》到《廣韻》,分韻多了,韻目的排序有異,小韻增加、排序不同;但是聲母系統、聲調系統,以及韻基和韻母是一樣的,即使採納了"宣、選、雪、聿"諸韻,韻基和韻母也會一致。因此,《廣韻》音系也就是《切韻》音系。

　　《廣韻》總體上反映的是《切韻》音系,但是個別字的聲母和歸韻不無時音的影子。例如《廣韻》照二三分得清清楚楚,真韻"真"是照三,前面韻目字反切是"職鄰"。但上平聲十七真"真"小韻音"側鄰切","側"照二。這應該是審辨不精的地方。《説文》大徐本注音就是"側鄰切",這是因爲晚唐五代時照二三開始相混,《説文》大徐本和《廣韻》編者都不可避免受到時音影響,用照二字做照三字的切上字。這種情況在歸韻方面表現得更突出一些,例如"治"《廣韻》在志韻裏有"直吏切",在至韻裏有"直利切",這是之脂相混的反映。我們不能因爲有這種情況就泯滅了《切韻》音系聲韻的界限。

第四節　《廣韻》的版本

　　利用《廣韻》,是要求出《切韻》音系。要利用《廣韻》求出《切韻》音系,就要選擇好的本子做底本,因此要研究《廣韻》的版本源流。

北宋已經進入刻本時代了。自宋迄今，《廣韻》版本衆多，不同時代的本子有遞改之處。常見的本子有：（一）清初張士俊澤存堂本，據南宋監本做了校勘，有得有失。（二）曹寅刻楝亭五種本，也是據宋本雕版的，晚於澤存堂本。（三）《古逸叢書》覆宋本，是黎庶昌據楊守敬於日本所獲南宋監本刻入的，有勘改，但有誤改。

（四）涵芬樓覆印宋刊巾箱本，也是南宋監本。（五）宋乾道五年黃三八郎刻本《鉅宋廣韻》。（六）覆元泰定本。（七）小學彙函內府本。共7種。前5種是繁本，多出自南宋國子監刻本，沒有大的改動；後2種是簡本，元代人根據宋本刪減而成，明代所見多爲簡本。由顧炎武《亭林文集》卷五《書廣韻後》可知，他所見《廣韻》就是簡本。因爲不完全是《廣韻》原貌，所以今天研究音韻學者不太重視它們。簡本儘管錯訛甚多，陳澧《切韻考》就列舉了明本諸多訛誤，但它有校勘價值。各種繁本既經流傳，都不免有錯訛，因此應該有好的校勘，才好使用。尤其是研究中古音系，是一項非常精密的研究工作，必須要有精校本，避免研究工作有誤差。

周祖謨以張氏澤存堂本爲底本，據兩宋刻本等多種本子，以及新發現的敦煌、吐魯番、吐峪溝等地和故宮博物院所藏早期《切韻》

系韻書及其殘卷進行校勘，吸收了清代以來不少校勘成果，成《廣韻校本》，明顯的誤字則在書頁上方標出正字，有些需要出校勘記的地方，另有《廣韻校勘記》五卷，成書於1937年。《校勘記》中未及改正的，另出《補遺》，成於1939年。這是《廣韻》的一個善本。

後來上海辭書出版社於2000年出版了余迺永的《新校互註宋本廣韻》，也是以澤存堂本爲底本，網羅所見古今善本及諸家校釋，使用了周祖謨當年未及見到的《王仁昫刊謬補缺切韻二》（宋濂跋本）和《鉅宋廣韻》等善本，見到了清代以來《廣韻》的更多校勘成果，改正了周校的一些錯訛，不無可採之處，值得參考。

清代以來，對《廣韻》反切有一些校勘成果，但是今天《廣韻》的校勘本吸收得還不夠。例如"皀"字，今所見宋跋本《切韻》，就有"居立反"一讀，《廣韻》沿用了，作"居立切"，這是緝韻"急"小韻的倒數第二個字，倒數第一個字是"䀻"，第三個字是"伋"，"伋"讀"居立切"沒有問題。但"䀻"從"乏"得聲，《廣韻》又讀"皮及切"和"彼及切"，都是唇音字。因此，"皀、䀻"讀居立切值得懷疑。居立切最後的兩個字"皀、䀻"本來不跟居立切同小韻，只是因爲它們緊接"伋"，抄漏了它們的反切以及字頭前面的圓圈，於是被人誤解爲讀居立切。王力先生《康熙字典音讀訂誤》在"皀"下就持此看法。《廣韻》彼及切共有"䀻、皀"兩個字，"䀻"即"䀻"的異體，這應是後人看到早期《切韻》系韻書"䀻、皀"沒有收進彼及切的讀音，而加上去的，其實是"皀"小韻誤入"急"小韻了，漏掉了它們的反切。這樣的成果應該吸收到《廣韻》的校勘中去，至少應該注明，以供讀者選擇。

《廣韻》是一部小學名著，它的價值不局限於音韻學。例如《廣韻》虞韻"穭"小韻"嬩"下注釋有："崔子玉《清河王誄》云：'惠於嬩嬬。'"崔子玉即東漢崔瑗。《康熙字典》女部"嬩"下也有："《清河王誄》：'惠于嬩嬬。'"但是没有説《清河王誄》的作者是崔瑗，而且"於"作"于"。严可均《全上古三代秦漢三國六朝文·全後漢文》所收"崔瑗"作品中没有《清河王誄》，因此《廣韻》此條可補《康熙字典》和《全上古三代秦漢三國六朝文》之不足。《廣韻》中對音韻學之外學科的價值目前揭示得不夠，值得今後繼續深入挖掘。但是今人的校勘本,側重於被注音字和注音用字的校勘,對於《廣韻》字義注釋和引證材料的校勘有所忽視,古今的一些校勘成果吸收得不夠,個別校勘意見還可以斟酌。例如《廣韻》青韻"庭"小韻"䗶"下注釋:"䗶鼠,豹文。漢武帝得此鼠,孝廉郎終軍識之,賜絹百匹。"顧炎武《亭林文集》卷五《書廣韻後》指出,根據古書記載,這裏的"終軍"又作"竇攸";另外,"漢武帝"又作"漢光武帝",顧炎武引用作"漢光武帝",所以他没有說"武帝"之前掉了一個"光"字,澤存堂本作"漢武帝",周、余二氏均未出校,應該將這種校勘意見反映進校勘記中。再如"忘"中古有平去二讀,平聲一讀更爲常見,古人有時候說平聲是"如字"。可是《廣韻》平聲"亡"小韻沒有收"忘"字,只在去聲"妄"小韻的"忘"字下注:"遺忘。又音亡。""亡"小韻下面注明屬字"十二",周、余校本均據他本將"二"改爲"一",這個改動是值得懷疑的,《切韻》系的其他韻書"亡"小韻都有"忘"字,如果《廣韻》原來編寫時有"忘"字,則正好有屬字十二個。"忘"字應該是刊刻弄掉了。(參看拙著《漢語變調構詞考辨》)因此,《廣韻》一書的校勘工作遠沒有結束,需要在周、余校勘的基礎上做進一步的工作。這種工作在以前是相當難做好的,現在有互聯網,對《廣韻》做全面校勘的時機成熟多了。

第五節 《廣韻》的内容和體例

要求出《切韻》音系,除了要有好的版本,還必須了解《廣韻》的內容和體例。掌握《廣韻》的内容和體例,是求出《切韻》音系的必要條件。

一、内容安排概貌

《廣韻》各卷之間有一種應合關係。書依中古"平、上、去、入"四聲分卷,平聲字多,占了兩卷,上、去、入各占一卷,共五卷,分別稱爲"上平聲卷第一""下平聲卷第二"等等。每一頁的烏絲欄分別注上相應的"韻上平""韻下平""韻上聲"等等。"上平、下平"跟今天的"陰平、陽平"無關，只是平聲字多，爲使全書結構勻稱，才分兩卷，所以"上平、下平"在研究語音的時候要將它們作爲一個整體跟"上去入"對比起來觀察。這種分卷，可能是繼承《聲類》《韻集》的做法，陸法言《切韻》就是這樣分卷的，但具體表述應該有所差別。

每卷開頭列出各卷的聲調及第次，再列出韻目及其第次。韻目的上面列出韻目字的反切，下面再列出"同用、獨用"，同用、獨用的規定反映了初唐許敬宗以來押韻的一些變通的處理意見，例如許敬宗時"寒桓"沒有分韻，後來寒桓分開，《廣韻》繼承了，但注明"同用"，反映了《廣韻》繼承了"賞知音"的傳統，其音系跟宋代不同。韻目之後是正文，正文之後又列出聲調及卷次，與卷首照應。每卷（入聲除外）最後列出"新添類隔更音和切"，有：

上平　卑（必移切）陴（並之切）眉（目悲切）邳（並悲切）悲（卜眉切）肧（偏杯切）頻（步真切）彬（卜巾切）

下平　緜（名延切）廛（中全切）閩（北盲切）平（僕兵切）凡（符芝切）芝（敷凡切）

上聲　否（並鄙切）貯（知呂切）縹（偏小切）摽（頻小切）褾（邊小切）

去聲　裱（賓廟切）窆（班驗切）

這些反切都跟正文不同，正文中被注音字是雙唇音却用唇齒音作切上字，這裏都改用雙唇音；被注音字是舌面前音却用舌尖中音作切上字，這裏都改用舌面前音。這一方面反映宋代輕唇音從重唇音分化出來，舌上音從舌頭音分化出來，另一方面也反映《廣韻》正文反映的不是宋代音系，而是保留了《切韻》音系的原貌。因此，人們拿《廣韻》做《切韻》音系的代表是有道理的。

入聲的正文後面附有《雙聲疊韻法》《六書》《八體》《辯字五音法》《辯十四聲例法》《辯四聲輕清重濁法》等六項，旨在幫助人認字審音，也反映了《广韻》編者重視審辨字形。

二、各聲調之內韻的排列

每一卷又分出若干韻，同韻的字韻腹、韻尾（如果有韻尾的話）

和聲調都相同。一個漢字的讀音由聲母、韻頭、韻腹、韻尾和聲調五部分構成，韻腹和聲調是必有的音素。從音類來講，同韻的字只知道它們的聲調、韻腹、韻尾一樣，但不知道它們的聲母、韻頭是不是一樣。因此，同韻而不同音的字，它們讀音的不同只有三種可能：一是聲母不同，二是韻頭不同，三是聲母和韻頭都不同。

每個韻都用一個漢字來代表，叫韻目，整個206韻是始東終乏。平、上、去、入之間各韻的排序並非互不相干。韻的排序要從兩個角度來觀察。一個是從平、上、去、入各聲調內部來觀察，結合早期韻書各韻排序的參差，可以看出《廣韻》有分組的趨勢，大概有十八組，讀音相近的一些韻排在一起：

1.東冬鍾。

2.江。

3.支脂之微。

4.魚虞模。其中"魚"獨立性強，"虞模"更近。

5.齊佳皆灰咍祭泰夬廢。

6.真諄臻文欣元魂痕。其中"元"跟後來十六攝的音值不同，《切韻》至《廣韻》都是放在"欣(殷)"和"魂"之間。

7.寒桓刪山先仙。

8.蕭宵肴豪。

9.歌戈。

10.麻。

11.陽唐。

12.庚耕清青。

13.蒸登。這兩個韻爲一組，在《王仁昫刊謬補缺切韻》中反映得很清楚，它將"蒸登"擺在"鹽添"之後，"咸銜"之前，跟"庚耕清青"不在一起。

14.尤侯幽。

15.侵。"侵"爲一組，在《王仁昫刊謬補缺切韻》中反映得很清楚，它將"侵"擺在"尤侯幽"之後，"鹽添"之前，跟"覃談"不在一起。

16.覃談。這兩個韻爲一組，在《王仁昫刊謬補缺切韻》中反映得很清楚，它將"覃談"擺在"麻"之後，"陽唐"之前，跟"侵"和"鹽添"不在一起。

17.鹽添。這兩個韻爲一組,在《王仁昫刊謬補缺切韻》中反映得很清楚,它將"鹽添"擺在"侵"之後,"蒸登"之前,跟"咸銜"不在一起。

18.咸銜嚴凡。這是按照音值的遠近排列的,排每一組裏面的各韻,韻的音值是近似的,没有排在一起的,音值要遠一些。不同的組之間排序時考慮到音值的遠近,有些組之間語音上應該不是按照音值的遠近排列的。這從一個側面反映陸法言在編寫《切韻》時,考慮到音值的問題,因此可以給《切韻》音系擬音。給《切韻》音系擬音,也要考慮這個因素。

三、不同聲調之間韻的排列

另一個觀察角度是"四聲相承",指韻書中不同聲調的各韻,韻母主元音相同,韻尾(如果有韻尾的話)相同或陽、入相配,在韻書中一定要排在相同的位置上,形成嚴格的照應。具有相承關係的韻目用字多爲同聲母的字。平、上、去各韻之間只有聲調的差異;入聲除聲調之外,還有韻尾跟相應的陽聲韻相配。因此,四聲相承也是觀察《廣韻》音類、音值的一個窗口。

今傳澤存堂本《廣韻》四聲相承以及相應的"同用、獨用"的照應一般是做得好的,但是也有個別地方有缺陷。可以根據《韻鏡》《七音略》一類韻圖的四聲相承來糾正《廣韻》的某些排列失當之處。清戴震《聲韻考》卷二有《考定廣韻獨用同用四聲表》,録之如下,其中的訛誤據後人所考加以改正,並據陳澧《切韻考》所考加上痕韻入聲:

上平聲	上聲	去聲	入聲
東第一(獨用)	董第一(獨用)	送第一(獨用)	屋第一(獨用)
冬第二(鍾同用)	"湩""𪁉"字附見腫韻	宋第二(用同用)	沃第二(燭同用)
鍾第三	腫第二(獨用)	用第三	燭第三

续表

上平聲	上聲	去聲	入聲
江第四(獨用)	講第三(獨用)	絳第四(獨用)	覺第四(獨用)
支第五(脂之同用)	紙第四(旨止同用)	寘第五(至志同用)	
脂第六	旨第五	至第六	
之第七	止第六	志第七	
微第八(獨用)	尾第七(獨用)	未第八(獨用)	
魚第九(獨用)	語第八(獨用)	御第九(獨用)	
虞第十(模同用)	麌第九(姥同用)	遇第十(暮同用)	
模第十一	姥第十	暮第十一	
齊第十二(獨用)	薺第十一(獨用)	霽第十二(祭同用)	
		祭第十三	
		泰第十四(獨用)	
佳第十三(皆同用)	蟹第十二(駭同用)	卦第十五 (怪夬同用)	
皆第十四	駭第十三	怪第十六	
		夬第十七	
灰第十五(咍同用)	賄第十四(海同用)	隊第十八(代同用)	
咍第十六	海第十五	代第十九	
		廢第二十(獨用)	
真第十七 (諄臻同用)	軫第十六(準同用)	震第二十一 (稕同用)	質第五(術櫛同用)
諄第十八	準第十七	稕第二十二	術第六
臻第十九	"쵼""齔"字附見隱韻	"齔"字附見震韻	櫛第七
文第二十(獨用)	吻第十八(獨用)	問第二十三(獨用)	物第八(獨用)
欣第二十一(獨用)	隱第十九(獨用)	焮第二十四(獨用)	迄第九(獨用)
元第二十二 (魂痕同用)	阮第二十(混很同用)	願第二十五 (慁恨同用)	月第十(沒同用)

续表

下平聲	上聲	去聲	入聲
魂第二十三	混第二十一	慁第二十六	没第十一
痕第二十四	很第二十二	恨第二十七	"麧"字附見没韻
寒第二十五(桓同用)	旱第二十三(緩同用)	翰第二十八(換同用)	曷第十二(末同用)
桓第二十六	緩第二十四	換第二十九	末第十三
刪第二十七(山同用)	潸第二十五(產同用)	諫第三十(襉同用)	黠第十四(鎋同用)
山第二十八	產第二十六	襉第三十一	鎋第十五
先第一(仙同用)	銑第二十七(獮同用)	霰第三十二(線同用)	屑第十六(薛同用)
仙第二	獮第二十八	線第三十三	薛第十七
蕭第三(宵同用)	篠第二十九(小同用)	嘯第三十四(笑同用)	
宵第四	小第三十	笑第三十五	
肴第五(獨用)	巧第三十一(獨用)	效第三十六(獨用)	
豪第六(獨用)	晧第三十二(獨用)	号第三十七(獨用)	
歌第七(戈同用)	哿第三十三(果同用)	箇第三十八(過同用)	
戈第八	果第三十四	過第十三九	
麻第九(獨用)	馬第三十五(獨用)	禡第四十(獨用)	
陽第十(唐同用)	養第三十六(蕩同用)	漾第四十一(宕同用)	藥第十八(鐸同用)
唐第十一	蕩第三十七	宕第四十二	鐸第十九
庚第十二(耕清同用)	梗第三十八(耿靜同用)	映第四十三(諍勁同用)	陌第二十(麥昔同用)
耕第十三	耿第三十九	諍第四十四	麥第二十一
清第十四	靜第四十	勁第四十五	昔第二十二

续表

下平聲	上聲	去聲	入聲
青第十五(獨用)	迥第四十一(獨用)	徑第四十六(獨用)	錫第二十三(獨用)
蒸第十六(登同用)	拯第四十二(等同用)	證第四十七(嶝同用)	職第二十四(德同用)
登第十七	等第四十三	嶝第四十八	德第二十五
尤第十八(侯幽同用)	有第四十四(厚黝同用)	宥第四十九(候幼同用)	
侯第十九	厚第四十五	候第五十	
幽第二十	黝第四十六	幼第五十一	
侵第二十一(獨用)	寑第四十七(獨用)	沁第五十二(獨用)	緝第二十六(獨用)
覃第二十二(談同用)	感第四十八(敢同用)	勘第五十三(闞同用)	合第二十七(盍同用)
談第二十三	敢第四十九	闞第五十四	盍第二十八
鹽第二十四(添同用)	琰第五十(忝同用)	艷第五十五(㮇同用)	葉第二十九(怗同用)
添第二十五	忝第五十一	㮇第五十六	怗第三十
咸第二十六(銜同用)	豏第五十二(檻同用)	陷第五十七(鑑同用)	洽第三十一(狎同用)
銜第二十七	檻第五十三	鑑第五十八	狎第三十二
嚴第二十八(凡同用)	儼第五十四(范同用)	釅第五十九(梵同用)	業第三十三(乏同用)
凡第二十九	范第五十五	梵第六十	乏第三十四

可以看出：

1.陰陽入三類韻,陰聲韻不配陽聲和入聲,陽聲韻和入聲韻相配秩然。需要說明兩點：(1)所有的陽聲韻和所有的入聲韻相配,只有一個例外,"痕很恨"沒有相配的入聲韻,陳澧《切韻考》卷六《通論》："《通志·七音略》《切韻指南》以沒韻'紇''麧'為痕韻入聲字。如此則真以下十四韻皆有四聲,然未必陸氏書本如此,故今亦不從也。"可見陳澧對"麧"是否痕韻入聲持保留意見。沒韻是合口,"麧"是開口,可以認為"麧"是痕韻入聲。(2)陰聲韻不跟陽聲、入聲相配,這只能看作是一種處理習慣。就語音的系統性來看,陰、陽、入是可以相配的,就像今天研究上古音,製成上古陰、陽、入的配合表一樣,非關語音的變化,對此不能做過多的推測。今天廣東話保留了陽聲韻和入聲韻的各三種韻尾,當然也可以做出一個陰、陽、入的配合表,這是由語音的系統性決定的。事實上,中古的一些語音分析材料中,也有將陰、陽、入相配的,例如《文鏡秘府論》提供的材料有這種情況,其《天卷》的《調四聲譜》"西方去聲"有"祛麩(qǔ)去刻",後面還有"郭"配"歌果過",以及"夷以異逸""離邐晉栗"等。因此,在構擬《切韻》音系時要注意陰、陽、入的配合關係。

2.《廣韻》中四聲是相承的,這種相承不是人為的,而是揭示了語音的系統性。需要說明三點:(1)有幾個陽聲韻的上去聲字排序錯位,《韻鏡》的相配是正確的,戴震的考訂也都改正了。《廣韻》上聲原來是"儼五十二,广五十三,檻五十四",不跟平、入相承,現在改為這種排序;去聲原來是"釅第五十七,陷第五十八,鑑第五十九",也不跟平、入相承,現在改為這種排序。原來的排列是一種偶然的失誤,對四聲相承的原則沒有一以貫之。陳澧《切韻考》卷五"广"下談到排韻錯序的原因:"蓋因唐人同用而移其次第。"(2)除了去聲的祭泰夬廢四韻不配平、上外,冬韻沒有相配的上聲韻,只是因為它字數少、小韻少,押韻時難以自相組成一個韻段,所以附見腫韻;臻韻沒有相配的上去聲,也是因為這個原因而分別附見隱韻、震韻。(3)就韻基看,一般也是四聲相承的,但也有幾處例外:東韻平去入各有兩類韻基,但是上聲只有一類;齊韻平聲三類韻基,上聲一類,去聲兩類;登韻平入兩類,上去一類;蒸韻平上去一類,入聲兩類。但是絕大多數韻是四聲相承的,韻中絕大多數韻基數目也是一樣的。因此,從事音類研究和音值構擬要考慮這個。

四、每一韻內部的編排

《廣韻》每一韻下面,先列出韻目字在本卷中的次第,再列出韻目。編者將同一韻的所有同音字聚集成一個集合,成爲一個小韻,不同的同音字成爲不同的小韻。不同的小韻之間用一個圓圈隔開。因此,同一個小韻的字必然同音,不同小韻的字必然不同音。人們爲了便於稱說,就以擺在一組小韻的第一個字作爲代表,稱該組同音字爲"某小韻"。例如哿韻有一組讀胡可切的小韻,有"荷、何"兩個字,因爲"荷"打頭,就叫"荷"小韻。韻目字因爲在一韻打頭,所以它既是韻目,又必然作小韻首字,例如"東"既是東韻的韻目,同時又是"東"小韻的首字。同一個小韻,收有多少不等的同音字,將當時常見的字擺在開頭,陳澧《切韻考》卷六《通論》:"凡同一切語之字,必以常見之字爲首也。"這是對的。

　　各小韻的排列次序,《切韻》及後來有一段時間可能在聲母上沒有什麼考究。再後來,開始有意識地將聲母發音部位相同的小韻排在一起,但不很嚴格。例如《廣韻》東韻先排"東",再排"同";先排"中",再排"蟲"等。等韻學興起以後,韻書編者逐步注重按開合和聲母排列小韻次序,比《廣韻》要嚴格。

　　每一小韻中,用大字列出各同音字,不同的異體也算不同的字,注明"上同";然後用雙行小字來作注。給本小韻的注音放到小韻首字下面。小韻首字注釋一般有三項內容,順次是釋義,反切,然後注明這個小韻一共有多少字。例如"鎖"是果韻"鎖"小韻的首字,注釋是"鐵鎖也。俗作鏁。蘇果切。十二"。反切用字,除了有些是常用字,也有不常用的,這可能是因爲很多反切用字是沿用漢代以來的用字傳統。《切韻考》卷六《通論》:"《廣韻》切語上字四十類,每類之中常用者數字耳。合四十類,常用者不過百餘字。此非獨《廣韻》切語常用之,凡隋唐以前諸書切語皆常用之……此等字實孫叔然以來師師相傳以爲雙聲之標目,無異後世之字母也。呂維祺《音韻日月燈》云:'古人作切,有常用切脚者。若熟記之,亦翻切捷徑也。'呂氏此說與古法暗合。"

　　對於每個字的意義,一般列出一到幾個不等的字義。排列字義先後的方法,清代段玉裁《說文解字注》木部"橙"的"海中大船"下注釋說:"《廣韻》'橙'下曰:'木橙。《說文》曰:海中大船。'謂《說文》所說者爲古義,今義則同筏也。凡《廣韻》注,以今義列於前,

《説文》與今義不同者列於後。"基本正確。《廣韻》收了大量的姓氏,姓氏排在釋義的最後。

五、表現又音的方式

《廣韻》收了大量的異讀,但它跟《集韻》收錄異讀不一樣,《集韻》務從該廣,基本網羅了漢至隋唐傳世古書的絕大多數異讀,《廣韻》有所選擇,異讀遠少於《集韻》。有的字《廣韻》編者明明知道有異讀,但是異讀太生僻,就不收了。遇到引舉的材料中有一個生僻的讀音,《廣韻》往往就在引據的上下文之後隨文注出,不在所收的條目裏收錄。例如"古"字《廣韻》只有一個讀音,但是"成"字下注釋中有:"漢有廣陵太守古成雲,古音枯。""枯"小韻裏面則不收"古"字。這種情況還有不少。

《廣韻》所收字頭中,如果一個字有異讀,一般是將異讀字擺在所有注釋的最後,用"又"字帶出"某某切"或"音某"。例如東韻房戎切"汎"下注:"浮也。又孚劍切。"他紅切"侗"下注:"侗偶。又音勇。"

《廣韻》收異讀,這個異讀只是該字頭的異讀,跟同小韻的其他字無關。即使是小韻首字下注異讀,該異讀也只管該首字的讀音。例如東韻"中"小韻"中"字下注:"陟弓切,又陟仲切。"陟弓切管整個小韻其他三個字的讀音,陟仲切只是"中"字的異讀。

《廣韻》所收很多字有異讀,只是在相應的字頭裏收錄,並沒有在字頭後面注明又讀什麼。這在《廣韻》當中至少有 1974 例。例如"划"字,《廣韻》在户花切、古火切、古臥切裏面都收錄了,但是沒有注明有異讀。

《廣韻》在某字的字頭後面用"又某某切、又音某"的方式注明異讀,這個異讀有一些在相應的字頭下面又出現了,這叫"又音互見"。例如"創"字,"初良切"裏注"又初亮切","初亮切"裏注"又初良切"。這種互見的異讀,有的注音用字完全一樣,就像"創"字。有的用字不同,但是切出來的讀音一樣。例如"透"字在"他候切"下注"又書育切",在式竹切下注"又他豆切"。書育切音同式竹切,他候切音同他豆切。有的採取了不同的注音方法，讀音是一樣的。例如"涷"字在德紅切下注"又都貢切"，在多貢切下注"又音東"。都貢切音同多貢切，東音同德紅切。"弟"在徒禮切下注"又特計切"，在特計切下注"又音上聲"。又音上聲音同徒禮切。在系聯《廣韻》的聲類、韻類時，如果能確定某字在不同地方注的異讀儘管用字不同，但是讀音一樣，有時候能幫助人們將那些採取求同、求異條例系聯不上的反切用字給系聯上。

《廣韻》有些字異讀很多，有的字頭下注明異讀，但是所注明的異讀有些在相應的字頭下面並没有都互見。例如"不"字，在甫鳩切下注："又甫九、甫救二切。"方久切下注："又甫鳩、甫救二切。"分弗切下注："又府鳩、方又二切。"但是跟甫救、方又同音的《廣韻》小韻方副切却没有收"不"字。

《廣韻》反切來源很駁雜，有些是不同方言之間没有嚴整、系統的對應關係的讀音，在《切韻》音系框架内可以折合成不同讀音，就會形成異讀。例如"銚"《廣韻》有好幾個讀音，其中有"餘昭切"和"徒弔切"。這兩個讀音，S.2071 已經收錄了，可能有南北方音的來源。《玄應音義》卷十四"須銚"注音："余招反，山東行此音；又徒弔反，江南行此音。"有些異讀不是折合不同方言的不同讀法形成的。陳澧《切韻考》利用"又音互見"來解決反切上字本一類而系聯不上的問題，考慮到《廣韻》表現異讀的方式多樣，因此，利用這項材料幫助系聯聲母和韻基，必須謹慎。

第六節　《廣韻》音系

一、中古的聲、韻、調系統

這一部分先列出通過《廣韻》考訂《切韻》音系聲、韻、調系統所得出的結論，然後進一步說明這些結論是怎麼得出來的。

1. 中古聲母

《漢語史稿》採用了 35 個聲母。這裏基本仍之，只是將俟母獨

立出來,共 36 個聲母;另將全濁聲母的送氣符號去掉。如下:

第一類　喉音　曉 x　匣 ɣ　影 O　餘(喻四) j
第二類　牙音　見 k　溪 kʻ　群 g　疑 ŋ
第三類　舌音　端 t　透 tʻ　定 d　泥(泥娘) n　來 l
　　　　　　　知 ʈ　徹 ʈʻ　澄 ɖ
第四類　齒音　精 ts　清 tsʻ　從 dz　心 s　邪 z
　　　　　　　莊 tʃ　初 tʃʻ　崇 dʒ　山 ʃ　俟 ʒ
　　　　　　　章 tɕ　昌 tɕʻ　船 dʑ　書 ɕ　禪 ʑ　日 nʑ
第五類　唇音　幫 p　滂 pʻ　並 b　明 m

　　說明:(1)俟母是否獨立。起先董同龢主張俟母獨立,後李榮仍之。今從之。(2)喻三是否歸匣。《切韻序》:"支(章移反)脂(旨夷反)、魚(語居反)虞(遇居反),共爲不韻;先(蘇前反)仙(相然反)、尤(于求反)侯(胡溝反),俱論是切。"這裏"支脂"章母,"魚虞"疑母,"先仙"心母,則"尤侯"當同聲母,即喻三歸匣。"粵"喻三,S. 2071《切韻》月韻注音"戶伐反","戶"匣母;"耘"喻三,S. 2071《切韻》文韻注音"戶分反","戶"匣母,均可爲證。

2. 中古的韻及韻母

　　《廣韻》206 韻有 160 個韻母(加上括號裏面的韻母有 162 類,擬音對《漢語史稿》略有調整,增加了重紐和其他有對立的韻母):

通　(1)東董送 uŋ, ɨuŋ　　　屋 uk, ɨuk
　　(2)冬○宋 uoŋ　　　　　沃 uok
　　(3)鍾腫用 ɨuoŋ　　　　　燭 ɨuok
江　(4)江講絳 ɔŋ　　　　　　覺 ɔk
止　(5)支紙寘 ie, ɨe, iue, ɨue
　　(6)脂旨至 ɪ, ɨɪ, iuɪ, ɨuɪ
　　(7)之止志 ə
　　(8)微尾未 ɨəi, ɨuəi
遇　(9)魚語御 ɨo
　　(10)虞麌遇 ɨu

```
          (11) 模姥暮 u
蟹    (12) 齊薺霽 eɛi, euɛi
      (13) ○○祭 iei, ɨei, ɨuei
      (14) ○○泰 ɑi, uɑi
      (15) 佳蟹卦 ɐi, uɐi
      (16) 皆駭怪 ai, uai
      (17) ○○夬 æi, uæi
      (18) 灰賄隊 uɒi
      (19) 咍海代 ɒi
      (20) ○○廢 ɨɐi
臻    (21) 真軫震 iɪn, ɨɪn, ɨuɪn        質 iɪt, ɨɪt, ɨuɪt
      (22) 諄準稕 iuen, ɨuen           術 iuet, ɨuet
      (23) 臻○○ ɨEn                  櫛 ɨEt
      (24) 文吻問 ɨuən                物 ɨuət
      (25) 欣隱焮 iən                 迄 iət
(山)  (26) 元阮願 iɐn, ɨuɐn            月 iɐt, ɨuɐt
      (27) 魂混恩 uən                 没 uət
      (28) 痕很恨 ən                  (麧) ət
山    (29) 寒旱翰 ɑn                  曷 ɑt
      (30) 桓緩換 uɑn                 末 uɑt
      (31) 删潸諫 an, uan             鎋 at, uat
      (32) 山產襉 æn, uæn             黠 æt, uæt
      (33) 先銑霰 eɛn, euɛn            屑 eɛt, euɛt
      (34) 仙獮線 iæn, ɨæn, iuæn, ɨuæn  薛 iæt, ɨæt, iuæt, ɨuæt
效    (35) 蕭篠嘯 eɛu
      (36) 宵小笑 iɐu, ɨɐu
      (37) 肴巧效 au
      (38) 豪皓号 ɑu
果    (39) 歌哿箇 ɑ
      (40) 戈果過 uɑ, iɑ, iuɑ
假    (41) 麻馬禡 a, ɨa, ua
```

宕　（42）陽養漾 iɑŋ, iuɑŋ　　　　藥 iɑk, iuɑk
　　（43）唐蕩宕 ɑŋ, uɑŋ　　　　　鐸 ɑk, uɑk
梗　（44）庚梗映 ɐŋ, iɐŋ, uɐŋ, iuɐŋ　陌 ɐk, iɐk, uɐk
　　（45）耕耿諍 æŋ, uæŋ　　　　麥 æk, uæk
　　（46）清靜勁 iɪŋ, iuɪŋ　　　　昔 iɪk, iɪk, iuɪk
　　（47）青迥徑 eɛŋ, euɛŋ　　　　錫 eɛk, euɛk
曾　（48）蒸拯證 iəŋ　　　　　　　職 iək, iuək
　　（49）登等嶝 əŋ, uəŋ　　　　　德 ək, uək
流　（50）尤有宥 iəu, iəu
　　（51）侯厚候 əu
　　（52）幽黝幼 ieu(, ieu)
深　（53）侵寢沁 iim, iim　　　　　緝 iip, iip
咸　（54）覃感勘 ɑm　　　　　　　合 ɑp
　　（55）談敢闞 ɑm　　　　　　　盍 ɑp
　　（56）鹽琰豔 iem, iem　　　　　葉 iep, iep
　　（57）添忝㮇 eɛm　　　　　　　怗 eɛp
　　（58）咸豏陷 ɐm　　　　　　　洽 ɐp
　　（59）銜檻鑑 am　　　　　　　狎 ap
　　（60）嚴儼釅 iɐm　　　　　　　業 iɐp
　　（61）凡范梵 iuɐm　　　　　　乏 iuɐp

説明：(1)這裏依《廣韻》將"皓號"改爲"晧号"，並加上十六攝的名稱。(2)《廣韻》鐸原配山，黠原配刪，這裏採用後人考證，根據語音的系統性，以鐸配刪，以黠配山。(3)《廣韻》儼釅原排序有誤，這裏改過來了。(4)怗，《廣韻》目錄作帖，正文作怗，這裏依正文。

這裏將原來擬爲輔音性的三等介音ǐ的輔音成分去掉，擬作 i。齊先蕭青添諸韻，原來大家都將介音擬作 i，主元音擬作 e，相應地，四等介音改擬爲 e，主元音改擬爲 ɛ。也有人去掉介音 i。但先仙可以跟元韻字押韻，也可以跟魂痕押韻。這裏將先韻等四等韻擬作 ɛ，可以解釋這類押韻現象。(參看鮑明煒《初唐詩文的韻系》)將四等介音擬作 e，跟 i 接近，又好解釋反切分組的趨勢。相關的三等韻也略作調整。仙韻主元音擬作 æ；祭、諄、鹽主元音擬作 e；宵暫擬爲 ɐ。另外，將幽韻看作三等，主元音擬作 e。

中古韻母系統，諸家主要分歧在重紐問題上。我們將重紐分開，重紐三等開口是 ɨ，合口是 iu；重紐四等開口是 i，合口是 iu。這樣，支紙寘多出兩類韻母：ie，iue；脂旨至多出兩類韻母：ɨI，iuI；祭多出一類韻母：iei；真軫震多出一類：ɨn；質多出一類：ɨt；諄準稕多出一類：iuen；仙獼線多出兩類：iæn，iuæn；薛多出兩類 iæt，iuæt；宵小笑多出一類：iɐu；侵寑沁多出一類：ɨm；緝多出一類：ɨp；鹽琰豔多出一類：iem；葉多出一類：iep。加上重紐和其他對立的韻母，《廣韻》的韻母有 162 個。

3. 中古聲調

中古有平上去入四個聲調，這是《切韻》系韻書所明確記載的。

二、《廣韻》作爲研究音系的材料的完備性

所謂研究音系材料的完備性，是指研究材料能夠完備地表現某一時代聲母系統、韻母系統、聲調系統的某一方面或整個語音系統，沒有或幾乎沒有缺損之處。例如上古韻文材料極多，光《詩經》就有近 1800 個韻段，其他的韻文材料的韻段加起來不會少於《詩經》，因此這些材料對於研究上古韻部和聲調系統，具有相對的完備性，而研究上古的聲母、介音系統就沒有這麼充足的材料，很難得出系統性的結論。再如，我們利用前人給古書的注音材料來研究語音，由於古人不是給每個漢字注音，因此很難指望能通過這項材料全面揭示歷代音系。作爲韻書的《廣韻》則不然。

我們看漢語一些重要韻書的收字和分小韻的情況。唐封演《封氏聞見記》卷二《文字》："魏時有李登者，撰《聲類》十卷，凡一萬一千五百二十字，以五聲命字，不立諸部。"《聲韻》："隋朝陸法言與顔、魏諸公定南北音，撰爲《切韻》，凡一萬二千一百五十八字，以爲文楷式。"可見《切韻》收字比《聲類》增加了 638 個。《王仁昫刊謬補缺切韻二》，據李榮《陸法言的〈切韻〉》，"共計 3617 個小韻"。《裴務

齊正字本刊謬補缺切韻》卷首："右四聲五卷……小韻三千六百七十一。"比《王仁昫刊謬補缺切韻二》多出 54 個小韻。據《式古堂書畫彙考·書》卷八載孫愐《唐韻序》："今加三千五百字，通舊總一萬五千文。"孫愐所見《切韻》可能有增加字，不一定是陸法言《切韻》之舊，但是可以知道他的《唐韻》收了 15000 字。到《廣韻》，據《廣韻》卷首："凡二萬六千一百九十四言。"比《唐韻》多收了 11194 個字。邵光祖《切韻指掌圖·檢例》："按《廣韻》凡二萬五千三百字，其中有切韻者三千八百九十。"這是說《廣韻》收字有 25300 個，跟《廣韻》卷首所說相差只有 894 字；這些字《廣韻》全部納入各個大韻和小韻中。據邵氏，《廣韻》小韻有 3890 個(邵榮芬《切韻研究》統計是 3822)，比《王仁昫刊謬補缺切韻二》多 273 個，比《裴務齊正字本刊謬補缺切韻》也要多出 119 個。

現在還不清楚，一部辭書，到底最低限度要收多少漢字才能將整個音系折射出來。但《中原音韻》收單字有 5866 個，能反映元代中原音系；《新華字典》初版收單字有 6000 來個，已經能反映現代漢語的語音系統了。《切韻》作為一部集大成的韻書，它將古今出現的絕大多數漢字都收進來，達到 25300 個，小韻數達到 3890 個。可以肯定，《廣韻》能夠淋漓盡致地展現南北朝以來的聲母、韻母、聲調系統，中古的語音系統一定能夠從中探求出來。

三、探求中古音系的程序和方法

我們說，《廣韻》的材料能夠獨立地反映出一個自足的聲母、韻母、聲調系統以及它們之間的配合關係。這些系統就存在於《廣韻》的反切和它的體例之中。聲調系統《廣韻》已經明白地告訴我們了，現在要做的工作就是將聲母系統、韻母系統分析出來。

我們當然可以從《廣韻》的第一個反切分析到最後一個反切，而《廣韻》有 3890 個小韻，這就意味着分析聲母是要將這 3890 個反切的反切上字和被切字至少要全部查考一遍，分析韻母也要將這 3890 個反切的反切下字和被切字至少要全部查考一遍，工作量是巨大的。

有沒有比較簡便而科學的方法做好這個工作呢？有。因爲反切上字跟被切字同聲母，那麽聲母系統從這些反切上字中一定可以反映出來；反切上字的數量有限，大約470來個（邵榮芬《切韻研究》統計爲466個），如果將這470來個反切上字提取出來，進行分析，就可以得出《廣韻》聲類系統，跟分析3890個小韻的切上字和被切字，所得的結論應該是一樣的，但效率恐怕要高十倍以上。

因爲反切下字跟被切字同韻母和聲調，那麽韻母系統在這些反切下字中一定可以反映出來；反切下字的數量有限，大約1100來個，如果將這1100來個反切下字提取出來，進行分析，就可以得出《廣韻》韻基系統，跟分析3890個小韻的切下字和被切字，所得的結論應該是一樣的，但效率恐怕要高十倍以上。

因此，爲了科學、有效地研究《廣韻》的聲母系統、韻母系統，我們可以採取如下的研究程序和方法。這些程序和方法是清代學者陳澧在他的《切韻考》當中明確採用和加以論證的。漢語的聲韻之間是有應合關係的，探求聲母系統必須跟韻母系統結合起來。但是在分析程序上有兩個大的步驟，由於漢語聲類、聲母數目遠少於韻基數目，因此合適的做法是先求出聲母系統，然後再分析韻基系統、韻母系統。具體實施步驟是：

第一步：將《廣韻》中全部的反切上字提取出來。例如東韻用到的反切上字有"德、徒、陟、直、職、敕、鋤、息、如、居、以、羽、莫、去、渠、方、敷、昌、力、苦、古、盧、户、徂、烏、倉、他、子、薄、呼、五、蘇"等。

第二步：將這些提取出來的字作爲被切字，分別查出它們在《廣韻》中的反切。例如"德"的反切是"多則"。這樣一來，就可以得到470來個字的被切字和它們的反切，《廣韻》的聲類系統就全部隱藏在其中。要注意的是，如果一個字有多個讀音，要選擇它最常見的讀音，人們不可能用一個字的生僻讀音去注音。《廣韻》《集韻》多收異讀，不容易看出哪個音常見，可以利用《玉篇》等字典，它們往往將中古常見的讀音擺在前面。例如"予"有平上異讀，《玉篇》將平聲擺在前面，所以要選它作爲反切用字。這方面，陳澧做得比較好。有的《切韻》研究的著作在選擇反切方面不無可商之處，例如"去"是切上字，顯然應該選去聲，却選了"羌舉切"；"雨"是切上字，顯然應該選上聲，却選了"王遇切"。

第三步：採取系聯的方法將它們全部歸入不同的類，得出聲類系統。

第四步：通過語音分析手段將聲類系統歸納爲聲母系統。聲類系統和聲母系統不是一回事。聲類系統有時候要考慮後面緊接着的元音音素。因爲聲母和韻母之間有一種應合關係，而韻母常常有不同的介音（韻頭）；如果沒有介音，也有不同的主要元音（韻腹），要求聲母跟它們拼合起來順口。這會影響到對聲母的選擇，聲母後面總會有不同的韻母，如果一個聲母後面的韻母跟反切上字拼起來順口，人們選擇反切上字，會選擇那些跟反切下字拼讀順口的字，導致相同的聲母由於後接韻母的關係，在反切中形成不同的聲類，需要利用音位學的方法，或者直接利用陳澧的求異條例，將它們歸納爲聲母。

第五步：按韻將《廣韻》中各韻全部的反切下字提取出來。例如東韻的反切下字有"紅、弓、中、融、戎、宮、隆、終、公、東"等。注意：千萬不要將異讀誤放進去。

第六步：將這些提取出來的字作爲被切字，分別查出它們在《廣韻》中的反切。例如"紅"的反切是"戶公"。這樣一來，就可以得到1100來字的被切字和它們的反切，《廣韻》的韻基系統就全部隱藏在其中。跟上面所說的第二步一樣，這裏要注意的是，如果一個字有多個讀音，要選擇它最常見的讀音，人們不可能用一個字的生僻讀音去注音。

第五步和第六步，都在《廣韻》的一個韻之內進行，操作起來就沒有探求聲類系統那麼繁複，需要核對整部《廣韻》的反切用字。因爲系聯韻基常常需要結合聲母研究成果來進行，所以先將聲母系統求出來，再求出韻基系統，工作量就沒有那麼大了。由此可以體會到，先求出聲母系統，再求出韻基系統，這個程序是最簡便的。

第七步：採取系聯的方法將它們全部歸入不同的類，得出韻類、韻基系統。因爲韻類系統都是在一個韻內部系聯得到的，而且通過系聯法得出的韻類系統已經包含了韻母打頭的部分，包括有介音和没有介音的韻母,韻母不同的打頭的部分就是不同的韻基,不可能是同一韻基的不同變體;反切下字一般是管介音的,所以,一般說來,韻類系統就是韻基系統,不存在同一個韻基有不同的韻類的問題。

第八步:通過四聲相承的原理將韻基系統轉化爲韻母系統。

第一步至第四步是得出聲母系統的步驟和方法,第五步至第八步是得出韻母系統的步驟和方法。這八步是大的步驟,具體實施的時候,系聯聲類,也要聯繫部分韻類,所以有些韻類不必等到聲母研究完以後再去系聯。具體的系聯方法,是清代陳澧(1810—1882)創立的,而且很簡明。陳澧的《切韻考》爲研究中古音系做出了巨大貢獻。

陳氏是廣東番禺人,字蘭甫,號東塾,清道光時的舉人,做過河源縣訓導,爲學海堂堂長,後掌教菊坡精舍。著作宏富,有《聲律通考》十卷、《漢書地理志水道圖説》七卷、《漢儒通義》七卷、《説文聲表》十七卷、《水經注提綱》四十卷、《三統術詳説》四卷、《弧三角平視法》一卷、《琴律説》一卷、《摹印述》一卷、《水經注西南諸水考》一卷、《朱子語類日鈔》五卷、《肇慶修志章程》一卷、《申范》一卷、《憶江南館詞》一卷,晚年有《東塾讀書記》十五卷,可見陳氏治學範圍之廣。他精於《廣韻》和等韻,對廣州話很有研究,《東塾讀書記》卷一有《廣州音説》,卷三有《等韻通序》。

最爲人稱道的是道光十七年(1837)開始寫作的《切韻考》六卷、外篇三卷。六卷依次是:卷一《序録》,卷二《聲類考》,卷三《韻類考》,卷四《表上》,卷五《表下》,卷六《通論》。要懂得反切系聯法,就必須看《切韻考》。在他之前,早已有人嘗試將反切上字列在一個字母下面,例如明吕維祺《音辨》有"古人常用切脚字",清人王植《韻學原委》(1726)卷一《三十二母》就將《廣韻》的一些反切上字類聚在他所定的三十二個聲母下面,可能對陳澧的系聯有啓發。

《切韻考》提煉的反切系聯法,是從對大家都熟悉的反切規律的認識入手的。下面是《切韻考》卷一《條例》跟考定聲類、韻類有關的系聯法内容:

切語之法,以二字爲一字之音。上字與所切之字雙聲,下字與所切之字疊韻;上字定其清濁,下字定其平上去入。上字定清濁,而不論平上去入。如"東,德紅切","同,徒紅切",東、德皆清,同、徒皆濁也;然同、徒皆平可也,東平、德入亦可也。下字定平上去入,而不論清濁。如"東,德紅切","同,徒紅切","中,陟弓切","蟲,直弓切",東、同、紅、中、弓、蟲皆平也;然同、紅皆濁,中弓皆清可也,東清、紅濁,蟲濁、弓清亦可也。東、同、中、蟲四字在一東韻之首,此四字切語已盡備切語之法。其體例精約如此,蓋陸氏之舊也。今考切語之法,皆由此而明之。

這是説,反切上字只跟被切字同聲母,至於選哪個聲調的字做反切上字,沒有硬性的規定;下字只跟被切字同韻母和聲調(也就是同韻基),至於選哪個聲母的字作反切下字,也沒有硬性的規定。因此,《廣韻》的聲類系統、聲母系統只能通過反切上字系聯出來,韻基系統和韻母系統只能通過反切下字系聯出來。

陳澧創立反切系聯法,當然受到顧炎武探討《詩經》韻部時創立的韻脚字系聯法的啓發,是一種類比推理;更重要的是得之於他對反切細緻而深刻、獨到的認識。顧炎武的韻脚字系聯法,同樣是得之於他對韻脚字細緻而深刻、獨到的認識,他應該是受到了《廣韻》分韻的啓發,由此想給上古編一部"韻書"。顧、陳能創立新法,解決科學難題,都仰賴他們在大家司空見慣的現象中發現一般人沒有發現的規律,將這些規律運用到宏觀的方法論探索中去,進行細密的微觀研究,從而鑿破鴻蒙,開一新天地。

當然,要從反切中提取《切韻》音系所反映的更多的中古韻母方面的信息,還可以一一研究各小韻,不必局限於研究《廣韻》的切下字。不過,這是進一步的工作。

四、中古的聲母系統

現在我們通過上面所説的第一至第四個步驟,結合陳澧的反切系聯法來求取中古的聲母系統。假定我們已經知道了《廣韻》用作切上字的 470 來個字及其反切,先看是怎樣求出其聲類系統的。下面是《切韻考》卷一《條例》跟考定聲類有關的系聯法內容:

> 切語上字與所切之字爲雙聲,則切語上字同用者、互用者、遞用者聲必同類也。同用者,如"冬,都宗切"、"當,都郎切",同用"都"字也。互用者,如"當,都郎切"、"都,當孤切","都"、"當"二字互用也。遞用者,如"冬,都宗切"、"都,當孤切","冬"字用"都"字,"都"字用"當"字也。今據此系聯之,爲切語上字四十類。

利用"同用、互用、遞用"來系聯的辦法,可以叫做"求同條例"。求同條例的設立,完全符合形式邏輯,非常科學,使用起來也很簡便。例如:余餘予(以諸)夷(以脂)以(羊已)羊(與章)弋翼(與職)與(余呂)營(余傾)移(弋支)悅(弋雪)。這也就是所謂的"餘母",有人叫"喻四",有人叫"余母"或"以母"。陳澧純粹據此法將"透、定、泥、知、澄、娘、章、昌、船、書、禪、日、精、心、邪、莊、初、崇、山、群、疑、匣、餘、于"等各連成一類。

理想的聲類系聯,要將真正同聲類的系聯起來,將不同聲類的有效地區分開,陳澧下面的方法能將不同聲類區分開:

> 《廣韻》同音之字不分兩切語,此必陸氏舊例也。其兩切語,下字同類者,則上字必不同類。如"紅,戶公切"、"烘,呼東切","公、東"同類,則戶、呼聲不同類。今分析切語上字不同類者,據此定之也。

這個辦法可以叫"求異條例"。上面的求同條例是求其同,求異條例則是根據《廣韻》體例求聲類之異。這個條例能進一步確證採用求同條例的所得結論的有效性,跟後來確定音位的"對立原則"沒有什麼兩樣。

陳澧採用求同條例和求異條例,能將《切韻》中大部分聲類都系聯起來,也能將不同的聲類區分開,但是也有一些系聯不起來,因此他還設計了其他方法:

> 切語上字既系聯爲同類矣,然有實同類而不能系聯者,以

其切語上字兩兩互用故也。如"多、得、都、當"四字聲本同類，"多，得何切"，"得，多則切"，"都，當孤切"，"當，都郎切"，"多"與"得"、"都"與"當"兩兩互用，遂不能四字系聯矣。今考《廣韻》一字兩音者互注切語，其同一音之兩切語，上二字聲必同類。如一東"涷，德紅切，又都貢切"，一送"涷，多貢切"，"都貢、多貢"同一音，則"都、多"二字實同一音也。今於切語上字不系聯而實同類者，據此以定之。

這個辦法可以叫"異讀條例"。前提是要確切地知道，某字之下注的"又某某切"，跟它在別的地方作爲字頭時，其小韻跟"又某某切"的讀音一致，而且反切上字用字不同。陳澧利用這個方法將"明、端、來、清、從、見、溪、影、曉"等系聯在一起。

這些條例的設立是很科學、很充分的，在邏輯上無懈可擊。光有求同條例，很多本來同聲類的字系聯不上，所以要有異讀條例；但是只使用這兩個條例，尤其是利用異讀條例，考慮到《廣韻》反切是不同時代反切的層累，會將《切韻》音系以前時代的一些聲類現象涵容進去，所以求異條例很重要。有了這三個條例，才能解決《廣韻》的聲類問題，缺一不可。羅常培《中國音韻沿革講義》（見王力《漢語音韻學》132—136頁所引）説，如果根據異讀條例，《廣韻》聲類只有33類。羅氏的這個説法不一定很合適，因爲陳澧注意到了求異條例的作用。根據異讀條例，端透定泥和知徹澄娘似乎可以分別合併，但陳澧注意到它們各自有對立，利用了求異條例。"地（徒四）：緻（直利）"《切韻考》卷四《表上》都列了，這是定澄對立；"䐴（都賈）：綟（竹下）"《切韻考》卷五《表下》都列了，這是端知對立。這都表明陳澧看到了端知、定澄不能僅僅根據異讀條例合併起來。因此，我們不能僅據異讀條例，就批評陳澧沒有完全遵守自己的條例，未將端透定泥和知徹澄娘合併。事實上，將這三個條例有機地結合起來，同時注意到聲母的系統性和聲韻結合的系統性，就可以得到36個聲類。這時候，聲類就相當於聲母，可以直接得出36聲母。

陳澧在運用時並沒有完全遵守他制訂的條例。表現在兩個方面：

　　一是没有處理好三個條例之間的協調關係，尤其對求異條例重視得不夠。求異條例非常有用，能系聯上的不一定是同一類聲母；一方面，求同條例能够將一些字的聲母連成一類，但是利用求異條例就能幫助人們做出肯定的判斷。例如據求同條例，"謻（chí，俟甾）俟（牀史）"能跟崇母連上，但是"謻（俟甾）：茬（士之）"對立，"士"崇母，陳澧在没有可靠證據的情況下，認爲"茬"是增加字，忽略過去；這兩個字《廣韻》排在一起，其對立是明顯的。"俟（牀史）：士（鉏里）"對立，《廣韻》也是排在一起，陳澧也是在没有可靠證據的情況下，認爲這兩個小韻是"誤分兩切也"。如果承認《廣韻》這樣安排小韻有事實根據，那麽根據求異條例，必須要另立一個俟母。另一方面，由於《廣韻》反切是不同時期層累下來的，所以使用求同條例和異讀條例會將本不同聲類的字連成一類；利用求異條例就能解決這個問題。例如僅僅利用異讀條例，就會將端知連成一類，"褚"《廣韻》丁吕切，丑吕切"褚"下注"又張吕切"，張吕切就是丁吕切。但是根據求異條例，端知不同聲類，因爲其他小韻裏端知有對立，"打（德冷切）：盯（張梗切）"，"冷：梗"同韻類，則"德：張"必不同聲類。可惜，陳澧以爲"打"的"德冷切"是增加字，删去了。

　　二是對聲類的系統性重視得不太够。例如陳澧將"幫滂並"三母各分爲兩類，没有按照異讀條例將這兩類歸爲一類；但是明母却根據異讀條例歸爲一類。《中國音韻沿革講義》證明，按照異讀條例，"幫"的兩類，"滂"的兩類，"並"的兩類，都可以歸併爲一類。而且根據求異條例，這兩類歸爲一類以後，也没有對立。但是陳澧將"方類"和"邊類"，"敷類"和"滂類"（據求同條例實有三類），"房類"和"蒲類"分開，却將"文類"和"莫類"合併。有人説，將明母歸併爲一類，而"幫滂並"各系聯爲兩類，是受了廣州話的影響，這是有道理的推測。不如將明母也一分爲二，或者將幫滂並也分別根據異讀條例合併，都不失爲系統性的處理，兩種處理都有道理，也都有價值。將明母分兩類，則爲41聲類。

　　陳澧根據異讀條例系聯起來的那些聲類，如果只根據求同條例，只能是兩類。將這兩類對比起來看，其中一類往往只跟一二四等韻相拼，另一類往往只跟三等韻相拼。例如"居類"和"古類"，"去類"和"康類"，"於類"和"烏類"，"此類"和"倉類"，"才類"和"疾類"，"香類"和"呼類"，"盧類"和"力類"，往往是這樣的，足以啓發後人。後人受陳澧影響，進一步從聲韻結合的角度去分析聲類，將聲類分得更細，也能將原來的分類調整得更合理。陳澧的方法儘管簡明好懂，但是也會丢失一些重要的聲韻結合的信息，後人的研究在某種程度上彌補了這一缺憾，比陳澧揭示了中古更多的語音信息，因此當我們將音韻學學到一定程度時，應該參考一下後人的研究。例如曾運乾 1927 年發表《切韻五聲五十一紐考》依據反切讀音的洪細，分《廣韻》爲 51 聲類，在 41 聲類的基礎上，將精清從心、見溪疑、影曉、來各分爲二；後來陸志韋發表《證〈廣韻〉五十一聲類》，通過數理統計方法也證明《廣韻》可以分爲五十一聲類，這實際上從另一個角度驗證了曾説具有科學性。白滌洲 1931 年發表《廣韻聲紐韻類之統計》，利用統計反切上下字等第的方法，得 47 聲類，其他跟曾運乾相同，只是没有將精清從心一分爲二。還有人分得更細一點，分 54 聲類，這裏不提及了。這都是錦上添花的工作，用到了等韻的一些知識，有力地揭示了《廣韻》反切的聲韻配合關係，揭示了人們在製作反切時自覺或不自覺地受到聲韻配合規律的制約，對於了解中古的音類和音值都有價值。反切在聲類和韻類的開合上也有相應的配合趨勢，可以分析聲母跟開合相配的趨勢。這種做法的聲類跟聲母就不是一個東西了。要通過音位學的原理，或者採取陳澧的三個條例，有機地結合起來，將它們歸併爲 36 聲母。

古代没有音位學理論，"音位"這個術語是 19 世紀末由歐洲人提出的，後來發展成爲音位學，在歐美很有影響。早先没有傳入我國，但是中國古人的分析，其實注意到了一個音素區分不區分字義，通過比較不同字義的單字的最小差異，確定聲韻調系統，所以他們的分析結果跟後來的音位學原理分析的結果具有很大的一致性，我們完全可以運用音位學理論做出更系統、更自覺的分析。

如果將俟母獨立，可以定爲 52 聲類。這裏以陳澧《切韻考》所

列40聲類爲基礎,增加後人所分聲類;《切韻考》未收的字擺在後面,括號中是《廣韻》反切。如下:

（一）影母:（1）烏(哀都)哀(烏開)安(烏寒)煙(烏前)鷖(烏奚)愛(烏代)
（2）於(央居)央(於良)憶(於力)伊(於脂)依衣(於希)憂(於求)一(於悉)乙(於筆)謁(於歇)紆(憶俱)挹(伊入)委(於詭)握(於角)

按:兩類陳澧據異讀條例系聯。遇韻"汙"烏路切;模韻"汙"哀都切,又一故切。

（二）曉母:（3）呼(荒烏)荒(呼光)虎(呼古)馨(呼刑)火(呼果)海(呼改)呵(虎何)花(呼瓜)
（4）香(許良)朽(許久)義(許羈)休(許尤)況(許訪)許(虛呂)興(虛陵)喜(虛里)虛(朽居)

按:兩類陳澧據異讀條例系聯。元韻"咺"況袁切;支韻"咺"許羈切,又火元切。

（三）匣母:（5）胡乎(户吴)侯(户鉤)户(侯古)下(胡雅)黄(胡光)何(胡歌)懷(户乖)獲(胡麥)
（雲母）（6）于(羽俱)羽雨(王矩)云雲(王分)王(雨方)韋(雨非)永(于憬)有(雲久)榮(永兵)爲(薳支)洧(榮美)筠(爲贇)薳(韋委)

按:這兩類據《切韻序》,實爲一類。

（四）餘母:（7）余餘予(以諸)夷(以脂)以(羊己)羊(與章)弋翼(與職)與(余呂)營(余傾)移(弋支)悅(弋雪)

（五）見母:（8）古(公户)公(古紅)過(古卧)各(古落)格(古伯)兼(古甜)姑(古胡)佳(古膎)詭(過委)乖(古懷)
（9）居(九魚)九(舉有)俱(舉朱)舉(居許)規(居隋)吉(居質)紀(居里)幾(居履)

按:兩類陳澧據異讀條例系聯。養韻"獷"居往切,又居猛切;梗韻"獷"古猛切,又居往切。

（六）溪母:（10）康(苦岡)枯(苦胡)牽(苦堅)空(苦紅)謙(苦兼)口(苦后)楷(苦駭)客(苦格)恪(苦各)苦(康杜)可(枯我)
（11）去(丘據)丘(去鳩)墟祛(去魚)詰(去吉)窺(去隨)羌(去

羊）欽(去金)傾(去營)起(墟里)綺(墟彼)豈(袪豨)區驅(豈俱)曲(丘玉)卿(去京)棄(詰利)乞(去訖)

按：兩類陳澧據異讀條例系聯。江韻"椌"苦江切；東韻"椌"苦紅切，又丘江切。

(七)群母：(12)渠(強魚)強(巨良)求(巨鳩)巨(其呂)具(其遇)白(其九)衢(其俱)其(渠之)奇(渠羈)暨(具冀)跪(渠委)狂(巨王)

(八)疑母：(13)五(疑古)俄(五何)吾(五乎)研(五堅)
(14)魚(語居)疑(語其)牛(語求)語(魚巨)宜(魚羈)擬(魚紀)危(魚爲)玉(魚欲)遇(牛具)虞愚(遇俱)

按：此二類實可系聯爲一類。

(九)端母：(15)多(得何)得德(多則)丁(當經)都(當孤)當(都郎)冬(都宗)

按：用了異讀條例。羅常培説，據異讀條例可以和知母系聯。但是據求異條例，兩母有對立。

(十)透母：(16)他(託何)託(他各)土吐(他魯)通(他紅)天(他前)台(土來)湯(吐郎)

按：羅常培説，據異讀條例可以和徹母系聯。但是據求異條例，端知、定澄都有對立，則透定應該也是不同的聲母。

(十一)定母：(17)徒(同都)同(徒紅)特(徒則)度(徒故)杜(徒古)唐堂(徒郎)陀(徒何)

按：羅常培説，據異讀條例可以和澄母系聯。但是據求異條例，兩母有對立。

(十二)泥母：(18)奴(乃都)乃(奴亥)諾(奴各)内(奴對)妳(奴蟹)那(諾何)

(娘母)(19)娘母：尼(女夷)拏(女加)穠(女容)女(尼呂)

按：羅常培説，兩類據異讀條例可以系聯。宵韻"橈"如招切，又女教切；效韻"橈"奴教切。

(十三)來母：(20)盧(落胡)來(落哀)賴(落蓋)落洛(盧各)勒(盧則)郎(魯當)魯(郎古)練(郎甸)

按：陳澧據異讀條例系聯。霽韻"䕡"郎計切；諄韻"䕡"力迡切，又力計切。

(21) 力(林直)林(力尋)呂(力舉)良(呂張)離(呂支)里(良士)連(力延)縷(力主)

按：兩類陳澧據異讀條例系聯。東韻"籠"盧紅切；鍾韻"籠"力鐘切，又力東切。

(十四) 知母：(22) 張(陟良)知(陟離)猪豬(陟魚)徵(陟陵)中(陟弓)追(陟隹)陟(竹力)卓(竹角)竹(張六)珍(陟鄰)

(十五) 徹母：(23) 抽(丑鳩)癡(醜之)楮褚(丑呂)丑(敕久)恥(敕里)敕(恥力)

(十六) 澄母：(24) 除(直魚)場(直良)池馳(直離)治持(直之)遲(直尼)佇(直呂)柱(直主)丈(直兩)直(除力)宅(場伯)墜(直類)

(十七) 精母：(25) 臧(則郎)作(則落)則(子德)祖(則古)借(子夜)

(26) 將(即良)子(即里)資(即夷)即(子力)茲(子之)醉(將遂)姊(將几)遵(將倫)銼(zuō,子䠱 quē)

按：此二類實可系聯爲一類。

(十八) 清母：(27) 倉蒼(七岡)采(倉宰)麤麤(倉胡)青(倉經)千(蒼先)

(28) 此(雌氏)雌(此移)遷(七然)取(七庾)親(七人)七(親吉)醋(倉故)

按：後一類"此、雌"跟其他各字不系聯，陳澧據異讀條例系聯。先韻"縓"此緣切；線韻"縓"七絹切，又七全切。

(十九) 從母：(29) 才(昨哉)徂(昨胡)在(昨宰)前(昨先)藏(昨郎)昨(在各)

(30) 疾(秦悉)秦(匠鄰)匠(疾亮)慈(疾之)自(疾二)情(疾盈)漸(慈染)

按：後一類陳澧據異讀條例系聯。鍾韻"從"疾容切；用韻"從"疾用切，又才容切。

(二十) 心母：(31) 蘇(素姑)素(桑故)速(桑谷)桑(息郎)先(蘇前)

(32) 相(息良)悉(息七)思司(息茲)斯(息移)私(息夷)雖(息遺)辛(息鄰)息(相即)須(相俞)胥(相居)寫(息姐)

按：此二類實可系聯爲一類。

(二十一) 邪母：(33) 徐(似魚)祥詳(似羊)辭辝(似茲)似(詳里)旬(詳

遵)寺(詳吏)夕(祥易)隨(旬爲)

(二十二)莊母:(34)莊(側羊)爭(側莖)阻(側呂)鄒(側鳩)簪(側吟)側仄(阻力)

(二十三)初母:(35)初(楚居)楚(創舉)瘡創(初良)測(初力)叉(初牙)厠(初吏)剱(測隅)

(二十四)崇母:(36)鋤鉏(士魚)牀(士莊)犲(士皆)崱(士力)士仕(鉏里)崇(鋤弓)查(鉏加)雛鶵(仕于)助(牀據)

(二十五)山母:(37)山(所間)疏疎(所葅)砂沙(所加)生(所庚)色(所力)數(所矩)所(疏舉)史(疏士)

(二十六)俟母:(38)牀(士莊)俟(牀史)

按:據求同條例,可以跟崇母系聯,此據求異條例分開。

(二十七)章母:(39)之(止而)止(諸市)章(諸良)征(諸盈)諸(章魚)煑(章與)支(章移)職(之翼)正(之盛)旨(職雉)占(職廉)脂(旨移)

(二十八)昌母:(40)昌(尺良)尺赤(昌石)充(昌終)處(昌與)叱(昌栗)

(二十九)船母:(41)神(食鄰)乘(食陵)食(乘力)實(神質)

(三十)書母:(42)書舒(傷魚)傷商(式陽)施(式支)失(式質)矢(式視)試(式吏)式識(賞職)賞(書兩)詩(書之)釋(施隻)始(詩止)

(三十一)禪母:(43)時(市之)殊(市朱)常嘗(市羊)蜀(市玉)市(時止)植殖寔(常職)署(常恕)臣(植鄰)承(署陵)是氏(承紙)視(承矢)成(是征)

(三十二)日母:(44)如(人諸)汝(人渚)儒(人朱)人(如鄰)而(如之)仍(如乘)兒(汝移)耳(而止)

(三十三)幫母:(45)邊(布玄)布(博故)補(博古)伯百(博陌)北(博墨)博(補各)巴(伯加)晡(博孤)

(46)方(府良)卑(府移)并(府盈)封(府容)分(府文)府甫(方矩)鄙(方美)必(卑吉)彼(甫委)兵(甫明)筆(鄙密)陂(彼爲)畁(必至)

按:羅常培說,兩類據異讀條例可以系聯。董韻"莑"

蒲蠓切,又方孔切;同韻"莑"邊孔切。

(三十四)滂母:(47)滂(普郎)普(滂古)匹(譬賜)譬(譬賜)

按:四字陳澧據異讀條例系聯。果韻"頗"普火切;戈韻"頗"滂禾切,又匹我切。

(48)敷孚(芳無)妃(芳非)撫(芳武)芳(敷方)披(敷羈)峯(敷容)丕(敷悲)拂(敷勿)

按:羅常培說,兩類據異讀條例可以系聯。隊韻"妃"滂佩切,又匹非切;微韻"妃"芳非切。

(三十五)並母:(49)蒲(薄胡)步捕(薄故)裴(薄回)薄(傍各)白(傍陌)傍(步光)部(蒲口)

(50)房防(符方)縛(符钁)平(符兵)皮(符羈)附(符遇)符符扶(防無)便(房連)馮(房戎)𣬉(房脂)弼(房密)浮(縛謀)父(扶雨)婢(便俾)

按:羅常培說,兩類據異讀條例可以系聯。先韻"骿"部田切,又房丁切;青韻"骿"薄經切。

(三十六)明母:(51)莫(慕各)慕(莫故)模謨摸(莫胡)母(莫厚)

(52)文(無分)美(無鄙)望(巫放)無巫(武夫)明(武兵)彌(武移)亡(武方)眉(武悲)綿(武延)武(文甫)靡(文彼)

按:兩類陳澧據異讀條例系聯。東韻"夢"莫中切,又武仲切;送韻"夢"莫鳳切,又亡中切。

五、《廣韻》的增加字、附韻、借韻、借類

系聯《廣韻》的韻類,遠比系聯聲類複雜,碰到的實際問題更多。陳澧《切韻考》系聯韻類,也沒有像系聯聲類那樣取得成功。這是由多種因素造成的。

《廣韻》比《切韻》多增了不少字。這些字一般都是放到相應的小韻裏面,或者另立一個小韻,即增加的小韻。增加的小韻,有兩種情況:一是增加《切韻》原來沒有的小韻,具體情況可參古德夫《漢語中古音新探》所收《〈廣韻〉〈唐韻〉"王韻"〈切韻〉小韻的異同》

一文。二是跟原來的小韻讀音相同，但韻書的編者沒有細檢，所以沒有補收進原來的小韻中。這種情況應該是有的，陳澧《切韻考》在卷四《表上》、卷五《表下》的各表中列出不少，《表上》前面説："又校諸本之異，考增加之字，記於每表之後。"例如卷四腫韻注："韻末有'慯、㺜'二字，職勇切，與'腫'字之隴切音同，增加字也。"紙韻注："此韻末有'企、跂'二字，丘弭切，與'跬'字丘弭切同，二字皆又見五寘，此增加字也。"這種情況的兩個小韻，當然不是真正的語音對立。在系聯韻類時，這種跟前面小韻重複的小韻必須排除出去。

可是如何知道是跟前面小韻重複的小韻呢？這裏面有不少複雜的問題。大概至少有兩種情況要考慮進來，一是系聯韻類時有個別小韻溢出了韻類，二是重複的小韻往往處於一韻之末。有些小韻並不是重複的小韻，而是跟前面的小韻有對立，陳澧誤删了。有些所謂"重紐"，陳澧往往删去其中的一個。例如《切韻考》卷四"五寘"下注："此韻有'倚、輢、陭'三字，於義切，與'縊'字'於賜切'音同。'倚、輢'二字又已見四紙。此雖不在韻末，亦增加字也，今不録。"倚，重紐三等；縊，重紐四等。爲什麽這樣説？因爲唐宋的一些韻圖還保留了這種分别。單純從《廣韻》本身是很難解決增加字和非增加字的問題。這個問題還需要繼續研究。

由於《廣韻》反切是不同時期反切的層積，又要符合"廣文路"的要求，因此在韻基系聯中，要注意：

1. 附韻。指在實際語音中，本來可以另立一個韻，但是小韻少，常用字少，難以單獨押韻，韻書編者沒有讓這些字單立一韻，而是依附到讀音相近的韻中去。例如《廣韻》腫韻"湩"下注："都鷠切。濁多也。此是冬字上聲。一。"接着是："鷠(mǎng)，莫湩切。鷠鴟鳥。又莫項切。二。朧，豐大。"既然"湩、鷠"之類是冬韻上聲，因此這類字不能算是腫韻的小韻。

2. 借韻。指借用某個韻的字去做另一個韻的切下字。嚴格地説，所謂借韻，不是借，而是反映了作反切時，不知不覺受到時音影響，未能完全從古。《切韻考》卷一《條例》："切語下字當取同韻同類之字，然或同韻同類有字而取不同韻之字。"例如脂韻"尸"字，《廣韻》式之切，"之"是之韻字。《切韻考》卷四"脂"下注："《廣韻》

諸本式之切,誤也。'之'字在七之。"《廣韻校本》徑直改爲"脂",其實沒有版本依據。早期韻書是"式脂"。旨韻"厜"字,《廣韻》徂累切,"累"紙韻字,《切韻考》卷四"厜"下注:"'累'字在四紙,蓋'壘'字之誤。"《廣韻校本》不出注。

借韻不是個別的,脂韻借了之韻"之",旨韻借了紙韻"累",真韻借了諄韻"倫",震韻借了稕韻"峻",諄韻借了真韻"巾、人",準韻借了軫韻"忍",寒韻借了桓韻"官",緩韻借了旱韻"旱但",刪韻借了山韻"頑",產韻借了潸韻"綰",痕韻入聲借了没韻"没",線韻借了霰韻"見",果韻借了哿韻"可",過韻借了箇韻"賀",盍韻借了合韻"雜",儼韻借了琰韻"掩"(段玉裁改作"埯",不一定有版本依據),釅韻借了梵韻"欠劍",凡韻借了咸韻"咸"等都是。

借韻一般反映了語音變化,在系聯時容易看出來,因爲儘管切下字用了別的韻的字,都是被切字放在本韻之中。"芝"《廣韻》"符咸切",《切韻考》卷五"凡"下注:"此韻字少,故借用二十六咸之'咸'字也。徐鍇'符嚴反',亦借用二十八嚴之'嚴'字,徐鉉'浮芝切',蓋以借用他韻字,不如用本韻字,故改之耳。"儼、釅二韻的借韻也是屬於這種情況。"咸"當時沒有增生 i 介音,而"芝"丟失了 i 介音,大約在口語中韻母相同。

聲母方面也有偶借的。例如脂韻"推"字,《廣韻》叉佳切,"叉"是初母,"推"是昌母,《切韻考》據他書校"叉"爲"春",《廣韻校本》據其他一些《切韻》系韻書校"叉"爲"尺"。其實都沒有《廣韻》版本的依據。應該是編韻書時章組和莊組相混,於是用初母去做昌母的切上字了。

3. 借類。指同一韻裏兩類不同韻基的字互爲反切下字。借類的情況,一二四等的只有開合借類("買賣邁板八戈盲霸浪獲杏猛孟伯白萌練"),三等既有開合借類("肺萬良兩亮永正役隻逼兗怪利"),也有同等的借類("支彼婢委義爲追誄例列兆召入葉")。開合借類的問題也容易解決,最難解決的是同等借類的問題,實際上就是重紐問題。

《切韻考》卷一《條例》:"切語下字當取同韻同類之字,然或同韻同類有字而取不同韻之字,或取同韻不同類之字。"從是否反映語音變化說，有的可能不是真正的"借"，而是反映了語音的變化；有的則是借用此類去做彼類的切下字。有開合口方面的借類，例如"爲"是合口，《廣韻》薳支切，"支"開口，合口由切上字決定。《切韻考》卷四"五支"下注："此韻'垂'字'是爲切'，'提'字'是支切'，則'爲'與'支'不同類。'爲'字切語用'支'字，此其偶疏也。"不必說是"偶疏"，是同一韻裏同等的開合字之間的借用，這種情況在《廣韻》喉牙脣聲母裏還有不少，可能反映了早期反切用喉牙脣的切上字表示被切字的開合。這裏"爲：薳"聲韻母全同，只有聲調不同，屬於所謂"紐聲反音"的反切。出現這種情況，表面上是根據切上字的開合來定被切字的開合，其實一個根本原因是：反切製作者創製反切時，綜合考慮了反切當時有沒有某種讀音，上下字是否常見，讀者能否根據形聲字聲旁開合口的分別比較嚴格的特點來判斷被切字是開是合等因素，拼出被切字讀音，不完全根據上字定聲母、下字定韻基的方式來安排反切。這都會造成極少數的字開合互切。

有一三等之間的借類，限於東送韻的輕脣音。例如東韻"豐"字，《廣韻》"敷空切"，《切韻考》據他書校"空"爲"戎"，《廣韻校本》據其他一些《切韻》系韻書校"空"爲"隆"。其實都沒有《廣韻》版本的依據。"敷空切"是後來的反切，不能解釋爲早期反切少數被切字的介音只由上字決定的現象，這反映了《廣韻》或更早，合口三等的 i 介音丟失了。站在早期音系的角度看，是"借"了一等的"空"作三等"豐"的切下字。"鳳"字，《廣韻》"馮貢切"，P.3696、宋跋本《切韻》送韻，裴務齊《切韻》凍韻"馮貢反"，可能在輕重脣還沒有分化時，在南北朝後期，東送韻的三等介音已經丟失。陳澧對此沒有出校，他將東韻輕脣音都擺在三等位置上，是對的；送韻"鳳"等輕脣音字擺在一等位置上，四聲不相承，不正確。

一些重紐字，根據求異條例可以分開，但是利用求同條例卻可以系聯爲一類。這種情況的反切用字也可算是借類，不算偶疏，應該是韻書編者使用反切時，兩類讀音已混，但早先是不同的。因此在反映早先音類區別時，受時音影響，甲類用乙類的字。例如脂韻"葵"和"逵"是兩個小韻，但反切都是"渠追切"。它們在早期《切韻》系韻書中用了不同的反切,"葵"作渠佳反,早期注音用"維、唯、規"等字做切下字;"逵"作渠追反,早期注音用"龜、惟、爲"等做切下字。《切韻考》卷四"脂"下注:"'葵'渠追切,此韻已有'逵'字渠追切,'葵'字不當又渠追切也。《玉篇》《類篇》《集韻》'逵、葵'皆不同音。則非傳寫誤分,實以'葵'字無同類之韻,故切語借用不同類之'追'字耳。"按:"逵"重紐三等,"葵"重紐四等。《廣韻》"逵、葵"是兩類,兩類用了相同的反切用字,這都是客觀事實,陳澧承認了重紐兩類有別。這種情況表明,《廣韻》重紐兩類不可能根據求同條例求得其歸類,必須運用求異條例。南北朝之後,重紐一直處於消變過程之中,材料相當少。例不十,法不立,對於這類材料的認識,必須嚴格按照形式邏輯進行分析,避免鑽牛角尖。對於重紐的具體歸類,必須參考韻圖,顧及上古到中古的語音演變,這是最穩妥的研究方案。

對於有些反切,《切韻考》有時候說是用字"偶疏"。例如"虧:闚"《廣韻》是對立小韻,"虧"去爲切,重三;"闚"去隨切,重四。似乎"隨、爲"不同類。可是"隨"是"旬爲切","隨"和"爲"可以系聯爲一類。《切韻考》卷四"五支"下注:"'隨'字切語用'爲'字,亦其疏也。"陳澧這樣處理的好處是,承認了重紐兩類的對立,他將"虧"放到三等,"闚"四等,肯定參考了韻圖。但他以爲是反切用字之"疏",大可不必,因爲《廣韻》中這種"疏"太多了。

有時候,陳澧不說"疏",而說"借用",這要客觀一些;或者說"未詳",不失審慎。例如《切韻考》卷四"五寘"下注:"'臂,卑義切',與'貴'字'彼義切'音同。然'臂'字非增加字,蓋無同類之韻,故切語借用'義'字也。"不過,既然"臂"和"貴"有對立,就不能說是"音同"。

在系聯韻基系統時一定要考慮到這些情況。這些複雜情況表明,從事《廣韻》韻類系聯不是一項簡單的工作。不過,大部分韻類在系聯時沒有出現這些情況,容易系聯。

六、系聯中古韻基系統的方法問題

我們要通過上面所說的第五至第八個步驟,結合陳澧反切系聯法來求取中古的韻母系統。假定我們已經知道了《廣韻》用作切下字的 1100 來字及其反切，先看是怎樣求出其韻類系統的，陳澧提出的三個系聯方法够用不够用。

《切韻考》卷一《條例》跟考定韻類有關的系聯法内容：

　　　　切語下字與所切之字爲疊韻，則切語下字同用者、互用者、遞用者韻必同類也。同用者，如"東，德紅切"，"公，古紅切"，同用"紅"字也。互用者，如"公，古紅切"，"紅，户公切"，"紅、公"二字互用也。遞用者，如"東，德紅切"，"紅，户公切"，"東"字用"紅"字，"紅"字用"公"字也。今據此系聯之，爲每韻一類、二類、三類、四類。

利用"同用、互用、遞用"來系聯韻類的辦法，也是"求同條例"。利用這個條例，《廣韻》大部分韻的一至幾個韻基都能系聯出來。例如魚韻，切下字有"魚、居、諸、余、菹"五個，"魚"語居，"居"九魚，"諸"章魚，"余"以諸，"菹"側魚；魚韻上聲語韻，切下字有"吕、與、与、許、舉、巨、渚"七個，"吕"力舉，"與、与"余吕，"許"虚吕，"舉"居許，"巨"其吕，"渚"章与，都系聯起來了。

跟求聲類一樣，理想的韻類系聯，要將真正同韻類的系聯起來，將不同韻類的字有效地區分開，陳澧下面的方法能將不同韻類區分開：

　　　　《廣韻》同音之字不分兩切語，此必陸氏舊例也。其兩切語……上字同類者，下字必不同類。如"公，古紅切"，"弓，居戎切"，"古、居"聲同類，則紅、戎韻不同類。今分析每韻二類、三類、四類者，據此定之也。

這個辦法也是"求異條例"。求同條例是求其同，求異條例則是根據《廣韻》體例求韻類之異。這個條例能進一步確證採用求同條例所得結論的有效性，同時也能將本不同類而通過求同條例系聯爲一類的韻基區分開。在韻基的系聯中，求異條例非常重要，一些小韻的開合口之分、重紐三四等之分，只依據求同條例和相承條例肯定解決不了分類問題，會將一些本不同類的韻基系聯爲一類。

陳澧採用求同條例和求異條例，能將《切韻》中大部分韻類都系聯起來，也能將不同的韻類區分開，但是也有些系聯不起來，因此他還設計了其他方法：

> 切語下字既系聯爲同類矣，然亦有實同類而不能系聯者，以其切語下字兩兩互用故也。如"朱、俱、無、夫"四字韻本同類，"朱，章俱切""俱，舉朱切""無，武夫切""夫，甫無切"，"朱"與"俱"、"無"與"夫"兩兩互用，遂不能四字系聯矣。今考平、上、去、入四聲相承者，其每韻分類亦多相承。切語下字既不系聯，而相承之韻又分類，乃據以定其分類。否則，雖不系聯實同類耳。

這個辦法可叫"相承條例"。《韻類考》中，陳澧說得更直白："平、上、去、入四聲相承之四韻，一韻一類，則餘三韻亦一類；一韻分二類、三類、四類，則餘三韻亦二類、三類、四類。"上面說到，有幾個韻，相承的四聲的韻基數不一樣，陳澧《韻類考》注意到了這個問題："亦有相承而少一類者，則其切語系聯不可分故也。"我們在談到《廣韻》的體例時說，四聲相承的韻，韻類不相同的是極少數的情況，正如陳澧所言，那些其他韻基數少於其相承韻的韻，是"其切語系聯不可分"。

陳澧舉出"虞麌遇"三韻四聲相承的例子，虞麌兩韻純用求同條例都只能各系聯爲兩類，只有遇韻系聯爲一類，遇韻"遇、句、戍、注、具"都能系聯："遇"牛具，"句"九遇，"戍"傷遇，"注"之戍，"具"其遇，而且根據求異條例，使用這些反切下字的被切字，它們的反切上字也沒有對立，因此陳澧斷定它們爲一類，於是虞麌二韻各自也是一類韻基。前面所舉魚語都是一類韻基，但是它們相承的去聲御韻，利用求同條例，卻要系聯爲兩類，其反切下字是：據、倨、恕、御、慮、預、署、洳、助、去。據倨，居御；御，牛倨；慮，良據；去，丘倨；助，牀據，這是一組。預，羊洳；洳，人恕；恕，商署；署，常恕，這是另一組。根據魚語二韻只有一類，可以斷定御韻也只有一類。這個條例還有個好處，能使我們比較便捷地將韻類（實同韻基）轉化爲韻母。

上面說,利用求同條例和相承條例,會將一些本不同類的韻基系聯爲同一個韻基,所以求異條例在切下字的系聯中能發揮很重要的作用。但是,陳澧系聯韻基所制定的三種方法,並不能完全解決《廣韻》到底有多少韻基的問題。

增加字的問題這裏不討論。先說,借韻的問題用這三種辦法都無法解決。例如果韻借了哿韻"可",《廣韻》"硰"小韻:"硰石,地名。作可切。一。"此字《廣韻》三讀,另兩讀是:麻韻所加切,是"沙"的俗字;哿韻千可切:"硰石,地名。"造成"硰"歸韻不同的原因應該是:歌戈兩韻的齒頭音字在一些方言中混同了,《廣韻》或者稍前的韻書將"硰"的精母讀法放到了果韻。既然在果韻,總不能人爲地移到哿韻吧,《切韻考》卷五"果"韻下以爲"硰"是哿韻誤入果韻,說服力不強。果韻的切下字一共有"果、火、可"三個,但"可"利用這三種條例都無法跟"果、火"系聯起來。要解決問題,還是要參考其他韻書、韻圖,要審音。

再說,碰到反切下字不管等,單純利用求同條例有時候會偏離事實。送韻可以系聯爲兩類。例如"鳳,馮貢切",從系聯角度講,"貢"只能和"弄送凍"是一類,《切韻考》就是這樣處理的,將"鳳"處理爲一等字,這不合《切韻》時代的讀音。所以後人還是將"鳳"處理爲三等,其他用"貢"做切下字的字處理爲一等。這樣處理,並不是根據這三種條例得出來的,而是參考了其他材料,以及《切韻》音系的語音格局,採取了其他方法。

求異條例能將易混的兩類區分開,但是只利用它,還不能確定哪類歸開口,哪類歸合口。例如蟹韻切下字有四個:蟹(胡買)、買(莫蟹)、夥(懷丫)、丫(guǎi,乖買),如果只用求同條例,只能系聯爲一類;據求異條例,一定有兩類。丫(乖買):解(佳買),已知"乖、佳"同聲母,則兩個"買"要屬於兩類。跟它四聲相承的佳韻兩類,是開合的不同;去聲卦韻切下字有四個:懈(古隘)、賣(莫懈)、隘(烏懈)、卦(古賣),據求同條例,也只能系聯爲一類。據求異條例,一定有兩類。派(方卦):薜(方賣),已知兩字同聲母,則"卦、賣"要屬於兩類,兩類應是開合的不同。這三個條例,都不能告訴我們,哪個字是開口,哪個字是合口。所以要確定這些反切下字哪些歸哪一類，必須要結合其他的注音和韻圖等材料，蟹韻"蟹、買"是開口，"夥、丫"是合口，"買"是借類表示合口；卦韻"懈、嗌、賣"是開口，"卦"是合口，"賣"是借類表示合口。

至於重紐問題，根據三個條例不能確定它們哪一類是重紐三等，哪一類是重紐四等。例如支韻是有重紐的韻，它的切下字有14個：支（章移）、移（弋支）、宜（魚羈）、羈（居宜）、離（呂支）、奇（渠羈）、知（陟離）、爲（薳支）、垂（是爲）、危（魚爲）、規（居隨）、隨隋（旬爲）、吹（昌垂）。顯然可以將"支移離知爲垂危規隨隋垂""宜羈奇"系聯爲兩類。據求異條例，應有四類。陂（彼爲）：卑（府移）對立，證明"爲、移"應分兩類；"宜（魚羈）：危（魚爲）"對立，證明"羈、爲"應分兩類；"虧（去爲）：闚（去隨）"對立，證明"爲、隨"應分兩類。這樣，支韻開合各兩類。這是使用求異條例的好處，能克服求同條例的弊病。但哪些切下字應歸哪一類，三種條例都無法徹底解決問題。

解決問題的辦法只能是：必須參考早期韻圖《韻鏡》《七音略》等，研究上古至中古的語音演變。人們研究《廣韻》的重紐，無一不利用韻圖，思考如何只從《廣韻》自身就能將重紐的兩類區分開，歸類，於是做出種種假定。他們都是根據《韻鏡》《七音略》等韻書排重紐的格局去分析爲什麼有的排三等，有的排四等；重紐的兩類哪一類跟排在三等的舌齒音，以及普通三等的聲母是一類。這些研究有些成果很有啓發性。

問題主要有兩個：一是結合反切上下字去分析爲什麼有些字要排在三等，有些要排在四等，無可厚非，這在邏輯上是採用了求同求異並用法，求同是分別找出排在三等或四等的反切用字的共同特點，求異是將三等或四等各作爲一個整體，找出排在三等和四等的反切用字的共同差異。但結果不理想，所求之同很難說是三等或四等的獨有之同，所求之異並非三等和四等的真正差異。二是從反切下字的韻基上看不出重紐三四等各自的共性和兩類之間的差異所在，於是有人改成看反切下字的聲母。陳澧《切韻考》卷一《條例》明確指出"下字定平上去入，而不論清濁"，這是通例。從漢代到後來，基本上都是如此。特例有沒有？有，但極少。而且特例表現在，個別字的介音由反切上字承擔，反切下字的介音跟被切字不同。這跟按照反切下字的聲母來分重紐三四等是兩回事。爲什麼在反切的製作者那裏偏偏在重紐問題上放棄這一通則，要管切下字的聲母呢？這不是存心讓人看不懂反切嗎？除非所有的反切下字都跟整個反切的聲母有關，否則，單單拿出重紐韻反切下字的聲母來論證它們跟重紐分類的關係，在研究方法上是不完整的，在邏輯上缺乏一貫性。而且，想借反切下字的聲母來分別重紐三四等，仍然會遇到相當多例外。我們只要看看脂韻"葵"和"逵"兩個小韻《廣韻》都用"渠追切"來做反切，就可以知道單純從反切用字上解決不了重紐三四等的歸類問題。因此，這不是解決問題的好辦法。

孫玉文《上古漢語韻重現象研究》假定，所謂重紐，是上古漢語兩類三等韻在中古的遺留。上古漢語不同韻部的不同聲母都拼兩類三等韻，形成對立，不限於唇牙喉音聲母；後來舌齒音聲母的兩類三等韻對立或消失，或發生其他轉化，只有唇牙喉的部分三等韻的對立還保留了下來。因此，我們在中古材料中，往往只看到支、脂、祭、真、諄、仙、清、宵、尤、幽、侵、鹽等幾個三等韻的喉、牙、唇音字的反切，除開合對立，其反切下字仍有兩類。韻書編寫時，重紐兩類也消失得很厲害，所以編寫者在使用反切記錄重紐韻時有相當多的反切採取了"借類"的辦法。

由此可見，光利用求同條例、求異條例、相承條例不可能完全解決一個韻包括哪些韻基的問題，必須利用其他方法。早期韻圖和《切韻》系韻書互相印證的辦法是一定要採用的，否則重紐的分類和歸類不可能解決好。《韻鏡》《七音略》是反映《切韻》系韻書的韻圖，它反映的音系應該會受到一點時音影響，但那一般只是折射出來的，不可能淋漓盡致地反映時音。它們的音系不僅跟《廣韻》音系有對應關係，而且還有直接的反映關係，在所有《切韻》系韻書中，《廣韻》音系跟《韻鏡》《七音略》的關係最近，《韻鏡》《七音略》反映的是 206 韻，跟《廣韻》分韻一致。

七、中古韻母系統

將韻基系統轉化爲韻母系統，利用陳澧"相承條例"就可以解決問題。困難在於，重紐三四等，哪一類跟排在三等的舌齒音是一類韻母呢？上面說了，《切韻》時代，重紐三四等是上古兩類三等韻的遺留，當時仍處於大變動之中，所以很難依據記錄重紐的反切用字看出它們的分類和歸類。上古的材料對解決這個問題的作用是明顯的。上古的疊韻聯綿詞往往韻母相同或等第相同，我們可以利用這項材料來研究，當有重紐韻跟舌齒音的三等字或非重紐韻的三等字組成疊韻聯綿詞時，舌齒音和非重紐韻的三等字（也就是普通三等韻）跟重紐哪一類疊韻。

對這個問題，主要有三種不同看法。1. 董同龢《廣韻重紐試釋》認爲普通三等韻跟重紐四等一類，重紐三等自成一類。2. 陸志韋《古音說略》認爲莊、知兩組聲母以及來母跟重紐三等是一類，其他聲母跟重紐四等是一類。3. 邵榮芬《切韻研究》認爲重紐三等跟普通三等是一類，重紐四等是一類。

重紐兩類，既然是上古以來的兩類三等韻在中古的遺留，那麼中古反映重紐的材料是有限的，僅僅局限於這些材料，很難做出嚴密的語音分析，揣測的痕跡很重。因此，我們應該放到漢語語音史的大背景下去分析這個問題。初步分析，重紐三等往往跟普通三等韻構成疊韻聯綿詞，例外有，但較少。例如"偃蹇"，《左傳·哀公六年》："彼皆偃蹇，將棄子之命。"《釋文》："偃蹇，約免反，下紀晚反。""偃"是重紐三等，"蹇"是普通三等，它們是一類。司馬相如《子虛賦》："其山則盤紆茀（fú）鬱，隆崇嵂（lù）崒（zú）；岑崟（yín）參差，日月蔽虧；交錯糾紛，上干青雲；罷池陂陀，下屬江河。""盤紆茀鬱"的"盤、茀"雙聲，並母；"紆、鬱"雙聲，影母。"隆崇嵂崒"的"隆、嵂"雙聲，來母；"崇、崒"是崇、從準雙聲。"岑崟參差"，前者疊韻，後者雙聲，但都是三等韻；其中"崟"是重紐三等，其他的字實際上都是普通三等。《上林賦》："酆鎬潦潏（yù），紆餘委蛇，經營乎其內。""紆餘委蛇"的語音技巧有好幾個：一是"紆餘"和"委蛇"各自都是疊韻聯綿詞,司馬相如連用,形成復疊和交錯的效果;二是"紆"和"委"雙聲,"餘"和"蛇"雙聲;三是"紆餘委蛇"四個字都是平聲;四是"紆餘委蛇"都是三等,應是同一類三等韻。"委"是重紐三等字,其他都是普通三等字。因此,我們將重紐三等跟一般的三等韻處理爲一類,重紐四等自成一類。

下面是根據前面討論的原則製成的《廣韻》韻基和韻母系統分類表,以陳澧《切韻考》爲基礎,將1100來個反切下字分別歸入各類,但將本該分開的韻基、韻母儘量分開,附韻分別放到四聲相承各韻的相承位置上,加【】;借韻分別置於相同的韻基裏面,加{ };借類也分別放到相同的韻基裏面,加[ ]。

(一)東二類:(1)東(德紅)紅(戶公)公(古紅)
　　　　　　(2)弓宮(居戎)戎(如融)中(陟弓)融(以戎)終(職戎)[空(苦紅)]
　　董一類:(3)孔(康董)董(多動)動(徒摠)摠(作孔)蠓(莫孔)
　　送二類:(4)貢(古送)弄(盧貢)送(蘇弄)凍(多貢)
　　　　　　(5)仲(直衆)衆(之仲)鳳(馮貢)[貢(古送)]
　　按:(5)中沒有系聯起來,但可據相承條例和語音系統性系聯。
　　屋二類:(6)谷(古祿)祿(盧谷)卜(博木)木(莫卜)
　　　　　　(7)六(力竹)竹(張六)逐(直六)福(方六)菊匊(居六)宿(息逐)
　　按:(6)中沒有系聯起來,但可據相承條例和語音系統性系聯。
(二)冬一類:(8)冬(都宗)宗(作冬)
　　【附見腫韻:(9)湩(都隴)鵆(莫湩)】
　　宋一類:(10)綜(子宋)宋(蘇統)統(他綜)
　　沃一類:(11)沃(烏酷)毒(徒沃)酷(苦沃)篤(冬沃)
(三)鍾一類:(12)容庸(餘封)恭(九容)封(府容)鍾(職容)
　　腫一類:(13)隴(力踵)勇(餘隴)踵(之隴)奉(扶隴)冗(而隴)冢(知隴)拱(居悚)悚(息拱)
　　按:後二字跟前面沒有系聯起來,但可據相承條例系聯。

用一類：(14)用(余頌)頌(似用)

燭一類：(15)玉(魚欲)蜀(市玉)欲(余蜀)足(即玉)曲(丘玉)錄(力玉)

(四)江一類：(16)江(古雙)雙(所江)

講一類：(17)項(胡講)講(古項)傋(烏項)

絳一類：(18)絳降(古巷)巷(胡絳)

覺一類：(19)角覺(古岳)岳(五角)

(五)支四類：(20)支(章移)移(弋支)離(呂支)知(陟離)宜(魚羈)羈(居宜)奇(渠羈)

(21)[移(弋支)][支(章移)]

(22)爲(薳支)垂(是爲)危(魚爲)吹(昌垂)[支(章移)]

(23)[規(居隨)][隨隋(旬爲)]

按：(20)"宜"至"奇"跟上面系聯不起來，據相承條例可以爲一類。(20)至(23)可以系聯爲一類，可據求異條例分開。

紙四類：(24)是氏(承紙)紙紙(諸氏)爾(兒氏)此(雌氏)豸(池爾)侈(尺氏)靡(文彼)綺(墟彼)倚(於綺)彼(甫委)[委(於詭)]

(25)渳(綿婢)俾(並弭)婢(便俾)

(26)委(於詭)累(力委)捶(之累)詭(過委)毀(許委)髓(息委)[婢(便俾)]

(27)弭(綿婢)

按：(24)"靡"至"委"跟上面系聯不起來，據相承條例可以爲一類。(25)至(27)可以系聯爲一類，可據求異條例分開。

寘四類：(28)義(宜寄)智(知義)寄(居義)賜(斯義)豉(是義)企(去智)

(29)[義(宜寄)][智(知義)][賜(斯義)][企(去智)]

(30)偽(危睡)睡瑞(是偽)累(良偽)恚(於避)

(31)恚(於避)[瑞(是偽)][避(毗義)]

按：(28)和(29)，(30)和(31)分別系聯爲一類，可據求異條例分開。

(六)脂四類：(32)夷(以脂)脂(旨夷)尼(女夷)資(即夷)飢(居夷)私(息夷)眉(武悲)悲(府眉){之(止而)}

(33)[夷(以脂)][脂(旨夷)]

(34)追(陟佳)佳(職追)遺維(以追)綏(息遺)[悲(府眉)]

(35)[追(陟佳)][維(以追)]

按：(32)後二字跟上面系聯不起來，據相承條例可以爲一類。(32)和(33)，(34)和(35)分別可以系聯爲一類，可據求異條例分開。

旨四類：(36)几(居履)履(力几)姊(將几)雉(直几)鄙(方美)美(無鄙)視(承矢)矢(式視)

(37)[履(力几)][几(居履)]

(38)軌(居洧)水(式軌)洧(榮美)誄壘累(力軌)[美(無鄙)]

(39)癸(居誄)[誄(力軌)]

按：(36)中"鄙、美""視、矢"不系聯，均跟前面系聯不起來，據相承條例可以爲一類。(36)的前四字和(37)，"鄙、美"和(38)和(39)分別可以系聯爲一類，可據求異條例分開。

至四類：(40)利(力至)至(脂利)四(息利)冀(几利)二(而至)器(去冀)自(疾二)祕(兵媚)媚(明祕)備(平祕)

(41)寐(彌二)[至(脂利)][二(而至)][利(力至)]

(42)類(力遂)遂(徐醉)醉(將遂)萃(秦醉)愧(俱位)位(于愧)

(43)季(居悸)悸(其季)

按：(40)中後三字，(42)中後二字跟前面均系聯不起來，據相承條例可以爲一類。(40)的前七字和(41)可以系聯爲一類，可據求異條例分開。

(七)之一類：(44)之(止而)其(渠之)茲(子之)持(直之)而(如之)甾(側持)

止一類：(45)里理(良士)已紀(居理)士(鉏里)史(疏士)擬(魚紀)

市(時止)止(諸市)
按：後二字跟前面沒有系聯起來，但可據相承條例系聯。
志一類：(46)吏(力置)記(居吏)置(陟吏)志(職吏)
(八)微二類：(47)希(香衣)衣依(於希)
(48)非(甫微)韋(雨非)微(無非)歸(舉韋)
尾二類：(49)豈(袪豨)豨(虛豈)
(50)鬼(居偉)偉(于鬼)尾(無匪)匪(府尾)
未二類：(51)既(居豙)豙(魚既)
(52)貴(居胃)胃(于貴)畏(於胃)沸(方味)味未(無沸)
按：後二字跟前面沒有系聯起來，但可據相承條例系聯。
(九)魚一類：(53)魚(語居)居(九魚)諸(章魚)余(以諸)葅(側魚)
語一類：(54)呂(力舉)與与(余呂)舉(居許)許(虛呂)巨(其呂)
御一類：(55)據倨(居御)御(牛倨)慮(良據)去(丘倨)助(牀據)預
(羊洳)洳(人恕)恕(商署)署(常恕)
按：後四字跟前面沒有系聯起來，但可據相承條例系聯。
(十)虞一類：(56)俱(舉朱)朱(章俱)于(羽俱)輸(式朱)俞逾(羊朱)誅
(陟輸)隅(遇俱)芻(測隅)無(武夫)夫(甫無)
按：後二字跟前面沒有系聯起來，但可據相承條例系聯。
麌一類：(57)矩(俱雨)雨禹羽(王矩)武(文甫)甫(方矩)庾(以主)
主(之庾)
按：後二字跟前面沒有系聯起來，但可據相承條例系聯。
遇一類：(58)遇(牛具)句(九遇)戍(傷遇)注(之戍)具(其遇)
(十一)模一類：(59)胡乎(戶吳)都(當孤)孤姑(古胡)吳吾(五乎)烏
(哀都)
姥一類：(60)古(公戶)戶(侯古)魯(郎古)補(博古)杜(徒古)
暮一類：(61)故(古暮)誤(五故)祚(昨誤)暮(莫故)
(十二)齊二類：(62)奚兮(胡雞)雞稽(古奚)迷(莫兮)低(都奚)鷖(奴低)
(63)攜(戶圭)圭(古攜)
齊一類：(64)禮(盧啓)啓(康禮)米(莫禮)弟(徒禮)
霽二類：(65)計(古詣)詣(五計)

　　　　　　　(66)惠(胡桂)桂(古惠)
(十三)祭三類:(67)例(力制)制(征例)憩(去例)
　　　　　　　(68)祭(子例)袂(彌弊)劂(居例)蔽(必袂)弊(毗祭)
　　　　　　　(69)芮(而銳)銳(以芮)歲(相銳)稅(舒芮)衛(于歲)
　　　　　　　{吠(符廢)}
(十四)泰二類:(70)蓋(古太)太(他蓋)帶(當蓋)大(徒蓋)艾(五蓋)貝
　　　　　　　(薄蓋)
　　　　　　　(71)外(五會)會(黃外)最(祖外)
(十五)佳二類:(72)佳(古膎)膎(戶佳)
　　　　　　　(73)媧緺(古蛙)蛙(烏媧)
　　　蟹二類:(74)蟹(胡買)買(莫蟹)
　　　　　　　(75)夥(懷𠂎)𠂎(乖買)[買(莫蟹)]
　　　卦二類:(76)懈(古隘)隘(烏懈)賣(莫懈)
　　　　　　　(77)卦(古賣)[賣(莫懈)]
　　　按:(76)(77)可以系聯為一類,可據求異條例分開。
(十六)皆二類:(78)皆(古諧)諧(戶皆)
　　　　　　　(79)懷淮(戶乖)乖(古懷)[皆(古諧)]
　　　駭一類:(80)駭(侯楷)楷(苦駭)
　　　怪二類:(81)拜(博怪)介界戒(古拜)[怪(古壞)]
　　　　　　　(82)怪(古壞)壞(胡拜)
　　　按:(81)(82)可以系聯為一類,可據求異條例分開:"捱
　　　(乙諧);崴(乙皆)"。
(十七)夬二類:(83)犗(古喝)喝(於犗)
　　　　　　　(84)夬(古邁)邁(莫話)快(苦夬)話(下快){賣(莫懈)}
(十八)灰一類:(85)回(戶恢)恢(苦回)灰(呼恢)杯(布回)
　　　賄一類:(86)罪(徂賄)猥(烏賄)賄(呼罪)
　　　隊一類:(87)對(都隊)隊(徒對)內(奴對)佩(蒲昧)妹昧(莫佩)
　　　　　　　續(胡對)
(十九)咍一類:(88)來(落哀)哀(烏開)才(昨哉)開(苦哀)哉(祖才)才
　　　　　　　(昨哉)
　　　按:後二字跟前面沒有系聯起來,但可據相承條例

系聯。

海一類：(89)亥(胡改)改(古亥)宰(作亥)在(昨宰)乃(奴亥)愷(苦亥)紿(徒亥)

代一類：(90)代(徒耐)溉概(古代)耐(奴代)愛(烏代){蓋(古太)}

(二十)廢一類：(91)廢(方肺)肺(芳廢)穢(於廢)

(二十一)真三類：(92)鄰(力珍)真(職鄰)珍(陟鄰)人(如鄰)銀(語巾)巾(居銀)

(93)[鄰(力珍)][賓(必鄰)][真(職鄰)]

(94)贇(於倫){倫(力迍)}

按：(92)中後二字跟前面沒有系聯起來，但可據相承條例系聯。(93)跟(92)前面四字可以系聯，但可據求異條例分開。

軫三類：(95)忍(而軫)引(余忍)軫(章忍)

(96)盡(慈忍)[忍(而軫)]

(97)殞(于敏)[敏(眉殞)]

震三類：(98)刃(而振)覲(渠遴)晉(即刃)遴(良刃)振(章刃)

(99)[刃(而振)][印(於振)][覲(渠遴)]

(100){峻(私閏)}

質三類：(101)質(之日)悉(息七)栗(力質)乙(於筆)筆(鄙密)密(美畢)畢(卑吉)七(親吉)一(於悉)日(人質)叱(昌栗)

(102)吉(居質)必畢(卑吉)[悉(息七)][質(之日)]

(103)[筆(鄙密)][必(卑吉)]{律(呂卹)}

按：(101)至(103)可以系聯，但(101)(102)可據求異條例分開，(103)是合口，可審音而得之。

(二十二)諄二類：(104)倫綸(力迍)勻(羊倫)遵(將倫)迍(陟綸)唇(食倫)旬(詳遵){巾(居銀)}

(105)[勻(羊倫)]{人(如鄰)}

準一類：(106)尹允(余準)準(之尹){忍(而軫)}

稕一類：(107)閏(如順)順(食閏)峻(私閏)

術二類：(108)律(呂卹)聿(餘律)卹(辛聿)
　　　　(109)[聿(餘律)]

按：《切韻》真諄不分韻，《廣韻》分了，諄韻是合口。但是諄韻"趣"(渠人)小韻應是開口，《切韻考》卷四"諄"下："此真韻增加字，誤入此韻也。"此小韻可以調整到真韻。準韻有"蜳、盡、脪"三個小韻也應是開口，《切韻考》卷四"準"下都認爲是軫韻增加字，"誤入此韻也"，也應該調整到軫韻。

(二十三)臻一類：(110)臻(側詵)詵(所臻)

【謹(居隱)。(111)戴震《考定廣韻獨用同用四聲表》："'觠''齔'字附見隱韻。"可備一説。】

【齔(渠遴)。(112)戴震《考定廣韻獨用同用四聲表》："'齔'字附見焮韻。"可備一説。但焮韻無"齔"字，震韻有"齔"，初覲切。《廣韻》隱韻初謹切"齔"字下注又音："又初靳切。"靳，焮韻。】

櫛一類：(113)瑟(所櫛)櫛(阻瑟)

(二十四)文一類：(114)云(王分)分(府文)文(無分)

吻一類：(115)粉(方吻)吻(武粉)

問一類：(116)問(亡運)運(五問)

物一類：(117)勿物(文弗)弗(分勿)

(二十五)欣一類：(118)斤(舉欣)欣(許斤)

隱一類：(119)謹(居隱)隱(於謹)

焮一類：(120)靳(居焮)焮(香靳)

迄一類：(121)訖(居乞)迄(許訖)乞(去訖)

(二十六)元二類：(122)言(語軒)軒(虛言)

　　　　(123)袁(雨元)元(愚袁)煩(附袁)

阮二類：(124)偃(於幰)幰(虛偃)

　　　　(125)遠(雲阮)阮(虞遠)晚(無遠)

願二類：(126)建(居萬)堰(於建)[万(無販)]

　　　　(127)願(魚怨)万(無販)販(方願)怨(於願)

月二類：(128)竭(其謁)謁(於歇)歇(許竭)訐(居竭)

(129)月(魚厥)厥(居月)伐(方越)越(王伐)發(方伐)

按：(129)中前二字跟後面沒有系聯起來，但可據相承條例系聯。

(二十七)魂一類：(130)昆(古渾)魂渾(戶昆)尊(祖昆)奔(博昆)

混一類：(131)本(布忖)損(蘇本)忖(倉本)衷(古本)

恩一類：(132)困(苦悶)悶(莫困)寸(倉困)

沒一類：(133)骨(古忽)忽(呼骨)勃(蒲沒)沒(莫勃)

按：後二字跟前面沒有系聯起來，但可據相承條例系聯。

(二十八)痕一類：(134)痕(戶恩)根(古痕)恩(烏痕)

很一類：(135)很(胡懇)懇(康很)

恨一類：(136)恨(胡艮)艮(古恨)

【(麧)一類：(137){沒(沒勃)}】

(二十九)寒一類：(138)干(古寒)寒(胡安)安(烏寒)

旱一類：(139)旱(胡笴)但(徒旱)笴(古旱)

翰一類：(140)旰(古案)案按(烏旰)贊(則旰)旦(得按)

曷一類：(141)割葛(古達)達(唐割)曷(胡葛)

(三十)桓一類：(142)官(古丸)丸(胡官)潘(普官)端(多官)

緩一類：(143)管(古滿)伴(蒲旱)滿(莫旱)纂(作管){旱(胡笴)}

換一類：(144)貫(古玩)玩(五換)亂(郎段)段(徒玩)換(胡玩)喚(火貫)算(蘇貫)半(博漫)漫(莫半)

按：後二字跟前面沒有系聯起來，但可據相承條例系聯。

末一類：(145)括栝(古活)活(戶括)撥(北末)末(莫撥)

按：後二字跟前面沒有系聯起來，但可據相承條例系聯。

(三十一)刪二類：(146)姦(古顏)顏(五姦)

(147)還(戶關)關(古還)班(布還)頑(五還)

潸二類：(148)板(布綰)赧(奴板)

第二章　中古音系

(149)綰(烏板)鯇(戶板){板(布綰)}

諫二類：(150)晏(烏澗)諫澗(古晏)鴈(五晏)

(151)患(胡慣)慣(古患){晏(烏澗)}

鎋二類：(152)鎋轄(胡瞎)瞎(許鎋)

(153)刮(古頒)頒(丑刮){鎋(胡瞎)}

(三十二)山二類：(154)閑(戶間)山(所間)間(古閑)

(155)鰥(古頑){頑(五還)}

產二類：(156)限(胡簡)簡(古限)

(157){綰(烏板)}

襇二類：(158)莧(侯襇)襇(古莧)

(159)幻(胡辨)辨(薄莧)

黠二類：(160)八(博拔)黠(胡八)

(161)滑(戶八)拔(蒲八)[八(博拔)]

(三十三)先二類：(162)賢(胡田)年(奴顛)堅(古賢)田(徒年)顛(都年)煙(烏前)前(昨先)先(蘇前)[玄(胡涓)]

(163)玄(胡涓)涓(古玄)

按：(162)中後三字"煙、前、先"跟前面沒有系聯起來，但可據相承條例系聯。

銑二類：(164)典(多殄)殄(徒典)繭(古典)峴(胡典)[汯(胡畎)]

(165)汯(胡畎)畎(姑汯)

霰二類：(166)甸電佃(堂練)練(郎甸)麵(莫甸)

(167)縣(黃練)[練(郎甸)]

屑二類：(168)結(古屑)屑(先結)蔑(莫結)

(169)決(古穴)穴(胡決)

(三十四)仙四類：(170)連(力延)延(以然)然(如延)仙(相然)乾(渠焉)焉(於乾)

(171)[連(力延)][延(以然)]

(172)緣(與專)專(職緣)川(昌緣)宣(須緣)全泉(疾緣)員圓(王權)攣(呂員)權(巨員)

(173)[緣(與專)]

按：(170)中後二字，(172)中後四字跟前面沒有系聯起來，但可據相承條例系聯。(171)可以跟(170)系聯，(173)跟(172)系聯，據求異條例和相承條例分開。

獮四類：(174)善(常演)演免(亡辨)淺(七演)寋(九輦)輦(力展)展(知演)辨(符寋)翦(即淺)

(175)緬(彌兖)兖(以轉)[演(以淺)][善(常演)]

(176)兖(以轉)轉(陟兖)篆(持兖)[免(亡辨)]

(177)[兖(以轉)]

按：(174)至(177)可以系聯，據求異條例和相承條例分開。

線四類：(178)戰(之膳)扇(式戰)膳(時戰)賤(才線)線(私箭)面(彌箭)碾(女箭)彥(魚變)變(彼卷)

(179)線(私箭)面(彌箭)[戰(之膳)][變(彼卷)][箭(彌箭)][眷(居倦)]

(180)戀(力卷)眷卷(居倦)倦(渠卷)囀(知戀)釧(尺絹)絹(吉掾)

(181)掾(以絹)

按：(178)中"戰、扇、膳"，"賤、線、面、碾"，"彥、變"實系聯爲三組，但可據相承條例系聯。如此，則(178)可以跟(179)(180)(181)系聯，據求異條例和相承條例分開。

薛四類：(182)列(良薛)薛(私列)熱(如列)別(皮列)竭(渠列)

(183)滅(亡列)[列(良薛)]

(184)悅(弋雪)雪(相絕)絕(情薛)爇(如劣)劣(力輟)輟(陟列)

(185)[雪(相絕)][悅(弋雪)][劣(力輟)]

按：(182)(183)可以系聯起來，但可據求異條例分開。(184)後面三字跟前面三字不系聯，可據相承條例系聯。(182)至(185)可以系聯，據求異條例分開。

(三十五)蕭一類：(186)聊(落蕭)堯(五聊)幺(於堯)彫(都聊)蕭(蘇彫)

篠一類：(187)了(盧鳥)鳥(都了)皎(古了)皛(胡了)

嘯一類：(188)弔(多嘯)嘯(蘇弔)叫(古弔)

(三十六)宵二類：(189)遙(餘昭)招昭(止遙)邀(於霄)消霄(相邀)焦(即消)嬌(舉喬)喬(巨嬌)嚻(許嬌)瀌(甫嬌)

(190)[遙(餘昭)][招(止遙)][宵霄(相邀)]

按：(189)後四字跟前面沒有系聯起來，但可據相承條例系聯。(190)可以跟(189)前面七字系聯，據求異條例分開。

小二類：(191)沼(之少)少(書沼)小(私兆)兆(治小)夭(於兆)表(陂矯)矯(居夭)

(192)[小(私兆)][沼(之少)][少(書沼)]

按：(191)前二字跟後面沒有系聯起來，但可據相承條例系聯。(192)可以跟(191)系聯，據求異條例分開。

笑二類：(193)照(之少)召(直照)少(失照)廟(眉召)笑肖(私妙)要(於笑)妙(彌笑)

(194)[召(直照)][笑(私妙)][妙(彌笑)][要(於笑)]

按：(193)後四字跟前面沒有系聯起來，但可據相承條例系聯。(194)可以跟(193)系聯，據求異條例分開。

(三十七)肴一類：(195)交(古肴)肴(胡茅)茅(莫交)嘲(陟交)

巧一類：(196)巧(苦絞)絞(古巧)爪(側絞)飽(博巧)

效一類：(197)教(古孝)孝(呼教)皃(莫教)稍(所教)

(三十八)豪一類：(198)刀(都牢)勞牢(魯刀)曹(昨勞)遭(作曹)褒(博毛)袍(薄褒)毛(莫袍)

按：後三字跟前面沒有系聯起來，但可據相承條例系聯。

晧一類：(199)晧浩(胡老)老(盧晧)早(子晧)抱(薄浩)道

(徒晧)

号一類：(200)到(都導)導(徒到)報(博耗)耗(呼到)

(三十九)歌一類：(201)何河(胡歌)俄(五何)歌(古俄)

哿一類：(202)可(枯我)我(五可)

箇一類：(203)箇個(古賀)佐(則箇)賀(胡箇)邏(郎佐)

(四十)戈三類：(204)禾和(戶戈)戈(古禾)波(博禾)婆(薄波)

(205)伽(求迦)迦(居伽)

(206)靴(許胆)䩺(去靴)胆(於靴)

果一類：(207)果(古火)火(呼果){可(枯我)}

過一類：(208)臥(吾貨)過(古臥)貨(呼臥)唾(湯臥)

(四十一)麻三類：(209)加(古牙)牙(五加)巴(伯加)霞(胡加)

(210)瓜(古華)華(戶花)花(呼瓜)

(211)遮(正奢)車(尺遮)奢賖(式車)邪(似嗟)嗟(子邪)

按：前四字跟後面二字沒有系聯起來，但可據相承條例系聯為一類。

馬三類：(212)下(胡雅)雅疋(五下)賈(古疋)

(213)瓦(五寡)寡(古瓦)

(214)者(章也)也野冶(羊者)姐(茲野)

禡三類：(215)駕嫁(古訝)訝(吾駕)亞(衣嫁)

(216)化(呼霸)吳(胡化)[霸(必駕)][罵(莫駕)]

(217)夜(羊謝)謝(辭夜)

按：(215)(216)可以系聯為一類，可據求異條例分開："訝(吾駕)：瓦(五化)"。

(四十二)陽二類：(218)良(呂張)羊陽(與章)莊(側羊)章(諸良)張(陟良)

(219)方(府良)王(雨方)[良(呂張)]

按：(218)(219)可以系聯為一類，可據求異條例分開。

養二類：(220)兩(良獎)丈(直兩)獎(即兩)掌(諸兩)養(餘兩)

(221)昉(分网)网(文兩)[兩(良獎)][養(餘兩)]

按：(220)(221)可以系聯爲一類，可據求異條例分開。

漾二類：(222)亮(力讓)讓(人樣)向(許亮)樣(餘亮)

(223)放(甫妄)況(許訪)妄(巫放)訪(敷亮)[亮(力讓)]

按：(222)(223)可以系聯爲一類，可據求異條例分開。

藥二類：(224)藥(以灼)略(離灼)約(於略)灼(之若)若(而灼)勺(市若)爵雀(即略)虐(魚約)

(225)縛(符钁)钁(居縛)籰(王縛)

(四十三)唐二類：(226)郎(魯當)當(都郎)岡剛(古郎)旁(步光)[光(古黃)]

(227)光(古黃)黃(胡光)

按：(226)(227)可以系聯爲一類，可據求異條例分開。

蕩二類：(228)朗(盧黨)黨(多朗)

(229)晃(胡廣)廣(古晃)

宕二類：(230)浪(來宕)宕(徒浪)[曠(苦謗)]

(231)曠(苦謗)謗(補曠)[浪(來宕)]

按：(230)(231)可以系聯爲一類，可據求異條例分開："汪(烏浪)：盎(烏浪)"。

鐸二類：(232)各(古落)落(來各)

(233)郭(古博)穫(胡郭)[博(補各)]

按：(232)(233)可以系聯爲一類，可據求異條例分開。

(四十四)庚四類：(234)庚(古行)行(戶庚)盲(武庚)

(235)橫(戶盲)[盲(武庚)]

(236)京驚(舉卿)卿(去京)兵(甫明)明(武兵)

(237)榮(永兵)[兵(甫明)]

梗四類：(238)梗(古杏)杏(何梗)猛(莫杏)冷(魯打)打(德冷)

(239)猛(莫杏)礦(古猛)瞢(烏猛)

(240) 景(居影) 影(於丙) 丙(兵永) [永(于憬)]
(241) 永(于憬) 憬(俱永)

按：(238)中後二字跟前面沒有系聯起來，但可據相承條例及聲母的系統性系聯。

映四類：(242) 孟(莫更) 更(古孟)
(243) 橫(戶孟) [孟(莫更)]
(244) 敬(居慶) 慶(丘敬) 病(皮命) 命(眉病)
(245) [命(眉病)]

按：(242)和(243)、(244)和(245)可以分別系聯爲一類，(242)和(243)可據求異條例分開，(244)和(245)可據相承條例分開。

陌三類：(246) 格(古伯) 伯(博陌) 白(傍陌) 陌(莫白)
(247) 攫(一虢) 虢(古伯) [伯(博陌)]
(248) 戟(几劇) 逆(宜戟) 劇(奇逆) 郤(綺戟)

(四十五)耕二類：(249) 耕(古莖) 莖(戶耕) 萌(莫耕)
(250) 宏(戶萌) [萌(莫耕)]

按：(249)(250)可以系聯爲一類，可據求異條例分開。

耿一類：(251) 幸(胡耿) 耿(古幸)
諍一類：(252) 迸(北諍) 諍(側迸)
麥二類：(253) 革(古核) 核(下革) 厄(於革) 摘(陟革) 責(側革) 麥(莫獲) [獲(胡麥)]
(254) 獲(胡麥) 麥(莫獲) 摑(古獲)

按：(253)中後二字跟前面沒有系聯起來，但可據相承條例及脣音聲母的系統性系聯。

(四十六)清二類：(255) 盈(以成) 貞(陟盈) 成(是征) 征(諸盈) 情(疾盈) 并(府盈)
(256) 營(余傾) 傾(去營)
靜二類：(257) 郢(以整) 井(子郢) 整(之郢) 靜(疾郢)
(258) 頃(去穎) 穎(餘頃)
勁二類：(259) 正政(之盛) 盛(承正) 姓(息正) 令(力政) 鄭

(直正)

(260)[正(之盛)]

按:(259)(260)可以系聯爲一類,可據相承條例和求異條例分開:"詗(火營)",平聲;"夐(休正)"是它的去聲。"夐(休正):欨(許令)"對立。

昔三類:(261)益(伊昔)昔(思積)積跡(資昔)易亦(羊益)石(常隻)隻炙(之石)[役(營隻)]

(262)役(營隻)[隻(之石)]

(263)辟(必益)[益(伊昔)]

按:(261)中後四字跟前面不能系聯,但可以跟(262)系聯。據韻圖,(261)中後四字跟前面都是開口,"役"是借類爲開口字的切下字,所以前六字和後四字歸爲一個韻類;據求異條例,(262)跟(261)對立:"繹(羊益):役(營隻)",因此爲兩類。(261)的前六字又可以跟(263)可以系聯爲一類,但據求異條例,"碧(彼役):辟(必益)","辟"韻圖唇音擺在四等,則"碧"應該是三等,是爲重紐之別。

(四十七)青二類:(264)經(古靈)丁(當經)靈(郎丁)刑(戶經)

(265)扃(古螢)螢(戶扃)

迥二類:(266)挺(徒鼎)鼎頂(都挺)到(古挺)醒(蘇挺)涬(胡頂)[迥(戶頂)]

(267)迥(戶頂)熲(古迥)

徑一類:(268)定(徒徑)徑(古定)佞(乃定)

錫二類:(269)歷(郎擊)擊激(古歷)狄(徒歷)

(270)闃(苦鵙)狊鵙(古闃)

(四十八)蒸一類:(271)陵(力膺)冰(筆陵)兢矜(居陵)膺(於陵)蒸(煮仍)乘(食陵)仍(如乘)升(識蒸)

拯一類:(272)拯(無韻切,音"蒸"之上聲)庱(丑拯)

證一類:(273)證(諸應)孕(以證)應(於證)餕(里甑)甑(子孕)

職二類:(274)力(林直)職(之翼)側(阻力)即(子力)翼(與

職)極(渠力)直(除力)逼(彼側)
(275)[逼(彼側)]

(四十九)登二類：(276)登(都滕)滕(徒登)棱(魯登)增(作滕)崩(北滕)朋(步朋)恒(胡登)

(277)肱(古弘)弘(胡肱)

等一類：(278)等(多肯)肯(苦等)

嶝一類：(279)鄧(徒亙)亙(古鄧)隥(都鄧)贈(昨亙)

德二類：(280)則(子德)得德(多則)北(博墨)勒(盧則)墨(莫北)黑(呼北)

(281)或(胡國)國(古或)

(五十)尤二類：(282)鳩(居求)求(巨鳩)秋(七由)由(以周)流(力求)尤(羽求)周州(職流)浮(縛謀)謀(莫浮)

(283)[秋(七由)]

按：(282)中後二字跟前面沒有系聯起來，但陳澧以爲有韻只有一類，可據相承條例系聯。關於(283)，《廣韻》"丘(去鳩)：恘(去秋)"對立，《韻鏡》"丘"三等，"恘"放在四等。

有二類：(284)九久(舉有)有(云久)柳(力久)酉(與久)否(方久)婦(房久)

(285)[婦(房久)]

按：關於(285)，《廣韻》"秠(芳婦)：捊(芳否)"對立，"秠"和"紑"同音，《韻鏡》"紑"三等，則"秠"當放在四等。

宥一類：(286)救(居祐)祐又(于救)呪(職救)溜(力救)副(敷救)富(方副)僦(即就)就(疾僦)

按：後二字跟前面沒有系聯起來，但陳澧以爲有韻只有一類，可據相承條例系聯。

(五十一)侯一類：(287)侯(戶鉤)鉤(古侯)婁(落侯)

厚一類：(288)后厚(胡口)口(苦后)苟垢(古厚)斗(當口)

候一類：(289)候(胡遘)奏(則候)豆(徒候)遘(古候)漏(盧候)

(五十二)幽二類：(290)幽(於虯)虯(渠幽)烋(香幽)彪(甫烋)

(291)[彪(甫烋)]

按：幽韻在斯 2071、宋跋本、項跋本中有"飍(香幽反)：休(許彪反)"的對立。今暫以"飍"爲重紐三等，"休"爲四等。

黝一類：(292)黝(於糾)糾(居黝)

幼一類：(293)幼(伊謬)謬(靡幼)

(五十三)侵二類：(294)林(力尋)尋(徐林)心(息林)任(如林)深(式針)針(職深)淫(餘針)金今(居吟)吟(魚金)簪(側吟)

(295)[淫(餘針)]

按：(294)中系聯爲三組，"林、尋、心、任"一組，"深、針、淫"一組，後面爲一組，但可據相承條例及聲母的系統性系聯。

寑二類：(296)荏稔(如甚)枕(章荏)甚(常枕)朕(直稔)凜(力稔)錦(居飲)飲(於錦)痒(疏錦)

(297)[錦(居飲)]

按：(296)中後三字跟前面沒有系聯起來，但可據相承條例及聲母的系統性系聯。

沁一類：(298)禁(居蔭)鴆(直禁)蔭(於禁)任(如鴆)譖(莊蔭)

緝二類：(299)入(人執)立(力入)及(其立)戢(阻力)執汁(之入)急汲(居立)

(300)[入(人執)]

(五十四)覃一類：(301)含(胡男)南男(那含)

感一類：(302)感(古禫)禫(徒感)唵(烏感)

勘一類：(303)紺(古暗)暗(烏紺)

合一類：(304)合(侯閤)答(都合)閤(古沓)沓(徒合)

(五十五)談一類：(305)甘(古三)三(蘇甘)酣(胡甘)談(徒甘)

敢一類：(306)敢(古覽)覽(盧敢)

闞一類：(307)濫(盧瞰)瞰䁍(苦濫)暫蹔(藏濫)

盍一類：(308)盍(胡臘)臘(盧盍)榼(苦盍){雜(徂合)}

(五十六)鹽二類：(309)廉(力鹽)鹽(余廉)占(職廉)淹(央炎)炎(于廉)

(310)[鹽(余廉)]

琰二類：(311)琰(以冉)冉染(而琰)斂(良冉)漸(慈染)檢(巨險)儉(居奄)險(虛檢)奄(衣檢)

(312)[琰(以冉)]

按：(311)中後四字跟前面沒有系聯起來，但可據相承條例系聯。

豔二類：(313)艷(以贍)贍(時艷)驗(魚窆)窆(方驗)

(314)[艷(以贍)]

按：(313)中後二字跟前面沒有系聯起來，但可據相承條例系聯。

葉二類：(315)涉(時攝)葉(與涉)攝(書涉)接(即葉)輒(陟葉)

(316)[葉(與涉)]

(五十七)添一類：(317)兼(古甜)甜(徒兼)

忝一類：(318)忝(他點)點(多忝)簟(徒玷)

按：後一字跟前面似乎沒有系聯起來，但"點、玷"是同音字。

㮇一類：(319)念(奴店)店(都念)

怗一類：(320)協(胡頰)頰(古協)愜(苦協)牒(徒協)

(五十八)咸一類：(321)咸(胡讒)讒(士咸)

豏一類：(322)減(古斬)斬(側減)豏(下斬)

陷一類：(323)陷(戶韽)韽(於陷)賺(佇陷)

洽一類：(324)洽(侯夾)夾(古洽)图(女洽)

(五十九)銜一類：(325)銜(戶監)監(古銜)

檻一類：(326)檻(胡黤)黤(於檻)

鑑一類：(327)鑒鑑(格懺)懺(楚鑑)

狎一類：(328)甲(古狎)狎(胡甲)

(六十)嚴一類：(329)嚴(語𪗪)𪗪(虛嚴)

儼一類：(330)埯(於广){广(魚掩)}

釅一類：(331)釅(魚欠){欠(去劍)劍(居欠)}
業一類：(332)業(魚怯)怯(去劫)劫(居怯)
(六十一)凡一類：(333)芝(匹凡){凡(符咸)}
范一類：(334)范犯(防鋄)鋄(亡范)
梵一類：(335)泛(孚梵)梵(扶泛)
乏一類：(336)法(方乏)乏(房法)

"凡"借用二等字"咸"，是因爲找不到合適的常用字做切下字，做反切的時候，"凡、咸"主元音相同了，"凡"的介音已經掉了，於是借用"咸"做"凡"的切下字，"軓"也是三等字，也不容易找合適的字做切下字，所以《毛詩音》"(音)范，凡之上聲"，裴務齊《切韻·范韻》"凡之上聲"。《説文繫傳》"浮檻反"，"檻"是二等檻韻字，這説明"軓"不但丟失了iu介音，而且范韻合口跟檻韻合口相混。

我們可以看到，這些韻類的區分中，有的是同一個韻類却無法系聯起來，有的是不同韻類反而能聯成一個韻類。必須結合韻圖，參考審音的知識才能完全解決韻類系聯問題。

由上面的系聯表可知，《廣韻》的韻類(即韻基)有336個，韻母有162個。之所以有這麽多的韻母，一方面是因爲中古的韻母本來比今天的方言多一些，另一方面是因爲《切韻》音系不是一個單一音系，而是一個綜合"古今南北"的綜合音系，上承單音構詞占絕對優勢的上古音系。

第七節　中古的音值構擬

一、古人對中古音值的一些看法

古人在研究中古音系時，有他們的音值假定，但是沒有從事古音構擬。陸法言編寫《切韻》，可能金陵、洛下的音值是他和八賢讀音的基礎，所以《切韻序》記錄八賢的"綱紀"説："吳楚則時傷輕淺，燕趙則多涉重濁；秦隴則去聲爲入，梁益則平聲似去"，"欲廣文路，自可清濁皆通；若賞知音，即須輕重有異"，這都是談音值方面的事情。儘管《切韻》是一個綜合性的讀書音音系，但是它以方音的音值區別爲基礎。

《廣韻》分 206 韻，後代的讀音沒有這麼細密。對於這種分韻有沒有實際語音的根據，古人有不同看法。唐代人儘管非議《切韻》分韻細密，但是還沒有説是人爲的，而是説受南方方音影響所致，例如隴西人李涪《刊誤》以爲《切韻》"吴音乖舛，不亦甚乎……夫吴民之言如病瘖（yīn）風（癲癇發作而不能正常説話）而噤（jìn，閉口不言），每啓其口，則語淚喎（wāi）呐（歪斜不正貌），隨聲下筆竟不自悟"，進而以爲不必"妄别聲律"，這是站在唐代北方話的角度對《切韻》分韻提出批評。後來有人拘於後代讀音，以爲《切韻》分韻有人爲因素，可能宋人已肇其端。洪邁《容齋隨筆》卷五《禮部韻略非理》："《禮部韻略》所分字，有絶不近人情者，如東之與冬，清之與青。"清戴震《答段若膺論韻》以爲《切韻》定韻時，"有意求其密，用意太過，强生輕重……定爲音切，不足憑也"。這些説法都没有堅强的證據，所以清潘耒《重刊古本廣韻序》談到《廣韻》分韻："韻本乎聲，聲之自出有唇舌齒牙喉之異，有輕重清濁陰陽之殊，其播爲音也，有宫商角徵羽之辨。昔人精於審音……亦本其自然之音，使各得其所而已。"江永《四聲切韻表·凡例》："《廣韻》……分韻細入毫芒……必有其所以然者。"陳澧《切韻考》卷六："陸氏分二百六韻，每韻又有分二類、三類、四類者，非好爲繁密也，當時之音實有分别也。"

古人已經認識到中古聲母、《切韻》分韻及其音切都有實際語言的音值做根據，那麼就面臨這些音怎麼讀出來的問題。古人其實有他們的一些説法，不過大家不太關注，總結得較少。古人假定中古音值，都以當時的實際口語爲立足點；有些假定，注意到了方音比較。例如聲母方面，早期創製字母的人，將字母歸入唇、齒、舌、牙、喉等，反映了他們知道這些字母在當時怎麼讀。後來聲母發生了變化，人們根據後來的讀音，去推定它們原來讀什麼，明袁子讓《字學元元》卷一《分三十六母本切》："諸母牙音中，見溪群三母無謬，惟疑母有訛呼作'夷'者。"他説"見溪"無謬，應該指它們分别讀 k、k'；説疑母讀同"夷"是訛呼，應該指疑母的正讀是 ŋ，這都是對的。清江永《音學辨微・四辨七音》説到發"見溪群疑"時"氣觸牡牙"，發"端透定泥"時"舌端擊腭"等等，都反映了江永對三十六字母具體讀音的假定。李元《音切譜》卷二《反切》談到牀（大致等於牀）禪二母："方音多淆，北音更甚。"鄧顯鶴《廣韻校刊劄記》："'雄、熊'二字，沈云本喻母，今多讀匣母"，"'松'祥容切。沈云松本邪母，今讀心母，長沙鄉邨土音尚不誤，而讀書者皆用心母"。陳錦《詩韻釋音・字母目》説："溪，牽奚切，勿讀若希〇希，曉母……滂，普郎切，勿讀若傍〇傍，並母。"

韻母方面，像《廣韻》後面所附的一些表格，有的是描述韻母發音的。這樣的描述在唐宋時期還有不少，可惜整理不夠。由於《廣韻》分韻太細，因此很難對各韻的讀音做出假定，前人或提出疑問。明徐燉《徐氏筆精》卷三《沈韻》："屠緯真云：天下事有最僥幸而不可解者，沈約韻書是也。一東與二冬，六魚與七虞之屬，前此諸韻並通……約吳興人，局於方言蠻俗，不審宫羽而背越聖賢，變亂千古，後世遵之如聖。"但是也有一些假定，例如清毛先舒《韻問》："東冬自兩韻也。以唇辨之，則東部一韻多開唇出聲者也，冬部一韻多撮唇出聲者也。以舌辨之，則東德翁反，此舌尖抵腭之音也；冬嫡邕反，此舌滿抵腭之音也……今人不知分開唇撮唇，又不知別冬於東，概以德翁呼之，故滋多疑耳。"清劉紹攽《學韻紀要》卷二《今韻源流》談東鍾之別："今考冬韻合口呼，鍾韻撮口呼。"儘管沒有有力的根據，但可以説明清朝人想弄清楚東冬等韻的音值差別。爲了知道《廣韻》分韻的音值差別，有時候他們從古人的言論中找根據，劉紹攽《學韻紀要》卷二《今韻源流》談東冬之別："按鄭氏樵謂東重而冬輕，深得唐律分韻之意。"

將來如果有誰將這類材料搜集起來，深挖古人假定中古聲母、韻母讀音的理由，一定會對今天的古音構擬有幫助。

從後代的音值去了解中古音音值，這跟歷史語言學構擬音值的大方向是一致的。但是古人掌握的方音有限，而且《切韻》音系離明清時期也有好幾百年至上千年了，南北朝時期的一些音素很有可能在明清時期的方言中已不存在了。要假定當時的音值，不利用音標符號，不採取歷史比較語言學的一些理論和分析手段，是不可能取得好效果的。我們今天都用國際語音學協會制訂的國際音標來擬音,採用這套符號,不僅僅是因爲它通用,更重要的是,它旨在將所發現的各國語言裏的各種音素都記錄下來,並不斷完善,所以它一般能够滿足我們從事構擬時限定取音的需要。

二、古音構擬的理論和方法

構擬,也叫"擬測、重建、重構"等,是從西方歷史語言學中吸收的概念,英語叫 reconstruction,德語叫 rekonstruktion。哈杜默德·布斯曼《語言學詞典》(陳慧瑛等編譯,商務印書館,2003年)"Rekonstruktion 重構"條:"對古老的、没有充分文字材料的語言發展階段進行考證的一種方法。從我們對某種語言演變類別的認識出發,根據共時的語言跡象,來重構(史前)歷史時期的語言系統或其部分。而此種語言跡象主要出現在某種變體或替换形式裏,而此類形式可追溯到歷史上恒定的語言結構。根據共時的語言跡象是存在於某一種語言還是存在於同源的不同語言裏,可以區分兩種重構方法:(a)語言内部重構,即某一語言歷史的結構特點根據該語言内部的系統關係予以重構……(b)外部重構(即語言對比重構),即通過對幾種同源(或推測爲同源的)語言中特定現象的對比實現重構。"這裏"内部重構"和"外部重構",我們一般叫"内部構擬"和"外部構擬"。

古音擬測是歷史比較語言學的部分内容。19世紀,在歐洲發展出了歷史比較語言學。《語言學詞典》"Historisch-Vergleichende Sprachwissenschaft 歷史比較語言學"條:"其目的是:根據比較性的調查,對單一語言的起源、發展歷史和親緣關係進行重構。"我們對漢語歷代語音的研究,不限於"比較性的調查",因爲我們有三千多年的漢字材料,這些漢字材料或記録或折射着歷代音系,它們比比較性調查得來的材料要直接得多,必須充分利用;但是歷史比較語言學"對單一語言的起源、發展歷史和親緣關係進行重構",這跟漢語古音擬測的目標毫無二致,而且當我們對歷代音類系統研究有了相當好的基礎後,音值構擬必然會走向研究日程,所以我們要引進歷史比較語言學的一些理論、方法，服務於漢語古音擬測，進一步探求古音系統。

根據上面的定義，漢語古音的構擬跟西方歷史比較語言學的reconstruction有同有異。我們構擬上古、中古音系，都不是構擬史前的語音系統，也不是構擬"沒有充分文字材料的語言發展階段"；我們是將上古、中古的音類系統研究出來以後，再利用構擬方法給它們賦值。任何音值的構擬都必須以音類研究成果爲基礎，西方語言採用的是音素文字系統，因此他們的音值構擬和音類研究可以同時進行；漢語採用的是非拼音文字系統，音類和音值的矛盾顯現得很充分，能讓人更自覺地認識到音值構擬必須以音類研究爲基礎，音類的研究必然是歷史比較語言學最不可缺少的一個基礎環節。凡是不符合音類的構擬，一定是失敗的；如果音類研究成功了，而音值構擬不妥當，那麼我們可以說這種構擬的基礎是穩固的，只是後續階段的工作需要改進。

經典的歷史比較語言學的古音構擬有先天的缺陷。它一般是利用一種語言的後代語音形式的存古成分去推測其早期音系，但很有可能，許多古代的語音現象，在它的後代形式中已經消失得無影無蹤了。對此，歷史比較語言學無能爲力。對比《切韻》音系和現代方言就可以知道，《切韻》音系的許多語音現象在今天所有的漢語方言中都蕩然無存了，更不必說《詩經》時代的上古音。而且，根據一種語言後代語音形式的存古成分去推測其早期音系，這個早期音系的具體時間單憑後代語言，是無法確定的。在具體的操作上，如何確定某種語音形式是存古成分還是創新成分，很多時候很難做出精確判斷。因此，利用歷代反映當時語音現象的直接材料考訂出的音類研究成果，得出的擬測結果就比單純根據一種語言的後代形式往前推，要可靠得多。

由於我們是研究漢語內部的語音變化，《切韻》音系是南北朝時形成的一種綜合音系，兼包了當時不同的主要方言的音類區別，而現代方音是古代方音演變來的，因此在研究中古音構擬時，我們用到"外部重構"，但不是比較"幾種同源（或推測爲同源的）語言"，而是比較漢語的不同方言。大量材料證明，漢語上古音發展到今天，現代漢語方言的語音面貌煥然一新，保留上古語音的特殊信息微乎其微，所以我們構擬上古音主要使用"語言內部重構"，也兼用"外部重構"，儘量利用《切韻》音系幫助古音構擬，畢竟《切韻》音系不是中古某一個地域方言的音系，利用它幫助開展上古音構擬，事實上也就利用中古不同的主要方言進行"外部重構"。

　　既往對於《切韻》音系的性質，主要有兩種不同的看法。一種認爲《切韻》記錄的是一時一地的音系，具體意見也有不同，唐代李涪的《刊誤》等以爲記錄的是"吳音"，古人早已駁斥了。陳寅恪《從史實論切韻》以爲《切韻》"乃東晉南渡以前洛陽京畿舊音之系統"，馬伯樂《唐代長安方言考》(1920年)以爲是"關於長安話的較早文獻"，高本漢《漢文典》(修訂本)也明確地指出"首都長安的方言""最充分的體現在《切韻》一書"中。還有人以爲其基礎音系是隋代洛陽音。另一種認爲《切韻》反映的是在當時讀書音基礎上形成的兼包"古今南北"的綜合音系，例如唐代蘇鶚《蘇氏演義》、明楊慎《丹鉛餘錄》、清江永《古韻標準》、戴震《聲類考》、章炳麟《國故論衡》等。清張畊《古韻發明·第六類·殷》："陸法言等折衷南北，定韻備用五方之全音，以通行天下。"雖有誇大的成分，但是強調了《切韻》的綜合性質。王力先生《漢語音韻學》說："《切韻》未必根據一時一地之音……我們如果把《切韻》當做隋朝的語音實錄去研究，不免有幾分危險。"綜合音系說最爲有理。因此，利用《切韻》音系去構擬上古音，不完全是"語言內部重構"。

　　據上可見，我們從事漢語古代語音的構擬，吸收了歷史比較法的優點，克服了它的缺點，還利用了一些可靠的中外譯音材料、古人用漢字對音值的具體描述或反映。因此我們的上古音、中古音構擬能更加有效地揭示上古、中古的語音系統。這是正確的研究方向和道路。

　　古音構擬不是復原古音，我們不能要求研究者達成這一目標，那是不可能做到的，要達成這樣的目標，那無疑是葬送古音構擬，因爲死無對證。聲音具有自然屬性，語音本質上具有社會屬性，古代的語音我們今天聽不到了，如果人們要求研究者還原古音，研究者也以還原古音爲構擬目標，那必然會自欺欺人。即使構擬的某些音素古代可能真是那樣念的,那也是因爲這構擬出的音素在現代方言中具有相當強的普遍性,幾乎所有的方言中都保留了這個音素。例如舌頭音端母字構擬爲 t,中古實際讀音中很可能就是這樣,這是因爲古代的 t 今天各地幾乎都是讀 t,不念別的音。

科學的古音構擬不以復原古音爲目標,而是爲了更有效地揭示歷代的語音系統。因此,是否成功地構擬了漢語古代語音,要看是否達到了下面所說的三項目標:

一是成功的音值構擬要比音類研究更爲系統地揭示歷代材料所反映的共時音系。反映漢語的歷代材料,主要是用漢字記錄的,因此音值構擬不合反映歷代音系的直接材料的,一定是失敗的。中古音的音值構擬必須要解釋好《切韻》音系。

二是成功的音值構擬必須能科學、系統地解釋不同時期的語音變化。中古音的音值構擬必須要能夠解釋好《切韻》音系到近古、近代、現代音系的發展演變規律和發展線索。

三是成功的音值構擬必須要自成一個音系。世界上任何音系都是系統的,也都會形成相對平衡的音系格局,必然有規律可尋。如果音系是雜亂無章的,沒有規律,那麼我們就沒有必要從事音值構擬了。因此,從事古音構擬,一定要使構擬的系統自成一個音系,這是最基本的要求。

這三項目標,既是構擬的原則,也是檢驗構擬成功與否的標準。歸根結底,我們所構擬的歷代音值,不能要求它符合歷代的音值事實,因爲我們無法掌握這樣的事實;如果掌握了這樣的事實,那麼就不需要進行古音構擬了。古音構擬的科學性和實用性,只能從上面提到的三項目標去要求它。對於坊間弄出的一些所謂的"復原"的方案以及根據這種方案設計的音頻資料,我們應該保持必要的警惕。

三、中古音構擬簡史

科學、系統的中古音構擬,是從瑞典學者高本漢(Klas Bernhard Johannes Karlgren,1889—1978)開始的。高本漢 1915

年畢業於瑞典烏普薩拉（Upsala）大學，獲博士學位。他對漢語中古音的構擬，主要反映在《中國音韻學研究》（*Études sur la phonologie chinoise*）一書，該書陸續刊於1915年至1926年，在中國學術界產生重要影響。

書中內容，除了"原序""緒論"和書末"所調查方言地圖"，下分四卷，依次是：第一卷《古代漢語》，第二卷《現代方言的描寫語音學》，第三卷《歷史上的研究》，第四卷《方言字彙》。起先，王力先生在1932年的《博白方音實驗錄》中徵引此書；在1936年出版的《中國音韻學》（後改名《漢語音韻學》）中介紹了高本漢所假定《廣韻》聲母、韻母的音值，也作了必要的補充訂正，在書中的"參考資料"部分翻譯了其中的部分重要內容，將此書列爲漢語音韻學參考書。後來趙元任、羅常培、李方桂將此書合譯出來，改正了原書的一些錯誤，作了若干重要補充，於1940年初版，1948年再版。本書繼承中國歷代學者音類、音值研究成果，主要運用歷史比較語言學的方法，排比3125個漢字在33種方言（包括高麗音、日本吳音、漢音、安南音等域外資料；爲節省篇幅，《方言字彙》只列了26種）中的具體音值，其中高本漢自己調查了24種，其他的是利用別人的調查成果；構擬了《廣韻》的聲母、韻母系統，探討了中古音到現代方言的演變。一些音類在現代方言中都消失了，純用歷史比較語言學的方法，無法賦值，因此高氏結合了其他的考據方法做構擬。高氏開創的《切韻》音系構擬的道路，採用的原則和方法，以及不少具體的音值構擬，都得到了音韻學家的充分肯定。

高本漢之後，有些音韻學家，如馬伯樂、趙元任、羅常培、王力、李方桂、陸志韋、董同龢、周法高、李榮、邵榮芬等都有自己的批評意見。聲母方面，主要圍繞全濁聲母是否送氣，知章莊三組、章組船禪二母，以及娘母、日母、影母的音值構擬提出不同意見；韻母方面，主要涉及三等韻是否有腭化介音j，四等是否有i介音，合口是否要分u、w兩種介音，一二等重韻是否長短元音的分別，重紐兩類如何擬音，以及一些具體的韻，如止攝脂之二韻系、遇通二攝、真蒸流侵四韻系的構擬，等等，大多有理有據地批評了高本漢在構擬上存在的問題。有些擬音在現代漢語方言中本不存在，是高氏推斷出來的,他在推斷的過程中不免太過自信,例如三等韻是否構擬腭化介音 j,合口是否要分 u、w 兩種介音,這都缺乏歷史比較語言學的嚴密證據;有的擬音不能充分解釋中古的內證材料,例如一二等重韻構擬爲長短元音的分別,很難解釋中古的押韻,也很難解釋中古新起的疊韻聯綿詞。不過,《切韻》音系是一個綜合音系,構擬也只是一種假定的讀音,我們不必要求擬音能復原中古音值;有的批評破則有餘,立則不足。

高書的研究存在諸多問題,尤其是所用的方言材料,大部分是高本漢在山西和西北一帶調查的,材料詳於北方而略於南方,記音的錯誤不少。一般地説,漢語南方方言更多保留中古語音現象,今天方言調查取得的成績遠非高本漢那時候可以比擬,人們發現了方音中更多的存古現象,即使沿着高本漢的路子再辛勤走一遭,也一定能取得更好的構擬成果。

構擬中古音,除了要儘量搜集歷史上反映中古音值的直接材料,還要像高本漢那樣,多利用現代方言。利用現代方言去構擬中古音,可以分成這四個步驟:

(1)將要構擬的音類在現代方言的讀音表現製成比較性表格。當我們將《廣韻》的音類系統求出來之後,我們就要看它們在現代各地方言的讀音。可以採取高本漢按韻攝列表的方式,給各聲母在各地方言的讀音列表。由於聲母的演變會受到它緊接着的韻母的開頭部分的影響,跟韻母的等第有極大關係,因此在列出例字時,最好列出該字的《廣韻》音韻地位。

(2)歸納出該音類在各地讀音的具體音素。如果一個音類在具體方言中有不同的讀法,就要列出它有哪些讀法,跟《廣韻》對比,分析這些不同的讀法有語音條件沒有,某一個讀法是讀音例外,還是有語音條件;如果有,就要分析它們的具體語音條件。

(3)結合搜集到的歷史上反映中古音值的直接材料,考慮整個語音的"系統性"要求,或從現代方言的不同讀音中選取一個作爲假定的音值,或假定一個能變成現代方言不同讀音的更具解釋力的音值。

(4)結合歷史上的材料,解釋清楚中古音到現代漢語方言的語音演變線索和規律，爭取做到既合乎事實，又合乎音理。對於讀音例外，最好也要做出科學解釋。

四、聲母的構擬

南北朝時期，對漢語聲母有些零星的討論。到唐朝，聲母研究大放光彩，開始了系統的研究。《玉篇》卷末所附唐釋神珙《四聲五音九弄反紐圖》已將所提取的當時的聲母，納入到"五音"範疇。《廣韻》卷末有《辯字五音法》，恐怕不是北宋的產物，跟神珙的做法一致。錢大昕《十駕齋養新錄》卷五《喉舌齒唇牙聲》說，神珙這張圖"即字母之濫觴也"。宋鄭樵《七音略》指出，漢地僧人受梵文影響，歸納出當時的聲母系統，"以三十六爲之母，重輕清濁，不失其倫"。

三十六字母應該是晚唐五代時出現的，如下：

七音		全清	次清	全濁	次濁
喉音		影			
		曉		匣	喻
牙音		見	溪	群	疑
舌音	舌頭	端	透	定	泥
	舌上	知	徹	澄	娘
齒音	齒頭	精	清	從	
		心		邪	
	舌上	照	穿	牀	
		審		禪	
唇音	重唇	幫	滂	並	明
	輕唇	非	敷	奉	微
半舌					來
半齒					日

古人將三十六字母納入清濁的概念進行分析，一般情況是：

全清：不送氣的清塞音、塞擦音、擦音。有：見端知幫非精照影心審曉。

次清:送氣的清塞音、塞擦音、擦音。有:溪透徹滂敷清穿。
全濁:濁的塞音、塞擦音、擦音。有:羣定澄並奉從牀匣邪禪。
次濁:鼻音、邊音、半元音。有:疑泥娘明微喻來日。
三十六字母在韻圖中分等的情況:
(一)一二三四等俱全的:幫滂並明來見溪疑影曉。
(二)只有一二四等的:匣。
(三)只有一四等的:端透定泥精清從心。
(四)只有二三等的:知徹澄娘照穿牀審。
(五)只有三四等的:喻。
(六)只有三等的:非敷奉微禪日群。
(七)只有四等的:邪。

《韻鏡》前面的《三十六字母》可能是張麟之的文字,但《韻鏡》是按三十六字母列圖的,當時不一定有今天三十六字母這樣的名稱,但應該有這樣的觀念。前此的三十字母中沒有牀母,沒有牀母就排不下《切韻》音系所有的小韻。宋鄭樵《通志·藝文略》載:"《三十六字母圖》一卷(僧守溫)。"王應麟《玉海》:"守溫有《三十六字母圖》一卷。"他們都說僧守溫有《三十六字母圖》一書,這應該是可信的。原來可能只歸納出三十字母,敦煌殘卷(斯〇五一二)有《歸三十字母例》,後來守溫進一步歸納出三十六字母,並寫成《三十六字母圖》一卷。敦煌發現的《守溫韻學殘卷》(伯二〇一二)所存第一截題"南梁漢比丘(守溫)述",所列也是三十字母,但是這個發現還不能證明守溫只有三十字母,因爲這裏可能只是守溫鈔撮前人的說法,而守溫本人的補充意見,跟他前面列的表不完全一致。據周祖謨《唐五代韻書集存》(下册)所考,在《兩字同一韻憑切定端的例》例子中,禪母跟船母有別;《聲韻不和切字不得例》中,輕重唇分開,《辯聲韻相似歸處不同》中,守溫還特地舉例表明非敷不能讀混,說明在守溫那裏不僅輕重唇早已分開,而且輕唇音非敷二母已經開始混同。因此,宋人說守溫有《三十六字母圖》一卷,也就是守溫歸納出三十六字母,這個傳統的看法不能否定掉。

三十六字母,也就是晚唐五代時有三十六個聲母。跟《切韻》音系的三十六個聲母比較起來,有新發展:(1)唇音字已經分化出非敷奉微四個輕唇音；(2)泥母中分出娘母；(3)莊初崇山四母和章昌船書分別合併，(4)俟母並入了牀母；(5)于母從匣母中分化出來，和餘母一起合流爲喻母。

如果一個音素，在各地方言都讀成一個樣，而且這個音素在一些方言中仍然能維持跟別的音素的類的區別，那麼這個音素很有可能是古代的遺存形式。例如三十六字母中的端母字，各地方言一般都讀 t，透母都讀 t'，泥母都讀 n。舌頭音端透定泥四分的格局，在蘇州、溫州、湖南雙峰等地方言中還完整地保留着，定母讀 d。因此，可以將這四個聲母分別構擬爲 t、t'、d、n。這個構擬完全達到了我們提出的三個構擬目標。

有時候，純粹利用歷史比較法無法構擬出某種音值，必須根據古人的音值描述和音位的系統性做出推斷。例如輕唇音有非敷奉微四個，今天的漢語方言基本上沒有維持這樣的四位對立，很多方言非敷奉都混爲一類了，讀 f。大家都擬爲唇齒音，這沒有問題。《國際音標表》中唇音只有雙唇和唇齒兩套，雙唇音被幫滂並明占據了，非敷奉微只有選擇唇齒音。問題在於，根據今天的方言推斷不出非敷的區別，因爲今天還沒有完整維持非敷奉微這樣的四位對立的方言。類之不存，值將焉有？《國際音標表》中，唇齒音的數量有限，古人說得很清楚：非，全清；敷，次清；奉，全濁；微，次濁。古人將三十六字母都納入了這樣的清、濁系統當中，這就要求我們必須考慮全清、次清、全濁、次濁聲母的共性和相互之間的區別性，構擬時必須要注意到這一點，它符合語音構擬的古音要自成一個音系的要求。據此，可以將這四個聲母分別構擬爲 pf、pf'、bv、ɱ。可見，中古音構擬，並不只是在求音類時要從事古書的考證，在求出音類之後的構擬音值階段，也必須要利用古書材料。現代方言沒有保留 pf、pf'、bv 這樣的音值，單純根據歷史比較法，這些音值就構擬不出來。

輕唇音和重唇音在《切韻》音系中只有一套，要麼原來都讀雙唇音，要麼都讀唇齒音，不可能讀別的什麼音。重唇音是最容易發的音，所以小孩兒是先學會發重唇音，以後再學會發輕唇音。清代江永《音學辨微》專門立有"辨嬰童之聲"："人聲出於肺，肺脘（wǎn，胃的内腔)通於喉。始生而啼，雖未成字音，而其音近乎影喻。稍能言能呼'媽'，脣音明母出矣；能呼'爹'，舌音端母出矣。"江氏所談兒童發聲的順序不一定都妥當，但反映了古人通過小兒發聲證音讀產生的先後，其中談到重脣音"媽"字是兒童很早就能發的音。世界上所有的語言或方言都有重脣音，但是有的語言或方言可以沒有輕脣音，例如湖南雙峰話就這樣。清代錢大昕論證古無輕脣音時，舉了梵漢對音材料證明"無"讀 m，清代方音如"吳音則亡忘望亦讀重脣"這樣的例子。將《切韻》時期的脣音擬爲重脣音，不僅能解釋好當時的材料，能自成音系，而且能很好地解釋中古到後來的重脣分化出輕脣，重脣音由於受後接的部分三等合口字制約，變成輕脣，其他的維持不變。如果將《切韻》的脣音字構擬爲輕脣音，無論如何都難以解釋它們怎麼會有大部分的脣音字變成重脣音。可見，構擬聲母系統時，必須要注意韻母系統。

相較而言，中古聲母的構擬難度比韻母的構擬要小一些，但也不是那麼容易。中古的知組、莊組、章組這三組聲母，在現代方言中很難找到仍然保持這三組對立的方言，即使有些方言有些對立，但是後面所接的元音，特別是介音系統，跟中古又有相當大的差別。這三組聲母到現代的演變線索不是完全清楚，即使利用梵漢對音材料幫助確定音值，也要考慮梵文自身的系統。因此，除了章組，大家對知組、莊組的擬音產生了不同看法。不過，《切韻》音系本身告訴我們，當時知組跟端組音值極近，因爲兩組之間還有些類隔切，這是要考慮的因素。

日母在《切韻》音系的音系格局中跟其他聲母的聚合關係不太強，聲母"七音"的歸類中將它看作"半齒"音。守溫韻學殘卷中端透定泥是舌頭音，將日母拿來跟"知徹澄"相配，這可能反映唐代一些方言日母還讀鼻音；敦煌殘卷《歸三十字母例》將"審穿禪日"擺在一起，這是將日母讀作正齒音了。可能唐代有方言已讀成了口音。日母在今南北方音中讀音多歧，所以高本漢《中國音韻學研究》說："擬測古代漢語的聲母系統，日母是最危險的暗礁之一。"這時候對音材料能發揮重要作用。據李建強《敦煌對音初探》，唐代不空和尚主要用日母字對譯梵文的 j，但有時對譯梵文 j 後面的 ñ，他推測當時日母兼有舌面鼻音和同部位的濁塞擦音；而在敦煌一帶的漢藏對音中，日母主要對譯藏文的 z，對譯于闐文相當於 ś 的濁音的那個音，"説明西北地區存在一種日母讀成擦音的方言"。

個別聲母的擬音，現代方言的對比和對音材料可能起不了多大作用，只能根據古人的音類區分以及聲母相配的系統性做合理的構擬。例如從《廣韻》中分出一個俟母。這俟母所轄字數和小韻數極少，要給它賦值，可以從兩種考古材料入手。一是它跟牀母關係密切，所以《廣韻》"俟"是"牀史切"，聲母是個跟牀母同部位的濁音；二是它跟章昌船書禪處在相對稱的格式中，俟母跟禪母地位相當，所以可以給俟母構擬 ʒ。這説明，古人反切中仍然透露出音值的信息。

總起來説，利用歷史比較語言學的方法，根據現代漢語方言，我們能給大部分中古聲母賦值，但是光利用這一點，遠遠不能解决中古聲母的構擬問題，還必須利用其他的材料，例如譯音；同時，也必須要利用古書反映的聲母信息進行賦值。

五、韻母的構擬

韻母的構擬，遇到的問題很多。要構擬中古的韻母系統，可以先以上面的音類（韻基）研究爲基礎，注上《廣韻》詳細的音韻地位，將各音類的一些代表字在各現代方言的讀音製成表格。這個工作在高本漢的《中國音韻學研究》中有所顯示，可以參看。

韻尾的構擬很少有爭議。這是因爲陰聲韻、陽聲韻、入聲韻的三分大格局在今天部分南方方言中完整保留下來了。不僅如此，陽聲韻收 m、n、ŋ 尾，相配的入聲韻分別收 p、t、k 尾，今天的粵方言、客家方言比較完整地保留了下來。古人對韻尾音值的描述、一些反映古音的材料對韻尾的折射也昭示了這一點。例如《廣韻》後附《辯十四聲例法》説"菴、甘、堪、諳"等字是"合口聲"，説"憂、丘、鳩、休"等字是"蹴（指聚攏）口聲"，"烏、姑、乎、枯"是"撮唇聲"（這類音没有韻尾），這樣的描述古書多有，所以構擬漢語中古韻母的韻尾不是難度很大的工作，古人對音值的假定已經認識到不少字的韻尾,只是沒有用音標形式來標明而已。例如清蔣國祥、蔣國祚《唐律詩韻》卷首《總論》談到:"今詩韻上下平、上、去、入共一百六部。以一百六部推之,則東冬江陽庚青蒸爲宮聲第一部,皆反喉入鼻之音,每讀字訖,則字音在喉鼻間。真文元寒删先爲商聲第二部,皆以舌舐腭之音,每讀字訖,則舌必舐翕上腭而後已……侵覃鹽咸爲羽聲第五部,每讀字訖,必一闔唇。"這些描述都沒有錯。再如疑問代詞"盍"是"何不"的合音,沈括《夢溪筆談》卷十五《藝文二》:"古語已有二聲合爲一字者,如'不可'爲'叵','何不'爲'盍'。""不"聲母是 p,合音以後變成"盍"的韻尾,可見"盍"是 p 收尾。有個地名,叫"浩亹",屬漢代金城郡,《漢書·地理志下》"金城郡"屬縣有"浩亹",孟康注:"浩亹音合門。"顏師古注:"浩音誥……今俗呼此水爲閤門河,蓋疾言之,浩爲閤耳。"這是説"浩"受"亹"讀音影響,由讀"誥"變成"閤"。"亹"聲母是 m,"浩"受它影響,變成了跟 m 同部位的韻尾 p,讀成"閤",可見"閤"是 p 尾。因此,將中古陽聲韻構擬爲收 m、n、ŋ 尾,相配的入聲韻分别構擬爲收 p、t、k 尾,完全符合我們所説的三個構擬目標。

　　介音的構擬,光利用現代方言的比較無法解決問題,因爲中古的介音系統遠比今天所有方言複雜。一般都知道,現代漢語普通話有四呼,而《切韻》音系有所謂的兩呼各四等。先説兩呼,按照現代漢語各方言的比較,古書裏的材料,以及域外譯音等,開口無疑是主元音或介音都不帶 u 的那些音,而合口是主元音或介音都帶 u 的那些音。古人注意到發開口時,口是不撮成圓狀的,所以叫"開口";發合口時,口是撮成圓狀的,所以叫"合口"。高本漢將合口介音構擬爲 u 和 w 兩套,這沒有現代方言的依據,也根本沒有音位的對立。他是根據《廣韻》的分韻情況推想出來的,想解釋《廣韻》的開合合韻(w)和開合分韻(u),以及現代有的方言合口介音取代原來主元音的現象,但是這種推想不是必然的推定,陸志韋、李榮等都提出批評。他們的批評抓住了高本漢構擬的弱點。現代方言中有一個 y,也是個合口音素。這是後起的,原來只有一套合口,要麽是 u,要麽是 y,只有構擬爲 u 才有解釋力。y 可能是元明之際新産生的,《洪武正韻》已有,來自部分三等韻的合口,既可作主元音,也可作介音。

再説四等。中古漢語在開合的格局下，各有四等的區別。《切韻》音系三等韻實際上還有兩類，是所謂重紐。清代江永在《四聲切韻表·凡例》中説："音韻有四等，一等洪大，二等次大，三四皆細，而四尤細。"江永將一二三四等各自作爲一個整體，從宏觀上把握它們的差異，是卓越的研究思路。因此，將一二三四等分別作爲一個整體來考察其音值特點，是正確的，後人都繼承了江永的這一研究思路。至於具體意見，這只是江永個人對四等音值的假定，有他的根據，可能更多地反映了《切韻》以後的語音現象，所以個別地方要調整。據《切韻》反切分組的趨勢，一二四等爲一類，三等爲一類。按江永的説法，一二等比較接近，三四等比較接近，跟《切韻》分組的趨勢不完全吻合。

純四等韻，大家一般都將介音擬作 i，主元音擬作 e。有人以爲四等沒有 i 介音，根據不足。先仙可以跟元韻字押韻，也可以跟魂痕押韻。如果將先韻等四等韻擬作 ε，可以解釋這類押韻現象。（參看李榮《隋韻譜》、鮑明煒《初唐詩文的韻系》）我們可以將介音擬作 e，這個 e 跟 i 接近。因爲給三等韻擬 i 介音，所有四等韻的介音只好取 i 之外的音。給四等韻構擬 e 介音，好解釋反切分組的趨勢，也好解釋後來相當多方言四等韻的介音或主元音變成 i。

一二三等韻裏面有些重韻，三等還有重紐。重韻是指在一二三等韻内部，在攝、等、開合都相同的情形下，還存在兩個或兩個以上的韻或韻類。例如東冬，咍灰泰，佳皆夬，删山，庚耕，覃談，咸銜等。《廣韻》既然分韻，重韻之間主元音的讀音必然有別。高本漢將不少一二等重韻構擬爲長短元音的不同，根據不足，也難以解釋中古的押韻和新起的疊韻聯綿詞等材料，頗不可取。現在看來，重韻的不同應是主元音的不同，至於如何構擬，還有待發現更多的方言和譯音材料。

三等韻，高本漢構擬了 j 介音，這也不是根據現代方言的存古現象構擬出來的。他想解釋《廣韻》一二四等和三等反切上字分組。其實這種分組只是一種趨勢，不合的反切較多，即使是完全分組了，也推導不出三等韻要構擬爲 j 介音。他的 j 介音構擬無法完滿解釋漢語的內證材料，也不合系統。比如漢語疊韻聯綿詞從先秦到中古一直很有生命力，就歷代新生的疊韻聯綿詞看，介音主要是跟着韻母走，處理爲韻母的一部分最爲合適。有人管"介音"叫"韻頭"，就反映了這種認識。現代方言的語音變化，也不受 j 化的影響，而是受 i 的影響。取消高本漢的 j，將聲母後面的音素都構擬爲元音性質的讀音，跟現代漢語方言一般情況正好銜接起來。但是三等韻有兩類介音，將三等介音擬作 i，只能構擬其中的一類，這是指韻圖中排在四等的那些重紐韻；排在三等的這一類、普通三等韻，以及舌齒聲母所拼的韻得另外構擬。

我們將排在三等的重紐韻構擬爲 ɨ，這是個央高元音。孫玉文《上古漢語韻重現象研究》對重紐的構擬方案是："直到中古，重紐 A、B 兩類實際上也有這種區分，不過是反映在介音上，A 類是個 -i-，B 類是個 -ɨ-。日本有阪秀世根據越南漢字音、朝鮮漢字音、日本吳音等材料證明，B 類是個央元音，即 -ɨ-，他擬作 ï；河野六郎也提出了跟有阪先生近乎一致的意見。平山久雄採用他們的説法，他把 B 類擬作 ɪ(合口是 ʏ)，'表示比 i、y 稍微偏低、偏央，大約在 i,e,ï 交界處的元音'。他們的見解跟我的推測正好相合。王靜如《論開合口》除了給 A、B 兩類在聲母上擬出一定差別外，還將 B 類介音擬爲 ɪ，音色較後略弘，A 類是個 -i-，音色極細而前，也注意到了 A、B 兩類介音有洪細之别。周法高《廣韻重紐的研究》儘管認爲 A、B 兩類是主元音之别，但是 A 類主元音舌位擬得高一些，B 類低一些，見解也是相通的。施向東《玄奘譯著中的梵漢對音研究》指出，'重紐……三等介音近乎 ɹ'，是不顫舌的 ɹ，帶有撮脣音色，'使重紐三等字常常聽起來像是合口的'。劉廣和《試論唐代長安音重紐》也注意到了唐代和尚不空的譯音中，往往拿 A 類去譯 i、y，推知'四等有強 i 介音'；拿 B 類"器屈"等字去譯 kṣ，他推測説，反映出來的 B 類介音應該不是顫舌音，像舌尖後半元音 ɹ，比 i 介音靠後而且卷舌。從發音的自然習性來説，B 類介音會使後面的主元音舌位偏低一些。這些説法儘管不一定完全相同，但是是相通的，告訴我們：中古 A、B 兩類主元音原來應該是，前者偏高、偏前，後者偏低、偏央。"

這樣構擬，有一定的方言事實做支撐。據歐陽國泰《原本〈玉篇〉的重紐》提供的材料，閩南話中保留了重紐的蛛絲馬跡：

支：三等　皮ˬpe　被 pe˫　糜ˬbe
　　四等　脾ˬpi　婢 pi˫　彌ˬmi
脂：三等　否ᶜpai　眉ˬbai
　　四等　牝 pi˫　寐 bi˫
仙：三等　免ᶜmian　勉ᶜmian
　　四等　湎ᶜmin　面 bin˫
真：三等　閩ˬban　密 bat˳
　　四等　民ˬbin　蜜 bit˳

福建泉州流行一種南音唱詞，老藝人通常叫它"鴟鴞音"。據王建設《明弦之音——明刊閩南方言戲文中的語言研究》所列，反映明清時代泉州音的"鴟鴞音"，也區分了重紐，排在三等的重紐字常發成"鴟鴞音"。例如：

重紐字	中古音	南音	今泉州音
寄騎	支三等	ɯa	i/ia/a
企岐	支四等	i	i
囝	仙三等	ɯā	ian/ā
遣	仙四等	ian	ian
銀	真三等	ɯən	in/un
緊	真四等	in	in
允	諄三等	ɯən	un
均	諄四等	un	un

這說明重紐是一種客觀存在，而且三等的元音一般總是比四等更低，更靠後，可以認爲是不同的介音促成的。排在三等的重紐介音是央高元音 ɨ，實際上舌位比前高元音 i 要低一些，後來影響到主元音低化；排在四等的重紐介音是 i，影響到主元音成爲高元音。

這樣一來，中古開口一二等構擬爲無介音，合口爲 u 介音；開口三等（包括假二等、假四等）爲 ɨ，合口爲 ɨu，排在四等的重紐開口三等爲 i,合口三等爲 iu;四等韻開口爲 e,合口爲 eu。中古的三等和合口結合在一起,必然要構擬一個雙介音,這是必然會出現的構擬方案。就現代漢語方言來説,仍然存在着有雙介音的方言。例如據陳凌《贛方言濁音走廊語音研究》提供的材料,部分贛方言有雙介音 iu 或 ui 承擔普通話 y 的功能。江西都昌有 iu 介音,星子、修水、德安、湖北崇陽有 ui 介音,湖南平江也有雙介音。這些雙介音多分布於精見二組山臻二攝合口三四等,可以看作是古音的遺存。在構擬上古韻母時,更需要有雙介音。

至於主元音的構擬,我們在前面提到,漢語陰聲韻、陽聲韻、入聲韻之間有一種相承關係。其實,在陰聲韻、陽聲韻、入聲韻的内部,不同的韻尾也會有相承關係。構擬中古音時,要注意這種相承關係。古代漢字反映的材料,不只是反映了音類現象,還反映了音值。例如唐代胡曾(約 840—?,邵陽人)《戲妻族語不正》:"呼十却爲石,唤針將作真。忽然雲雨至,總道是天因。"胡曾的基礎音系中"十≠石","針≠真","陰≠因",很多人都注意到所反映的當時的語音變化,p 尾讀作 k 尾,m 讀作 n 尾。其實還有別的語音信息。胡氏所選的這三組字都只有一項對立,"十"和"石",一個是緝韻,一個是昔韻,這説明昔緝二韻介音、主元音是相同的;"針、陰"是侵韻,"陰"還是重紐三等,"真、因"是真韻,"因"是重紐四等,這當然反映了胡曾的妻族重紐三四等合流,跟其他三等韻也合流了。就音值來説,胡曾此詩反映真侵二韻介音、主元音是相同的。

從上面的討論可知,韻母的構擬,光根據現代方言跟《廣韻》的比較,不能完全解決問題,必須充分利用歷史上的材料,以及譯音材料。

早期的等韻圖就是反映《切韻》音系的。《韻鏡》《七音略》也是反映《切韻》音系中 206 韻的分韻系統的韻圖。因此,要理解早期韻圖,我們必須知道《切韻》音系,做反切系聯,並且跟《韻鏡》《七音略》進行認真比對。不去做這樣的工作,不免對韻圖和等韻學隔霧看花,難以真正踏進音韻學的門檻。

有了上面的鋪墊,下面我們很自然地轉到講述韻圖和等韻學了。

第三章　韻圖和等韻學

第一節　等韻學釋名和等韻學簡史

等韻學，是在等韻圖製作基礎上興起的一門圍繞等韻圖的源流和製作、使用等相關問題展開研究的學問。它包括兩個大的方面的研究內容：一是等韻圖的源流和製作、使用等等，等韻門法就屬於這方面的內容；二是涉及等呼、反切，以及語音分析等，實際上相當於中國古代的語音學研究，其中不乏真知灼見。

等韻是等韻學裏分析漢字字音結構的一種方法。有廣狹兩個意義，廣義指等呼、七音、清濁、字母、反切等，狹義專指韻母的等呼。"等韻"有時也指等韻學和等韻圖。原來不叫"等韻"，而是叫"切韻"，等韻學原來叫"切韻學"。由此可見早期等韻學跟《切韻》音系的關係。"等"是等韻學的一個核心概念。將漢字字音列入上下不同的格子中，才能出現"等"，因此，先有等韻圖，然後才會形成等韻學。等韻圖，也叫"韻圖"，指古代音韻學家製作的表現歷代聲韻調配合關係的一種連續性圖表，一般每個小韻選一個代表字，填入相應的格子中，主要用來拼切一個字的讀音。

北宋沈括（1031—1095）《夢溪筆談》卷十五《藝文二》：

> 切韻之學，本出於西域……今切韻之法，先類其字，各歸其母。唇音、舌音各八，牙音、喉音各四，齒音十，半齒、半舌音二，凡三十六，分爲五音，天下之聲總於是矣。每聲復有四等，謂清、次清、濁、平也，如"顛、天、田、年""邦、脬、龐、厐"之類是

也，皆得之自然，非人爲之。如"幫"字横調之爲五音，"幫、當、剛、臧、央（文按：當爲'鴦'之訛字，《韻鏡》《七音略》此位皆作'鴦'，'鴦'當取《廣韻》烏郎切。下同。）"是也；（原注：幫，宮之清。當，商之清。剛，角之清。臧，徵之清。央（鴦），羽之清。）縱調之爲四等，"幫、滂、傍、茫"是也。（原注：幫，宮之清。滂，宮之次清。傍，宮之濁。茫，宮之不清不濁。）就本音本等，調之爲四聲，"幫、髈、傍（文按：當爲'謗'之訛字，'傍'是並母，非幫母。《韻鏡》《七音略》此位皆作'謗'。《夢溪筆談》有的本子作'謗'，《集韻》補曠切小韻首字正作'謗'。）、博"是也。（原注：幫，宮清之平。髈，宮清之上。傍（謗），宮清之去。博，宮清之入。）四等之聲，多有聲無字者，如"封、峰、逢"止有三字，"邕、胸"，止有兩字，"竦，火，欲，以（文按：'火'肯定是訛字。可能'火、以'都是《韻鏡》《七音略》第二圖的訛字。）"，皆止有一字。五音亦然，'滂、湯、康、蒼'止有四字。四聲則有無聲亦有無字者，如"蕭"字、"肴"字，全韻皆無入聲。此皆聲之類也。

　　所謂切韻者，上字爲切，下字爲韻。切須歸本母，韻須歸本等。切歸本母，謂之音和，如'德紅'爲'東'之類，'德'與'東'同一母也。字有重中重、輕中輕。本等聲盡，泛入別等，謂之類隔。雖隔等，須以其類，謂脣與脣類，齒與齒類，如'武延'爲'綿'、'符兵'爲'平'之類是也。韻歸本等，如'冬'與'東'，字母皆屬端字，'冬'乃端字中第一等聲，故'都宗'切'宗'字第一等韻也，以其歸精字，故精徵音第一等聲；'東'字乃端字中第三（文按：'三'疑爲'一'之訛。）等聲，故'德紅'切'紅'字第三等韻也，以其歸匣字，故匣羽音第三等聲。又有互用借聲，類例頗多。大都自沈約爲四聲，音韻愈密。

　　然梵學則有華、竺之異，南渡之後又雜以吴音。故音韻厖駁，師法多門。至於所分五音，法亦不一。如樂家所用，則隨律命之，本無定音，常以濁者爲宮，稍清爲商，最清爲角，清濁不常爲徵、羽。切韻家則定以脣、齒、牙、舌、喉爲宮、商、角、徵、羽。其間又有半徵、半商者，如'來、日'二字是也，皆不論清濁。五行家則以韻類清濁參配，今五姓是也。

　　梵學則喉、牙、齒、舌、脣之外，又有折、攝二聲……爲法不同，各有理致。雖先王所不言，然不害有此理。歷世浸久，學者日深,自當造微耳。

　　沈括跟王安石同時,他談到當時已有"切韻之學",指出這門學問的來源跟梵文有關,也談到了該學問的一些內容,以及跟梵學的異同。顯然,他所謂的"切韻之學"就是我們所説的等韻學。他先講韻圖中的聲母,説"每聲復有四等"是指唇齒舌牙喉等各有全清、次清之類的發音方法,他稱爲"等",這是就"五音"的主要情況説的。然後談韻圖對"五音"以及每一音的聲母清濁安排,聲韻結合情況;比較華、梵字母異同,認爲"各有理致"。最後説梵文字母很早傳入我國,學者研究得逐步深入,達到精微程度,產生了"切韻之學"。像《夢溪筆談》這樣不是專門研究等韻學的著作,其中確有研究等韻學內容的部分,是值得重視的。

　　我國等韻圖的製作,應起源於唐朝。這門學問的出現,應以韻圖的出現爲標志。日本寬平時代(889—898)《日本見在書目》載《切韻圖》一卷。宋張麟之《韻鏡序例》:"有沙門神珙,號知音韻,嘗著《切韻圖》,載《玉篇》卷末。"今《玉篇》卷末有神珙《四聲五音九弄反紐圖》,可能就是張麟之説的《切韻圖》。據張麟之《序》,《韻鏡》一度更名《韻鑒》,是爲了避宋翼祖諱而改,翼祖是宋太祖趙匡胤給他祖父趙敬追封的尊號,"鏡""敬"同音,於是改爲《韻鑒》;《韻鏡》的韻目排序跟宋代《廣韻》《集韻》有差異,韻目用字跟《廣韻》不全同而同於唐五代韻書,所列字跟《廣韻》小韻首字也不全同,可見《韻鏡》是宋代以前產生的韻圖,至晚五代已出現。敦煌寫本《守溫韻學殘卷》裏面談到的不少內容都是韻圖產生以後才會出現的話題,裏面涉及相當多等韻門法的內容,這進一步説明,伴隨着韻圖的編寫,等韻門法等方面的理論研究也興起了。

　　現存韻圖以《韻鏡》和《七音略》爲最早。《韻鏡》作者不詳。它以七音爲經,206韻爲緯,展現中古聲、韻、調相配的格局。全書列43圖,據韻攝的觀念將206韻納入十六攝排圖,不同攝不同圖,同攝中不同開合也不同圖。每圖依攝爲整體單位確定"轉",按開合定一圖的呼,在每圖最右的一欄注明轉、圖序、開合,例如第一圖"內轉第一開"等。每圖的橫軸將聲母歸爲七音,每一音據清濁各分爲若干類，一般是四類；最上一欄是對七音及其下位區分的標目。七音包括三十六字母，但《韻鏡》沒有寫出字母的名稱，而是以"七音"和"清濁"的概念來定位。七音從右到左，順次是：唇音幫滂並明（三等合口有部分字是非敷奉微），舌音有舌頭音端透定泥和舌上音知徹澄娘，端組分別排在一等和四等，知組排在二三等。牙音見溪群疑，齒音有三組排列《切韻》音系的聲母：精清從心邪，排在一四等；莊初崇生俟，排在二等；章昌船書禪，排在三等。喉音有影曉匣，于母和餘母，于母排三等，餘母排四等。舌齒音先排來母，再排日母。

縱軸依 206 韻按四聲相承安排，畫出四個大格子，代表平、上、去、入，便於安排相承各韻，又在最左一欄按聲調順序標識各韻；四大格子內部，又畫四小格子，這就是大家所說的四等。這樣縱橫交錯，畫出網狀型的聲、韻、調配合的虛格，往裏頭填字，所填的字取韻書中小韻的開頭一個字；如果某個位子沒有字可填，就畫一個圓圈。

《韻鏡》前面所列張麟之的《序》和《韻鏡序例》都是對等韻理論進行探討的內容。《韻鏡》在編寫和傳抄過程中出現了一些錯訛，王力先生《漢語音韻》做過些校勘，但是不全。李新魁有《韻鏡校證》，很有參考價值。楊軍有《韻鏡校箋》，後出轉精。關於《韻鏡》編排上的一些理由，我們後面還要詳細探討。

《七音略》是南宋鄭樵（1104—1162）依《七音韻鑒》修訂而成的韻圖。在韻圖前，鄭樵寫了《諧聲制字六圖》《正聲協聲同諧圖》《聲音俱諧圖》《音諧聲不諧圖》《一聲諧二音圖》《一音諧二聲圖》《一音諧三聲圖》。《七音略》也是 43 圖，編製體例跟《韻鏡》差不多，不過每圖在最右一欄除注明是"內轉"還是"外轉"以及圖次外，下面還寫上"平、上、去、入"，跟最左倒數第二欄的韻目字對應起來。橫列七音，但是首欄直接寫上三十六字母的名稱，名稱下注明"宮商角徵羽"，跟"七音"相配，顯示哪些聲母屬於七音的一類，哪些是另一類，分別對應於下面豎行各韻的字。每圖最後一欄，注明"重中重、重中輕"等，凡是開口，"重"字在前；凡是合口，"輕"字在前。韻次的排列跟《韻鏡》和《廣韻》都大同小異，不同在於將咸攝擺到陽唐韻之前；曾攝擺在 43 圖的最後，跟《韻鏡》相同，跟《廣韻》不同。看來，《七音略》和《韻鏡》都本於 206 韻的韻書，但是所採的具體韻書不同。《七音略》跟《韻鏡》在注明開合、內外轉方面小有不同,具體字的歸等方面互有正訛,可以互校。

宋代和尚很重視等韻研究。鄭樵《七音序》:"釋氏以參禪爲大悟,以通音爲小悟。"宋元時期,等韻學的書應該出了不少。主要有:舊題司馬光《切韻指掌圖》,可能是南宋作品,王力先生《漢語音韻》做過其中第七、八兩圖的校勘;佚名《四聲等子》,據唐作藩《〈四聲等子〉研究》,"它的成書可能在元代";元劉鑒《經史正音切韻指南》(1336)。這些韻圖主體還是反映《切韻》系韻書的,但或多或少折射出時音,對研究語音史都有價值。它們大多有等韻理論研究的内容,這種內容在其他一些等韻學著作中也有,例如南宋盧宗邁《切韻法》,遼金時期的《解釋謌義》等,具有語音學和語音史等方面的價值。北宋邵雍(1011—1077)《皇極經世書·聲音唱和圖》是根據邵氏象數易學的思想設計的一種表格,類似於韻圖,但反映宋代語音現象,後來祝泌的《起數訣》(1241)進一步用韻圖的形式闡發邵雍的書,反映了《廣韻》一系的語音系統。宋元時期不少韻圖今天失傳了,例如楊中修有《切韻類例》,僧宗彦有《四聲等第圖》等。

明清時期,等韻著作十分盛行,例如明末金尼閣(Nicolas Trigault)有《西儒耳目資》(1626),清潘耒有《類音》,李汝珍有《李氏音鑒》,勞乃宣有《等韻一得》(1883)等。這跟當時的學術風尚有關。清劉獻廷《廣陽雜記》卷三:

虛谷大師,本無錫秦氏,其祖爲長沙太守,遂流寓衡山,宗族間已久不通音問矣……嘗受等韻之學於語拙韻主。韻主真定鉅鹿縣人,爲黄山第二代教授師。當明中葉,等韻之學盛行於世,北京衍法、五臺,西蜀峨眉,中州伏牛,南海普陀,皆有韻主和尚,純以唱韻開悟學者。學者目參禪爲大悟門,等韻爲小悟門。而徽州黄山普門和尚,尤爲諸方之推重。語拙師幼不識字,年三十矣,入黄山充火頭,寒暑一衲,行住坐臥,惟唱等韻,如是者六年。一旦豁然而悟,凡藏典繙繹,無留難者,遂爲第二代韻主教授師。歲在丁卯,傳法南來,五臺顓愚和尚甚器重之。桂王(文按:應該指明神宗第七子朱常瀛)聞其名,延入藩府,執弟子禮，學等韻。後養於南嶽以終老焉。虛谷師嘗從之學，深有所得，受付屬，迄今五十年矣。嘗抱人琴俱亡之懼，逢人即詔之學韻，聞余至，甚喜。予於聲音之道，別有所窺，自謂頗竊造化之奧，百世而不惑。然於等韻必殷殷訪問者，則以唐宋元明以來諸書，切脚咸宗等韻，苟於門法稍有齟齬，則不能得字；而未經唱誦，則聲韻不真。三四十年以來，此道絕傳久矣。間有一二人留心此事者，未經師承口授，終屬模糊，不足學也。大師始遇予於康甲夫家，爲余唱誦《通釋》一過，梵音哀雅，令人樂聞，確有指授，非杜撰也。余既願學，大師復不吝教，留彼數日，而等韻之事畢矣。

王力先生《中國語言學史》第二章《韻書爲主的時期》說："韻圖有三派：第一派是把字音分爲二呼，每呼四等，按《切韻》的韻部分爲四十三圖，《韻鏡》和《七音略》屬於這一派；第二派也是把字音分爲二呼，每呼四等，但是把《切韻》的韻部合併爲二十圖或二十四圖，《四聲等子》《切韻指掌圖》和《切韻指南》屬於這一派；第三派是把字音分爲四呼而不分等，梅膺祚《字彙》後面所附的《韻法直圖》和《韻法橫圖》、《康熙字典》前面所附的《字母切韻要法》、潘耒的《類音》屬於這一派。"明清時期的等韻書，研究的內容比早期豐富，它利用韻圖形式研究了上古音、中古音、近古和近代音，探討了語音學上相當多的問題，來華的一些外國學者也編纂出了韻圖，形成繁榮的局面。當時的韻圖可能有二百來種。（參看耿振生《明清等韻學通論》，最近有周賽華《近代等韻圖新探》即將出版。）

爲了將漢語語音史研究得更清楚，發展語音學，我們必須重視歷代等韻學的成果，無論是研究音類還是音值，都必須要繼承這份寶貴遺產。可以說，許多關鍵問題，如果不鑽研等韻學，就不可能解決，前面所講《廣韻》韻類的分析就是最好的例證。本書研究韻圖和等韻學，主要是爲了了解中古音系，所以重點講授《韻鏡》。

第二節　影響《韻鏡》每圖內部編排的因素

就研究目標說，弄清楚中古的聲、韻、調系統還不夠，還要了解聲、韻、調的配合，才能説掌握了中古的語音系統。因此，《廣韻》聲、韻、調配合表的製作是中古音研究的一項重要内容。

前面提到，現存最早韻圖《韻鏡》《七音略》都是反映《切韻》音系中 206 韻這種分韻系統韻書的語音拼合情況的，跟《廣韻》分韻相同。《韻鏡》成書應早於《廣韻》，所以它的韻目排序跟《廣韻》略有不同，列字跟《廣韻》首字不完全吻合。

《韻鏡》《七音略》是展現 206 韻分韻系統的一種連續性聲、韻、調配合表。這種連續性聲、韻、調配合表的出現，是爲了給使用反切拼合讀音的人提供方便，跟我們現在的研究語音史的目標不完全相同，因此這種圖表有它們的製作規矩，跟今天聲、韻、調配合表製作的規矩理應不完全一樣。

大家經常談到，韻圖裏面有所謂"假二等、假四等"等名目，應該跟韻圖的製作規矩有關。我們現在根據前面得到的《廣韻》音類的知識，不完全按照《韻鏡》《七音略》的規矩來，而是根據實際語音狀況，嘗試製作聲、韻、調配合表，更爲客觀地反映中古聲、韻、調的配合格局；以此對比，我們可以研究《韻鏡》《七音略》在製作過程中，除了反映《切韻》音系，還有哪些因素左右了這種韻圖的製作。下面以東韻與我們所作的配合表（孫建航幫助製表）的比較爲例來看這個問題。

	日	來	餘	匣	曉	影	俟	山	崇	初	莊	禪	書	船	昌	章	邪	心	從	清	精	疑	群	溪	見	娘	澄	徹	知	泥	定	透	端	明	並	滂	幫
東		籠	洪	烘	翁													檧	叢	怱	葼	峨		空	公						同	通	東	蒙	蓬		
	戎	隆	融	雄					崇					充	終			嵩					窮	穹	弓		蟲	忡	中						馮	豐	風
董		曨		澒	嗊	蓊													鰦		總			孔							動	侗	董	蠓	琫		琫
送		弄		哄	烘	瓮												送	鏉	認	糉			控	貢						洞	痛	涷	幪			
											趰			剿					銃	眾							仲	中			雺	鳳		賵	覂	
屋		禄		縠	縠	屋												速	族	瘯	鏃			哭	穀						獨	秃	穀	木	暴	扑	卜
	肉	六	育		蓄	郁			縮		㑲	熟	叔		俶	粥		肅	㪗	魗	蹙		驧	麴	菊	朒	逐	蓄	竹					目	伏	蝮	福

	齒音 舌 清清 濁濁	音 清濁	喉 清	清	音 濁	齒 次清	清	音 濁	牙 次清	清	音 濁	舌 次清	清	音 濁	唇 次清	清	內轉第一開
東	○籠 ○戎 ○○	○隆 ○融	○洪 ○胧	烘雄	翁○	叢崇○	怱充萬	變終	○○○	空穹	公弓	同蟲	通仲	東中	蒙	蓬豐	風
董	○曨 ○○	○○	○懂	嗊	翁	總	○○	○○	○孔	孔	○	動	桶	董	蠓	琫	琫
送	○弄 ○○	○○	閧烘	甕	送諷	蹤	趙	鏦	○控	控	貢	洞仲	痛中	凍鳳	夢	賵	諷
屋	○禄 肉六	○育	○縮	熇	屋	速族	鐴	鏃	○哭	哭	穀	獨逐	秃畜	穀竹	木目	暴伏	扑福

通過上面的對照,再結合整部《韻鏡》的處理情況,可以看出制約《韻鏡》每圖排圖的因素主要有四個:

1.《切韻》系韻書對《韻鏡》的製作具有最大的制約作用。《韻鏡》要反映《切韻》系韻書的聲、韻、調配合系統,它列出的剛好是206韻,跟《廣韻》反映的《切韻》系韻書是同類的分韻格局,但不是依據《廣韻》,因為《韻鏡》對206韻的排列,蒸、登兩韻不是排到耕、青之後,尤、侯、幽之前;而是排到所有平聲韻的最後,相配的上、去、入亦然。這既反映了《廣韻》分韻不是陳彭年等人的首創,也反映了《韻鏡》和《廣韻》都來自原來的一種分為206韻的《切韻》系韻書。可以說,沒有《切韻》系的這種206韻的韻書,就不可能產生《韻鏡》。因此,206韻分韻體系的韻書對《韻鏡》具有最大的制約作用。這張"內轉第一開"圖正是反映《切韻》系韻書"東、董、送、屋"相承的聲、韻、調配合格局的。

有的音類,唐代已相混,但《韻鏡》《七音略》仍分開,這顯然是為了反映《切韻》音系的聲母類別及分韻。例如于母和餘母已合併為一個喻母,但《韻鏡》仍然將兩母分開,作不同排列。再如唐代李涪《刊誤》已指出東冬二韻已混,那麼東一和冬韻的讀音已沒有分別，但《韻鏡》將二韻分開。

有的音類，即使小韻極少，但它在《切韻》中獨立存在，《韻鏡》也表現出來。例如俟母，據研究，只有"漦"和"俟"兩個小韻用到。但《韻鏡》收了"俟"，放在齒音莊組的最後一格，沒有併入崇母；"漦"《韻鏡》沒有收，但是《七音略》在相應的之韻的莊組最後一格收錄了，也沒有併入崇母。這個聲母在唐五代時期，可能已經在相當多方言中消失了，但《韻鏡》《七音略》都反映出來，應該是爲了反映《切韻》音系。

《韻鏡》對於一等韻、真正的二等韻、四等韻，以及相當一部分三等韻，都是根據《切韻》音系的實際情況安排等列位置的，這是《切韻》音系對《韻鏡》排字的最有制約作用的一種表現形式。除了個別情況，整部《韻鏡》，無論怎樣調整，基本上都是圍繞着這個根本任務展開的。因此，系聯《廣韻》時，有時候必須用到《韻鏡》《七音略》，道理就在這裏。

2. 各類聲母"五音"之間，各類不同等的韻之間，要達到勻稱、協調的要求，這對《韻鏡》排圖具有制約作用。例如，董韻只有一類韻基，《韻鏡》只占居一等的位置，這很好懂。東、送、屋有兩類韻基，這在系聯之後非常容易知道。對比一下《廣韻》系聯結果可知，東、送、屋三韻排在一等的是同一類韻基，這個也很好懂；可是排在韻圖二、三、四等的，在系聯中本屬同一類韻基，《韻鏡》爲什麼不將它們都排在同一個等第中，也就是都排在三等韻，而要分別排在二、三、四三個不同等第的格子中呢？排在二、四等的，在聲母那裏，都是齒音，以及喉音的喻母那一欄。

我們知道，《切韻》音系中齒音有三組：精組、莊組、章組，它們可以拼相同的韻基而形成對立，所以是不同的音位，是不同的聲母。要想將跟這些聲母相拼的東、送、屋的第二類韻基都排到三等一欄，就不能將所有的齒音聲母擠在同一個"齒音"的格子下，得將齒音分成三個大格子。爲什麼沒有分成三個大格子呢？原因是：這是《韻鏡》排列"脣音、舌音、牙音、齒音、喉音"這"五音"結構時追求勻稱性的要求。本來，"脣音、舌音、牙音、喉音"這四類內部的不同聲母都各占四個小格子，齒音多占了一個，成了五個小格子，比其他四類多了一格。多占一格,是沒有辦法的事,因爲莊組可以有莊、初、崇、山、俟五個,俟母只有兩個小韻,可以犧牲掉;但是精組有精、清、從、心、邪五個,章組有章、昌、船、書、禪五個,一個也不能去掉,所以必須占居五個小格子。齒音占了五個小格子,如果再將它們分成三類大格子,那麼齒音跟脣音、舌音、牙音、喉音之間就太不協調了,於是就讓三組齒音聲母擠在一個大格子之下。

這樣一來,三組齒音也要有一種統籌安排。如何統籌安排?就是要讓人知道,哪些是莊組,哪些是章組,哪些是精組。安排的結果是:讓莊組排在二等,章組排在三等,精組排在四等。章組排在三等,這是注意到章組只跟三等韻相拼。莊組本來是拼二三等韻,莊組三等排在二等,就形成了"假二等"。而且剛好,當莊組三等有字時,二等往往沒有字,將本屬三等的莊組排在二等,不至於有大衝突。精組本來是拼一三四等韻,一般不拼二等韻,所以不能排在二等。將本屬三等的精組排在四等時,四等往往沒有真正的精組字,也不至於跟真正的精組四等字有大衝突,於是這些本屬三等排到四等的精組字,就形成了"假四等"。"假二等"之名,已見於《四聲等子》,跟"真二等"相對。

莊組除了拼三等,還跟真正的二等韻相拼,例如江韻,只拼二等韻,大家去看一下,莊組裏面有字,這是真正的二等。所以排在齒音這個大格子裏面的莊組字,有真二等,有假二等。怎麼區別呢?不能光看齒音這個格子,可以去看脣音、舌音、半舌、半齒音。如果這些格子裏面二等有字,那麼排在齒音二等的莊組字是真二等;如果沒有字,那麼排在齒音二等的莊組字是假二等。

精清從心組除了拼三等,還跟真正的四等韻相拼,例如青韻,只拼四等韻,精組裏面也有字,這是真正的四等。所以排在齒音這個大格子裏面的精組字,有真四等,有假四等。怎麼區別呢?仍然是不能光看齒音這個格子,可以去看脣音(有重紐的韻除外)、舌音、半舌音。如果這些格子裏面四等有字,那麼排在齒音四等的精組字是真四等;如果沒有字,那麼排在齒音四等的精組字是假四等。

由於韻圖讓齒音字只占一個大格子,將三組不同的齒音聲母擠在一個"齒音"的大格子中，導致了"假二等"和"假四等"。

事實上，喻四（餘母）也是"假四等"，真三等。一般情況下，喻四只拼三等，只有個別例外。例如"藒"字《廣韻》予割切，"藒、割"是一等，"予"喻四，因爲喻四在韻圖中不拼一等，所以"藒"在《韻鏡》中就沒有擺進去。

上面是就聲母方面而言。就韻分四等而言，這也考慮了"五音"中每一類聲母多占四個小格子，爲了平衡，每一韻最多也占四個小格子，形成通常所説的"四等"。就韻系而言，韻母和聲母有相拼關係，哪些聲母能跟哪些韻母相拼，有時候有"等"的限制。韻書中一三等韻居多，而三等韻比一等韻還要多出十幾個；二四等韻較少，最少的是四等韻。這也是一種不勻稱、不平衡，韻圖編者爲了盡量做些平衡工作，將部分三等韻移到二等，從而形成"假二等"；更多的是移到四等，因爲四等的空位更多，於是形成"假四等"。

3. 製作韻圖時的實際語音對《韻鏡》的製作具有一定的制約作用。《切韻》音系中，于母歸匣母，餘母單獨成一個聲母。到製作《韻鏡》的時期，于母從匣母分離出來，跟餘母混併爲一個喻母。韻圖既要反映《切韻》音系，又受制於當時聲母的變化，爲方便當時人拼出反切讀音，只好採取調和的辦法，一方面不將于母歸到匣母的第三等，將它跟餘母聯繫起來；另一方面又要表現于母、餘母有別，於是將于母擺在三等，將餘母擺在四等。餘母只拼三等韻，不拼四等韻，於是所有的喻四（即餘母）都是"假四等"。至於當初爲什麼要將于母擺在三等，餘母擺在四等，恐怕只是編韻圖時的一種權宜性處理，沒有什麼道理可言。也許餘母小韻遠多於于母，韻圖編者想盡量不讓三等太擁擠，就將餘母排在四等。

東韻"雄"字擺在喉音的匣母三等的位置。按道理，"雄"是于母，應該擺在喻三（即于母）的空格當中去。爲什麼要擺在匣母三等的位置呢？這是因爲當于母從匣母分化出來時，"雄"小韻的讀音發生了例外，保留了匣母的讀音。爲了好拼出"雄"小韻讀音，韻圖就沒有讓"雄"小韻擺在于母的位置，而是擺在匣母三等，這也是實際語音對《韻鏡》列圖的制約作用的一種表現。《龍龕手鏡·佳部》"雄"注音"兮弓反"，《集韻》東韻將"雄"的反切注爲"胡弓切"，反映了保留匣母讀法的事實。

前面講到,韻圖將本來拼三等韻的莊組排到二等,精組排到四等。但是沒有解釋韻圖爲什麼沒有反過來,將精組排到二等,將莊組排到四等。二等韻是沒有 i 介音的韻,韻圖之所以將拼三等的莊組排到二等,可能是因爲莊組拼三等時,在當時一些方言中已經丟失了 i 介音,或者 i 介音讀得很微弱了。四等在韻圖編寫時已經由 e 介音變成 i 介音了,編韻圖時,精組拼三等時,可能已經是 i 介音,跟四等的 i 介音相混。所以,由於受實際語音影響,又要表現《切韻》音系,就讓莊組排在二等,讓精組排在四等。

《韻鏡》中有的韻,本來是去聲,但是却寄放在有空位的入聲裏面,這可以叫"寄韻",跟等韻門法裏面的"寄韻"不同。內轉第九開、第十合,微尾未諸韻只有平上去,沒有入聲相配,於是將廢韻放到入聲欄,注明"去聲寄此";外轉第十三開、第十四合皆駭怪只有平上去,沒有入聲相配,於是將夬韻放在入聲欄,注明"去聲寄此"。實際上,《切韻》音系陰聲韻不配入聲韻,所以《韻鏡》陰聲韻去聲下面的入聲一欄,都是空位。編者之所以將廢韻、夬韻分別放到微系、皆系下面空位的入聲一欄,顯然是因爲當時一些方言中,廢韻跟未韻已混,夬韻跟怪韻已混。《七音略》中,廢韻既寄附在微韻的入聲一欄,又寄附在佳韻入聲一欄,但主要寄附在佳韻這裏,可能也有另外的方言實際音值的考慮。唐代不空和尚的對音,廢韻的"吠"對 ve、vai,"廢"對 ve,微韻的"微"對 vi、vy,尾韻的"尾"對 vai、vi、ve、vy、bhy,二韻主元音不同。(參看劉廣和《不空譯咒梵漢對音研究》)當然,不空的對音比《韻鏡》《七音略》的時代早一點。

如果嚴格地按照《切韻》音系來排字,韻圖安排四等的格局還是不夠的。重紐實際上是兩類三等韻,排在四等的其實也是一種"假四等",只不過人們習慣上將重紐作另外的分析,沒有將它們叫作"假四等"而已。韻圖如果安排五個等來排字,就完全可以不做其他考慮,將《切韻》音系非常合理地排進韻圖中。之所以將重紐兩類中的一類排進四等,可能是因爲這部分重紐韻在當時的許多方言中跟四等韻已經混同了。這些都有待於作進一步研究。

儘管韻圖排圖時會受到實際語音的一些制約,但是反映 206 韻的音系是主要的，所以切莫誇大這種制約，以爲晚唐五代實際語音對《韻鏡》《七音略》的安排有決定性影響。

4. 韻圖製作時求簡的要求也對《韻鏡》的製作具有一定的制約作用。上面已經説到，韻圖最多分成四個等，這不是天經地義的事。我們知道，重紐可以包括兩個等，但是有重紐的韻畢竟有限。之所以没有另外製一個等第的格子用來安排重紐四等，一方面固然是因爲當時重紐四等可能跟真正的四等韻相混，另一方面還是爲了節省篇幅，只要達到能讓人正確拼出反切讀音的目的就可以，因此不免做點變通處理。重紐之外其他各韻，《切韻》分韻時，一個韻最多包括兩個等，三等韻特別多。爲了節約篇幅，少留空位，可以將一些三等韻或者三等韻類置放到有空位的二等或者四等，這樣就可以將一二三四等的空位都利用起來。例如處理東董送屋時，如果將齒音擠在一個大格子中，而不是按精組、莊組、章組分成三個大格子，讓精組占據一四等，莊組占據二等，章組占據三等，這樣能保證四等的位置没有空餘，都有小韻排進去。大家看一下，屋韻的齒音字正好將四個等都排滿了字。

《韻鏡》《七音略》實際上是根據聲母歸類爲唇音、舌音、牙音、齒音、喉音、半舌、半齒"七音"的格局去排列聲母的，《七音略》乾脆就叫"七音"。但是半舌音只有一個來母，半齒音只有一個日母，無法給它們分別製一個大格子，也没有必要，爲求簡起見，將來日兩母合在一起，安排在一個跟唇音、舌音、牙音、齒音、喉音平起平坐的大格子中，其實整個格子只有來日二母。

既然"半舌、半齒"可以另作安排，擠在一個大格子中，那麽三組齒音分成三個大格子也没有什麽不可以。《韻鏡》之所以將"齒音"擠在一個大格子中，除了求勻稱、協調，還有一個原因，就是盡量求簡。

寄韻的問題也體現了求簡的要求。上面説，將廢韻寄放到微系的入聲欄，將夬韻寄放到皆系的入聲欄，受到時音影響。這只是問題的一個方面。從忠實地反映《切韻》音系的角度説，夬廢二韻没有相配的平上入聲，可以另外製圖。《韻鏡》之所以没有另外製圖，那顯然還是爲了求簡。

爲了求簡，《韻鏡》對個別韻的安排比較亂。例如尤侯幽都擠進一個圖中，反映了當時尤幽已混。尤幽都是三等韻，爲節省篇幅，顯示《切韻》音系尤幽有別，只好讓幽韻排在四等，幽韻的小韻少於尤韻，就讓尤韻位列三等。但是具體字的排列，又打亂了這個安排。許多排在四等的字不是幽韻字，而是尤韻字。例如脣音"颷（pōu）"是尤韻字，可能是尤韻重紐四等；牙音"怵（qiū）"，齒音"啾、秋"等全部 5 個字，喉音的"由"字，都是尤韻字，都排在四等。上去聲亦然。碰到這種情況，讀者一定要核查《廣韻》，不能僅僅根據《韻鏡》韻目字的位置去推定小韻的韻屬。另一方面，一些字本應擺進幽韻的格子，由於四等的不少位置都被尤韻占據了，幽韻字沒法擠進去，只好捨棄。像幽韻"樛（jiū）"子幽切，它該擺的位置有尤韻的"啾"，"樛"就不擺進來。同樣地，尤幽二韻都跟莊組相拼，由於"假二等"的位置被尤韻占領了，幽韻的"溲（sōu）"是山幽切，也就沒有辦法擺進去了。

我們說，當科學性和求簡的要求發生衝突時，《韻鏡》有時候太重視實用的目的，一味求簡，犧牲一點科學性。這種情況還有一些。《韻鏡》分爲四十三個連續性圖表，有些聲母或韻基擠到同一張圖表中，難免擺了這個小韻，擺不了另外的小韻，只好犧牲掉一個。韻圖的編者顯然是知道會犧牲掉一些小韻的，但是由於不影響將某字的字音拼切出來，因此，在他們看來，有的小韻不放到韻圖裏面去，只要能夠將它們拼出實際讀音來，犧牲掉幾個小韻沒有什麼問題。《韻鏡》前面的《橫呼韻》可算一種等韻門法，就是闡明這種切上字音的道理的。例如《廣韻》馬韻"鮓（都賈切，zhǎ）"和"縸（竹下切，zhǎ）"對立，《韻鏡》讓"鮓"占據了二等的位置，於是"縸"只好放棄。或者打破原來的聲、韻相配的格局，作權宜性的處理。例如至韻"地（徒四切）"和"緻（直利切）"都是三等韻的對立，爲了將這種對立反映出來，只好將"地"排到四等，"地"的切上字"徒"是定母。職韻"陟（竹力切）"和"鄧（丁力切，zhì）"都是三等韻的對立，爲了將這種對立反映出來，只好將"鄧"排到四等，"鄧"的切上字"丁"是端母。不過，這種情況不是太多，剛好四等是容納端組的位置。

關於《韻鏡》列圖時有求簡的要求，我們在分析 206 韻排爲四十三圖時還會從這個角度去分析。

我們在利用韻圖研究《切韻》音系時，必須重視這種現象，對於具體字的韻屬應該去查對《廣韻》，不能僅僅根據韻圖做出誤判。我們看到，影響《韻鏡》每圖的排圖的因素是多方面的，決不能僅僅歸結爲反映時音。

第三節 《韻鏡》對 206 韻的編排

爲什麼將 206 韻歸結爲四十三圖呢？《韻鏡》反映的是 206 韻，這由將每一圖左側所列各韻加起來的總和就可以看出來。它將 206 韻歸結爲十六攝，但沒有十六攝的名稱，元劉鑒《經史正音切韻指南》把《廣韻》二百零六韻明確地歸併爲十六攝，在每圖右欄上角注上"通攝、江攝"等字樣，圖後《門法玉鑰匙》裏還討論了十六攝。但是《韻鏡》有十六攝的觀念。爲什麼這麼説呢？這可以從兩個方面來證明：

一是要從"内轉"和"外轉"術語的外延來看。《韻鏡》每圖都列了"内轉"或"外轉"的字樣，都是以三等韻爲立足點，跟齒音有絶大關係。這可能受了梵文拼音原理的影響。梵文中，悉曇章共十八章，第一章初章是輔音和元音字母相拼，比如 ka、kā 等。第二章是在輔音和元音字母中間加介音 i（轉寫爲 y），比如 kya kyā 等。悉曇章如果是從第一章順着轉，下一章就是 kya kyā 等，這是向内轉；如果是從第二章返回第一章，就是倒轉，這是外轉。切語上字三等韻爲一類，一二四等韻爲一類，三等韻與各聲母相拼，相當於次章，一二四等韻和各聲母相拼，相當於首章，韻圖的每一轉含有三等韻和其他等的，都像是悉曇初章和次章結合。悉曇章第五章是下加 v (u)，比如 kva、kvā，像合口圖的模型。

中古莊組聲母拼三等韻有 i 介音，拼二等韻無 i 介音，這也是基本事實。就莊組來説，凡是莊組有真正二等韻的韻攝就是外轉，没有真正二等韻的韻攝就是内轉。以韻攝爲一個整體單位，凡没有真正的二等韻的韻攝叫作内轉，其中通、止、遇、果、宕、曾、流、深八攝爲内轉。凡有真正的二等韻的韻攝叫作外轉，其中江、臻、山、梗、假、效、蟹、咸八攝爲外轉。

請注意："內轉"和"外轉"都是以韻攝爲一個整體單位，而不是以韻爲整體單位。例如"內轉第四開合（'合'字當爲誤衍）""內轉第六開""內轉第七合""內轉第八開"二等都有字，如果"內轉"或"外轉"是指一張韻圖有無二等韻的話，那麼這張幾圖應該算外轉。爲什麼不算呢？因爲這些韻系屬於止攝，止攝都是三等韻，沒有真正的二等韻，所以即使第四、六、七、八圖都有二等字，也要歸"內轉"。"內轉第九開"和"內轉第十合"微尾未屬於止攝，二等沒有字，歸"內轉"。只是在"入聲"那一欄受時音影響，同時也想節省篇幅，將蟹攝的廢韻"寄此"，廢韻既屬蟹攝，蟹攝屬"外轉"，但是由於廢韻是寄在入聲的韻，所以不算打破規則。

再如"外轉第十九開"的欣隱焮迄和"外轉第二十合"的文吻問物都沒有二等韻，如果"內轉"或"外轉"是指一張韻圖有無二等韻的話，那麼這張圖應該算內轉。爲什麼不算呢？因爲欣韻系、文韻系屬於臻攝，這一攝有二等韻，韻圖編者將臻韻處理爲二等，可能是臻韻較早丟失了i介音；所以即使這兩圖沒有二等字，也要歸"外轉"。

二是從各等的空位來看。我們注意到，《韻鏡》有的圖四等擠得滿滿的，有的有空位，而且空位不少。之所以出現這種情形，是因爲"攝"的觀念在起作用。例如江攝只有江講絳覺四韻，都是二等字，一三四都空起來了。如果不是按照韻攝爲單位排圖的話，完全可以拉幾個其他有一四等的字的韻來排，甚至可以拉上用不着在二等排字的三等韻的字來將空填滿。爲什麼沒有呢？因爲那些韻不屬江攝。再如祭韻是有開合、有重紐的韻，但它屬蟹攝，跟屬止攝的支脂讀音相差較遠，所以沒有寄托在它們空下來的入聲欄裏面排字。支脂之微四韻系一等的位置都空下來了，之所以沒有讓別的一等韻填入一等的位置，那是因爲它們不同攝。遇攝魚韻系一等的位置都空下來了，之所以沒有讓別的讀開口的一等韻填入一等的位置，那是因爲它們不同攝。

《韻鏡》分爲四十三圖並不是天經地義的，它本該多出幾個圖，但是它將列圖整合到最精簡的地步，甚至還有削足適履的地方，但是不同攝的字不相雜越。

通攝：一共有兩圖。通攝有東冬鍾三韻系，東韻四個等都占滿了，冬鍾可以併成一個圖，而且唐以來規定冬鍾同用。因此，通攝至少要占兩個圖。

江攝：一共一圖。只有江韻系，必須獨占一圖。

止攝：一共有七圖。支脂之微四韻系都是三等字，支脂微三韻系都有開有合，各占兩圖，爲節省篇幅，讓蟹攝廢韻寄托在微韻系下面空起來的入聲欄，沒有新增一圖；之韻系只有開口，但要占一個圖。因此，止攝占了七個圖。

遇攝：一共有兩圖。魚韻系是開口，必須占一個圖；虞模二韻系是合口，剛好可以共占一圖。因此，遇攝占兩圖。

蟹攝：一共有四圖。灰咍都是一等，一開一合；皆韻二等、齊韻四等，各分開合；灰咍和皆齊剛好可以併成兩圖。平上聲三等的位置其實也沒有空出來，按照韻圖編者的看法，咍韻"𫢉"（tāo）《廣韻》昌來切，這是咍韻拼三等；它相配的上聲海韻"茝"（chǎi）《廣韻》昌紿（dài）切，是海韻拼三等，這兩個字都可以填進平上聲三等的空位上。將四等的位置留下來給齊韻系，還有個好處：日母一般只拼三等韻，但是齊韻的"𦦢"有"人兮切"一讀，是日母拼四等，《韻鏡》編者注意到這種現象，打破慣例，列入日母四等的位置。

這樣一來，三等去聲的位置空下來了，祭韻有三類韻基，是有重紐的韻，可以讓三等的一類分別占據三等的位置，這樣四等就填滿了。由於祭韻拼精組和餘母，而精組四等是霽韻的位置，於是只好將祭韻的精組字和餘母字挪到後面的四等韻當中去排。"外轉十六合"牙音那裏列了一個"灂（jì）"字，跟"外轉十三開"的"猘（jì）"字《廣韻》都是居例切，當删。爲了節省篇幅，韻圖編者又讓夬韻寄托到入聲的位置上。

佳韻跟皆韻都是二等，也有開有合，得另占兩圖。這樣，一三四等的位置空起來了，就讓同攝的泰韻開合二類占據一等。祭韻開口還有一類重紐韻，正好可以擺在四等的位置上。這樣，三等開合的位置上都空出來了，別的三等韻不屬於蟹攝，所以不能讓它們來補缺。

就蟹攝所占的四個圖看，祭韻的重紐兩類完全不必分拆在兩個圖裏面。之所以將開口分拆在十三、十五兩圖，而不是一起置於十五圖,可能折射了時音的變化,也有可能是韻圖作者在這裏想起了要先排真正的四等韻。

臻攝:一共有四圖。《韻鏡》《七音略》都將臻攝處理爲"外轉",這是因爲韻圖編者以爲臻韻是二等字,跟我們分析爲三等有所不同,可能是因爲臻韻只有莊組字,當時三等的 i 介音已經丟失了。魂痕都是一等,一開一合,自然占兩圖,臻韻占據二等的位置,真韻占據三等的位置,這樣第十七圖四等都占滿了。魂韻那一圖的空位正好可以安置諄韻。試觀察一下入聲欄,四等也是滿滿的。剩下的欣文二韻,都是三等,一開一合,只能占兩圖。

山攝:一共有四圖。刪山各有開合,都是二等,必占四圖。三等有元仙,仙四類,元兩類,按理可占六圖,但是《韻鏡》讓元和仙錯開,元韻系舌齒音沒有字,所以都排在三等,讓仙韻系排在四等的那些字跟元韻系的字排下去,三等的兩類另外排在三等,四等將先韻系的兩類排下去。這樣安排,已經是最簡了,再簡就反映不了《切韻》音系了。

寒桓兩韻系,按道理可以分別排在第二十一、二十二圖,但是却讓這兩圖的一等位置空下來,排到二十三、二十四圖,可能有晚唐五代時音值方面的考慮。

效攝:一共有兩圖。宵韻系有重紐,一類要排到四等,四等還有蕭韻系,必須占兩個圖。有意思的是,《韻鏡》將蕭韻系排在前面,跟豪肴宵(寫作"霄")一起排,排在四等的宵韻系另爲一圖,可能是要顯示蕭韻系是真正的四等韻,或者有不少放到四等的重紐都要另外排圖吧,所以將蕭韻系放到前面。

果攝:一共有兩圖。歌戈開合不同,所以必須排成兩圖。

假攝:一共有兩圖。麻韻系有開有合,所以必須排成兩圖。

宕攝:一共有兩圖。陽唐各有開有合,所以必須排成兩圖。

梗攝:一共有四圖。這一攝沒有一等字。二等有耕韻系,一開一合;庚韻系也有二等,一開一合,所以得排成四圖。三等有清韻系,相配的入聲有重紐,所以實有三類;還有庚韻系的三等,也有開合兩類。這麼多的重韻現象,還有四等的青韻系,在四個圖裏面很難擺下去。於是不免有削足適履的現象,例如三十四圖韻目是上庚下清，但是擺在三等的有"營"，清韻字；擺在四等的有"榮"，庚韻字，有點淩亂。在形式上看不出排在三等或四等的哪些是清韻系，哪些是庚韻系。

流攝：只有一圖。其實尤幽都是三等韻系，尤韻系有重紐，排作兩圖就好安排了。爲了在一個圖中排下去，韻圖將幽韻系處理爲四等，但是尤韻系的一些字還得排到四等，跟幽韻系一排，在形式上看不出排在四等的哪些是尤韻系，哪些是幽韻系。

深攝：只有一圖。此攝只有侵韻系，開口，容易排列。

咸攝：一共有三圖。此攝有凡韻系，合口；其他只有開口。所以凡韻系必須獨占一圖。開口三等有鹽韻系，有重紐，兩類；還有嚴韻系一類，按理可以排成三圖。《韻鏡》爲了節省篇幅，在三十九圖中三等排鹽韻系的一類，四等排添韻系；在四十圖中三等排嚴韻系，四等排鹽韻系的另一類，剛好排滿。即使這樣，也有處理不一的情況。例如一般都是將餘母排在于母之下，但是由於三十九圖四等排了添韻系，爲了不至於相混，於是將餘母的"鹽"字排到四十圖。

曾攝：一共有二圖。因爲此攝有開有合，所以必須排成兩圖。

由此可見，《韻鏡》排列206韻爲四十三圖，已經做到了最大限度地求簡，在求簡中反映《切韻》音系。這種求簡，是建立在韻圖編者對於《切韻》音系聲、韻、調系統精確了解基礎上，是在科學研究基礎上的求簡。《韻鏡》儘管沒有正式使用"十六攝"的叫名，但它是按照十六攝來排圖的。十六攝概念的出現，又是建立在唐五代實際語音的基礎之上的，折射了當時的語音信息。例如，按照《切韻》的排序，元韻系排在殷韻之後，魂韻之前，説明元韻跟這些韻讀音相近。可是在《韻鏡》中，元韻跟山攝字擺在一起。因此，《韻鏡》儘管反映206韻的分韻系統，但折射出了唐五代的語音信息。

第四節　《韻鏡》的編寫原則和體例

《韻鏡》的體例是指《韻鏡》的編寫格式。這些編寫格式一定是按照某種法則或標準確定下來的。根據上面的討論，我們可以將《韻鏡》《七音略》的編寫原則和體例總結爲以下八條：

一、依韻攝分轉。等韻圖中，一個音系中全部聲母和聲調，跟同開合的若干不同洪細的韻母相拼合，形成一個表格，叫"一轉"，所以四十三圖可以叫"四十三轉"。轉是按韻攝的不同確定的，同一韻攝的字共用一個"內轉"或"外轉"。宋佚名《四聲等子》"辨內外轉例"："內轉者，唇舌牙喉四音更無第二等字，唯齒音方具足。外轉者，五音四等都具足。"

傳統將 206 韻總括在十六攝之中，內轉、外轉各含八攝。內轉八攝：通、止、遇、果、宕、曾、流、深，都是沒有真正二等韻的韻攝。外轉八攝：江、蟹、臻、山、效、假、梗、咸，都是有真正二等韻的韻攝。

《韻鏡》沒有列十六攝的名稱，但它是按照十六攝分轉的。同內外轉的各攝可以分派到其中的一至四個圖中，同一個圖只能排同轉的攝，決不可能將不同轉的攝排在一個圖當中。只有止攝微尾未下面的入聲一欄排了蟹攝的廢韻，特地注明"去聲寄此"，這主要是爲了節省圖表，也反映了後起的音變現象。

二、依開合分圖。《韻鏡》嚴格地按照開合分圖排列，同一韻圖只能同開或同合，絕不可能將不同的開合排在同一個圖中。中古各韻在韻圖中的開合情況是：

（1）開合合韻：支脂微齊祭泰佳皆夬廢元刪山先仙麻陽唐庚耕清青蒸登。

（2）開合分韻：灰咍真諄欣文痕魂寒桓歌戈。

（3）開合不分（獨韻）：東冬鍾江之魚虞模臻蕭宵肴豪尤侯幽侵覃談鹽添咸銜嚴凡。

（1）中儘管同一個韻有開有合，但是不能按韻爲單位將不同開合的字排在同一個圖中，必須分作兩圖；（2）中所謂開合分韻，是後人認爲灰咍、真諄、欣文、魂痕、寒桓、歌戈這八對韻只有開合的不同，可能真諄的情況要複雜一點，不一定僅僅根據開合分韻。這些韻既然開合不同，《韻鏡》當然擺在不同的圖當中。（3）是所謂獨韻，不分開合。所謂不分開合，並不是指隨便可以讀成開口或合口，而是整個韻必須讀開口，或者必須讀合口。例如效攝字，只有開口，《韻鏡》將排在四等的宵小笑韻注成"合"，當依《七音略》處理爲開口。《韻鏡》中，同攝的獨韻字可以排在同一個韻圖當中。

三、依七音分類。七音指按聲母發音部位並結合發音方法所分的七種聲母類別，即喉音、舌音、齒音、唇音、牙音、半舌音、半齒音。半舌音只有來母，半齒音只有日母，在聲母數量上難以跟其他五音抗衡，《韻鏡》將它們合在一起，叫"舌齒音"。《韻鏡》原文作"舌音齒"，很不好懂，可能起先是"舌齒"二字在上面一欄，"音"字在這一欄排不下，於是下欄中間寫"音"字，再下面都有來、日二母的發音方法的"清濁"二字出現各一次，將發音部位和方法的定位排得滿滿的。後來排寫時將"音"字跟"舌、齒"二字排進一欄，排成了"舌音齒"。具體讀法可能是這樣的：來母是舌齒音，日母是齒舌音。宋張麟之《韻鏡序例》説："惟舌與齒遞有往來，不可主夫一。故舌中有帶齒聲，齒中而帶舌聲者，古人立'來、日'二母，各具半徵、半商，乃能全其秘。若'來'字則先舌後齒，謂之舌齒；'日'字則先齒後舌，謂之齒舌，所以分爲二，而通五音曰七。"明方以智《通雅》卷五十《切韻聲原》："舊云來字半舌齒，日字半齒舌。"

將來日二母單獨拎出來，歸半舌、半齒，可能也受到梵漢對音的影響，這個不容易説定，但是不失爲一個考慮的方面。從翻譯梵音角度看，幫組、端組、知組、見組、莊組、章組、精組、影曉匣于餘對應的梵文是大致明確的，對音有分歧，主要是由於音近替代。來母不一樣，《涅盤經》列的輔音字母中，在 ha 之後還有一個 la，曇無讖譯作"嗏"，法顯譯作"羅來雅反"，慧嚴等改治本譯作"羅"。早期還有用來母對 d 的，也許是 d>l。總之，來母至少可以規則地對 l、ḷ。日母由於方音或宗派的不同，有的對 ñ，有的對 j，也存在至少兩種對音。把來日單獨列成一類，並且用兩種性質的音來命名，或許有對音實踐的考慮。l、ḷ 都在舌音範圍，j 屬齒音範圍。

這七音，《韻鏡》的排序是：唇音、舌音、牙音、齒音、喉音、舌齒音。這應該是早期韻圖的一種排列方式，《七音略》也是如此。《七音略》是用宮商角徵羽來代表七音，唇音是羽，舌音是徵，牙音是角，齒音是商，喉音是宮，半舌音是半徵，半齒音是半商；張麟之《韻鏡序例》也是跟宮商角徵羽掛起鈎來。《韻鏡》《七音略》將三十六字母分別歸入七音當中。

具體各類，《韻鏡序例》跟一般叫名有同有異。不同的是，重唇音叫"唇音重",輕唇音叫"唇音輕";齒頭音的"心、邪"二母又叫"細齒頭音",正齒音的"審、禪"二母又叫"細正齒音";喉音的"影、喻"二母又叫"喉音二獨立","曉、匣"二母又叫"喉音雙飛"。

四、依聲母橫列。《韻鏡》結合《切韻》音系的三十六聲母和三十六字母,按照從右到左的順序排列各聲母。七音的前五音的排序,《韻鏡序例》叫"五音清濁"。

七音内部,有一到五個不同的具體聲母。如果每類是四個聲母,《韻鏡》一般先排"清",次排"次清",次排"濁",最後排"清濁",喉音由於"影"和"曉"都是全清,因此接連排兩個"清"。如果是五個聲母,則在第四個位次排"清",最後仍然排"濁"。來、日二母都是"清濁",那就没有清濁的排序問題了。

齒音聲母,《切韻》實有三類 15 個聲母,三十六字母中實有 10 個聲母,《韻鏡》擠在齒音一欄,既要顯示《切韻》音系的聲母類別,又要照顧齒音跟其他各類的勻稱、平衡,那就只能縱橫結合,一四等排精組,二等排莊組,三等排章組。這是縱向排列。三組聲母内部,又按聲母的順序從右到左依次橫向排列。

五、依四聲排韻。這也就是按照"四聲相承"的原則,縱向排列相承的不同聲調的各韻,先平,次上,次去,最後是入。陰聲韻由於不配入聲韻,所以陰聲韻各欄的入聲下面一般不排字。只有去聲廢韻、夬韻,爲節約篇幅起見,同時也受時音影響,排在入聲一欄中,都注明"去聲寄此"。

六、依洪細列等。中古韻圖的編者將《切韻》音系各韻納入一二三四等的韻母分析框架,這當然是有客觀依據的。就今天普通話與中古各等的對應關係可以看出這一點。例如凡是二三等韻普通話中一定没有讀 t、t'的,只有一四等韻讀 t、t';即使一四等韻讀 t、t',但是一等韻的開口韻後面不能帶 i 介音或主元音,只有四等韻的開口韻後面可以直接帶 i 介音或主元音。二三等韻,普通話也有分別。凡是二等韻,只有來自中古牙喉音而今天讀 tɕ、tɕ'、ɕ 或零聲母的聲母後面可以帶 i 介音,其他的聲母後面都没有 i 介音;三等韻的開口字,除了讀 tʂ、tʂ'、ʂ、ʐ 的後面不能帶 i,其他的各個聲母都必須帶 i 作介音或主元音。江永《音學辨微·辨等列》:"一等洪大,二等次大,三四皆細,而四尤細。"這符合韻圖的分等和排等。

結合韻圖,韻母可分爲六類(參看李榮《切韻音系》):

(1)占據一等位置的:泰灰咍痕魂寒桓歌戈(一等)唐登東(一等)冬模豪侯覃談。相拼的聲母最多有19個,分配到不同的韻就沒有那麼多:幫滂並明,端透定泥來,精清從心,見溪疑,影曉匣。

(2)完全列在二等韻的:夬佳皆刪山麻(二等)庚(二等)耕江肴銜咸。相拼的聲母最多也有19個:幫滂並明,知徹澄泥(娘)來,莊初崇山,見溪疑,影曉匣。

(3)完全列在三等韻的:微廢文欣元庚(三等)嚴凡。相拼的聲母最多有11個:幫滂並明,見溪群疑,影曉于。

(4)大多列在三等韻,只有齒音列在二四等、喻四列在四等的:之戈(三等)麻(三等)陽蒸清東(三等)鍾魚虞幽。相拼的聲母最多有33個:幫滂並明(非敷奉微),知徹澄泥(娘)來日,精清從心邪,莊初崇山俟,章昌船書禪,見溪群疑,影曉于餘。

(5)喉牙唇音字三四等有重紐的:支脂祭真諄臻仙宵尤侵鹽。相拼的聲母最多有32個:幫滂並明,知徹澄泥(娘)來日,精清從心邪,莊初崇山,章昌船書禪,見溪群疑,影曉于餘。

(6)完全列在四等的:齊先蕭青添。相拼的聲母最多有19個:幫滂並明,端透定泥來,精清從心,見溪疑,影曉匣。

當無法知道哪些韻是一等韻和四等韻時,可以結合它相拼的聲母和韻母的今普通話讀音來辨識,能解決大半問題:凡是一個韻類裏面有聲母讀 t、t' 的,基本上來自中古一四等韻(只有少數小韻例外),因此這個韻類不是一等,就是四等。如何區分一等韻類和四等韻類呢?可以這樣分析:凡是韻類裏面有聲母讀 t、t' 的,如果該韻類今天普通話裏面有主元音或介音出現 i 的,一定是中古的四等。凡是不出現 i 並且讀開口呼的,一定是中古的一等;至於讀合口呼的,可以根據同一個韻中不同開合韻類往往同等的規律歸等。例如齊韻開口符合歸四等的條件,但是合口不在上述條件之內,那麼合口也要歸四等。

將一四等排除出去之後,當我們無法知道剩下的韻類哪些韻是二等韻和三等韻時,也可以結合它相拼的聲母和韻母的今普通話讀音來辨識，能解決大半問題：凡是一個韻類裏面有聲母讀 tṣ、tṣʻ、ṣ 的，一定來自中古二三等韻，因此這個韻類不是二等，就是三等。如何區分二等韻類和三等韻類呢？可以這樣分析：凡是聲母裏有讀 f 的，一定是中古的三等韻；牙喉音聲母之外，其他聲母所拼韻母主元音或介音出現 i 或 y 的，也一定是中古的三等韻。至於有的二三等的具體歸等，有些可以根據同一個韻中不同開合韻類往往同等的規律歸等。有些韻類的歸等只能靠記憶了。

我們今天還可以根據這些辨識方式大致看出哪些韻類要排在一等、二等、三等、四等，古人更容易看出這一點。顯然，古人排等第時有洪細的觀念，一二三四等是按洪細來排圖的，江永之說很有根據。除了節省篇幅和追求勻稱、平衡的需要，以及個別聲母受制於時音等因素，《韻鏡》各等基本上是按照韻母的介音和主元音發音的洪細來安排的。

不同聲調的各韻基有相承關係，這種相承關係的排序，在平上去入裏面都要排在等第相同的格子裏面。《韻鏡序例》叫"四聲定位"："每韻直行平上去入聲，有字與圍相間各四，並分爲定位。如一東韻'蒙'字之類，位在第一下，三側聲亦在第一。"

七、依韻字填位。位，指韻圖某一位置在韻書中有字。《韻鏡》反映《切韻》系 206 韻的分韻系統，都是在每一個小方格子中填入一個字，被填入的字都是小韻首字，小韻首字多爲常用字，這樣做，也便於拼音。

八、依缺字列圍。《韻鏡》中遇到某個小方格子無字可填，就畫一個圓圈，《韻鏡序例》叫"列圍"："列圍之法，本以備足有聲無形與無聲無形也，有形有聲時或用焉。有聲無形，謂如一東韻舌音第一位橫轉，'東通同'字之後是也。若以音協之，則當繼以'農'字。爲一東韻無'農'字，故以圍足之〇無聲無形，但欲編應行數，如東字韻中脣音、牙音第二、第四位，與江字韻第一、第三、第四位之類是也。"

早期韻圖和等韻學理是理解和掌握中古音系的必要內容。要比較透徹地掌握早期韻圖和等韻學理，最穩妥的辦法是設定一個像《韻鏡》《七音略》那樣的表格，在《廣韻》系聯的基礎上，根據《韻鏡》《七音略》的編寫原則和體例，往裏面填字，加深理解和記憶。

遇到棘手的問題,可以參考等韻門法來填字;遇到重紐,必須要參考《韻鏡》《七音略》。

第五節　唐人語音分析的點滴材料

　　《韻鏡》成書距離《切韻》時代可能有三百年了。《韻鏡》的編者是怎樣知道《切韻》音系的聲、韻、調系統及其相互配合關係呢？史料不足,這裏做一些分析、推測,意在表明,《韻鏡》編者是有可能知道《切韻》的聲、韻、調及其配合關係,並編成韻圖的。

　　首先要説,唐代去南北朝後期未遠,那時的語音,無論是口語,還是書面語;是雅言,還是方言,比今天更多地遺存《切韻》時代的語音成分。這是毫無疑問的,也是我們今天研究《切韻》音系無法具有的客觀優勢。今天各地的方言,保留中古語音成分的仍有不少,唐代顯然更多。比方説,《顏氏家訓》説到北方人將魚虞兩個韻用混了,南方還保留了區別。這是隋代以前的事。但《太平廣記》卷二五八"侯思正"("正"有的書作"止")條引《御史臺記》:"唐侯思正……曰:'今斷屠殺,雞(古梨反)、魚(愚)、豬(誅)、驢(蔞)。俱(居)不得吃(苦敓反)。謂空吃米(弭)麪(滅之去聲),如(糯齊)何得飽？'"侯思正(？—693)是唐朝和武周年間酷吏。他本來是醴泉縣(今屬陝西咸陽,寫作"禮泉")的一個賣餅人,因告李元名謀反,得到武則天重用。他説一口的醴泉話,醴泉距長安也就百里多地。唐朝禁屠宰,侯思正没有肉吃,發泄不滿。他將"魚"讀成"愚","豬"讀成"誅","驢"讀成"蔞","俱"讀成"居";"雞"的韻基讀成"梨","吃"的韻基讀成"敓","米"讀成"弭","麪"讀成"滅"的去聲,被朝廷的人嘲笑。"魚、豬、驢、居"是魚韻,"愚、誅、蔞(《廣韻》有力朱切一讀)、俱"是虞韻,侯思正將魚虞二韻讀混了;"雞"是齊韻,"梨"是脂韻,"米"是薺韻,"弭"是紙韻重紐四等,侯思正將齊韻跟脂韻、薺韻跟紙韻重紐四等混了;"吃"是入聲錫韻,"敓"是去聲寘韻,侯思正入聲錫韻跟去聲寘韻混了;"麪"是霰韻,"滅"的去聲是線韻重紐四等,侯思正霰韻和線韻重紐四等混了;可見當時朝廷的讀音中魚虞、齊韻跟脂韻、薺韻跟紙韻重紐四等、入聲錫韻跟去聲寘韻、霰韻和線韻重紐四等,它們在音類和音值上仍然是分開的。

還必須知道,《切韻》在唐代已成爲科舉考試的必備書,因此唐趙璘《因話錄》卷五説:"《切韻》是尋常文書,何不置之几案旋看也。"唐代有相當多《切韻》的增補本,這跟科舉考試有密切關係。據唐裴鉶《傳奇》"文簫"條,唐代才女吴彩鸞,嫁給書生文簫,"生不能自贍,夫人日寫孫愐《唐韻》一部,每鬻五緡,僅十載",雖不無誇張處,但説明當時《切韻》系韻書受重視的程度。在這樣的背景下,研究《切韻》的風氣當然會很盛。

再來看唐代審音能力的提高。先秦兩漢的人常常利用雙聲、疊韻、同調的事實去構成新詞,也利用它們去安排他們的寫作,形成語音技巧。到了李登作《聲類》、吕靜作《韻集》的時代,已經發現了漢語不同的字可以同韻基、同聲調,他們將韻基提取出來,李登叫"聲",吕靜叫"韻",都是指同聲調、同主元音和韻尾。因此,漢族人最先提取的是韻基和聲調。

南北朝時期,漢語語音研究達到新境界。在聲母方面,人們提取了"聲"這個概念,指聲母,認識到不同的字可以同一個聲母,他們叫"雙聲",南北各地都如此使用。當然,他們更將原來已經提取的韻基的概念有意運用於詩歌創作,例如王融、蕭衍等人都有雙聲詩、疊韻詩,詩題直接叫"雙聲詩""疊韻詩"等,其中的"聲"指聲母,表明當時已有聲母的概念,認識到不同的字可以同聲母。王融《雙聲詩》:"園蘅眩紅蘤,湖荇燁黄華,迴鶴横淮翰,遠越合雲霞。"既曰"雙聲詩",又連用了 20 個匣母字,這説明當時人有意將同一個聲母的字歸結在一起,跟其他聲母的字區別開。沈約還創立了紐字圖,唐釋神珙《四聲五音九弄反紐圖序》:"昔有梁朝沈約創立紐字之圖,皆以平書。"周顒、沈約等人在李登、吕靜研究的基礎上,進一步確定聲調的名稱"平、上、去、入",有意用於文學創作,極大刺激了聲調研究。另一方面,漢代佛教西來,梵語語音研究成果開始傳入我國。梵文是拼音文字,古印度人很早就將梵語的元音和輔音以及它們之間的配合關係提取出來,這在研究理念和提取方法上無疑會刺激人們對於漢語音韻的研究。當然,這只是外因。《隋書·經籍志》説:"自後漢佛法行於中國,又得西域胡書,能以十四字貫一切音，文省而義廣，謂之婆羅門書。"這是指梵文的14個元音字母，跟漢語韻圖的編纂異曲同工。因此，南北朝的語音研究爲唐五代韻圖的編纂打下良好基礎。

唐人非常重視全面審音，達到極高境界。唐開成間顧齊之《一切藏經音義序》："齊之以爲文字之有音義，猶迷方而得路，慧燈而破闇，潛雖伏矣，默而識之。於是審其聲而辯其音，有喉腭斷齒唇吻等，有宮商角徵羽等音。曉之以重輕，別之以清濁，而四聲遞發，五音迭用。其間雙聲疊韻，循環反覆，互爲首尾，參差勿失，而義理昭然。得其音則義通，義通則理圓，理圓則文無滯，文無滯則千經萬論如指諸掌而已矣。"

"字母"一詞，最早用於梵文翻譯中，唐僧智廣《悉曇字記》詳細介紹梵文的體文（輔音）35個，注明："亦曰字母"，書中多次提到"字母"一詞，還指出："聲之所發，則牙齒舌喉唇等"，又介紹摩多（元音）12個，以及體文和摩多的拼合關係。因此，梵文的字母不僅能啓發漢語聲母系統的研究，而且能啓發漢語聲、韻、調配合的研究，對韻圖的創製很有借鑒意義。景審（憲宗時在世）《一切經音義序》："十二音，是翻梵字之聲勢也。舊云十四音，誤也。又有三十四字，名爲字母，每字以十二音翻之，遂成四百八字。其相乘轉成一十八章，名曰悉談，如《新涅盤經音義》中廣明矣。"僧慧靈《仁王護國經道場念誦軌儀序》："則知此陀羅尼，諸字母之根底，衆瑜伽之藪澤，茲實祕藏真詮者矣！是以菩薩演之，王者建之，黎人念之，諸佛讚之。"日釋空海（774—835）《獻梵字并雜文表》："況復悉曇之妙章，梵書之字母，體凝先佛。"他所獻有《梵字悉曇字母並釋義》一卷。人們很早就關注聲母問題，又受梵文字母影響，同時韻基系統、韻母系統都整理出來了，自然會想到將聲母系統整理出來。《玉篇》後附神珙《四聲五音九弄反紐圖》，序言上方有"五音聲論"，用"五音"這個術語概括漢語的聲母系統，有東方喉聲、西方舌聲、南方齒聲、北方唇聲、中央牙聲，並且各舉8個例子，共40個例子。這些例子分屬於相同或不相同的聲母，反映了當時已經不滿足於這個字和那個字是否具有"雙聲"關係的探討，而是致力於求取一個抽象的聲母系統。

這是一個巨大的進步。順着這種理路，人們發現了三十字母，由三十字母發展到三十六字母。東漢時期,梵文幾乎沒有在中國造成什麼影響;到南北朝,影響逐步加大,但實質性的影響還沒有後代那麼大。到唐初,密教大規模介紹進中國,"才興起研究悉曇的熱潮"(俞敏《等韻溯源》)。因此,唐人發現三十六字母毫不奇怪。

日釋空海《文鏡秘府論‧天卷》有《調四聲譜》,據說是抄自沈約《四聲譜》,但是舉例肯定有唐人改動的情況,反映了唐代的語音變化(見下圖):

東方平聲平平病別　南方上聲常上尚杓
西方去聲袪麩去刻　北方入聲壬衽任入

凡四字一組。或六字總歸一組。組,《玉篇》:"女九切,結也,束也。"

皇晃璜鑊禾禍和
滂旁傍薄婆潑跛(bǒ)
光廣珖郭戈果過(珖,guǎng)
荒怳侊霍和火貨(侊,gōng)

上三字,下三字,紐屬中央一字,是故名為總歸一入。

四聲紐字,配為雙聲疊韻如後:

郎朗浪落　黎禮麗捩(文按:後四字,前三字齊韻系,"捩"屑韻。)
剛䟕鋼各　笄骭計結(文按:"䟕"後起字,"笄計"是齊韻系,"骭"可能是俗讀齊韻,"結"屑韻。)
羊養恙藥　夷以異逸(文按:"夷"脂韻;"以異"之韻系,"逸"質韻。)
鄉響向謔　奚螇咥纈(文按:"鄉響向謔"曉母。反映了曉匣混,止蟹二攝混。奚螇匣母齊韻系,"咥"曉母脂韻系,"纈"匣母屑韻。)
良兩亮著　離邐置栗(文按:"邐"支韻系,"栗"質韻。)
張長悵著　知㢟智窒(文按:"恀"為"帳"之訛。"㢟"為俗字。"窒"質韻。)

凡四聲,豎讀爲紐,橫讀爲韻,亦當行下四字配上四字即爲雙聲。若解此法,即解反音法。反音法有二種:一紐聲反音,二雙聲反音。一切反音有此法也。

古書的行款是從右至左，從上至下。這裏不僅僅是四聲相承和四聲的韻類相承，而且是具有雙聲疊韻（或者韻尾相配）的字四聲相承，從上貫下。不同的聲母橫向排列，如"平、常、袪、壬"是四類聲母的例字；相承的同一聲母的疊韻（或者韻尾相配）字縱向排列，如"平（庚開三）、伻（《集韻》悲萌、披耕二切，耕開二。'伻'當爲訛字或有俗讀，與'平、病'韻母不同，聲母也不是並母字）、病（庚開三相承的映韻字）、別（薛開重紐三等，本是跟仙韻相承，此時顯然韻尾變爲 k，故配'平、病'等）"是同一韻母（或者韻尾相配的韻母）的縱向排列。這正是早期韻圖排字的方式。

空海法師當唐德宗至憲宗時留學中國，當時是中唐。他記錄的例子入聲兼配陰陽，有的只配陰聲，例如"袪麩去刻"，"刻"配"袪麩去"；"四聲紐字，配爲雙聲疊韻如後"所舉例子，原書下邊一欄縱列的六行，每行都是入聲配陰聲。"或六字總歸一紐"是兼配陰陽。這反映了中唐或稍早時，入聲韻尾已經發生了劇烈變化，讀起來比較微弱了；結合下文全濁聲母變清聲母的事實更可以看出這一點。這當然是當時北方話的情況，跟《切韻》音系不同，《韻鏡》《七音略》沒有繼承這種相配關係。

但"或六字總歸一紐"的例字中，同一縱行以入聲爲紐的字都是同一聲母的字。其中不無誤字，"璜"當爲"潢"之訛；"滂"應該是"旁"的訛字；"滂"下的"旁"不知是哪一個字的訛字；"潑"是個入聲字，聲母不是並母，而是滂母，可能是"爸"字之訛，或者當時有俗讀；"皴"沒有過韻讀法，應是"縛"之訛，或者是"縛"的俗字；"珖"沒有見母宕韻讀法，應是"桄"之訛；"怳"沒有去聲一讀，應該是訛字，或者有俗讀；"和"沒有曉母讀法，此應是取俗讀，反映當時匣母變成曉母。這裏，同一縱行排同聲母不同聲調而同韻母的字，同一橫行排同韻基而不同聲母的字；即使韻相同，但如果開合不同，就排成不同的縱行。這種排圖方法《韻鏡》《七音略》等繼承下來了。

"四聲紐字，配爲雙聲疊韻如後"下面的例子，原書上邊一欄縱列的六行，前兩直行是唐韻系，後面四行是陽韻系。作者有意將陽唐兩韻系排在一起，這也是韻圖產生的必要步驟。他先擺唐韻系，再擺陽韻系，這可能是想到了念唐韻時開口度很大，念陽韻時口先是很閉，這或許是韻圖將一等擺在第一橫行的源頭，將開口度大的韻母放在前面。

作者總結説"凡四聲，豎讀爲紐，横讀爲韻"，敦煌發現《歸三十字母例》(斯〇五一二)、《字母例字》也是據此設計的，《字母例字》在後面給横讀爲韻的例字的最後一豎行還注上《切韻》韻目，韻圖顯然是繼承下來了；又説："反音法有二種：一紐聲反音，二雙聲反音。一切反音有此法也。"這裏的"紐聲反音"是就豎行的上一欄而言的，"雙聲反音"是就豎行的下一欄而言的。下面一欄的韻母跟上面一欄完全是兩碼事，但是聲母相同，便於人們從另一個角度，也就是"雙聲"的角度去把握反切。通過韻圖查字音，等韻書叫"歸字"。韻圖是爲方便查字音而設計的，考慮到查字音的方式，叫"横推直看"：反切下字跟我們所要知道的字音同一張圖、同一個横行，上字跟要查的字大多數不同圖，但是是同一直行。這樣縱横交叉，形成定位，就能查出字音。韻圖的設計，明顯利用了"凡四聲，豎讀爲紐，横讀爲韻"以及"紐聲反音、雙聲反音"的理念。

韻圖跟"四聲紐字"有所不同的是，"四聲紐字"是先列唐韻系，後列陽韻系，兩韻系分開舉例。這是以韻系爲綱，調爲目。韻圖則讓陽唐二韻系擠在一張圖中，以調爲綱，以韻系爲目。先將陽唐系作爲一個整體，按四聲分開，再在同一聲調裏面的一等位置上擺唐韻系的字，三等位置上擺陽韻系的字。這説明，韻圖作者對以前拼讀反切的一些成果的吸收有沿有革，沒有完全照搬。即便如此，但仍然有相同之處：陽唐的不同就是洪細的不同，韻圖和"四聲紐字"都通過不同的方式顯示出它們的區別。

《文鏡秘府論·天卷》的《調四聲譜》是沈約的《四聲譜》發展來的，在此之前，唐高宗時人武玄之《韻詮·明義例》説：

> 凡爲韻之例四也：一則四聲有定位，平上去入之例是也。二則正紐以相證，令上下自明，"人、忍、刃、日"之例是也。三則傍通以取韻，使聲不誤，"春、真、人、倫"之例是也。四則雖有其聲，而無其字，則闕而不書，"辰、曐(shèn)、眘"是也。

這應該是指韻書分韻和歸韻的四條方法，已經抽象化了，跟

《調四聲譜》所引有相當多吻合的地方。這種總結出現在韻圖之前，看來韻圖的作者已經加以吸收了。有了這樣一些認識，當人們凝成共識以後，不愁編不出韻圖來。

因此，等韻圖的出現，等韻學的興起，既是對漢語語文工作的繼承和發展，也充分接受了印度梵文的影響。繼承是內因，借鑒是外因。我們探討唐代等韻學的興起，不能將二者對立起來。通過上面的敘述還可以知道，由於主客觀的條件，加上唐人的鑽研精神，那時候是完全可以製作成《韻鏡》《七音略》這類韻圖的。所以，到了《守温韻學殘卷》寫成之前，漢語研究已經產生了韻圖，《守温韻學殘卷》的內容就是根據這種韻圖進一步抽象化的產物。

第六節　等韻門法

《切韻》系韻書的反切來源多途。語音變化多端，反映《切韻》系韻書語音系統的韻圖，有自身體例求簡、求平衡的要求，都會造成利用反切拼音的不便，需要給使用韻圖的人解釋說明，於是產生門法。清劉獻廷《廣陽雜記》卷三："唐、宋、元、明以來諸書，切脚咸宗等韻，苟於門法稍有齟齬，則不能得字。"可見了解門法的重要。門法，指利用等韻圖拼出反切讀音的一些規則、方法，也反映了韻圖製作時的某些規則。大多數門法，是爲解決拼切當中的疑難問題製作的。爲方便讀者容易理解、記住這些門法，有的製作者還用歌訣的形式說明其內容。

門法的研究，晚唐五代已經開始，《守温韻學殘卷》大部分都可以算等韻門法。佚名《四聲等子序》："由是《切韻》之作，始乎陸氏；關鍵之設，肇自智公……其《指玄之論》，以三十六字母約三百八十四聲，別爲二十圖。"這裏的"關鍵"得名跟後來說到的"玉鑰匙"相同，都指最基本門法；"關鍵"的字面意義是門閂。這是說，門法的創立，始於智公。智公殆即智邦，他的《指玄論》大概成書於晚唐五代，智邦大約是集中探討等韻門法的第一人，後人說"關鍵之設，肇自智公"。

宋遼金時人對門法都有一些研究，他們的門法作品亡佚了不少，今天通過不同途徑得到了若干。《韻鏡》前面張麟之的《序例》具有門法的性質，不過張氏没有用"門法"的叫名。宋盧宗邁《切韻法》談了一些門法，國内早已失傳，但日本還保存着；1909年在内蒙古額濟納旗的西夏黑水城遺址出土的《解釋謌義》（今藏俄羅斯科學院東方學研究所聖彼得堡分所）是一部研究等韻門法的著作，解釋了相當多的門法。後來元劉鑑《經史正音切韻指南》、明僧真空《直指玉鑰匙門法》、袁子讓《字學元元》等，都繼承了早期門法研究的定名、内容等。有些非等韻學著作，也有講門法的内容，例如沈括《夢溪筆談》等。

劉鑑《經史正音切韻指南》有"門法玉鑰匙"，也叫"玉鑰匙門法"，下轄"一十三門"，談十三種門法，比較完備。後來明僧真空作《直指玉鑰匙門法》，談二十種門法，比劉鑑增加了幾種門法。據《解釋謌義》可知，劉鑑和真空所列門法，都應該前有所承，不是他們的首創。

古人總結門法，不是告訴讀者，怎麽去製作等韻圖，而是要讀者正確使用已經製作的等韻圖，聯繫反切，折合出正確讀音來。因此，門法是告訴讀者如何利用韻圖折合讀音的問題的。這應該是人們理解等韻門法的基點。門法中的"等"，是指韻圖中的"等"，因此假二等是二等，假四等是四等。當然，這些門法也間接反映了韻圖製作者的一些製作方法和語音的變化。有些門法的設立，不一定科學，但是它們揭示了某些語音現象；有些門法，古人看法有所差別，尤其是各家對具體門法内涵和外延的理解不完全相同。古人創立門法，有些術語很難理解，明代袁子讓《字學元元》作出詳細注釋，很便於理解門法的得名及其含義，可以參看。下面解釋一些重要的門法：

1. 音和門和類隔門

"音和"指反切上字跟被切字同聲母，反切下字跟被切字同韻母和聲調。例如"冬，都宗切"，冬、都同聲母，冬、宗同開合、同等、同聲調，這就是音和。所謂"同聲母"，這是就反切跟三十六字母的關係説的。我們知道，韻書反切的出現早於三十六字母，人們按照三十六字母去讀反切上字,如果反切上字跟被切字不同聲母,就不算音和;就韻母說,如果反切下字借了韻、等,開合,就會跟被切字不同開合,不同等,甚至不同韻,就不算音和。

《守溫韻學殘卷》中有"定四等重輕兼辯聲韻不和無字可切門""聲韻不和切字不得例",已經有了音和與音不和的概念。沈括《夢溪筆談》卷十五《藝文二》中談到"音和":"所謂切韻者,上字爲切,下字爲韻。切須歸本母,韻須歸本等。切歸本母,謂之音和,如'德紅'爲'東'之類,'德'與'東'同一母也。"《四聲等子·辨音和切字例》:"取同音、同母、同韻、同等,四者皆同,謂之音和。"

"類隔"是就反切上字和被切字在三十六字母中讀音的關係來說的。指反切上字跟被切字在三十六字母中不同類。

"類隔"的觀念和術語在《守溫韻學殘卷》中已經出現了:"夫類隔切字有數般,須細辯輕重,方乃明之。"守溫所舉例子,有三種情形:一是輕唇音作重唇音的字的切上字,或者重唇音作輕唇音的字的切上字。例如"鄙,方美切",鄙,幫母;方,非母。守溫管這種情形叫"切輕韻重隔"。"切"切上字,"韻"切下字。"忿,疋問切",忿,敷母;疋,滂母。守溫管這種情形叫"切重韻輕隔"。二是舌頭音作舌上音的切上字。例如"罩,都教切",罩,知母;都,端母。守溫管這種情形叫"舌頭舌上隔"。三是反切下字跟被切字在韻圖中放在不同等第中。例如"士,鋤里切",士,韻圖二等;里,韻圖三等,守溫也管這種情形叫"切重韻輕隔"。

第三種情形,後來門法研究者不包括在"類隔"裏,大家給了其他術語,叫"假二等""假四等"等。前兩種情形仍算"類隔",這可能跟《廣韻》有關,音和現象不僅韻圖出現,韻書也有。《廣韻》有"類隔,今更音和",舉例只有前面兩種,將 21 個字的類隔改爲音和。《夢溪筆談》卷十五《藝文二》中談到"類隔":"所謂切韻者,上字爲切,下字爲韻。切須歸本母,韻須歸本等……字有重中重、輕中輕。本等聲盡,泛入別等,謂之類隔。雖隔等,須以其類,謂唇與唇類,齒與齒類,如'武延'爲'綿'、'符兵'爲'平'之類是也。"董南一《切韻指掌圖序》:"遞用則名音和(原注:徒紅切同),傍求則名類隔(原注:補微切非)。"

佚名《四聲等子·辨類隔切字例》："取唇重唇輕、舌頭舌上、齒頭正齒三音中清濁同者,謂之類隔。"這裏多了"齒頭正齒",但沒有舉例。其中涉及"精照互用"門法,後面再介紹。

"音和"和"類隔"的說法,都是站在後代讀音基礎上定名的。《切韻》音系中,輕唇歸重唇;比《切韻》音系稍早一些,舌上歸舌頭。所謂"音和",在《廣韻》音系和後代音系中都屬於"音和";所謂"類隔"是後代才"隔",在反切製作時,是不隔的,也是"音和"。創立門法的人是為了好切出讀音來,有實用的目的,我們不必苛責前人。

2. 窠切門

"切",反切上字。指反切上字屬知組三等,下字屬精組或餘母等的假四等字,被切字仍然要到韻圖的三等裏面去定音。因為反切上字沒有離開其"巢穴",所以叫"窠切"。《四聲等子》"辨窠切門":"知母第三為切,韻逢精等、影喻第四,並切第三等是也。"《切韻指南·門法玉鑰匙》:"窠切者,謂知等第三為切,韻逢精等、影喻第四,並切第三。為不離知等第三之本窠也,故曰窠切。"

例如"朝,陟遙切","陟"知母,"遙"餘母,"朝"三等;"儔,直由切","直"澄母,"由"餘母,"儔"三等。

3. 憑切門、憑韻門

憑切:"切",反切上字。同韻的反切下字跟不同聲母的反切上字組成不同的反切,要根據反切上字折合出各自的讀音。《四聲等子序》:"同韻而分兩切謂之憑切。(原注:'求人'切'神'字,'丞真'切'唇'字。)"按:所舉例子採自《集韻》,"人、真"都是真韻開三,同韻;"求"是"乘"之訛,"乘"船母;"唇"是"辰"之訛,"丞"禪母。"神、辰"的不同在於船禪之別。

憑韻:同音字却分作兩個反切。這是站在後代讀音立場上觀察字音,原來不同音的字後代同音了,門法的創製者誤以為原來也同音。《四聲等子序》:"同音而分兩韻者謂之憑韻。(原注:'巨宜'切'其'字,'巨祁'切'祈'字。)"按:這是認為"其、祈"同音,是通過韻的後代讀音來歸併它們。

4. 寄聲門、寄韻門

寄聲："聲",字音。韻圖的小格子當中沒有字可填,就畫一個圓圈。《四聲等子序》:"無字則點窠以足之,謂之寄聲。"這種情況,《韻鏡序例》叫"列圍"。

寄韻:有的韻圖某一個位置上沒有字,可以用一個相同位置的臨近韻的字填上去,幫助確定讀音。《四聲等子序》:"韻缺則引鄰韻以寓之,謂之寄韻。"所謂"鄰韻",或指四聲相承的韻,《韻鏡序例》叫"四聲定位";或指同一聲調的其他同攝的韻,《韻鏡序例》叫"橫呼韻"。

例如東和鍾韻是鄰韻,《韻鏡》冬鍾共圖,鍾韻唇音有"封、峰、逢",但微母位置缺字,就可以將東一的"蒙"填進去。之所以填進一等的"蒙",是因爲製作《韻鏡》時"封、峰、逢"等已經丟失了 i 介音,跟"蒙"同韻基了。

5. 正音憑切門

也叫"音憑切門、互用門憑切"。"切",反切上字。指反切上字屬莊組,韻屬三等,要到韻圖的二等莊組裏面定音。《四聲等子》"辨正音憑切寄韻門法例":"音憑切門,切逢第一,韻逢第二,只切第一。"《切韻指南·門法玉鑰匙》:"正音憑切者,謂照等第一爲切（原注:照等第一即四等中第二是也）,韻逢諸母三四,並切照一。爲正齒音中憑切也,故曰正音憑切。"

例如:"初,楚居切","楚"初母,"居"三等,"初"二等。"髽,鄒靴切","鄒"莊母,"靴"三等,"髽"二等。

6. 寄韻憑切門

"切",反切上字。指反切上字屬章組,下字無論是一三四的哪一等,被切字都要到韻圖的三等裏面去定音。董南一《切韻指掌圖序》:"同韻而分兩切者謂之憑切（原注:'乘人'切'神','丞真'切'辰'）,同音而分兩韻者謂之憑韻（原注:'巨宜'切'其','巨沂'切'祈'）;無字則點窠以足之,謂之寄聲;韻闕則引鄰以寓之,謂之寄韻。"《四聲等子》"辨正音憑切寄韻門法例":"切逢第三,韻逢一三四,並切第三,是寄韻憑切門。"《切韻指南·門法玉鑰匙》:"寄韻憑切者,謂照等第二爲切(原注:照等第二即等中第三是也。),韻逢一四,並切照二。言雖寄與別韻,只憑爲切之等也,故曰寄韻憑切。"

例如"犓,昌來切","昌"昌母三等,"來"一等,"犓"三等。"茝,昌給切","昌"昌母三等,"給"一等,"茝"三等。

7. 喻下憑切門

"切",反切上字。指反切上字是喻母字,下字是三等還是四等,如果上字是餘母,被切字都要到韻圖的四等裏面去定音;如果是于母,被切字都要到三等裏面去定音。

《四聲等子》"辨正音憑切寄韻門法例":"單喻母下爲切,切逢第四,韻逢第三,並切第四,是喻下憑切門。"這是指餘母。《切韻指南·門法玉鑰匙》:"喻下憑切者,謂單喻母下三等爲覆,四等爲仰,仰覆之間,只憑爲切之等也,故曰喻下憑切。"單,只。所謂"喻母下三等爲覆,四等爲仰,仰覆之間",袁子讓《字學元元》卷三《十三門法附袁氏注》:"三等下臨四等,有'覆'之義,故爲覆;四等上承三等,若'承藉'之義,故爲仰。仰覆二等字,皆憑切而取之,不拘其韻。"這是兼指餘母、于母。

例如"遙,餘昭切","餘"四等,"昭"三等,"遙"四等。"颭,于聿切","于"三等,"聿"四等,"颭"三等。

8. 日下憑切門

也叫"日母寄韻"。"切",反切上字。指反切上字是日母,日母只有三等,無論下字是哪一等,被切字都要到韻圖的三等裏面去定音。

《四聲等子》"辨正音憑切寄韻門法例":"日母下第三爲切,韻逢爲二四,便切第三,是日母寄韻門法。"《切韻指南·門法玉鑰匙》:"日寄憑切者,謂日字母下第三爲切,韻逢爲二四,並切第三,故曰日寄憑切。"

例如"茹,汝來切","汝"三等,"來"一等,"茹"三等。"捼,儒華切"，"儒"三等，"華"二等，"捼"三等。"然，如延切"，"如"三等，"延"四等，"然"三等。

9. 雙聲切字、疊韻切字

雙聲切字指反切上字和下字都跟被切字同聲母，被切字跟切下字同音。疊韻切字指反切上字和下字都跟被切字同韻母和聲調，被切字跟切上字同音。

董南一《切韻指掌圖序》："同歸一母則爲雙聲（原注：'和會'切'會'），同出一韻則爲疊韻（原注：'商量'切'商'）。"《四聲等子》"辨雙聲切字例"："謂如'和會'二字爲切，同歸一母，只是'會'字，更無切也，故號曰雙聲。如'章灼'切'灼'字、'良略'切'略'字是也。"又"辨疊韻切字例"："謂如'商量'二字爲切，同歸一韻，只是'商'字，更無切也，故號曰疊韻。如'灼略'切'灼'字、'章良'切'章'字之類是也。"

10. 振救門

振，"救助"的意義。指反切上字是精組，下字是三等，被切字都要到韻圖的四等裏面去定音。

《四聲等子》"辨振救門"："精等五母下爲切，韻逢諸母第三，並切第四，是名振救門法例。"《切韻指南·門法玉鑰匙》："振救者，謂不問輕重等第，但是精等字爲切，韻逢諸母第三，並切第四，是振救門。振者，舉也，整也；救者，護也。爲舉其綱領，能整三、四，救護精等之位也，故曰振救。"

例如："秋，蒼憂切"，"蒼"清母，"憂"三等，"秋"四等。"小，私兆切"，"私"心母，"兆"三等，"小"四等。

11. 匣喻互用門

指匣母字用于母字做反切上字，或者于母字用匣母字做反切上字。這是早期反切用字現象，反映了于母還沒有從匣母中分出來。《切韻》音系中，于母和匣母還是同類聲母，但是分組的趨勢很明顯，不能據此認爲于母和匣母已經分成兩類聲母，因爲其他同聲母的一二四等爲一類，三等自成一類，也有分得很清楚的。

舊題明邵光祖《切韻指掌圖檢例》"辨匣喻二字母切字歌":"匣闕三四喻中覓,喻虧一二匣中窮。上古釋音多具載,當今篇韻少相逢。"這是很敏銳的發現。

例如"幃,户歸切","户"匣母,"幃"于母。"户,于古切","于"于母,"户"匣母。

12. 精照互用門

指被切字是二等,本該用莊組字做反切上字而没有用,却用了精組字,被切字還是莊組。或者被切字是一等,本該用精組字做反切上字而没有用,却用了莊組字,被切字還是精組。

《切韻指南·門法玉鑰匙》:"精照互用者,謂但是精等字爲切,韻逢諸母第二,只切照一字。照等第一爲切,韻逢諸母第一,却切精一字。故曰精照互用。"

例如"斬,則減切","則"精母,"減"二等,"斬"莊母二等。"鰤,士(《廣韻》作'仕')垢切","士"崇母,"垢"一等,"鰤"從母一等。

這種情況,反映了早期的讀音現象,可能在早期的讀音中,莊組可以跟一等相拼,精組也可以跟二等相拼,它們本是不同的聲母拼相同的韻母。後來這些聲母不能按照原來聲母的讀音來讀,所以有人也處理爲類隔。具體討論可以參看孫玉文《從聯綿詞看莊組的上古擬音》。

13. 輕重交互門

指被切字是輕唇音,本該用非組字做反切上字而没有用,却用了幫組字,被切字還是非組。或者被切字是幫組,本該用幫組字做反切上字而没有用,却用了非組字,被切字還是幫組。

《切韻指南·門法玉鑰匙》:"輕重交互者,謂幫等重音爲切,韻逢有非等處(原注:交互門中諸母乃先賢而誤添,今暫除之,後哲再審),第三等便切輕唇字。非等輕唇爲切,韻逢一二四等,皆切重唇字。故曰輕重交互。"

例如:"飍,匹尤切","匹"滂母,"尤"尤韻,其唇音字後來一般變輕唇,"飍"輕唇音。"胚,芳杯切","芳"敷母,"杯"灰合一,"胚"重唇音。

14. 前三後一門

包括"前三門"和"後一門"。前三門指反切上字是非敷奉微等三等字，下字是一等字，被切字是三等，讀輕唇音。後一門指反切上字是幫滂並明等一等字，下字是三等字，被切字是一等，讀重唇音。

釋真空《直指玉鑰匙門法》："前三後一者，謂非敷奉微第三等爲切，韻逢諸母第一，並切第三輕唇音字，是前三門。幫滂並明第一等爲切，韻逢諸母第三，却切第一等重唇音字，是後一門。唯許通流二攝所矧。"

例如前三門："捧，逢貢切"，"逢"奉母三等，"貢"一等，"捧"是輕唇音。"浮，縛呣切"，"縛"奉母三等，"呣"明母一等，"浮"是輕唇音。後一門："木，莫錄切"，"莫"明母一等，"錄"來母三等，"木"是重唇音。"呣，莫浮切"，"莫"明母一等，"浮"奉母三等，"呣"是重唇音。這些輕唇音用一等字做反切下字，或者用三等字做一等字的反切下字，都表明三等字的 i 介音丢失了。

15. 麻韻不定門

指麻韻中，被切字是舌頭音，本該用舌頭音的字做反切上字而沒有用，却用了舌上音的字，被切字還是舌頭音。

釋真空《直指玉鑰匙門法》："麻韻不定者，亦謂知徹澄孃第二等爲切(原注：謂知等爲第二，即四等中爲第三也)，韻逢精清從心邪、曉匣影喻第四，當切出第二知等字，今稽開合俱無，却切第二端等字(原注：謂端等第二，即等中第四也)。故曰：韻逢影喻精雙四，知二無時端二陳。"

例如"爹，陟邪切"，"陟"知母，"邪"麻三，"爹"端母。

這種現象不僅麻韻有，其他一些韻也有。例如"體，敕洗切"，"敕"徹母，"洗"薺韻，"體"透母。這是薺韻不定。

16. 内外門

指内轉和外轉。内轉指齒音之外的聲母在韻圖二等中没有字,只有齒音聲母有字;外轉指五音的各組聲母在韻圖的二等中都有字。

所謂内外轉,是跟着韻攝走的。例如《韻鏡》外轉第十七開至二十合諸圖,或二等無字,或只有齒音有字,都算"外轉",這是因爲它們都是臻攝,而臻攝的臻韻,《韻鏡》處理爲二等,可能是臻韻字製作韻圖時丢失了 i 介音。日藏《磨光韻鏡》《新增韻鏡易解大全》將臻攝標爲"内轉",能反映《切韻》音系的聲韻配合。

《四聲等子》"辨内外轉例":"内轉者,唇舌牙喉四音更無第二等字,唯齒音方具足。外轉者,五音四等都具足。今以深曾止宕果流通括内轉六十七韻,江山梗假效蟹咸臻括外轉一百三十九韻。"

《切韻指南·門法玉鑰匙》解釋有所不同,是假定知道某字屬内轉或是外轉,再來定字音:"内外者,謂唇牙喉舌來日下爲切,韻逢照一,内轉切三,外轉切二,故曰内外。"據此,内外指反切上字是唇牙喉舌來日等非齒音字,下字是外轉的莊組字,被切字都要到三等裏去定音;如果是内轉的莊組字,被切字都要到二等裏定音。

内轉例如:"熊"有異讀,其中一讀《集韻》是胡弓切,《集韻》另一讀爲"熊,矣殊切"。"矣"于母;"殊"色矜切,山母。被切字"熊"三等。外轉例如:"江,古雙切","古"見母,"雙"山母,被切字"江"二等。

17. 通廣門、侷狹門

"通廣",也作"廣通"。指唇牙喉音聲母的字作反切上字,用支脂真諄仙祭清宵八韻的來、日、知組、章組的三等字作反切下字時,有些要在四等裏定音。這大多是所謂有重紐的韻,也指餘母的字,因爲三等通到四等的字很多,所以叫"通廣"或"廣通","通"和"廣"是類義並列。

不過,前人説反切下字聲母屬來、日、知組、章組的三等字要到四等裏去找字定音,這只是説,不要只在三等裏去找,三等裏有時候找不到,並不是説這類字一定要用來、日、知組、章組的三等字作重紐四等反切下字的聲母。

"侷狹",也作"局狹"。指唇牙喉音聲母的字作反切上字,用東鍾陽魚蒸尤鹽侵八韻的餘母和精組作切下字，儘管切下字放在四等，但被切字都要在三等裏定音。因爲反切下字用了四等的字，東鍾陽魚蒸尤鹽侵八韻到四等裏去定音，就找不到被切字的音，所以四等很偏狹，就叫"侷狹門"。侷狹門中，也涉及幾個重紐韻。

《四聲等子》"辨廣通、侷狹例"："廣通者，第三等字通及第四等字。侷狹者，第四等字少，第三等字多也。凡唇牙喉下爲切，韻逢支脂真諄仙祭清宵八韻，及韻逢來日知照正齒第三等，並依通廣門法，於第四等本母下求之。（原注：如'余之'切'頤'字，'碑招'切'標'字。）韻逢東鍾陽漁（按：《廣韻》《集韻》等作'魚'）蒸尤鹽侵，韻逢影喻及齒頭精等四爲韻，並依侷狹門法，於本母下三等求之。（原注：'居容'切'恭'字，'居悚'切'拱'字。）"

《切韻指南·門法玉鑰匙》："通廣者，謂唇牙喉下爲切，以脂韻真諄是名通，仙祭清宵號廣門，韻逢來、日、知、照三，通廣門中四上存。所謂通廣者，以其第三通及第四等也。故曰通廣。如'符真'切'頻'，'芳連'切'篇'字之類是也。侷狹者，亦謂唇牙喉下爲切，韻逢東鍾陽魚蒸爲侷，尤鹽侵麻狹中依，韻逢精等喻下四，侷狹三上莫生疑。所謂侷狹者，爲第四等字少，第三等字多。故曰侷狹。如'去羊'切'羌'字，'許由'切'休'字之類是也。"

《切韻指南》的話不太好懂，"通廣門"，據袁子讓《字學元元》卷三《十三門附袁氏注》，《切韻指南》中可能有流傳中出現的錯誤，"以脂韻……存"是録入的一個歌訣，《字學元元》作"真諄脂韻以通名，仙祭清宵號廣門，韻逢知照三來日，通廣門中四上存"。袁氏解釋説："此明諸攝中有名通廣門者，謂其攝第四等字廣，而第三等切，可通及之也。《通廣歌》中意謂真諄臻攝、脂止攝是通門，而仙山攝、祭蟹攝、清梗攝、宵效攝是廣門者，惟以其攝四等有字。故凡唇牙喉切，雖韻逢知照來日三等之字，亦切至第四。此通廣門中例也。如'符真'切'頻'字，'符'乃唇切，逢照三'真'韻，而切及四等之'頻'；如'芳連'切'篇'字，'芳'乃唇切，逢來三'連'韻，而切及四等之'篇'，非以其四等字廣而能通乎？後人因之，如'必履'切'匕'，'去疾'切'詰'，'居水'切'癸'，'非失'切'必'，皆屬通門。如'語然'切'研'，'武船'切'綿'，'經善'切'見'，'彌釧'切'面'，皆屬廣門。皆逢三等而並切第四也。"

　　袁子讓解釋"侷狹門":"此明諸攝中有名侷狹門者,謂其攝第三等字多而第四等字少也。東鍾通攝、陽宕攝、魚遇攝、蒸曾攝,爲侷門。尤流攝、監咸攝、侵深攝、麻假攝,爲狹門。諸攝四等字少,故凡脣牙喉切,雖韻逢精、喻四等字,而四等無字可切,故直切三上字。此侷狹門例,不必疑也。如'去羊'切'羌','去'乃牙切,逢喻四'羊'韻,直切三等之'羌';如'許由'切'休','許'乃喉切,逢喻四'由'韻,直切三等之'休',非以四等字少爲切侷而狹耶?後人因之,如'古胥'切'居','許陽'切'香','巨松'切'蛩','渠用'切'共',皆屬侷門。'魚尤'切'牛','必鹽'切'砭','居耶'切'迦','於習'切'邑',皆屬狹門。皆韻逢四等而切歸第三也。"

　　等韻門法還有一些,這裏不一一介紹。這些門法,不僅對我們掌握《切韻》音系有很大幫助,而且對利用反切折合今音了解韻圖的製作和漢語語音的變遷都有意義。

第四章　上古音系

第一節　上古音和上古音研究簡史

　　上古音系，也叫上古音，指先秦兩漢北方話的雅言系統。《論語·述而》："子所雅言，《詩》《書》、執禮，皆雅言也。"可見，先秦存在"雅言"；孔子認爲，讀《詩經》用雅言是最標準的。上古漢民族的主體活躍在黃河中下游。漢字主要由黃河流域的先民逐步創造出來。上古音又指一門研究先秦兩漢語音系統及其演變規律的學問，傳統又叫"古音學"。清潘咸《彙韻說》："周已有一定音韻爲世聲律之宗，所以十五國風不無方言之殊，屈平楚人，雖有鴃舌之音，而《詩經》《楚詞》，其用韻如出一轍也。"

　　這門學問不但對於語言研究，特別是漢語研究具有深遠意義，而且對於先秦兩漢古書的釋讀具有基礎性作用。清代學者對古音學進行了卓有成效的研究，著述宏富，群星璀璨，獲得了關於上古聲母、韻部、聲調以及聲韻調配合方面的一些真知，舉世公認。迄今爲止，我們對上古語音系統的認識，無論是材料的發掘、研究方法的提煉，還是研究目標的達成，遠遠不能說臻於完備，而清代古音學是當今和未來古音研究必須加以參考的成果，這一份寶貴遺產我們必須繼承下來。要真正做到繼承，就必須深入鑽研清代的古音學著作，捨此別無他途。鴉片戰爭以來，古音學已成爲一門國際性學問，取得了不小成績。這些成績之取得，是建立在較爲充分吸收清代古音學成果的基礎上的。今後的古音研究，也必須循此途徑前進，才能真正有所建樹。

研究上古聲韻調系統的材料，遠比不上中古，中古有當時人編寫的韻書、韻圖，上古則没有這個條件。但漢代以來，有相當多的學者發現先秦兩漢的古書中有不少材料折射出上古音，主要有韻文、諧聲字、假借、異文、聲訓、聯綿字、早期注音、異體字、譯音、先秦兩漢人的語音技巧等，都可以用來捕捉上古音的信息，就是中古的韻書、韻圖，對於研究上古音也有極其重要的作用。南北朝以來的學者們很早就將韻文和非韻文區分開來，試圖總結《詩經》的韻例，不乏真知灼見。今所見，最早全面分析《詩經》各篇何處用韻、何處不用韻的，是朱熹《詩集傳》，然失誤亦多。清代學者繼承了人們前此對反映古音的材料的認識成果，或多或少利用這些材料開展他們的古音研究，取得實績。

漢代學者閱讀先秦古書，從訓詁的角度認識到先秦古音跟漢代有差別，提出"古音"概念；南北朝時期的學者，在閱讀《詩經》等韻文過程中，意識到按當時語音去讀這些韻文，有時候押不上韻，提出"叶音説"等主張。"叶音説"最大的問題是缺乏科學的歷史觀和系統觀，但在南北朝至唐宋，一直都很風靡。宋代吴棫、鄭庠等人嘗試進行古韻分部，但他們對於"古韻"的認識不太明確。他們以《廣韻》《集韻》爲研究"古韻"的框架，不合《廣韻》《集韻》的分韻的，就是"古韻"與今韻的不同；合乎《廣韻》《集韻》分韻的，就是"古韻"與今韻相同，然後進行分部工作。這顯然缺乏明確的歷史觀和系統觀，不是就古音以求古音。立足點不對，是其理論上的基本失誤。這種局面，到明朝，就有人明確地打破了，陳第《毛詩古音考》認識到先秦古音的系統跟後代不一樣，開始對古今語音差别較大的具體字，以《詩經》爲本證，其他材料爲旁證，系聯出該字上古本音，破除"叶音説"，提出"蓋時有古今，地有南北，字有更革，音有轉移，亦勢所必至"的思想，振聾發聵。陳第由此成爲清代古音學的開路先鋒。

進入清初，顧炎武積三十年功力，開始進行科學的古音分韻部的工作。他從中古人爲中古音編寫韻書受到啓發，想到利用《詩經》等材料爲上古編寫一部韻書，《音學五書叙》："三百五篇，古人之音書也。"同時鑽研押韻背後的規律，看出：原則上，漢語韻母的主要元音和韻尾（如果有韻尾的話）相同的字就可以互相押韻，可以據此將同一個時代中互相押韻的字，除去個別用韻寬緩的字，串聯成一個一個的集合，這一個一個的集合，就是韻部；據《詩經》等先秦韻文進行串聯，注意與中古《廣韻》的分合關係，將先秦古韻串成十部，撰成《音學五書》，成爲清代古音學的奠基人。

顧炎武的串聯工作是篳路藍縷，還很粗疏，但"前修未密，後出轉精"，他開創的古韻分部的道路爲後人所繼承。此後，經過清代以來學者近三百年的不斷研究，附以製作圖表的方法，人們對上古音的認識逐步精深邃密，蔚成大國，那時古韻分部基本成爲定局。其中，江永有《古韻標準》，段玉裁有《六書音均表》，戴震有《聲類表》《答段若膺論韻》以及《聲韻考》卷三，孔廣森有《詩聲類》，王念孫有《與李方伯書》《詩經群經楚辭韻譜》，江有誥有《音學十書》，嚴可均有《説文聲類》，章炳麟有《文始》《國故論衡》，黃侃有《音略》等，都對分部有貢獻。終清一世，古韻分部的大格局基本成熟。民國以後，王力《上古韻母系統研究》倡脂微分部，是古韻分部的重要補苴。經過多方面驗證，古韻分部的格局已經確定下來，韻部和韻部之間音值的遠近也有趨於一致的結論。

根據入聲是否獨立，可以將清代古韻分部分爲考古派和審音派，考古派入聲不獨立，審音派入聲獨立。戴震是審音派的代表，其他學者多屬考古派。民國以後，黃侃沿着戴震的路子走，陰陽入三分。經過現代古音學家的研究，現在可以説，考古派和審音派對於上古韻部的認識有高下之分。考古派的分部有嚴重缺陷，不能周全地解釋各種反映上古音的材料，已落後於時代；審音派陰陽入三分的格局是正確的，經受多方檢驗，解釋力很強，得到廣泛採用。總而言之，清代古音學，韻部研究成就巨大，但是對於韻母的研究却嚴重忽視。

上古聲調研究方面，清儒也很有貢獻。清代有成就的古音學家，都注意到先秦兩漢韻文一組一組的韻脚字，絕大多數是本調相押，少數是異調相押，他們研究古韻分部，無不涉及對上古聲調的看法，無不認爲上古有聲調；起先，江有誥以爲古無聲調，後來堅定認爲古有四聲。在古有聲調的前提下，清代對於上古聲調的看法可以歸結爲兩大派：一派認爲上古也有平上去入四聲，只是具體的一些字上古跟中古的歸調不同，持這種看法的在清代古音學家中占絕大多數，例如顧炎武、江永、江有誥、王念孫、夏燮（他寫了《述均》）等人都是這樣。一派以爲上古的調類跟中古不同，上古到中古不僅僅是個別字調類發生了變化，整個調類系統也有區別，例如段玉裁認爲《詩經》以前，漢語只有平入二聲；《詩經》時代，有平上入三聲，沒有去聲。孔廣森認爲《詩經》時代只有平上去三聲，沒有入聲。民國以後，王國維以爲上古有五個聲調，陰聲韻有平上去，陽聲韻總歸一調，加上入聲，是所謂"五調説"；黃侃認爲《詩經》時代只有平入兩調。這些結論，都有一定參考價值。經過多方面研究，特別是繼承王力先生的古聲調學説，我們認爲上古有平、上、去、長入、短入五個聲調。

相較於上古韻部、聲調研究，清儒對上古聲母的研究要薄弱一些。研究上古聲母，韻文這一大宗材料派不上用場，内證材料較爲匱乏，但清儒仍有人做出不懈努力，成就斐然。錢大昕《十駕齋養新録》有《古無輕唇音》《舌音類隔之説不可信》等，《潛研堂文集》的《答問》有《音韻》，都討論了上古聲母，他説"古無輕唇音""古無舌頭舌上之分"，"知徹澄三母……求之古音，則與端透定無異"，迄今仍是不刊之論。戴震、夏燮、鄒漢勛等人也對上古聲母發表過意見，可惜没有來得及展開論證。鴉片戰爭以來，海禁大開，西方也有學者對上古聲母發表過看法，英國傳教士艾約瑟、德國漢學家甲柏連孜等都提出過上古可能存在複輔音，現在看來他們的意見有一定啟發性，但難以成立。民國時期，章炳麟有《娘日二紐歸泥説》，他分上古聲母爲二十一類；黃侃《音略》將莊組歸併到精組，將章組歸併到端組，分上古聲母爲十九紐；曾運乾有《喻母古讀考》，提出喻三歸匣、喻四歸定的主張，這些結論都很有參考價值。

回溯清代古音學，我們可以看到，清儒取得的成就是巨大的，足以彪炳世界語言學史册，是我們今後研究古音學必須繼承的寶貴財富。上個世紀初以來，高本漢、李方桂、王力、陸志韋、董同龢、郭錫良等學者自覺地繼承了清代古音學的一些精華，接受了西方歷史比較語言學的原則，非常重視上古内證材料以及這些内證材料在研究古音上的特性，在音類研究的基礎上進行古音構擬，步履堅實，在上古聲母、韻母、聲調研究方面做出了新貢獻。他們研究方向正確，走的是一條堅實的研究道路，必須繼承。近幾十年以來，漢語古音研究曾經有極少數學者偏離了正確方向，不乏蹈空者。現在學者們正進行深刻反思，這種學風會逐步得到糾正。因此，精讀清儒研究論著、批判繼承清代古音學的優良傳統，這會更加受到後學重視。

第二節　研究上古音的材料

跟研究中古音系的材料相比，研究上古音的材料非常受限制。但是，由於先秦文化研究對研究中國文化的極端重要性，因此，上古音的研究歷來都引人入勝。人們盡量發掘各種材料，提煉各種方法，不斷推進這門學科向前發展。反映上古音的材料，都是用漢字記錄下來的，可以分爲直接反映上古音的材料和與上古音有對應、發展關係的材料。

一、《切韻》音系是研究上古音系最佳對應材料

所謂直接反映上古音的材料，是周秦兩漢時期產生的只直接反映上古音系、不直接反映其前後音系的各種材料。所謂與上古音有對應、發展關係的材料，是不直接反映上古音系，但它反映的音系跟上古音有對應、發展關係的材料。

研究上古音，必須深入理解古今語音的對應關係，沒有古今的對應關係、一脈相承的演變關係，我們就不可能研究上古音。《切韻》音系是今天流傳下來的最早、最系統、分韻很細密，也是研究得最爲可信的中古音系統。它是爲了"廣文路"和"賞知音"而編纂的，分韻原則是"論南北是非，古今通塞"，更多地保留上古音的遺跡，是上溯古音、下推今音的橋梁。從文字、語音、詞彙等方面的事實證明，《切韻》音系跟上古音不僅有對應關係，而且還有直接的發展關係，任何棄《切韻》音系而研究古音以及漢語語音史的做法都

很難獲得真正的成功。研究上古音,不利用《切韻》音系,將失去許多存留上古音的重要語音信息。《切韻》音系現存最有代表性的韻書是《廣韻》。經過顧炎武等人的論證,利用《廣韻》來研究上古音是最方便的法門。顧氏利用《廣韻》研究上古音,貢獻巨大,影響深遠。今後研究上古音,必須繼承這一優良的研究傳統。

二、直接反映上古音系的材料

研究上古音的材料,遠沒有研究中古音的多,但是還有不少直接材料可以利用。根據不同材料反映上古音信息的不同角度,可以歸納出不同類型。主要有:漢字異讀、諧聲字(也叫"形聲字")、韻文、同源詞、聲訓、假借字、聯綿詞、異文、古代注音、避諱、上古的語音技巧、雙音詞的語音講究等等。

(1)韻文。上古韻文是研究上古韻部的最好材料,我們在後面要專門討論上古韻文和上古韻部系統問題,這裏暫時不談。

(2)異讀。異讀有詞的異讀和字的異讀。清代以來,研究上古漢語的學者已經注意到上古存在一字異讀,例如王筠、黄侃、張清常等人。這是很好的發現。既往對上古異讀字研究的缺點在於:大多都是以中古韻書收錄的異讀為參照,中古韻書如果沒有説某字有異讀,一般也不認為該字上古可能有異讀;而且對異讀字在上古音研究中的重要性考慮得不夠。事實上,異讀字在利用各種材料研究上古音時必須充分地注意到。

異讀是世界語言文字裏普遍存在的現象。漢字沒有出現以前,漢語的詞肯定會有不少異讀。漢字出現以後,不同時代的異讀都可以傳遞下來,形成異讀字。上古有一些異讀中古沒有傳承下來。例如"君"字,《廣韻》《集韻》都只有一個讀音,《廣韻》是舉云切。但是在戰國以前,"君"一定可以讀作"群",侯馬盟書和傳世文獻就有"君"用作"群"的例證,更有力的證據是《爾雅·釋詁上》:"林、烝、天、帝、皇、王、後、辟、公、侯,君也。"這裏屬於王引之《爾雅述聞》所説的"二義同條","君"有二義二音,"一為君上之君,天、帝、皇、王、後、辟、公、侯是也;一為群聚之群,林、烝是也",因此,

"君"至晚在戰國以前有兩個別義的異讀。

這在方法上啓示我們,中古某字沒有某異讀,不能必然推出上古沒有;研究上古異讀,不能因爲中古某字沒有某異讀,就斷定它上古也沒有某異讀。在研究上古異讀時,歷史觀決不能放棄。

(3)諧聲字。這是傳統六書之一,由形旁和聲旁兩個部分組成,是古代最能産的一種造字方法,絕大多數漢字都是形聲字,所以人們很看重這項材料。形旁又叫義符,聲旁又叫聲符。

我們要區分漢字不同字音的相通時代和諧聲時代。諧聲時代之前,有的漢字就會有相差懸殊的異讀。即使是諧聲字,我們還要區分始諧時代和沿諧時代。這樣去看待諧聲字,看待漢字,才是走在正確的道路上。我們在後面要專門談到諧聲字與上古音研究的關係問題,這裏只是略談。

(4)同源詞。王力先生《同源字論》:"凡音義皆近,音近義同,或義近音同的字,叫做同源字。這些字都有同一來源。"

判斷上古同源詞,要根據上古音系研究成果。反過來,同源詞研究成果又可以幫助研究上古音。這不是循環論證。因爲上古同源詞研究是用歸納法探討詞與詞之間的音義關係,得出一組一組同源詞。正確離析出來的同源詞,就能成爲已知。這是分析歸納的結果。一旦得出一組一組可信的同源詞,我們當然可以利用它們來研究上古音。王力先生《上古韻母系統研究》指出:"從字義的關連去證明古音的部居。如'改'與'革','晦'與'黑','子'與'息',都是之咍職德同部的證據。我們雖不能單憑這個去證明古音,但若有了別的重要證據之後,再加上這個做旁證,原有的理論就可以藉此增加不少的力量。"這裏説得很明顯,同源詞在研究古音方面只能是旁證。

(5)聲訓。也叫音訓,是一種根據字、詞的語音疏通詞義、探求語源的方法。上古出現了很多聲訓,例如《周易·説卦》:"乾,健也。"《孟子·滕文公上》:"庠者,養也;校者,教也;序者,射也。"這些聲訓,被釋字和訓釋字的讀音非常近。所以,一般地説,我們可以利用聲訓探討上古音。

聲母方面,例如《釋名·釋言語》"非(非母),排(並母)也,人所惡排去也"，能幫助證明輕唇歸重唇；"入（日母），內（泥母）也"，能幫助證明日母音值極近於泥母；"貞（知母），定（定母）也"，能幫助證明舌上歸舌頭。《釋牀帳》"席，釋也，可卷可釋也"，能幫助證明"席、釋"韻母相同或相近，它們都是鐸部字；《釋州國》"鄙，否也，小邑不能遠通也"，能幫助證明"鄙、否"韻母相同或相近，它們都是之部字。

（6）假借字。指借用本爲甲詞造的字的語音和字形來記錄一個跟甲詞没有引申關係的乙詞。有本無其字的假借，例如"其、夫"；也有本有其字的假借，例如借"策"代"册"，借"麋"代"眉"。假借字常常跟所記錄的詞音近而不完全相同。

由於假借字本來用法所記録的詞音和它借用來記録的詞音整個音節讀音相近，因此假借字可以用來研究上古聲母和韻母系統。漢語聲調數量少，如果假借字管聲調，就很難找到合適的字來做假借字了。假借字常常不太管聲調，因此利用假借字來研究上古聲調可能作用不大。

單純利用假借字，無法得出上古音系統。因此利用假借字研究上古音，必須跟其他材料結合起來使用。

（7）聯綿詞。指由一個語素構成的雙音節單純詞。《詩經》中有大量的聯綿詞，由此可以推定：作爲一種構詞現象，聯綿詞的産生應該略早於《詩經》時代。但是聯綿詞是雙音節詞，它的出現應該是在單音節構詞之後，距離上古時代，應該是不太遥遠的事情，具體的聯綿詞應該大量産生於周秦兩漢。從這個角度説，聯綿詞對於了解上古音的面貌，有積極意義。

（8）異文。指相同典籍在不同版本（包括其他著述中的引文）中的不同文字。異文情況複雜，有的是用字的不同，包括古今字、異體字、通假字等；有的是同義詞代替或其他文字訛誤等，也有的是聯綿詞的不同寫法。

錢大昕不僅極爲重視異文的搜集、整理，還大量利用異文材料研究上古聲母。例如《古無輕唇音》："凡輕唇之音，古讀皆爲重唇。《詩》'凡民有喪，匍匐救之'，《檀弓》引《詩》作'扶服'，《家語》引作'扶伏'。又'誕實匍匐'，《釋文》：'本亦作扶服。'《左傳·昭十三年》：'奉壺飲冰，以蒲伏焉。'《釋文》：'本又作匍匐。蒲，本亦作扶。'《昭二十一年》：'扶伏而擊之。'《釋文》：'本或作匍匐。'《史記·蘇秦傳》：'嫂委蛇蒲服。'《范雎傳》：'膝行蒲服。'《淮陰侯傳》：'俛出袴下蒲伏。'《漢書·霍光傳》：'中孺扶服叩頭。'皆匍匐之異文也。"錢大昕這裏除了使用上古的異文外，還有沒有明確出現時代的異文，他這樣用是可以的，因爲即使這些異文是中古以後出現的，也沒有問題，輕唇歸重唇直到《切韻》音系也是如此。

(9)異體字。是記錄同一個語詞所造的不同的字形，在任何情況下都可以替換。在異體字中，對上古音研究最有價值的是上古時期出現的不同聲旁的異體字。既然是上古出現的，因此它必然是在上古音系的基礎上產生的，反映着上古的語音信息。

《説文》中的異體字，許慎說有"重一千一百六十三"字，他常常將這些異體字放到一個正體字下面，注明或體。上古出現的異體字對研究上古音有直接幫助。例如"剝"從"彔"聲，《説文》說"剝，或从卜"，寫作"attheline"。這個"卜"是聲旁，說明造"attheline"字時，"剝"已經讀幫母了。

(10)古今字。從出土文獻和傳世文獻看，商代至漢代一字多用現象非常突出。越往前，一字多用現象越多；越往後，一字多用的字越少，其中一些用法，後來用另外的新造字來記錄。從而形成古今字。在這些多用的字中，原來的那個多用字，是古字；後來的分化字，是今字。

上古出現的古今字對研究上古音有直接幫助。例如"位"的古字是"立"，這說明"位"原來是-p 尾，緝部長入；它何時變到物部？《詩經》時期已經如此了，《大雅·假樂》押"位、墍"，《易·家人》押"位、愛、謂"，《解》押"位、退、悖"，《旅》押"位、快、逮"，《渙》押"外、大、位、害"，《説卦》押"位、氣"，都是跟長入相押。"立"至晚在戰國時期產生了一個今字"胃"，見於中山王器。"胃"是物部長入。人們之所以造這個字，是因爲"立"的兩讀讀音相差太遠，於是爲"立"的匣母物部讀法另造一個字。

(11)分音詞和合音詞。上古已經有分音詞和合音詞。分音詞，是通過緩讀和增音的方式將一個單音詞分讀成一個雙音詞，例如將"茨"分音爲"蒺藜";合音詞,是通過急讀和減音的方式將一個雙音詞合讀成一個單音詞,例如將"之焉"合音爲"旃"。上古的分音、合音,儘管是兩種構詞的手段,但無疑傳達了上古音的信息。

"何不"急讀爲"盍"。《左傳·成公六年》:"或謂欒武子曰:'聖人與衆同欲,是以濟事。子盍從衆?'"杜預注:"盍,何不也。""何"匣母歌部歌韻開一平,"不"幫母之部尤韻開三平;"盍"匣母葉部盍韻開一入。這說明"何"和"盍"都是匣母;主元音相同,今天歌部、葉部主元音都擬作 a,是正確的選擇;"盍"有入聲韻尾 p,這個 p 尾正是來自"不"的聲母。

(12)漢代注音。注音字和被注音字可以都是遠古以前出現的字。可以肯定,先有某字,然後才可以用它做被注音字和注音字。被注音字和注音字都有自己的造字結構,因此,它們造字結構反映的語音層級要早於注音時代。例如"鄦"和"許"都出現得很早。從它們各自的字形結構上說,"鄦"從"無"聲,"許"從"午"聲。"鄦"最開始造字的時候,跟"許"讀音相差懸殊;反之亦然。後來二字讀音相同了,人們就可以用它來注音,《説文》邑部:"鄦,炎帝太嶽之胤甫侯所封,在潁川。从邑,無聲。讀若許。"因此注音字和被注音字反映的是漢代的讀音情況。

漢代注音有多種方式:一譬況,二讀若,三直音,四反切。這裏都有可以證明漢代語音的好材料。例如譬況,用描寫發音狀況的辦法來說明讀音,《公羊傳·莊公二十八年》"《春秋》伐者爲客"何休注:"伐人者爲客,讀'伐'長言之,齊人語也。""伐者爲主"何休注:"見伐者爲主,讀'伐'短言之,齊人語也。"可見直到漢代,"伐"有"長言、短言"兩種讀音。

(13)避諱。避諱是指遇到君主和尊長的名字,或者其他忌諱的事物,必須避免直接説出或寫出。可以分爲避人名和避惡稱兩大類。避惡稱可能產生較早,人們爲求吉利回避一些不好的字眼,爲求雅致回避一些不雅的字眼,應該很早就有;避人名至晚周代已經出現。

我們所見到的上古已經出現的避諱,都是上古這個時間段内部的資料,還沒有發現上古以前的避諱資料。因此,上古出現的避諱對於研究上古音有作用。例如聲母方面,宋鄭樵《通志·氏族略二》:"籍氏避項羽諱,改爲席氏。"《廣韻》昔韻"席"下注:"亦姓。出安定。其先姓藉,避項羽名,改姓席氏。晉有席坦。"籍、席,上古鐸部短入,它們只有聲母的區別,"籍"從母,"席"邪母。可見秦漢之際從邪有別,邪母是齒音。

(14)上古辭書的語音信息。上古辭書如《爾雅》《方言》《説文》《釋名》等,都可能透露上古音信息。古代辭書,一般不用異體字的一個字形去解釋另一個字形。例如不會有"鵝,鵞也"這樣的訓釋情況。古代很少有同音的同義詞,因此,古人同義詞爲訓時,被釋詞和訓釋詞一般讀音有分别。例如《爾雅·釋詁上》:"隕、磒,落也。"郭璞注:"磒猶隕也,方俗語有輕重耳。"可見郭璞認爲"隕、磒"讀音有别。《方言》卷一:"華、荂,晠也。齊楚之間或謂之華,或謂之荂。"郭璞注:"荂亦華别名,音夸。"可見"華"和"荂"讀音不同,兩字韻母和聲調都相同,只有聲母不同,此可證西漢末齊楚之間溪母和匣母有不同。

(15)上古的語音技巧。語音技巧,指古人在文體要求之外,爲了增加詩文的表達效果,特地在相應的位置上作出聲韻調方面的安排,使某些音素或音素的組合循環出現,使讀者讀起來朗朗上口。此外,古人給人和地域、草木鳥獸蟲魚等起名,有時候也有語音方面的要求,可以算作語音技巧。例如《論語·微子》記載的"周有八士:伯達、伯适(kuò),仲突、仲忽,叔夜、叔夏,季隨、季騧(guā)",秦始皇給自己的兒子起名"扶蘇、胡亥"等。

又如"鷕(yǎo)從"唯"聲,"唯"微部字,則"鷕"原來可能是微部字,大約漢代才轉爲幽部字。《詩·邶風·匏有苦葉》:"有瀰濟盈,有鷕雉鳴。"這裏"瀰"脂部,跟"鷕"韻部相近,"瀰、鷕"有語音技巧,可證當時"鷕"是微部字,没有轉爲幽部。

(16)雙音詞的語音講究。整體上,漢語雙音詞的産生遠晚於單音詞。上古已有的雙音詞,絕大多數都是上古才出現的,直接反映了上古音,因此可以利用來研究上古音。除了前面提到的聯綿詞,還有其他一些雙音詞,都有語音講究。

明代學者已經注意到並列式雙音詞,兩個音節之間不同音。

例如方以智《通雅》卷一已經分辨"麤觕"音義之別。《說文》角部"觕,角長兒"下段注:"《公羊·隱元年》注曰:'用心尚麤觕。'《漢·藝文志》曰:'庶得麤觕。'以麤、觕連文,則觕非麤字也。麤觕,若今人曰粗糙,雙聲字也。"《廣雅·釋詁一》"粗,麤,大也"王念孫疏證:"麤,倉胡反;粗,在户反。二字義同而音異,故《廣雅》'麤、粗'並列,《管子》《晏子》《淮南子》《春秋繁露》《漢書》《論衡》諸書,皆以'麤粗'連文,後人亂之久矣。"

(17)擬聲造詞。擬聲造詞,是模擬自然聲音而造的詞。包括擬聲詞和通過擬聲的手段所造的各類詞。由於它以自然界的客觀聲音爲對象,而模擬客觀聲音不能太走樣,因此對於上古擬聲造詞所造的具體詞,通過對自然界聲音的認識,我們可以找到這些詞上古音值的一些大致線索。

對於自然界聲音,常常很難認識得準確,容易造成主觀推測。因此,對於這項材料一定要謹慎地運用,還要注意,不同的語言所造的擬聲詞可能差別較大,但同一種語言的擬聲詞有自己的歷史傳承性。爲了避免主觀性,應該跟其他的材料相互限定、相互印證。例如"雞"是模擬雞叫聲而造的一個指稱雞的詞,見母字。"喈喈"是模擬禽鳥鳴聲的擬聲詞,包括雞叫聲。《詩·周南·葛覃》:"黃鳥于飛,集於灌木,其鳴喈喈。"《鄭風·風雨》:"風雨淒淒,雞鳴喈喈。"喈喈,見母字。作爲模擬雞鳴聲的"膠膠",《詩經》也出現了。《詩·鄭風·風雨》:"風雨瀟瀟,雞鳴膠膠。"因此,儘管"膠"的主諧字"翏"諧聲情況複雜,涉及多個相差甚遠的聲母,但是不能爲它構擬 mkl-一類的聲母,"膠膠"也是見母字。雞叫聲不能是 mkl 一類的音。

(18)漢代以前對字音及不同字字音之間關係的表述或暗示。漢代以前,對字音及不同字字音之間關係有一些表述,這方面的材料不多,但是吉光片羽,很足珍視,對研究上古字與字之間的音值遠近以及音值都很有價值。例如《呂氏春秋·重言》:"君呿而不唫,所言者'莒'也。"高誘注:"呿,開。唫,閉。"《韓詩外傳》卷四:"管仲曰:'何以知其莒也?'對曰:'君東南面而指,口張而不掩,舌舉而不下,是以知其莒也。'"可見"莒"在上古是個開口字。《淮南子·說林》:"頭蝨與空木之瑟,名同實異也。"高誘注:"頭中蝨,空木瑟,其音同,其實則異。"可見"蝨"和"瑟"西漢讀音相同。

(19)譯音。指將一種語言的詞語用另一種語言中跟它讀音相同或相近的讀音表示出來。上古時期有漢語和其他民族語言的譯音材料,但是零星的。主要有西域借詞和梵漢對音材料。

西域的一些民族,經過兩千多年的變遷,大多很難確認它們跟當今民族的直接傳承關係,我們對於當時西域各民族的語言系統更缺乏了解,因此古書上民族語言零星的譯音材料,在上古音研究中,只能非常有限地加以利用。

從漢語語音、詞彙、語法系統看,特別是從已知的上古韻部和聲調的研究成果看,經過兩千多年的歷史變遷,即使將今天所有方言的存古情況歸結、整合到一起,我們仍然可以發現很多《切韻》音系所反映的讀音差別,在今天所有方言中都消失殆盡。單純根據今天的方言,不借助《切韻》音系,是沒有辦法得出科學的上古音系統的。現代方言是古代漢語在當今各地的發展形式,直承近代漢語。理論上,某些發展得十分緩慢的方言,可能更多地保留上古音的痕跡,也有可能上古音在各個方言中都消失乾淨了。如果確知某方言特殊語音現象是上古音的遺跡,我們當然可以利用它們來構擬上古音。就各地方言的情況看,即使是今天變化得最慢的方言,都很難找到遺留上古音類的確證,更不必說是遺留上古音值了。

大家公認,現代閩方言保留了不少很古的讀音。但是閩方言能確證保留上古的成分極少,大多是保留了南北朝以後不同時期產生的語音、詞彙、語法成分。福建依山傍海,地處東南海邊,境內絕大多數陸地都是山地丘陵,古代跟中原聯繫不便,語言的變化自然比其他地方慢一點,但也在不斷變化,不斷接受中原地區及鄰近權威方言的影響,逐步將上古的語言成分消磨掉,更多地保留中古或稍晚的語言成分。這在語音方面也是如此。閩方言語音的不同層次很複雜,文白異讀牽涉的字多,對應關係繁複,應該跟它不同時期吸收共同語或權威方言有關,有的文白異讀中是否有上古語音層的遺留,還需要再研究。從音類的角度說,閩方言的複雜語音現象不能輕易地推向上古。

第三節　上古音系概貌

這一部分先列出目前爲止上古聲、韻、調系統所得出的結論，然後在後面各節進一步說明這些結論是怎麼得出來的。

一、上古聲母

以下是王力先生的上古三十三聲母系統（採用《漢語語音史》）：

第一類　喉音（按：括號中是對應的中古聲母。下同。）
　　曉（曉）x　匣（匣，喻三）ɣ　影（影）O
第二類　舌根音
　　見（見）k　溪（溪）kʻ　群（群）g　疑（疑）ŋ
第三類　舌尖中音
　　端（端知）t　透（透徹）tʻ　定（定澄）d　泥（泥娘）n
　　來（來）l
第四類　舌面音
　　章（照三）ȶ　昌（穿三）ȶʻ　船（牀三）ȡ　書（審三）ɕ
　　禪（禪）ʑ　餘（喻四）ʎ　日（日）ȵ
第五類　舌尖中音
　　精（精）ts　清（清）tsʻ　從（從）dz　心（心）s　邪（邪）z
第六類　舌葉音
　　莊（照二）tʃ　初（穿二）tʃʻ　崇（牀二）dʒ　山（審二）ʃ
　　俟（俟）ʒ
第七類　雙脣音
　　幫（幫非）p　滂（滂敷）pʻ　並（並奉）b　明（明微）m

二、上古的韻部及韻母

下面主要採用《漢語史稿》的先秦古韻部系統及其韻母構擬，

也作了些改動。郭錫良《漢字古音手冊》(增訂本)全面搜集了先秦至兩漢的 11600 多個漢字,有新創獲;後據此製成《漢字古音表稿》,便於觀覽。由於搜集的材料加多,原來擬音的缺陷凸現出來,因此下表擬音略有改動。主要是中古的三等韻上古析爲兩類介音,一類開口是 i,合口是 iu;一類開口是 ɨ,合口是 ɨu。四等開口是 ɛ,合口是 ɛu。二等兩類介音,一類開口是 e,合口是 eu;一類開口是 ɘ,合口是 ɘu。一等兩類介音,一類開口無介音,合口是 u;一類開口是 ɤ,合口是 ɤu。

上古各部的等列處理如下:

  開口一等甲類:無介音 合口一等甲類:-u-
      乙類:-ɤ-   乙類:-ɤu-
  開口二等甲類:-e-   合口二等乙類:-eu-
      乙類:-ɘ-   乙類:-ɘu-
  開口三等甲類:-i-   合口三等甲類:-iu-
      乙類:-ɨ-   乙類:-ɨu-
  開口四等:-ɛ-   合口四等:-ɛu-

以下是各部的主要韻母(含 i、ɨ 二介音的韻母暫未全部分開):

第一類

  之部 ə(咍侯),ɘə(皆),iə(之),uə(灰),ɘuə(皆),iuə(尤)

  職部 短入 ək(德),iɘk(職),ɘɘk(麥),uɘk(德),ɘuɘk(麥),iuɘk(屋);長入 ək(代),ɘek(怪),iək(志),uək(隊),iuək(宥)

  蒸部 əŋ(登),ɘəŋ(耕),iəŋ(蒸),uəŋ(登),ɘuəŋ(耕),iuəŋ(東)

第二類

  幽部 əu(豪),ɘeu(肴),iəu(尤),iəu(虞),ɛəu(蕭)

  覺部 短入 əuk(沃),ɘɘuk(覺)iɘuk(屋),iɘuk(燭),ɛɘuk(錫);長入 əuk(号),ɘəuk(肴),iəuk(宥)

第三類

  宵部 au(豪),ɘue(肴),iai(宵),ɛau(蕭)

藥部短入 ăuk(鐸),əăuk(覺),iăuk(藥),ɛăuk(錫),uăuk(屋);長入 āuk(号),əāuk(效),iāuk(笑),ɛāuk(嘯)

第四類

侯部 o(侯),io(尤),iuo(虞)

屋部短入 ŏk(屋),əŏk(覺),iuŏk(燭),iwŏk(屋);長入 ōk(侯),iōk(宥),iuōk(遇)

東部 oŋ(東),əoŋ(江),iuoŋ(鍾)

第五類

魚部 ɑ(模),əɑ(麻),iɑ(魚),iɑ(麻),uɑ(模),əuɑ(麻),əui(麻),əuɑ(麻)(虞)

鐸部短入 ăk(鐸),əăk(陌),iăk(藥),iăk(昔),uăk(鐸),əuăk(陌),iuăk(藥),iuăk(燭);長入 āk(暮),əāk(禡),iāk(御),iāk(禡),uāk(暮),əuāk(禡)

陽部 ɑŋ(唐),əɑŋ(庚),iɑŋ(陽),iɑŋ(庚),uɑŋ(唐),əuɑŋ(庚),iuɑŋ(陽),iuɑŋ(庚)

第六類

支部 ɜɛ(佳),iɛ(支),ɛɛ(齊),ɜuɛ(佳),iuɛ(支),ɛuɛ(齊)

錫部短入 ɜĕk(麥),iĕk(昔),ɛĕk(錫),əuĕ(麥),iuĕk(昔),ɛuĕk(錫);長入əēk(卦),iēk(寘),ɛēk(霽),əuēk(卦)

耕部 əɜŋ(耕),iɛŋ(清),iɛŋ(庚),ɛɛŋ(青),əuɛŋ(耕),euɛŋ(清),iuɛŋ(庚),ɛuɛŋ(青)

第七類

歌部 a(歌戈),əa(麻),ia(支),ia(麻),ɛa(齊),ua(戈),əua(麻),iua(支)

月部短入 ăt(曷),əăt(鎋黠),iăt(月薛),ɛăt(屑),uăt(末),əuăt(鎋黠),iuăt(月薛),ɛuăt(屑);長入 āt(泰),əāt(夬),iāt(祭),ɛāt(霽),uāt(泰),əuāt(夬),iuāt(祭廢)

元部 an(寒),əan(刪山),ian(元),ian(仙),ɛan(先),uan(桓),əuan(刪),iuan(元),iuan(仙),ɛuan(先)

第八類

微部 əi(咍)，eəi(皆)，iəi(微)，iəi(脂)，uəi(灰)，əuəi(皆)，iuəi(脂微)，(ieui(脂)

物部 短入 ə̆t(痕入)，eə̆t(黠)，iə̆t(迄)，iə̆t(質)，uə̆t(没)，əuə̆t(黠)，iuə̆t(物術)，ɛuə̆t(薛)；長入 ət(代)，eēt(怪)，iēt(未)，ɛə̄t(霽)，uə̄t(隊)，əuə̄t(怪夬)，iuə̄t(未)，ɛuə̄t(至)

文部 ən(痕)，eən(山)，iən(真)，iən(欣)，ɛən(先)，uən(魂)，əuən(山删)，iuən(文諄)，iuən(仙)，ɛuən(先)

第九類

脂部 iɜɛi(皆)，iɛi(脂)，ɛɛi(齊)，iuɜi(脂)，ɛuɛi(齊)

質部 短入 ɜ̆t(没)，ɜ̆t(黠櫛)，iɛ̆t(質)，iɜ̆t(職)，ɛɛ̆t(屑)，uɜ̆t(没)，iuɜ̆t(術)，ɛuɜ̆t(屑)；長入 ɜ̄t(代)，ɜ̄t(怪)，iɜ̄t(至)，iɜɛ(霽)，uɛ̄t(隊)，iuɛ̄t(至)，ɛu ɛ̄t(霽)

真部 ɛn(痕)，iɜn(臻)，iɜn(真)，iɜn(仙)，ɛɜn(先)，iuɛn(諄)，iuɜn(真)，ɛuɜn(先)

第十類

葉部 短入 ăp(盍)，əăp(狎洽)，iăp(葉業)，iăp(業)，ɛăp(怗)，iuăp(乏)；長入 ap(泰)，ɛap(霽)

談部 am(談)，əam(銜咸)，iam(鹽嚴)，iam(侵)，ɛam(添)，iuam(凡)，iuam(鍾)

第十一類

緝部 短入 ə̆p(合)，əə̆p(洽)，iə̆p(緝)，iə̆p(葉)，uə̆p(合)，iuə̆p(緝)，iuə̆p(薛)；長入 iəui̯əp(祭)，iuə̄p(至)，ɛə̄p(霽)

侵部 əm(覃)，əəm(咸)，iəm(侵)，iəm(鹽)，ɛəm(添)，uəm(冬)，əuəm(江)，iuəm(東)，iuəm(凡鍾)

這是《詩經》時代的語音系統。到了戰國時代，據王力先生的說法，侵部的冬、江、東三韻的字自立爲冬部，跟幽覺二部相配。

古音學家將上古韻部分爲陰聲韻、陽聲韻、入聲韻三大類。陰聲韻，韻部沒有韻尾或以元音結尾；陽聲韻，韻部以鼻音 m、n、ŋ 結尾；入聲韻，韻部以塞音 p、t、k 結尾。顧炎武開始，根據上古材料，將入聲配陰聲，改變《廣韻》入聲配陽聲的搭配方式。江永開始，陰陽入相配。這些相配，反映了當時人們已經認識到陰陽入是三大類別。戴震《答段若膺論韻》中採用"入聲"指韻，將《廣韻》的陽聲韻看作"有入之韻"，陰聲韻看作"無入之韻"，跟上古音掛鈎。孔廣森《詩聲類》主古無入聲之說，將入聲歸到上古陰聲，明確"陰聲""陽聲"的術語，明確提出"陰陽對轉"學說，付諸實施；後人主張入聲不能歸入陰聲，於是形成陰聲韻、陽聲韻、入聲韻的說法。

有人將先秦的陰聲韻擬成帶有 d、g 等入聲韻。這種構擬是為了解決陰聲韻跟入聲韻押韻和諧聲等問題的。其實陰聲韻跟入聲韻相通，主要是中古部分去聲字，例如祭泰夬廢，這部分去聲字一般只跟入聲相通，不跟陰聲相通。另一部分去聲字只跟陰聲相通，不跟入聲相通。多方面的材料證明，中古的去聲上古必須一分為二，部分歸陰聲，即去聲；部分歸入聲，即王力先生所說的長入。從事實出發，將中古部分去聲字併入入聲，則上古漢語中陰聲韻和入聲韻相通極為稀少。有人忽視這一點，將中古去聲囫圇地看作上古去聲，既不符合上古的內證材料，導致分部和歸部失誤；又在構擬上基本或完全沒有開音尾，脫離了古音構擬求系統的目標，人為性很強。

有人在古音構擬中只重視陰陽入的對轉，忽視旁轉的線索。其實旁轉也是由多方面內證材料證明了的。例如魚部和侯部上古音值極近，是旁轉關係；跟宵部音值較遠，不具有旁轉關係。李方桂《上古音研究》將魚部擬作 ag，侯部擬作 ug，宵部擬作 agw。按照這種構擬，魚侯二部音值極遠，魚宵二部音值極近，不能解釋好上古的內證材料。

三、上古的聲調

上古漢語有平聲、上聲、去聲、長入、短入五個聲調。

音值構擬既是對音類的賦值，也是音位的構擬。音位是一種語言中能夠區別意義的語音單位，它可以包含一些圍繞着它的變體；音類實際上是音位的類，也就是按語音的辨義作用歸納出來的類別。因此，音位是音類的抽象的值，音類是音位的類。構擬古代音值,必須以音類爲基礎,凡是不符合音類的值肯定不能反映古音的系統,是不可取的;但是符合音類的構擬,並不能代表古代就是那樣讀,它只是一個方便説明古音系統的假定。

第四節　上古韻部系統、韻母系統

　　反映上古韻部,韻文是最好的研究材料。在上古音研究中,韻部研究的成就最大,原因就在這裏。韻文中,詩歌用韻是一種硬性要求,而散文用韻只是作者的一種形式追求,不具強制性。所以詩歌更容易判斷何處用韻,何處不用韻,以及如何用韻。人們利用韻文研究上古韻部,更重視詩歌用韻。跟後代的韻文相比,《詩經》不像唐宋以來的近體詩甚至所有的韻文押韻,直接、間接地受官韻的影響,不能完全反映實際語音。《詩經》是我國最早的詩歌總集,以它爲代表的上古韻文,沒有辦法模仿更早的韻文,只能直接反映當時的口語,所以《詩經》是"天籟"。《詩》三百,韻段多,長韻段不少,有人統計有1755個韻段(唐作藩《上古漢語有五聲説》),不同的韻部幾乎都出現了;而且時空範圍固定,應該是西周初年至春秋中期黃河中下游流域、漢水和長江中游以北這一帶的詩歌,後來又經過了經典化,釋讀得很準確,極便利用來研究上古韻部。《詩經》是研究早期上古音的最主要的材料。現在流傳下來的詩歌,有的比《詩經》的時代早,正如羅常培《漢語音韻學導論・緒論》所説:"前此之作,非出僞托,即感殘缺。且殷契雖存,而音尚難徵。出土吉金,亦多周器,故探討古音,宜斷自周初,未可侈言荒古也。"

　　先秦人已經告訴我們,有些作品是要用韻的,例如"賦"這個字,它可以指吟誦或創作詩歌。《左傳・隱公元年》:"公入而賦:'大隧之中,其樂也融融。'姜出而賦:'大隧之外,其樂也洩洩。'"既然用"賦"而不用"曰、云"等,那麼這一定強調"賦"的是韻文,"中、融"互押,"外、洩"互押;《文公十三年》:"鄭伯與公宴於棐,子家賦《鴻雁》。"既然説"賦《鴻雁》",那麼《詩經・小雅・鴻雁》一定是一篇韻文,如果是朗誦《論語・學而》,就不能説"賦《學而》",因爲《學而》不是詩歌。"賦"這個詞義的出現表明,先秦人已認識到,當時存在着詩歌這種文體，這種文體是押韻的。其實，《詩經》《楚辭》的彙編成集，正是這種認識的實踐活動的反映。

　　清代江永注意到，後代人讀《詩經》，都能感覺到，大部分入韻字讀起來還是押韻的，他在《古韻標準例言》中說："《三百篇》者，古音之叢，亦百世用韻之準。稽其入韻之字，凡千九百有奇，同今音者十七，異今音者十三。"《詩經·魏風·伐檀》共三章，今天讀起來大部分明顯是押韻的，第一章"檀、干、漣、廛、貆（huán）、餐"應該是《詩經》時代至今一直都是押韻的，而且都是平聲字；第二章"輻、側、直、稷、億、特、食"今天讀起來有的押韻，有的不押韻，這只能是韻母主元音和韻尾的音值變遠了；第三章"輪、漘、淪、囷、鶉、飧（sūn）"又像第一章那樣，今天讀起來一點不感覺到不押韻，也都是平聲字。多方面的證據告訴我們，《詩經》是押韻的，這已經是先秦人明白講出來的事實，因此我們可以根據《詩經》等上古韻文歸納出上古的韻部系統。

　　我們通過韻例的研究，確定一段韻文，哪些地方押韻，哪些地方不押韻，以及怎樣押韻，就可以知道哪些字互相押韻。互相押韻的字，基於這些字的語音特性。原則上，一些字主要元音和韻尾（如果有韻尾的話）相同，只要語義、語法上允許，符合表達需要，就可以互相押韻。極少數情況下是主元音和韻尾不同，但是需要相近。這些極少數的押韻特例，可以叫"合韻"。通過系聯韻腳字的方法加以系聯，將互相押韻的一串一串的字系聯起來，減去合韻的字，形成一個一個的押韻字的集合，我們可以將這種集合叫作韻部。同一個韻部的字，主元音和韻尾是相同的。那些合韻的字，對於我們確定韻部和韻部之間音值的遠近，有重要作用。我們可以根據合韻，結合相關材料，按照音值遠近排列上古韻部表。顧炎武以來的古韻分部越來越精密，"前修未密，後出轉精"，一個重要的方面，就是對《詩經》的韻例研究越來越精密，越來越符合《詩經》用韻的實際情況。

　　南北朝的人讀《詩經》，感到有些地方不和諧，由此提出"叶音說"，這也就意味着當時人在探討《詩經》哪些地方押韻，哪些地方不押韻。但是那時人對於《詩經》的韻例研究成果沒有傳下來。唐代學者對《詩經》韻例也有一些研究,孔穎達作《毛詩正義》,裏面有一些關於韻例的見解。例如他在《周南·關雎》最後的"疏"下說:"《詩》之大體,必須依韻……'之、兮、矣、也'之類,本取以爲辭,雖在句中,不以爲義,故處末者,皆字上爲韻……。"宋代朱熹《詩集傳》全面採用"叶音說",給整部《詩經》注叶音,實際上,《詩集傳》反映了他對整部《詩經》押韻的微觀處理意見。可以說,《詩集傳》是全面反映對《詩經》用韻情況的看法且留下著述的最早一部著作,後人批評叶音說和研究《詩經》用韻、劃分韻部,都是以《詩集傳》爲起點而展開的。從這一點來說,《詩集傳》的貢獻還是很大的。我們要了解清代古音學,從事古韻研究,最好也從《詩集傳》開始。

我們怎樣利用韻文研究上古韻部呢?應該採取以下步驟:

第一步,要確定整部《詩經》中具體字的韻例。《詩經》的韻例遠比《楚辭》複雜,《楚辭》的韻例跟後代押韻幾乎是一樣的,但是《詩經》押韻複雜多變,很不容易捉摸。古音學家們不是白手起家,而是從批判繼承《詩集傳》的韻例開始的,因爲《詩集傳》是最早在書面上反映整部《詩經》哪些地方押韻、哪些地方不押韻的著作,明清讀書人大多很早就讀《詩集傳》,養成童子功。清代以來有成就的古音學家,大多展示了他們研究《詩經》韻例的成果。顧炎武《詩本音》、段玉裁《詩經韻分十七部表》、江有誥《詩經韻讀》、王力先生《詩經韻讀》都將《詩經》的具體韻例展示出來。

我們了解古音學,不能一空依傍,不看這些成果,只相信自己。我們必須在前人的基礎上從事歸納工作。這是研究古音分部必走的程序。剛開始學習古音學的人,容易棄這些成果於不顧,結果走了彎路,還得回到這個路子上來。可以朱熹《詩集傳》爲起點,一一對比顧、段、江、王幾家對《詩經》每篇詩歌的韻例的不同處理意見。此外,陸志韋有《詩韻譜》,向熹《詩經詞典》後附《〈詩經〉原文及用韻》,王顯有《詩經韻譜》,郭錫良先生《漢字古音表稿》每部表後都有《〈詩經〉韻譜》和《〈詩經〉合韻譜》,都可以參考。

有的字,儘管用在句末,但是不處在非押韻不可的位置上,而且按照後代讀音去看,似乎跟整個韻段其他字的讀音差得比較遠。它到底入韻不入韻,必須研究該字在其他韻段中出現的情況或者其他音韻材料再做判斷。這就要求以一個一個具體的字爲研究單位，廣搜押韻等音韻材料，判斷其上古主元音及韻尾（如果有韻尾）的語音信息。陳第《毛詩古音考》、顧炎武《唐韻正》就是這樣做的。這說明，從事古音分部，離不開具體字的微觀考證。

第二步，給《詩經》中具體韻段的每個字一一注上《廣韻》韻屬。之所以要這樣做，是因爲《廣韻》不僅跟《詩經》反映的上古音有對應關係，而且還有發展關係。利用《廣韻》，能幫助人們上推古音。我們當然可以利用顧炎武的《詩本音》，《詩本音》給顧炎武認定的押韻字都注上了《廣韻》韻屬，個別地方有錯訛。例如《豳風·七月》，他在"食我農夫"的"夫"下注："十虞。"這是對的。在"嗟我農夫"的"夫"下注："十一模。"這是錯的。所以我們注中古韻屬，不能只照抄顧炎武的《詩本音》，要對照《廣韻》加以核查。

在注明中古韻屬時，肯定會碰到一字異讀，一字異讀的字有的區別字義，有的不區別字義，《廣韻》有時不能告訴我們這方面的全部有效信息。《經典釋文》是根據《詩經》上下文文義施注的，而且基本上做到注音不違毛、鄭，保留了兩漢至南北朝的一些舊音，能彌補依《廣韻》注韻屬的遺憾。

第三步，依據韻腳字系聯法進行系聯，從研究顧炎武的分部開始，比較各家通過韻腳字系聯分部的具體根據及其優劣得失。

第四步，遇到《詩經》不能系聯上的韻段，還要通過上古其他韻文材料，或者韻文之外的材料加以系聯。先秦多韻語，除了《詩》《騷》，其他一些散文中也多夾雜些韻語，所以顧炎武有《易本音》，段玉裁有《群經韻分十七部表》，江有誥有《群經韻讀》《楚辭韻讀》《宋賦韻讀》《先秦韻讀》等，都可以參考。郭錫良先生《漢字古音表稿》每部表後都有《〈楚辭〉韻譜》和《〈楚辭〉合韻譜》，是最新的成果。

上古韻部的具體系聯方法和操作方式，我們在下一節舉例說明。韻文押韻只管韻母的主要元音和韻尾（如果有韻尾的話），更多時候也要求聲調相同，但不是強制性的；不管介音和聲母。因此，根據韻腳字的系聯，得出的是韻部，不是韻母。古音學家經過三百多年的反覆研究，歷經波折，以《詩經》爲主要材料，又用諧聲字、聲訓、假借、異文、異讀等材料多方驗證，得出上古有三十個韻部。從《漢語史稿》開始，王力先生始終認爲《詩經》時代有二十九部；到戰國時代，侵部的合口變成了冬部，成爲三十部。古韻最多只能分出三十部，這大概是古韻分部的最終結論。王力先生後來的音韻學論著，有時候列古韻二十九部，有時候列三十部，這並不表明他的分部系統有變化，只是在表述上有時側重戰國有時側重《詩經》時代罷了。

在一個語言的音系中，音與音之間不是絕緣的，韻部和韻部之間當然不會是絕緣的，有的韻部之間讀音近一些，有些遠一些，所以反映上古韻部關係的一些材料中，有些韻部之間常常相通。段玉裁敏銳地注意到這樣的事實，開始打破按照《廣韻》排列上古韻部的做法，根據上古音的遠近來排列韻部。但是反映韻部和韻部之間的音值遠近的上古內證材料很複雜；從西周到漢末，有一千三百來年的歷史，音值的遠近也會隨時而變。按照音值遠近排列韻部時如何排得符合事實，就是需要研究的問題。上古韻部是以《詩經》押韻爲主要材料，因此，排列韻部時，主要是根據《詩經》的合韻來求得韻部的遠近的。例如《詩經》中，之部和職部、之部和蒸部、之部和幽部有些合韻現象，反映它們之間韻部相近；之部和魚部也有合韻，但是鐸部和職部、陽部和蒸部沒有合韻，所以從系統上，之部和魚部不能排在一起。蒸部跟侵部、職部和緝部、職部和覺部都有合韻，也反映了它們音值相近。據此可以得出這樣的上古韻部表：

陰聲韻	入聲韻	陽聲韻
之部	職部	蒸部
幽部	覺部	冬部
宵部	藥部	
侯部	屋部	東部
魚部	鐸部	陽部
支部	錫部	耕部
脂部	質部	真部

微部	物部	文部
歌部	月部	元部
	葉部	談部
	緝部	侵部

這張表反映了《詩經》時代各韻部大致的音值遠近關係：1. 排在同一橫行的，具有對轉關係，即之部、職部、蒸部之間有陰、陽、入的對轉關係，依此類推。2. 排在同一直行的，也就是陰聲韻、陽聲韻、入聲韻內部，臨近的各部之間一般有旁轉關係，如之部和幽部，幽部和宵部，都有旁轉關係，但是個別臨近的韻部之間旁轉關係很微弱，例如元部和談部之間。3. 這裏將緝部和侵部調整到葉部和談部之後，是要表明緝部和職部有旁轉關係，侵部和蒸部有旁轉關係。因此，這張表的製作考慮到了韻部的流轉變化。

上古韻部陰、陽、入的排列，一共有十一類。可以綜合爲三大類。以入聲爲例，第一大類，從職部到錫部，都是 k 收尾的韻部，包括六類；從質部到月部，都是 t 收尾的韻部，包括三類；從葉部到緝部，都是 p 收尾的韻部，包括兩類。它們相配的陰聲韻、陽聲韻也要據此綜合爲三大類。

分部和歸部是相聯繫的兩件事。分部主要是利用《切韻》音系作爲橋梁，根據先秦韻文歸納的結果。互相押韻的字，減去合韻的字，就形成一個一個的集合，這個集合就是一個一個的韻部。一個韻部中，能押上韻的字無疑要歸入該部，但是上古出現的很多字在《詩經》中沒有押上韻，有些字在整個先秦兩漢韻文中都沒有押上韻，因此要通過其他材料將這些沒有入韻的字歸入一個一個的韻部。

漢字多諧聲字，現在看來，諧聲字造字法的出現比周秦兩漢略早一點，殷商甲骨文中可靠的諧聲字還很有限，到《說文》中的小篆，諧聲字才佔到當時漢字總字數的 80% 以上。因此，一般來說，同諧聲者往往同一韻部，段玉裁明確提出"同諧聲者必同部"的理論，就是要解決上古出現的字的歸部問題，這個理論基本行之有效。可是，既然總體上諧聲字出現的時代比周秦兩漢略早，那麼有些諧聲字到周秦兩漢,語音不免會有變化。碰到這種語音有參差的情況,我們應該以周秦兩漢的語音爲準,適當打破"同諧聲者必同部"的歸部原則,進行歸部。還有些字,既不入韻,也不是諧聲字,得利用其他反映上古音的内證材料歸部。個别時候,某字沒有其他反映上古音的内證材料可以利用,那就只好利用《切韻》音系跟上古音的對當關係去歸部。

上古韻部的劃分幾乎有了定論,但是歸部問題並沒有完全得到解決。今後上古音類研究,具體字的歸部問題可以成爲一個重要的研究方向。例如,經過這麽多年的研究,中古的去聲字一部分要歸到上古陰聲韻部,一部分要歸到上古入聲韻部。如何進行具體字的歸部,這裏面有很多需要研究的地方。從西周立國到東漢滅亡,其間有一千三百年的歷史,具體字的歸部在上古内部會有變化,也得一一進行研究,才能得出更精確的結論。上古的字的音義匹配跟中古有同有異,例如"勞"作"慰勞"講,中古去聲,但是根據漢代高誘注,"勞"讀去聲還包括"憂勞"的意義,《淮南子·氾論》:"當此之時,一饋而十起,一沐而三捉髮,以勞天下之民。"高誘注:"勞猶憂也,勞讀勞勑之勞。"可見,漢代不但"勞勑"的"勞"去聲,而且"憂勞"的"勞"跟它同音,也是去聲。這種情況不在少數,需要一一進行研究。

根據詩韻,得出的是韻部。研究上古音,是要求出它的韻母系統來的;要求出韻母系統,就要研究上古的介音系統,既有開合口的問題,也有等第的問題。既往研究上古韻母系統,一般都是根據歷史語言學的原理,直接從中古往上推,這沒有問題,但是遠遠不夠。其實,上古韻文之外的内證材料,諸如漢字異讀、諧聲字、同源詞、聲訓、假借字、聯綿詞、異文、古代注音、避諱、上古的語音技巧、雙音詞的語音講究等,都反映了上古介音問題。例如《詩經》的雙聲兼疊韻聯綿詞"繾綣",前面是開口,後面是合口。既然"繾、綣"二字是嚴格的雙聲,那麽就不能將"綣"的合口成分放到聲母上面去,構擬 k'w 這樣的聲母,因爲"繾"只能構擬 k', k'、k'w 不是嚴格的雙聲,所以"綣"只能構擬 k';既然"繾綣"是嚴格的疊韻,那麽就不能將"綣"的合口成分放到韻母主元音上面去,構擬 on 這樣的韻母,因爲"縋"要構擬爲 an,an、on 不是嚴格的疊韻,所以"綣"的合口成分只能是在介音上,要爲介音構擬 u 一類的音素。

再如對比上古三十部的屬字和《切韻》音系,可以發現在上古同一韻部中,在同開合、同等第的情況下,還有很多字中古屬不同的韻,有的屬中古的重紐,這種現象可以叫作上古"韻重"現象。有些韻重現象很有規律性,不能處理爲上古的同音字,中古由於讀音例外變成不同的韻。這就牽涉到上古的等第問題。漢代注家的注音也反映了有些字,中古同音,而上古是不同音的。

《禮記·檀弓上》:"禮不諱嫌名,二名不徧諱。"鄭玄注:"爲其難辟也。嫌名,謂音聲相近,若禹與雨,丘與區也。""禹"和"雨"上古同韻部。根據鄭注,"禹"和"雨"漢代讀音不同;漢代"丘"幽部,"區"侯部,這沒有問題,它們的讀音肯定不同。黃侃述、黃焯編《文字聲韻訓詁筆記·聲韻學筆記》的"韻之分合次序及標目字之異同"中,承認"禹:雨"有別,"丘:區"有別,這是對的。《廣韻》都是王矩切,上古都是匣母魚部三等合口。只有假定魚部合口三等有兩類介音,這個現象才好解釋,"禹、雨"是兩類不同的三等韻,後來混同了。

《淮南子·原道》"蛟龍水居,虎豹山處"高誘注:"蛟,水蛟,其皮有珠,世人以爲刀劍之口是也。蛟讀人情性交易之交,緩氣言乃得耳。"這說明"蛟"和"交"讀音不同,讀"蛟"時要"緩氣言",跟"交易"之"交"不同。但是到《廣韻》,"蛟、交"都是古肴切,《集韻》都是居肴切。"交"和"蛟"上古同韻部。如果承認宵部有兩類二等韻,高誘注就好解釋了。

《原道》還有:"劉覽徧照,復守以全。"高誘注:"劉覽,回觀也。劉讀留連之留,非劉氏之劉也。"這裏,高誘給"劉覽"作了釋義,後面只能是純注音。劉、留,中古都是力求切,上古都是來母幽部三等開口,如果只是由中古音往上推,則上古也沒有區別,所以清代梁履繩説:"劉、留二字同音,無所分別,義亦相通。"人們顯然不會將這個"劉"理解爲姓劉的劉,因此不可能是訓詁問題,只能是讀音問題;有人試圖從方音的角度去理解"劉:留"讀音的分別,其實也並沒有解決問題。用漢字去記錄方音,必然以共同語做基礎,因此二者並不對立。只有假定幽部三等舌音有兩類介音,這個現象才好解釋,"劉、留"是兩類不同的三等韻,後來混同了。

《爾雅·釋詁》:"隕、磒,落也。"郭璞注:"磒,猶隕也,方俗語有輕重耳。""隕"和"磒"上古同韻部。按照郭璞的説法,"隕:磒"讀音有別。《釋文》:"隕,於閔反。磒,於敏反,石落也。"還不知道陸德明這樣注音,是否反映"隕:磒"韻母有別,《廣韻》中"閔:敏"同音,"隕:磒"同音。可以這樣理解:原來"隕:磒"不同音,是兩類三等韻的對立,後來混同了。

總起來説,上古内證材料表明,當時的介音系統比中古複雜,我們要認真研究上古内證材料反映出來的等第情況,這也是將來古韻母研究應該努力的方向。我們在前面的處理中,將上古一個韻部在同開合、同等第的情況下,在一二三等韻裏面各離析出兩類介音,這是我們的一種處理意見,目的就是要解釋韻重現象。詳細的論證可以參看孫玉文《上古漢語韻重現象研究》一文。

第五節　以歌部爲例談上古韻部的系聯

利用押韻材料進行分部,既用到了離析《唐韻》的方法,這其實是跟《廣韻》進行對應關係的研究;也用到了韻脚字系聯法。韻脚字系聯法,也叫絲貫繩牽法,是把同一時期韻文材料中的韻段都找出來。同一韻段中有的字不僅僅只在某處押韻,常常在別的韻段中也出現,於是以這些在不同韻段中反復出現的字爲系聯的線索,輾轉系聯,求出一個一個韻部。明代陳第《毛詩古音考》雖説是考求《詩經》中五百個左右的字的古音,但他是以一個個字爲具體單位,看它在不同韻段中的押韻表現。例如他考定的第一個字"服"古"音逼",本證中列出《詩經》中"服、側"(《關雎》)、"側、服"(《有狐》)、"襋(jí)、服"(《葛屨》)、"翼、服、息"(《蜉蝣》)等"服"字出現的16個韻段,旁證中列出《周易》至漢魏"服"字出現的9個韻段,證明"服"在上古要讀"逼"的音。這實際上已經用到了韻脚字系聯法,將"服、得、側、襋、翼、息、棘、飭、則、國、奭、革、億、德、北、克、忒、職、福、極"等字串聯起來,認爲這些字主元音和韻尾相同,從而確定"服"的古讀；但是陳第沒有用來劃分韻部。這些通過"服"字串聯起來的字，大多還在別的韻段中出現，可以不斷地串聯下去，形成"滾雪球"的局面。所以到顧炎武，他受此啓發，開始使用這種方法從事古音分部。王顯《清代學者在古韻分部研究上的貢獻》一文說："只要是用韻文來研究語音，自然而然地就要使用系聯法，因爲韻文本身就是互相系聯的……大概從顧炎武起，就都是使用這個方法。不過他們既然沒有明白地說了出來，那麼總結出這個方法，自然只能歸功於張惠言。"張惠言（1761—1802）有《說文諧聲譜》，由其子張成孫整理，改名《諧聲譜》。張成孫《序》說："由是以《詩》中先出字建首，絲聯繩引之"，提到"絲聯繩引"，這是一種理論提煉。

爲了節省篇幅，也便於初學者掌握，下面以分部上不太複雜的歌部爲例，來看一個韻部是怎樣分出來的，歌部在科學的古音學開創者顧炎武那裏就已經分出來了。在《詩本音》中，顧炎武將《詩經》原文都抄下來，在他認定的要押韻的地方大都注明《廣韻》韻屬，這是他區分押韻與非押韻的一個形式標志，有少數沒有標注，只注上他所定的古讀；如果一篇詩的每一章詩裏，交錯或相連着用了幾個韻段，顧氏就用一個小橫線"—"將不同韻段區隔開。但是他沒有注明哪些是歌部。這時候要看他的《古音表》，《古音表》中，第六部是歌部，包括歌、戈、麻半、支半，以及相配的上去聲，還列有支半的具體屬字，收入了至韻"地"字，禡韻"化"字，霽韻"麗"字，併入了旨韻"鮪(wěi)"字。借助《古音表》，就可以知道《詩本音》中顧炎武對《詩經》哪些韻段屬於歌部的具體見解了。

段玉裁、江有誥、王力對於哪一個韻段屬於歌部，歌部韻段的具體屬字標注得很清楚，段玉裁《詩經韻分十七部表》是用數字序號標注韻部，歌部是十七部，而且將十七部的具體韻段和入韻字都列出來，不列詩句全文；江有誥、王力都列有《詩經》全文，但是明確注明"歌部"等。《詩經》中，歌部的字有 70 個韻段。

我們以《詩本音》爲分部的起點。每個入韻字右邊的小字都是標注的《廣韻》韻屬；標注中古韻屬時，沒有完全採用《詩本音》，而是結合《經典釋文》的注音來標注，主要是因爲《經典釋文》是按照

《詩經》上下文來注音,音義匹配做得好,更多保留舊讀。借助《切韻》音系,能够幫助我們進行古音分部,也能幫助我們揭示上古音到中古音的發展變化,因此標注《廣韻》韻屬是可取的:

皮支紽歌蛇支《召南‧羔羊》沱歌過戈過戈歌歌《江有汜》離支施支《邶風‧新臺》河歌儀支他歌《鄘風‧柏舟》珈麻佗歌河歌宜支何歌《君子偕老》皮支儀支儀支爲支《相鼠》猗支磋歌磨戈《衛風‧淇奧》阿歌薖戈歌歌過戈《考槃》左哿瑳哿儺哿《竹竿》離支靡紙《王風‧黍離》離支靡紙《黍離》離支靡紙《黍離》羅歌爲支罹支吪戈《兔爰》麻麻嗟麻嗟麻施支《丘中有麻》宜支爲支《鄭風‧緇衣》加麻宜支《女曰雞鳴》吹支和戈《蘀兮》何歌何歌《齊風‧南山》何歌何歌《南山》左哿我哿《唐風‧有杕之杜》何歌多歌《齊風‧晨風》何歌多歌《晨風》何歌多歌《晨風》差佳麻麻娑歌《陳風‧東門之枌》池支麻麻歌歌《東門之池》陂支荷歌何歌爲支沱歌《澤陂》陂支爲支《澤陂》陂支爲支《澤陂》縭支儀支嘉麻何歌《豳風‧東山》錡支吪戈嘉麻《破斧》何歌何歌《伐柯》鯊麻多歌《小雅‧魚麗》多歌嘉麻《魚麗》椅支離支儀支《湛露》莪歌阿歌儀支《菁菁者莪》駕禡猗支馳支破過《車攻》何歌羆支蛇麻《斯干》羆支蛇麻《斯干》地至瓦馬儀支議寘罹支《斯干》阿歌池支訛戈《無羊》猗支何歌瘥歌多歌嘉麻嗟麻《節南山》河歌他歌《小旻》罹支何歌何歌《小弁》掎紙扡紙佗箇《小弁》何歌多歌何歌《巧言》禍果我哿可哿《何人斯》議寘爲支《北山》左哿宜支《裳裳者華》難翰那歌《桑扈》羅歌宜支《鴛鴦》何歌嘉麻他歌《頍弁》俄歌傞歌《賓之初筵》嘉麻儀支《賓之初筵》阿歌難歌何歌《隰桑》阿歌何歌《縣蠻》波戈沱歌他歌《漸漸之石》峨歌宜支《大雅‧棫樸》阿歌池支《皇矣》賀箇佐箇《下武》何歌嘉麻儀支《既醉》沙麻宜支多歌嘉麻爲支《鳧鷖》阿歌歌歌《卷阿》多歌馳支多歌歌《卷阿》儀支嘉麻磨戈爲支《抑》嘉麻儀支《抑》可哿歌歌《桑柔》皮支羆支《韓奕》犧支宜支多歌《魯頌‧閟宮》猗支那歌《商頌‧那》河歌宜支何歌《玄鳥》

在《詩經》中,有三個韻段系聯不上:(1)《蘀兮》的"吹、和"。這時候,應該去看看其他上古韻文,"吹"字,顧炎武《唐韻正》"嬴"下面列有《老子》第二十九章，"隨吹贏隳"相押，但是"隨贏隳"3字《詩經》裏面没有入韻。《唐韻正》"隨"下面列有《論語·微子》等以及"和"字出現的20多個韻段，其中有《吕氏春秋·任數篇》"和隨多"，《鬼谷子·飛箝篇》"隨和宜"，賈誼《新書·道術篇》"和隨施"，《淮南子·齊俗》"隨爲"等，其中"多、宜、施、爲"這些字《詩經》都入韻了，由此可見"吹、和"跟《詩經》中那些入韻的歌部字歸爲同一部。這樣，借助《詩經》以外的韻文以及其他材料，可以將"吹、和"系聯到上古歌部。(2)《賓之初筵》的"俄、傞"。這兩個字很難押上韻，但是它們分別從"我、差"得聲，"我、差"《詩經》都入韻了，是歌部；"俄、傞"屬中古歌韻，歌韻來自上古歌部，所以"俄、傞"也要歸歌部，歸到别的哪一個韻部都不妥。(3)《下武》的"賀、佐"。"賀、佐"分別從"加、左"得聲，"加、左"《詩經》都入韻了，是歌部；"賀、佐"屬中古箇韻，箇韻來自上古歌部，所以"賀、佐"也要歸歌部，不能歸入别的韻部。

　　《詩經》中，歌部幾乎都能系聯爲一類，因此，歌部自成一部是没有任何問題的。根據這種系聯可以看出，對歌部不可能進行再分類，再分類就没有事實材料做支撑。顧炎武之後，肯定有人嘗試過再分部，但是不可能成功，所以大家對歌部自成一部没有什麽分歧意見。從歌部跟中古音的對當關係說，此部包括歌、戈全部，麻半，支半，零星的有至韻"地"字，翰韻"難"字，對應關係還是很清楚的，既說明據《詩經》押韻分部是系統、科學的，也說明《切韻》音系不是胡亂分韻的。當然，這是韻文中用來作爲韻脚的那些字，還有很多歌部字没有用上韻。

　　清代及清代以後的學者對顧炎武以來的古韻分部進行再分部，無一不是對《詩經》的具體韻例做出新調整，不斷逼近事實真相。另一個值得注意的方面是，即使是大家公認的分部成果，對於具體韻例也會做出調整。顧氏分出歌部，大家一致接受，但是對顧氏具體韻例的處理意見却有少量的調整。這其實是反映了大家對顧氏分出的歌部進行了反復檢驗，不是被動接受。下面是一些不同的處理意見：

　　(1)《邶風·北門》一二三章最後三句都是"已焉哉！天實爲

之,謂之何哉"。顧炎武以爲第一章"哉、之、哉"相押,他的朋友李因篤提出"爲、何"相押,顧氏作爲一種說法注在《詩本音》中;第二章、第三章由於顧氏分部未密,因此這兩章的"哉、之、哉"都跟前面的韻段通爲一個韻段,跟第一章處理不一。

段玉裁以爲一二三章的"爲、何、爲、何、爲、何"一起算一個韻段,實際上是處理爲遙韻。江有誥、王力都以爲各章"爲、何"自押,三章的"爲、何"則是三個不同的韻段,以江、王的處理爲優。江、王不同處在於:江除了認爲三章的"爲、何"各自相押,還認爲三章的"哉、之、哉"也各自相韻,這是處理爲一種富韻,有其道理。

(2)《齊風·南山》第三章和第四章,顧、段都以爲每章一三句"何、何"相押,江、王認爲不押韻。

(3)《秦風·晨風》三章最後兩句都是"如何如何,忘我實多",顧氏"何、多"相押,段氏三章的"何、多、何、多、何、多"遙韻,是一個韻段,江、王是每一章的"何、何、多"相押。

(4)《陳風·東門之枌》第二章是"穀旦于差,南方之原。不績其麻,市也婆娑","原"在非押韻不可的位置上。顧炎武以爲"差、麻、娑"是歌部相押,"原"不入韻,不妥。段玉裁、江有誥、王力都以爲"原"跟"差、麻、娑"是歌元合韻。段玉裁提出"合韻"的概念,就好解釋這種押韻現象了。

可能在上古的一些方言中,"原"讀成了陰聲韻的歌部,所以《詩經·陳風》中可以跟歌部押韻,《漢書·尹賞傳》"寺門桓東"魏如淳注:"陳宋之俗言桓聲如和,今猶謂之和表。"這裏的"陳"跟"陳風"的"陳"同地,陳地直到漢代還將一些元部字讀成歌部字,因此《詩經·陳風》中將"原"押成歌部,沒有什麼奇怪的。這也說明人們認爲歌部和元部有陰陽對轉關係,是有事實依據的。不過,我們探討上古韻部,是探求雅言的語音系統,"原"還是要歸元部,《東門之枌》的押韻可以叫歌元合韻。

(5)《陳風·澤陂》共三章,第一章全部押歌部,是一個韻段。第二三章,每章一五兩句分別是"彼澤之陂""寤寐無爲",顧氏以爲兩章"陂、爲"各自押韻,段、江、王均以爲不入韻。其實認爲入韻也未嘗不可。

(6)《豳風·伐柯》第一章是"伐柯如何？匪斧不克。取妻如何？匪媒不得"，第一三兩句顧氏、段氏"何、何"相押，江、王不入韻。

(7)《曹風·下泉》一二三章分別是"冽彼下泉，浸彼苞稂。愾（xì）我寤歎，念彼周京""冽彼下泉，浸彼苞蕭。愾我寤歎，念彼京周""冽彼下泉，浸彼苞蓍。愾我寤歎，念彼京師"，江有誥以爲每一章"彼、彼、我、彼"都押句中韻，顧、段、王不入韻。江有誥注意到這幾個字語音上有關係，是，但是可以視爲語音技巧，不必看作押韻。

(8)《小雅·斯干》第九章是"乃生女子，載寢之地。載衣之裼，載弄之瓦。無非無儀，唯酒食是議，無父母詒罹"，顧氏"地、瓦、儀、議、罹"相押，"裼"不入韻；段"裼"歌錫合韻；江依《說文》所引，改"裼"爲"褅"，爲歌支合韻；王歌錫合韻，但有注："疑'裼'非韻，則是歌部。"《王石臞先生遺文》卷四王念孫《書錢氏答問說"地"字音後》以爲"地、裼、瓦、儀、議、罹"爲韻。

(9)《巧言》第六章"何、多、何"相押，段氏《詩經韻分十七部表》失收。

(10)《裳裳者華》第四章前兩句是"左之左之，君子宜之"，顧、段、王"左、宜"相押，江是"左、左、宜"相押。

(11)《桑扈》第三章是"之屏之翰，百辟爲憲，不戢不難，受福不那"，顧氏以爲"翰、憲"押元部，"難、那"押歌部，以爲"難"音乃多反。段氏、王氏以爲"翰、憲、難、那"歌元合韻，江氏以爲"那"當從《說文》作"儺"，讀奴言反，是元部自押。

"難"，據《毛傳》，是"畏難"的"難"，是翰韻字。"受福不那"的"那"，作"多"講，《說文》鬼部"魖"下面引《詩》，作"儺"，"儺"上古有異讀，是歌部和元部兩屬的字。"那"是個從冄（rǎn）聲的字，本是西夷國名，"冄"是談部字，但是"那"很早就有歌部讀法。《集韻》還記載了它的"那含切"一讀，這是來自上古談部的讀音。

(12)《大雅·桑柔》第十六章是"民之未戾，職盜爲寇。涼曰不可，覆背善詈。雖曰匪予，既作爾歌"，顧、江"可、歌"相押，顧"戾、詈"相押，是一部，誤；江其他不入韻。段"寇、可、詈、歌"是侯歌合韻，王"可、詈、歌"歌部。

(13)《商頌·那》第一句是"猗與那與",顧、江、朱駿聲、王"猗、那"相押,段不入韻。

(14)《玄鳥》有"邦畿千里,維民所止,肇域彼四海。四海來假,來假祁祁。景員維河,殷受命咸宜,百禄是何",顧氏"里、止、海、祁"相押,不確;又"河、宜、何"相押。段"祁"不入韻,"河、宜、何"相押;江、王"祁、河、宜、何"歌脂合韻,江氏説"祁":"俗本作祈,誤。"

可見,儘管大家都承認顧炎武將歌部分出來的研究結果,但是對於一些難以處理的韻段,具體的處理意見跟顧氏還是很有差別的。一般來說,後人的處理比顧炎武要合理,更爲可取。

知道中古一些支韻字來自歌部,原來有些疑惑的地方就能解釋清楚了。例如經常聽到有人説"罷"作"疲勞"講是通"疲",這話是認爲"罷"的"罷止"義跟"疲勞"義之間没有引申關係。這固然是不準確的,但是"罷"爲什麽能讀成"疲"的音呢?"罷"作"罷止"講,上古是並母歌部,從"罷"得聲的"羆"《詩經》裏面正好押歌部;"疲"從"皮"得聲,"皮"在《詩經》中多次入韻,都是押歌部,"疲"上古也是並母歌部,可見"罷"和"疲"上古讀音很近,它們的區別只是在聲調和介音上。經過顧炎武這樣一研究,"罷、疲"音近就好懂了。二字讀音變遠,是漢代以後的事。

《詩經》也好,其他韻文材料也好,押韻的字總是有限的,肯定會有大量的歌部字没有機會押上韻。我們看上面《詩經》歌部押韻的情況,注意到一個有趣的事實,有些同聲旁的字,儘管《廣韻》中讀音相差很大,但它們在《詩經》中可以互相押韻,例如從"皮、也、罷、加"得聲的一些字就是這樣。顧炎武等人都注意到這種現象,段玉裁明確提出"同諧聲者必同部"的理論,這話很有道理,只是稍微説得過頭了一點。爲了使上古已經出現的更多的字歸到各個韻部裏頭,從段玉裁開始,都將各部的字製成諧聲表。這種做法被後人繼承下來了。

郭錫良先生《漢字古音表稿》中每一部都有諧聲表,分聲符和單字兩類,聲符中儘可能分出一級聲符、二級聲符、三級聲符;單字列出没有被諧字的象形字或會意字。下面是《漢字古音表稿》歌部的諧聲表:

歌部聲符

可聲　何聲(荷)　阿聲(痾)　哥聲(歌)　苛聲(𣨼)　奇聲　猗聲(漪)　旖聲(橢)　我聲(蛾)　多聲　移聲(簃)　侈聲(膠)　它聲(鴕)　左[ナ]聲　佐聲(𥳑)　差聲(蹉)　沙聲(娑)　加聲　枷聲(迦)　叉聲(釵)　義聲(犧)　虛聲　戲聲(蠵)　義聲(儀)　宜聲(誼)　羅聲(蘿)　离聲　離聲(欐)　也聲　施聲(葹)　禾聲　委聲(倭)　果聲(課)　冎聲　咼聲　過聲(渦)　戈聲(弒)　科聲(稞)　匕聲　化聲(訛)　爲聲　蔦聲(蘮)　垂聲(唾)　干聲　爲聲(蝸)　朵聲(媠)　陸聲　隋聲(墮)　道聲(𩩲)　㒸聲(禭)　累聲(騾)　嬴聲　臝聲(纑)　坐聲(剉)　負聲(鎖)　惢聲　蕊聲(藥)　炊聲(鶿)　罷聲(擺)　麻聲　靡聲(蘼)　皮聲　波聲(婆)

單字

已　个　些　㱯　𡉄　羈　蓏　巨　臥　瓦　𦱤　吹[歃]

其他各部都可以這樣去做諧聲表，《漢字古音表稿》就是這樣做的。根據諧聲表，我們就可以推出很多字的上古韻部了。

第六節　上古聲調系統

研究上古聲調，跟研究上古韻部一樣，有大量的內證材料可以利用。明清時期，古音學家對於上古聲調的見解多歧，其中一個重要原因是，對上古聲調別義功能的認識不太清晰。不是每種語言都有聲調，有些語言有聲調，絕不僅僅是發音時自然而然的遲疾輕重長短，而是具有別義的功能。近幾十年來，看法逐步統一。從多方面的證據看，上古漢語有平聲、上聲、去聲、長入、短入五個聲調。中古陽聲韻的去聲字，上古仍然是去聲。陰聲韻的去聲字，一部分只跟入聲相通，不跟陰聲韻相通，這是上古的長入；另有一部分，只跟陰聲韻相通，不跟入聲韻相通，這些陰聲韻的去聲字跟陽聲韻的去聲字是一類，屬於上古的去聲。中古陰聲韻，在上古既跟陰聲韻，又跟入聲韻相通的情況十分罕見，這種相通，跟其他的陽聲韻和入聲韻相通一樣，都是個別情況，可以忽略不計。中古的入聲字，上古屬於短入。據王力先生《先秦古韻擬測問題》，他曾經設想過上古漢語有平聲、上聲、去聲、長入、短入五個聲調，但是他常常傾向於上古沒有去聲。

上古以來，長入不斷消失，起先是收 p 尾的長入合併到收 t 尾的長入中，例如"蓋、位、內"等，這種變化可能《詩經》時代已經完成。接着是收 k 的長入消失了 k 尾，變成陰聲韻；這種變化，可能《詩經》時代已經開始，至西漢前期大體完成。最後是收 t 尾的長入消失了 t 尾，變成陰聲韻；這種變化，漢代已經開始，可能至魏晉時期完成。這樣，漢語聲調就形成平聲、上聲、去聲、入聲所謂"四聲"的格局，李登寫《聲類》、呂靜寫《韻集》時，可能漢語已經是四聲的格局了，至齊梁，沈約、周顒等人自覺地將四聲命名爲"平、上、去、入"，用於文學創作。

現在通過一些內證材料可以證明上古漢語有五個聲調。據張日昇《試論上古四聲》統計，《詩經》中，同調相押占 80％，異調相押占 20％。唐作藩 2006 年《上古漢語有五聲說》列出《詩經》用韻在聲調方面的統計數字，計有 1755 個韻段。我們將他統計各聲調自押的數字集中起來，計有 1479 個韻段，占 84％以上；各調互押有 276 個韻段，占 16％不到。我們説，同調相押如果占到 20％—30％，異調相押占到 70％，恐怕就不能認爲同調相押是巧合，只能認爲它們是不同的調類。現在統計數字竟然占到 80％以上，這種現象有力證明，中古四聲在上古有相應的調類區別。

上古漢語有聲調，這是共識。對於上古聲調的類別，原來最沒有爭議的是平聲和入聲。據《上古漢語有五聲説》提供的材料，《詩經》中出現平聲字的韻段共 993 個，平聲自押 829 個，幾占 84％；平聲與別的聲調相押 164 個，不到 17％。有入聲字的韻段共 336 個，入聲自押 261 個，幾占 78％；入聲與別的聲調（主要是去聲）相押 75 個，不到 23％。由於平入二聲對應關係明顯，因此上古有這兩個調類，這沒有不同意見。

一、上古有上聲

　　《詩經》中出現上聲字的韻段共 453 個，上聲自押 294 個，幾占 65%；上聲與別的聲調相押 159 個，不到 36%。一個聲調自押如果占到 20%—30%，就很難視作巧合，《詩經》中竟然將近達到 65%，只能承認《詩經》中上聲是一個獨立的調類。《詩·小雅·甫田》三章"止、子、畝、喜、右、否、畝、有、怒、敏"共 10 字押韻，是之魚合韻，全部是上聲。《魯頌·閟宮》"武、緒、野、虞、女、旅、父、魯、宇、輔"，除了"虞"是平聲，其他 9 字都是上聲，還是能説明上聲能自成一類的；如果算上"子"，處理爲之魚合韻，則有 10 字。

　　《詩經》中上聲的長韻段韻字長度還是有限的。《逸周書·小明武解》："凡攻之道，必得地勢，以順天時；觀之以今，稽之以古；攻其逆政，毁其地阻；立之五教，以惠其下。矜寡無告，實爲之主；五教允中，枝葉代興。國爲僞巧，後宮飾女；荒田逐獸，田獵之所；游觀崇臺，泉池在下。淫樂無既，百姓辛苦；上有困令，乃有極□。上攻下騰，戎遷其野。敦行王法，濟用金鼓。降以列陣，無悗怒□。按道攻巷，無襲門户。無受貨賂，攻用弓弩；上下禱祀，靡神不下。具行衝梯，振以長旗。懷戚思終，左右憤勇。無食六畜，無聚子女。群振若雷，造于城下。鼓行參呼，以正什伍。上有軒冕，斧鉞在下。勝國若化，故曰明武。"據清人盧文弨、江有誥校勘，"代興"的"興"爲"舉"之訛，"怒□"當爲"□怒"之倒乙，"旗"當爲"旅"之訛，"勇"當爲"怒"之訛。這裏"道、時、古、阻、下、主、舉、女、所、下、苦、□、野、鼓、怒、户、弩、下、旅、怒、女、下、伍、下、武"共 25 個字押韻，爲魚侯合韻。除了未知的"□"，其余 24 字全部是上聲，"時"在上古有上聲一讀，參江有誥《唐韻四聲正》"時"字條。"上有困令，乃有極□"的"□"，必爲一個上聲字，可能是"走"字，"極走"，指急速地奔跑，《韓非子·存韓》："秦之有韓，若人之有腹心之病也，虛處則恢然若居濕地，著而不去，以極走則發矣。"若然，這個韻段是連用 25 個上聲字。這樣的例子在先秦古書中還有很多，這種連用 25 個甚至不夾雜一個别的聲調的現象不能視爲偶然、碰巧，它們有力證明上古有上聲。

二、上古有去聲

《上古漢語有五聲說》提供的材料中，去聲自押的比例低於平上入，這主要是因爲去聲中常用的字少於平上入，尤其是陽聲韻。通過韻文系聯上古的韻脚字的聲調，必須要注意這一點。例如，據王力先生《詩經韻讀》，陽部是一個富韻，入韻字很多，有 140 個，可是分配到各個聲調，就很不一致。平聲有 116 個字，上聲有 11 個，去聲有 13 個，上去聲遠少於平聲。平聲字入韻的頻率也遠高於上去聲字，平聲"行" 27 次，"王" 25 次，"將" 20 次，"疆" 18 次，"明"入韻 16 次，如此等等；上聲用得最多的是"饗"、"享"，各 5 次，"廣" 4 次，"永" 3 次，其他的都是 1 至 2 次；去聲用得最多的是"慶" 6 次，"上" 5 次，"泳" 3 次，其他的都是 1 至 2 次。顯然，陽部的上去聲無法有效組成本調自押。因此，上古韻文中，上去聲大量地跟平聲異調相押，是完全可以理解的，這種現象不能作爲否定古有去聲的過硬證據。

據《上古漢語有五聲說》提供的材料，《詩經》中出現去聲字的韻段共 283 個，去聲自押 95 個，幾占 34％；去聲與別的聲調相押 187 個，不到 67％。從概率的角度說，去聲自押既然幾占 34％，這不是一個小比率，不能視作偶然、巧合。我們必須認真對待這種統計數字背後的意義。這個比例表明，去聲自押絕非偶然、巧合。承認古有去聲，就好解釋了；至於 67％ 的通押，也好解釋：去聲常用字少，不同聲調押韻也是和諧的。對比起來，兩種學說的優劣就能很明顯看出來。因此，中古的去聲上古有相應的調類分別。而且，如果不承認古有去聲，勢必會將一些跟陰聲韻、陽聲韻相通的去聲字併入平聲、上聲，這些併入平聲、上聲的字，必然跟相關的平聲、上聲成爲上古的同音字，那麼，同爲平聲、上聲的字，爲什麽有的仍然是平聲、上聲，有的却分化爲去聲？條件是什麽？這是難以說清楚的。不承認古有去聲，面臨解釋的問題還遠不止此，現在先舉出一些持古無去聲說需要解釋的問題。

如果不承認古有去聲，不僅不能解釋清楚上古音到中古的演變,也無法解釋清楚上古的內證材料。就上古內證材料看,不承認當時有去聲,不但像《詩經》中去聲自押幾占 34％的比例無法解釋清楚(事實上,如果考慮到古今歸調的差異,充分注意變調構詞,去聲自押的比例遠高於此數),而且其他的現象也沒法解釋清楚。下面列出一些現象。

有學者注意到,漢語並列式的雙音詞,大多依照平上去入的順序排列兩個語素。當去聲跟平上聲組成雙音詞時,往往是平去、上去,很少去平、去上。這有大量材料支撐,無法否認,先秦已然。要想否認先秦有這種事實,那只能假定這些詞是後人改動,然而沒有確證。例如有"禽獸、河漢、安定、弘毅、親比、磨礪、體要、罪過、顯盛、隕墜、勉勵、淺露、譴告"等。當去聲跟入聲組成雙音詞時,往往是去入,很少是入去,例如有"饜足、正直、比及、吝嗇、文飾、悖逆、分職"等。這種現象必須要納入上古聲調的研究視野。去聲一般擺在平上聲之後,入聲之前,這不是偶然現象,必須承認上古去聲自成一類,否則沒有其他可信的解釋辦法。

從變調構詞、韻文、漢儒注音、聲訓等角度都可論證古有去聲。例如周祖謨《四聲別義釋例》中,已經根據《周禮·春官·占夢》鄭玄注引杜子春"難讀為難問之難",《淮南子·時則》高誘注"儺讀躁難之難"證明東漢初以來,"難"屬平去構詞。從韻文材料看,"難"平去構詞周秦已然,詳見孫玉文《上古漢語四聲別義例證》"難"字條。先秦兩漢韻文中,"難"的平去兩讀分得非常清楚,只有承認古有去聲、古有平去構詞才可以解釋清楚。

先秦的雙聲兼疊韻聯綿詞全部同聲調;疊韻聯綿詞中,同聲調的占 97％;雙聲聯綿詞中,同聲調的占 53％。只拿去聲來說,雙聲兼疊韻聯綿詞同去聲的有 1 個,沒有跟其他聲調組成雙聲兼疊韻聯綿詞;疊韻聯綿詞有 26 個,幾乎沒有去聲跟其他聲調組成的疊韻聯綿詞;雙聲聯綿詞有 9 個。這絕不是偶然現象,證明上古有去聲。

漢語非疊音的雙音詞,每一個雙音詞,兩個音節之間一定不同音。其中有雙音詞"授受、買賣、杜度"等,按照規律,每個詞兩音節一定不同音,必須承認古有去聲,才能解釋這種現象。

相較於聲韻母,聲調的數目是十分有限的,因此人們在造諧聲字、使用假借字、異文時,常常不大管聲調。但是如果能照顧到聲調,豈不更好?因此人們有時候又要照顧到聲調。有的諧聲字字只諧去聲,例如,"奏、素"的諧聲系列各 8 字,都是去聲;"四"10 字,有 9 字都是去聲;從"韋"聲的字,平上去都有;"衛"是去聲,從"衛"聲的字只讀去聲,這只能解釋成古有去聲。

古人行文中,有時候很講究語音技巧。有些語音技巧反映出古有去聲,例如《荀子·儒效》:"武王之誅紂也,行之日以兵忌,東面而迎太歲,至氾而汎,至懷而壞,至共頭而山隧。"這裏"氾"經過清代汪中、盧文弨考證,我們知道是"氿"字之訛。"氿"和"汎"音近,"懷"和"壞"音近,"頭"和"隧"(通"墜")聲母相同。值得注意的是"懷"和"壞"。"懷",户乖切,上古匣母微部;"壞",胡怪切,上古匣母微部。二字聲韻母都相同。按照這裏的語音技巧,"懷、壞"只能是聲調之別,也就是古有去聲。

正月的"正",原來讀去聲。古人説,因爲避諱,改讀平聲。《史記·秦始皇本紀》:"秦始皇帝者……以秦昭王四十八年正月生於邯鄲。及生,名爲政,姓趙氏。"集解:"徐廣曰:'一作"正"。'宋忠云:'以正月旦生,故名正。'"索隱:"《系本》作'政',又生於趙,故曰趙政。一曰秦與趙同祖,以趙城爲榮,故姓趙氏。"正義:"正音政,'周正建子'之'正'也。始皇以正月旦生於趙,因爲政,後以始皇諱,故音征。"宋魏泰《東軒筆錄》卷十五:"秦始皇諱政,至今呼正月爲征月。"《禮記·月令》"征鳥厲疾",清周廣業《經史避名彙考》卷五:"征鳥即正鳥,秦儒避諱加立人耳。"可以證明秦代平去不同。又漢景帝皇后叫王娡,字阿渝,宋鄧名世《古今姓氏書辯證》卷三十:"鄭公子渝彌,周桓王時爲鄭司徒,後立別族爲渝氏。歷秦漢至景帝,皇后諱娡字阿渝,中元二年,避諱改'水'爲喻,因爲喻氏。"喻、渝只是平去之別。《禮記·檀弓下》:"衛有太史曰柳莊。"《漢書·古今人表》有"衛人柳壯",顏師古注:"壯讀曰莊。"這是因爲避東漢明帝劉莊的諱而改"莊"爲"壯",二字只有平去之別。

《里耶秦簡(一)》8—461 號木方有涉及秦朝用字、用語規範的文字。原簡分上下兩欄,它的上欄中共 25 項。這段文字經過多位古文字學者的釋讀,已經有了大致相同的意見。前面兩項文字模糊不清,無法知道,其餘二十三項,除了15、18、19三項,是規範異體字,其他二十項都是規範分化字和用詞。更改前和更改後的用字或用詞必不相同。這些記録同一個詞語,而更改前和更改後用字不同的例子,反映了一個鮮明的特徵,就是原來一個字記録不同的詞或詞素,這不同的詞或詞素讀音一定有差異:叚≠假人,大≠泰守,賞≠償責,吏≠事,卿≠鄉,者≠諸,酉≠酒,法≠廢官,鼠≠予人。這九項,更改前和更改後的用字讀音都不一樣,絶非偶然,説明秦代對異讀別義的一些字,採取了分化字形的方式,並且規範下來。這幾則材料,透露出秦代及秦代以前不少語音信息。就研究上古去聲來説,最值得注意的是叚≠假人。"叚"和"假"讀音必有分別。《説文》又部:"叚,借也",這是指借進來;"假人"指借給別人。兩個字義有上去之別,詳參孫玉文《漢語變調構詞考辨(上册)》第548—550頁。這説明,秦代漢語中有去聲,當時有變調構詞;否則"叚、假"就同音了。《集韻》"叚、假"都有"舉下切"和"居迓切"二讀,是上去別義的。據秦代規定,"叚、假"本來有上去二讀別義,兩個字的具體別義和用字情況可以再研究。總之,到後來"叚、假"二字用法混同了。

揚雄是東西漢之交的大學者,他的注釋反映出當時有去聲。例如《方言》卷五有:"宋魏陳楚江淮之間謂之繯,或謂之環。"因此,"環"和"繯"必不同音。郭璞注"繯":"攝甲。"這裏"環"《廣韻》户關切,匣母删韻合口二等平聲;"繯、攝"胡慣切,匣母諫韻合口二等去聲。要解釋"環、繯"有別,只能將"繯"解釋爲去聲。

白族先民很早就跟漢族先民接觸,時間可能在西漢或西漢之前。中古去聲字,對應於白語的兩個聲調。據我們研究,中古去聲來自漢代以前去聲和長入的合流。據汪鋒《語言接觸與語言比較——以白語爲例》,漢白聲調對應的最早層次是這樣的:原始白語第1調對應於中古漢語的平聲,第2調對應於上聲,第3、4兩調對應於去聲,第4調對應於入聲。如果不承認漢代以前漢語有去聲,就不能解釋早期白語拿第3、4兩調,而不拿1、2兩調來對應漢語的去聲。如果説白語是中古以後從漢語借去的,那又不能解釋拿第4調來對應中古漢語的入聲字和一部分去聲字。

可以從去聲的長韻段的角度來證明古有去聲。這些長韻段，也可以算是一種語音技巧。宋玉《神女賦》"傅、去、附、首（頭朝着）、授、記、覆（早期覺部長入，此時爲幽部）、究、邃、據、處（處所）、語（告語）、曙"共 13 字押韻，是之幽侯魚合韻，全部是去聲。《楚辭·九章·惜往日》"戒（原爲職部長入，此時爲之部）、得、佩、好（《補注》：'好，音耗。'）、代（原爲職部長入，此時爲之部）、意（原爲職部長入，此時爲之部）、置（原爲職部長入，此時爲之部）、載、備（原爲職部長入，此時爲之部）、異（原爲職部長入，此時爲之部）、再、識（《補注》：'識，音試，亦音志。'原爲職部長入，此時爲之部）"共 12 字押韻，是之幽職合韻，除了"得"字，其他 11 字全部是去聲。"得"在上古可能有職部長入（後變爲去聲）一讀，請參江有誥《唐韻四聲正》"得"字條。

秦《泰山刻石銘》依次是"飭、服、極、德、式、革"6 字組成一個韻段，全部是職部短入；"治、誨、志、事、嗣、戒（原爲職部長入，此時變入之部）"6 字組成一個韻段，全是去聲。這個刻石用韻有一個技巧，它利用之職二部音近的特點形成部分回環，同時又有交錯。《琅琊臺刻石銘》一段文字有三個韻段，"始、紀、子、理、士、海"6 字，全部是之部上聲；"事、富（原爲職部長入，此時變入之部）、志、字、載、意"6 字，全部是之部去聲；"帝（原爲錫部長入，此時變入支部）、地、懈、辟（原爲錫部長入，此時變入支部）、易（原爲錫部長入，此時變入支部）、畫（原爲錫部長入，此時變入支部）"6 字，全部是支部去聲。文中語音技巧在於，第一個韻段跟第二個韻段都是之部，只有上去之別，可見當時上去分別很嚴；第二個韻段跟第三個韻段分屬兩個韻部，但是它們同聲調，也就是說，"事、富、志、字、載、意"和"帝、地、懈、辟、易、畫"12 個字同聲調。

三、上古有長入

上古韻文、諧聲、假借、異文、同源詞、聯綿詞、外族語的漢借詞及中外對音等多方面的材料證明，中古陰聲韻有些去聲字，在上古有塞音韻尾，是入聲韻，這就是王力先生所說的長入。中古一部分陰聲韻的去聲字來自上古入聲；這部分入聲跟中古變成入聲的字在上古調值上不同，"長入"和"短入"是兩類不同的聲調，這應該是定論。至於這部分入聲上古是否讀得長一些，即是否叫"長入"，這是另一個問題，是音值構擬方面的問題，還可以討論，但是稱爲"長入"，是有事實根據的。王力先生假定上古有"長入"，是上古音研究的重要貢獻，它關乎韻部劃分和聲調類別。就韻部劃分來説，中古陰聲韻的去聲字不能簡單地推到上古的陰聲韻、推到上古去聲。如果不給上古立有長入一類，不僅不能解釋清楚上古音到中古的演變，也無法解釋清楚上古的内證材料。

現在通過上古内證材料證明上古確有長入。如上所示，先秦長入處在消失過程中，逐步變成去聲，長入的逐步消失可能《詩經》時代已見端倪。所以先秦韻文中有些韻段反映了長入變成去聲，有些韻段則反映了長入和短入仍有交涉。反映長入和短入交涉的韻段，對於認識長入的韻尾很有用處。我們已知短入的韻尾 p、t、k，跟它押韻的長入的韻尾也就可以知道了。儘管上古長入和短入經常相通，但有些韻脚字表明長入、短入有別，是兩個不同的調類。

從聯綿詞來看，所謂長入，跟短入只是音近，不是音同。先秦聯綿詞中，同去聲者 47 個，同入聲者 68 個，兩者共 115 個；"去·入"結構的 2 個，"入·去"結構的 4 個，共 6 個。同調和異調的比例爲 95∶5。這有力地説明，短入（變爲中古入聲）在上古漢語中自成一調，不跟任何聲調相混。在同去聲的 47 個聯綿詞中，屬於中古陰聲韻者共 25 個。這 25 個聯綿詞，從諧聲關係來看，"邂逅"等 16 個在上古都是陰聲韻部，跟入聲不發生交涉；"蔽芾"等 7 個聯綿詞跟入聲韻關係密切，記錄這 7 個聯綿詞的 14 個字全部歸入入聲韻部，跟陰聲韻不發生交涉。所以，從聯綿詞來看，王力先生把上古入聲分爲長入和短入兩類，很有道理。

據《廣韻聲系》，諧聲系列反映出中古的去聲上古當分爲兩類：一類去聲字經常跟平上聲互諧，陽聲韻裏面例子極多，例如"工"的諧聲系列 123 字，"方"89 字，"分"77 字，"軍"62 字，"公"59 字，"斤"49 字，有平上去。陰聲韻的例子，"丩"的諧聲系列 115 字，"且"113 字（只有一個字是入聲，例外），"于"112 字，"舍"85 字，"非"74 字，

"俞"73字,"奇、是"各68字,"酉"67字,"之"65字,"兆"64字,"寮"62字,"咼"58字,"敝"57字,"齊"53字,"它、母、才"各52字,"區、畾"各50字,"鬼、也"各47字,"果"44字,"疋、麻"各43字,"與"42字,"五、付、無"各37字,"孚"35字,"危、禹、豆"各34字,"加、酋"各31字,"巨、喿(zào)"各30字,"幾、弟、巴"各29字,有平上去。"朱"37字,"敖"36字,"爤(jiāo)"34字,"牙、離"各33字,"求、侯"各29字,"巢、孚(fú)、予"各27字,"曹"26字,有平去;"户"22字,有上去。

另一類去聲字經常跟入聲互諧,這基本上是中古的部分陰聲韻字。"匄"的諧聲系列104字,"畐"87字,"大、世"各81字,"出"78字,"或"61字,"昔"60字,"屰"57字,"卒"56字,"弗、乍"各53字,"毳"52字,"辟"50字,"发(bá)"47字,"蒦(huò)"44字,"樂"42字,"夬、罩"各41字,"會、勺"各39字,"肖"37字,"欮"32字,"介、竹、羍"各31字,"祭"30字,"暴、異"各29字,"白、蔑"各28字,"癶、彗"各26字,"薑、末、畢、石"各24字,"亦"23字,"則"22字,"足"20字,"卜"19字,"埶"18字,"直"17字,都是去入二聲。

一個諧聲系列,當它屬於陽聲韻時,它往往平上去相諧,幾乎很少跟入聲相諧。當它屬於陰聲韻時,或本調自諧,或平上去異調相諧。當它屬於入聲韻時,或本調相諧,或跟去聲相諧。一個中古的去聲字,當它跟平上聲相諧時,幾乎很少跟入聲相諧;當它跟入聲相諧時,幾乎很少跟平上聲相諧。例外非常少。這說明,中古的去聲字有兩個來源,一個來自上古的陰聲韻和陽聲韻,一個來自上古的入聲韻。很多學者將中古的這兩類去聲字混為一談,這是不科學的。

據汪鋒《語言接觸與語音比較——以白語為例》,中古漢語的平聲對應於白語的第1調,上聲對應於白語的第2調,去聲對應於白語的第3、4兩調,入聲對應於白語的第4調。這也就是說,漢語的去聲在白語中跟其他調類不混,有兩類對應。據該書131頁,對應於白語第3調的是"靜、樹、破、臭、菜、地"6字,這6字上古分別屬於耕部、侯部、歌部、幽部、之部、歌部,都是非入聲韻部。對應於白語第4調的是"吠、二、肺、四、歲、外"6字,除了"二",剩下的"吠、肺、四、歲、外"5字上古分別屬於月部、月部、質部、月部、月部，都是入聲韻部。只有"二"按照今天的歸部是非入聲韻部，如果將"二"處理爲質部，則"二"不是例外，我們主張"二"歸質部長入。漢白的這種對應，既說明上古漢語去聲之存在，又說明中古漢語去聲在上古要分成兩類聲調，一類是去聲，另一類是長入。

再看漢語跟外族語有互借、互譯的材料。早已有人說，這類互借、互譯不可能做到很精確。宋范正敏《遯齋閑覽·證誤》："漢身毒國，亦號狷篤，其後改爲乾篤，又曰乾竺，今遂呼爲天竺矣。譯者但取在語音與中國相近者言之，故隨時更變而莫能定也。"但只要謹慎使用這類材料，仍能發現一些規律。這項材料能讓人看出上古漢語的長入跟陰聲韻的平上聲韻尾不同，還能讓人看出長入的具體字的韻尾是什麼，很珍貴。

漢語的十二地支很早就借到了傣語。十二地支中，只有"未"字是中古去聲字，而且從"未"得聲的字，直到《廣韻》都是去聲字，不夾雜平上聲字。這個字屬於長入，傣語中，Ahom 念[mut]，Lü[met6]，Dioi[fɑt1]，正好收 t 尾，是入聲，不是陰聲，跟入聲的"戌"同韻尾。"戌"在 Ahom 念[mit]，Lü[set5]，Dioi[sət1]。

長入先在 k 尾韻中消失，t 尾韻消失得慢一些。消失的原因，可能是塞音尾逐步擦化，以致最終消失。直到早期譯經，t 尾韻還有保留。例如俞敏《後漢三國梵漢對音譜》注意到，梵文的 s 可以用漢語的入聲、平聲字去對譯，但是用去聲字對譯"是總趨勢"。收 t 的入聲字用來譯梵文的 s，比較好理解；至於少量平聲字用來譯 s 需要繼續研究，有個別例外也是允許的；重要的是用去聲字來譯"是總趨勢"。俞敏所列的去聲字，很多都是我們所說的長入，例如"奈、替、膩、衛、沸、費、會、賴、豐(dài)"等，這些字都是上古收 t 尾的長入字，沒有收 k 尾的長入字，我們認爲只有這樣解釋才合理：收 k 尾的長入字東漢至三國時早已丟失了塞音尾；收 t 尾的長入字消失的慢一些，譯音時輔音韻尾還有保留，所以用來譯寫梵文的 s。俞敏還說："有一批現在念去聲的在後漢是塞音收尾"，他列出"類"譯 rod，"制逝衛貝世賷"都是上古長入字，都對譯梵文 t。這些都能輔證上古漢語有長入，直到東漢，收 t 尾的長入字還遺留有 t 尾。

東漢支讖《道行般若經》拿"三昧"對譯梵文和巴利文的samādhi，其中"昧"譯mādhi；拿"須豔"對譯梵文的sudarśana，其中"豔"譯dar；拿"阿迦貳吒"對譯梵文Akaniṣṭha，其中用"貳"譯niṣ；拿"首陀衛"對譯梵文śuddhāvasa或巴利文suddh-āvasa，其中用"衛"對譯梵文或巴利文vas，"昧、豔、貳、衛"都是上古長入字，中古陰聲韻的去聲字，都證明這些長入字譯寫梵文或巴利文的字時帶有輔音韻尾。

在上古韻文中，長入和短入經常一起押韻。段玉裁有鑒於此，就將一些中古去聲字歸入上古入聲。王力先生在接受段玉裁學説的同時，考慮到上古到中古的分化，分爲長入、短入兩調。王力先生的意見能得到上古韻文事實的證實。儘管上古長短入經常相通，但我們可以從長韻段的角度證明上古短入、長入自成一類。

先看短入。《爾雅·釋訓》中"福、極、德、直、力、服、急、息、德、毒、忒、食、告、則、慝、職、鞠(jū)"共17字押韻，是職覺緝合韻，全部是短入，不夾雜一個長入字和去聲字。《書·洪範》"德、直、克、克、直、克、克、克、克、福、食、福、食、福、食、國、忒"共17字押韻，是職部，全部是短入，不夾雜一個長入字和去聲字。

有相當多的長韻脚字可以證明：整體上，先秦漢語長入是自成一類的。《素問·營衛生會》"氣、會、衛、會、氣、位、會、胃、肺、氣、衛、外、會"共13字押韻，是物月合韻，全部是長入，不夾雜一個短入字和去聲字。《文選·宋玉〈高唐賦〉》"蓋、會、藹、沛、蒂、籟、會、氣、鼻、志、淚、瘁"12字押韻，只有"志"是之部去聲，跟其他11字音值遠，江有誥《宋賦韻讀》説："字非韻，疑誤。"説得很對，原文可能作"位"或"勢"等字。這是月質物合韻，"志"字而外，全部是長入，不夾雜一個短入字和去聲字。

先秦長的韻脚字有限，西漢離先秦很近，我們可以找到些使用長入的長韻段。例如賈誼《旱雲賦》"慨、濞、碎、墜、戾、潰、逝、穢、熭(wèi)、憒、害、淚、惠、遂、位、氣、敗"共17字押韻，是質物月合韻，全部是長入，不夾雜一個短入字和去聲字。王褒《洞簫賦》"愄(wèi)、惠、棄、肆、遂、味、懟、失、氣、類、惠、悴、貴"共13字押韻，是質物合韻，全部是長入，不夾雜一個短入字和去聲字。"失"字上古有去聲一讀,請參江有誥《唐韻四聲正》"失"字條。孫玉文《漢語變調構詞考辨》965－966 頁證明"詄"是"失"的滋生詞,有矢利切一讀,可參。"戒其失"可能指防備其行事的有遺忘而不到的地方。司馬相如《子虛賦》"枻(yì)、蓋、貝、籟、喝(ài,《史記集解》引徐廣:'烏邁反。')、沸、會、礚(kài)、外、燧、隊、裔"共 12 字押韻,是物月合韻,全部是長入,不夾雜一個短入字和去聲字。

　　這樣的例子在先秦、兩漢古書中還有很多,必須做出可信的解釋。只能認為,中古的部分去聲在上古自成一類,即古有長入,否則,就不可能對此做出合理的解釋。

　　這樣一來,上古入聲有長入、短入兩個聲調。廣西博白地老話入聲有四個聲調,比舒聲少兩個調類。上古長入、短入應跟地老話 7 至 10 調調值有別一樣,是音高的不同,不同的促聲也有不同的音高。廣州話入聲有上陰入、下陰入、陽入三調,也是音高的分別,上陰入相當於陰平,下陰入相當於陰去,陽入相當於陽去。上古長入應跟舒聲的去聲調值相同。長入、短入主要區別在音高,但可能也有長短之別。所以"伐"字長入、短入二讀讀起來分別有"長言之、短言之"的不同。(見《公羊傳·莊公二十八年》漢代何休注。)

四、上古五調之別不是韻尾的分別

　　有人提出並試圖論證漢語上聲來自 ʔ 韻尾,去聲來自 s 韻尾。這種學說,在上古音研究領域引起一定反響,贊同和反對者各有之。可以論證,上古五調之別不是韻尾的分別。

　　漢語上聲來自 ʔ 韻尾、去聲來自 s 韻尾之說是不能成立的,至少從《詩經》時代以來漢語就是有聲調的語言。聲調來自輔音韻尾之說,有三個最大的問題:

　　一是忽視了中古的去聲來自上古的去聲和長入兩個聲調,這是基本失誤。上古漢語既然有長入和去聲,而 s 韻尾是將這兩個聲調混為一談,這必然是歪曲了事實。有人試圖部分接受上古有長入、短入的意見,又試圖接受上聲來自 ʔ 韻尾、去聲來自 s 韻尾的觀點,似乎彌補了這一漏洞。其實不然,仍然避免不了下文所說的兩個問題。

二是完全不能通過《詩經》以降的上古材料的檢驗。例如：

(1)韻文材料。這是認識上古韻部和聲調的最基本的材料。如上所論，上古平聲、短入（即中古入聲）入韻字多，上去聲入韻字少，很多韻部上去聲的字用來押韻的極少，因此上去聲跟平聲押韻的比例很高，去聲尤其如此。根據《上古漢語有五聲說》提供的材料來統計，《詩經》中，平聲自押幾占84％，平聲與別的聲調相押幾占17％，比例懸殊，因此平聲字沒有證據構擬 d、g 一類韻尾。上聲與別的聲調相押幾占36％，去聲與別的聲調相押幾占67％。如果平聲不帶輔音尾，上聲構擬爲ʔ尾，去聲構擬爲 s 尾，加上入聲必然具有的 p、t、k 尾，《詩經》中異調相押就將轉化爲不同韻尾的互押，這樣《詩經》中必然出現大量帶不同發音部位、發音方法韻尾的字互押，完全不符合漢語詩歌的押韻事實和傳統。

(2)韻部劃分。我們知道，基於詩歌押韻的韻部劃分，不同的韻部可以有相同的韻尾和不同的聲調，《中原音韻》的"東鍾"和"江陽"二部即是，裏面有平聲陰、平聲陽、上聲、去聲；但是同一韻部絕不能有不同的韻尾，《中原音韻》的"東鍾"和"江陽"二部都只有 ŋ 尾，沒有其他韻尾。這是根據押韻的實踐總結出來的規律，是漢詩押韻的習慣，具有強制性。上古同一韻部中，如果採取上聲ʔ尾、去聲 s 尾，那麼所有的陰聲韻、陽聲韻韻部，因爲都有平上去三調，所以不可避免地，同一韻部必然有不同的韻尾。這必然是荒謬的。

(3)漢語諧聲字、假借、異文、聲訓等，常常是不大管聲調，但是不同的韻尾一般不能構成諧聲、假借、異文、聲訓等，所以異調諧聲、假借、異文、聲訓等非常常見。如果採取上聲ʔ尾、去聲 s 尾，那麼大量的字，必然是不同韻尾的字可以自由諧聲、假借、異文、聲訓等，這也必然是荒謬的。例如從"炎"聲的字，平上去都有，如果諧聲時代有聲調，那麼異調互諧很容易解釋；如果換成上聲ʔ尾、去聲 s 尾，那麼就會 m 尾、mʔ 尾、ms 尾互諧；"司"可以用作"伺、嗣"（均爲去聲）等，如果換成上聲ʔ尾、去聲 s 尾，那麼就會有無韻尾的 ə 跟 s 尾的假借，等等。

(4)漢語的疊韻聯綿詞一般都同聲調，但是也有不同聲調的。

例如"苤苢"是平上,"武夫"是上平,"鶌鵙"是去平,如果換成上聲ʔ尾、去聲s尾,那麼這些聯綿詞在擬音上必然不疊韻。《楚辭·大招》有:"霧雨淫淫,白皓膠只。"舊注:"皓,一作浩。"補注:"膠,戾也,音豪。"照這個注音,"皓膠"是雙聲兼疊韻聯綿詞,二字的不同在聲調上,"皓(浩)"上聲,"膠"平聲。如果換成上聲ʔ尾,那麼"皓膠"在擬音上必然不疊韻。

三是上聲ʔ尾、去聲s尾的説法不僅對於上古材料缺乏起碼的解釋力,而且持有此説的學者在古音系統的構擬上必然自相矛盾。因爲這種構擬必然要推翻人們對於韻部劃分的原則、諧聲原則、假借原則、異文原則、聲訓原則等所做的傳統解釋,做顛覆性的新解釋,而基於上聲ʔ尾、去聲s尾的新解釋必然會推翻既有的原則。但是持上聲ʔ尾、去聲s尾的學説的學者並沒有推翻這些可靠的原則,例如他們仍然基本接受清代學者古音分部的成果。由此看來,上聲ʔ尾、去聲s尾的構擬缺乏科學系統性,他們建構的所謂系統在深層次上必然陷入根本的矛盾衝突之中,不能圓融自洽。

因此,中古的聲調系統在上古漢語中仍然是超音段音位,不是音段音位;中古漢語的聲調在上古依舊是高低、升降、長短的區別,長入、短入跟其他陰聲韻、陽聲韻還有入聲韻尾的區別。從這點上説,它們之間語音傾向是一樣的。

第七節 上古聲母系統

研究上古韻部和聲調,有韻文押韻這樣的內證材料可以利用。但是研究上古聲母系統,遠沒有這樣大規模的、成系統的材料可以利用。目前,人們只能更多地仰仗研究上古音的最佳對應材料——《切韻》音系的聲母系統,結合上古有限的內證材料,進行增删去取。這些上古內證材料,用得最多的是諧聲字。這是因爲:第一,《説文》中的諧聲字占到《説文》所收漢字總數的80%左右。諧聲字的聲旁,叫主諧字,由主諧字作聲旁的那個字叫被諧字。在造諧聲字時,主諧字和被諧字讀音一般應該相同或相近,這就透露出造字時的語音信息。因此,諧聲字透露出了80%左右的漢字語音信息，而且這種信息可能比其他任何一種反映上古音的内證材料要多，要複雜。這種語音信息，不僅僅是聲母方面的，還有韻母和聲調方面的。可是研究韻母的主元音和韻尾，以及聲調，我們有更好的材料——韻文，研究聲母就没有這樣的好材料可以利用，於是人們退而求其次，主要利用諧聲字研究上古聲母系統。第二，《説文》將當時所見全部的小篆都做了搜集，都容納在《説文》之中，不是散見多處；而且許慎將其中的諧聲字都整理出來了，經過多方嚴格檢驗，大家公認，許慎所定的諧聲字基本可信。因此上古已見的諧聲字經過許慎等人的搜集、整理，非常方便利用。

　　諧聲字的材料，來源複雜。光利用諧聲字，研究不出上古的韻部系統和聲調系統。拿研究韻部來説，同一韻部的字，理論上必然分屬於不同的聲母，包括讀音相差甚遠的聲母。例如同是歌部，"罷"是並母字，"河"是匣母字；諧聲字的主諧字和被諧字聲、韻母都要求相同、相近，聲母相差甚遠的字，儘管韻部相同，是不能互爲諧聲字的，例如並母和匣母不能互相諧聲。即使具備了造諧聲字的再多的其他條件，但如果聲母相差甚遠，那麼同一韻部的所有字，不可能單純根據諧聲字都系聯起來。也就是説，單純根據上古出現的諧聲字，是系聯不起來上古二十九、三十部的。同理，光利用諧聲字，是不可能得出上古的聲母系統的。同一聲母的字，由於韻母相差甚遠，是不能互爲諧聲字的。例如幫母，理論上上古二十九、三十部裏面都可以有這個聲母。由於受制於韻母，因此同一聲母的所有字，不可能單純根據諧聲字都系聯起來。

　　職是之故，研究上古聲母，必須儘量全面掌握上古内證材料，不能僅僅利用諧聲字，還必須找到更爲行之有效的方法，逼近上古聲母的真相。在利用諧聲字研究上古音時，一定要堅持系統的觀點，千萬不要憑幾個字、十幾個字的特殊諧聲現象定一個聲母類別，給它賦值，那樣弄出來的聲母没有大量事實做支撑，在聲韻調的配合上是不系統的，是靠不住的。

一、上古聲母系統

　　錢大昕(1728—1804)提出"古無輕脣音""舌上歸舌頭"，章炳麟(1869—1936)提出"娘日歸泥",黃侃(1886—1935)提出"照二歸精""照三歸端",曾運乾(1884—1945)提出"喻三歸匣""喻四歸定",都很有價值。鄒漢勛(1806—1854)以爲上古有 20 個聲母,但是沒有來得及提出科學論證;章炳麟以爲上古有 21 個聲母,黃侃以爲有 19 個聲母,這是全面提出上古聲母系統的嘗試。

錢大昕《十駕齋養新錄》卷五收了《古無輕唇音》一文。古無輕唇音,意思是說,上古沒有非、敷、奉、微等四個輕唇音聲母,這四個聲母分別併入重唇音幫、滂、並、明,非併入幫,敷併入滂,奉併入並,微併入明。這個很好理解,直到《切韻》音系,都沒有非、敷、奉、微四個聲母,輕唇音是唐代某個時候分化出來的。但是《切韻》音系畢竟是南北朝後期至隋代的音系,錢大昕更進一步,通過異文、古讀、同源詞、聲訓、後代方音、諧聲字、假借字、梵漢對音等材料證明,漢語本沒有輕唇音,"六朝以後轉重唇爲輕唇"。

《十駕齋養新錄》卷五還收了《舌音類隔之説不可信》一文。古無舌上音,意思是說,上古沒有知、徹、澄三個舌上音聲母,這三個聲母分別併入舌頭音端、透、定,知併入端,徹併入透,澄併入定。這個也很好理解,直到南北朝早期的反切中,還有不少舌頭、舌上類隔的反切,《廣韻》中也還有幾個類隔切的例子。清李光地《性理精義》卷三《經世聲音圖》:"知徹澄孃等韻本爲舌音,不知何時變入齒音,今惟閩廣間尚是舌音不改爾。"《切韻》到《廣韻》,舌頭、舌上都有幾組對立,但是這種對立是後起的,在上古沒有這種對立。因此,這兩組聲母分別合併,不會造成某些字上古音同音而中古音成爲不同音的現象。

錢大昕的上面兩個結論,正符合《廣韻》平上去各卷之後所附"新添類隔今更音和切"涉及的全部"類隔",卷一有 7 字,卷四 2 字,全部都是輕唇切重唇的例子;卷二 6 字,有 5 個是輕唇切重唇,1 個是舌頭切舌上;卷三 5 字,有 4 個是輕唇切重唇,1 個是舌頭切舌上。可見,反切產生後,還有舌頭、舌上不分的證據;至於輕唇、重唇,直到《切韻》音系都沒有分化出來。因此,錢氏的兩個結論,完全符合事實,也能接受歷史語言學理論的檢驗。

錢大昕對於上古聲母還有一些議論,主要見於《潛研堂文集》

卷十五《音韻答問》中,例如他說中古的牙喉音在上古"分之實無可分","古無牙音";"古音於曉、匣、影、喻四母似不分別"等,都沒有上面所舉的兩篇文章那樣有說服力。

下面談到泥、娘、日的關係。清李元《音切譜》卷十七《互通》注意到:"泥娘與日三母偏旁多有相諧者。"夏燮《述韻》卷七《論正齒當分二支》:"正齒誤,而半齒之字亦與之俱誤矣。半齒之字,有與正齒同偏旁者,有與舌上同偏旁者。而其同偏旁之字,皆在舌上之娘母,而不與知徹澄相涉,以娘之與日易混也。"注意到了娘日古多相通,但認為娘日只是音近,沒有將娘日合併。章炳麟有《古音娘日二紐歸泥說》,收入他的《國故論衡》。此文運用多種材料,旨在論證"古音有舌頭泥紐,其後支別,則舌上有娘紐,半舌半齒有日紐。於古皆泥紐也"。娘母併入泥母,非常合理,因為直到《切韻》音系,泥娘母還沒有對立,上古更是如此。至於日母,中古拼三等韻,娘母也拼三等。如果日母歸入泥母,那麼勢必會跟歸入泥母的娘母形成大量同音字,例如"孃:攘"同音,"旎:爾"同音,"昵:日"同音,等等。而且,日母直到中古,儘管絕大多數只拼三等,但偶有拼一四等的,《漢書·司馬相如傳》載《大人賦》:"欑(cuán)羅列聚叢以蘢茸兮,衍曼流爛疼(shǐ)以陸離。"顏師古注:"蘢音來孔反,茸音而孔反。"這裏"蘢茸"疊韻,"蘢"一等,"茸"也是一等。《集韻》有"茸(ér)"小韻,汝來切,"茸"字已見於《說文》,《集韻》當然是鈔撮舊反切,"汝"日母,"來"一等。《莊子·天地》釋文:"手撓,而小反,又而了反。司馬云:動也。一云:謂指摩四方也。"這裏"了"四等。《廣韻》齊韻:"臡(ní),有骨醢也。人兮切。"這也是日母拼四等。這些日母拼一四等的現象,可能來自上古,"蘢茸"是上古的聯綿詞。如果是這樣的話,日母更不能跟泥娘合併。

照二與精組,照三與端組。李元《音切譜》卷十七《互通》注意到"端透定與照穿狀""知徹澄與照穿狀","其偏旁多有相諧者";也注意到"精清從三母、照穿狀三母"等聲母在諧聲上有相混的例子。夏燮《述韻》卷七《論正齒當分二支》:"惟正齒之字半與齒頭合,半與舌上合……撿正齒之字與齒頭同偏旁者,則為正齒之本音,其與舌頭、舌上同偏旁者,則改歸舌上。"但沒有明確將中古的正齒音分爲章組和莊組兩類。黃侃明確提出"照二歸精""照三歸端",引起重視。他的主張見於《音略》一文。照二歸精,是將莊母併入精母,初母併入清母,牀母併入從母,山母(他叫疏母)併入心母。有相當多的材料可以證實精組和莊組確實關係密切,因此"照二歸精"之說揭示了精組和莊組的密切相通關係。王力先生注意到,精組在中古跟一三四等韻相拼,莊組跟二三等相拼;如果精莊二組上古分別合併爲一個聲母,那麼兩組聲母在三等就會形成相當多的同音字,中古音沒有分化的條件。就上古內證材料看,如果"照二歸精",有些上古內證材料也無法做出解釋。"照二歸精"之說,一方面,如果嚴格地從他們所憑藉的材料的論證效能上看,只能證明兩組字關係密切;另一方面,有些反映上古音、更能揭示聲母具體讀音的直接材料證明二者不能合併,例如精組在上古很有可能跟二等韻相拼,而莊組也拼二等,形成對立。《爾雅·釋樂》"大笙謂之巢"《釋文》:"巢,孫、顧並仕交、莊交二反,孫又徂交反。"引了東漢孫炎《爾雅音義》給"巢"注的三個讀音,反切下字都用"交"字,則"仕、莊、徂"讀音必有區別。"仕"崇母,"徂"從母,孫炎反切既然對立,則崇母一定跟從母對立,"徂"拼二等"交"字。稍晚一點的注音材料如《方言》卷九:"矛,吳揚江淮南楚五湖之間謂之鏦(shī),或謂之鋋(chán),或謂之鏦(cōng)。"郭璞注:"鏦,錯江反。"《三國志》南朝宋裴松之注也有反映,例如《蜀書·孟光傳》"謹咋(zé)"注:"咋音徂格反。"《吴書·孫靜傳》"查(zhā)瀆"注:"查音祖加反。"很有可能,直至中古早期,精組還有些字可以拼二等。

　　黃侃說照三歸端,指上古章母併入端母,昌母、審母併入透母,船、禪母併入定母。黃侃之說,揭示了章組跟端知組的密切關係。上古有大量不同類型的內證材料可以證明兩組關係極密切。但章組只能說是跟端組相近,不能相同。如以爲相同,則:(1)不能解釋清楚上古的某些內證材料。聯綿詞中,章組跟端組、知組不構成雙聲聯綿詞,章昌船書禪也不構成雙聲聯綿詞,而是各聲母各自組成聯綿詞,如章章"周章",昌昌"怗憻(chānchì)",禪禪"蟾蜍"。端知組各自組成雙聲聯綿詞,端端有"輾轉、蠾蝀(dōng)、啁哳(zhāozhā)、蜘蛛、蕭董(dǐngdǒng)、譸(zhōu)張",共6個;透透有

"町疃(tiǎntuǎn)、侘傺、惆悵、怊(chāo)悵、鐵鍚(tiětāng)、饕餮(tāotiè)、趻踔(chěnchuō)、葰蕩(zhútāng)、怵惕、湦灘、趐(chù)踢",共11個;定定有"踟蹰、唐棣、躊躇、駒駼、鷓鴣、螗蜩、鹽蟷(chéndūn)、蹢躅(zhízhú)、駘(dài)蕩",共9個;泥泥有"忸怩",只1個。祝敏徹先生《〈釋名〉聲訓與漢代音系》通過《釋名》聲訓證明《釋名》聲訓中章組自相爲訓。"至(章):致(知)"同源,讀音不同。從"至"得聲的字有端知組和章組,但從"致"得聲的字只有知組。《荀子·解蔽》:"心枝則無知,傾則不精,貳(原作'貳',當作貳,即貳)則疑惑。""枝、知"都是支部自叶,"傾、精"都是耕部自叶,"貳、惑"職部自叶。"枝"和"知"不當同音,其不同只能在聲母上,"枝"章母,"知"端母,表明當時章組不能歸端組。章組也不是只拼三等,偶有拼一等的,跟端組形成對立。《史記·禮書》:"椒蘭芬茝,所以養鼻也。"索隱:"(茝)音止,又昌改反。"這是昌母拼一等。《廣韻》齊韻:"栘,棠栘,木也。成臡切。"這是禪母拼四等。(2)不能講出分化的條件。中古知組並入端組,那麼端組已經有二三等聲母,章組是三等聲母。如果這二組上古分別合併爲一個聲母,那麼兩組聲母在三等就會形成相當多的同音字,中古就沒有分化的條件。這些都説明上古端知組和章組聲母是有分別的。

夏燮《述韻》卷七《論各部闌入之音》已注意到一些聲母的特殊相通。例如他説到:"'栘'依古音當讀多,而混於喉;'罜'依古音當讀鐸,而混於喉。其尤誤者,《詩·羔羊》之'委蛇',即《君子偕老》之'委委佗佗',古書或作'委它',或作'委褕',《説文》'它'即龍蛇之蛇字,是古蛇與它同讀,有舌音無喉音、齒音也。"他注意到喻四跟舌音和齒音邪母的關係了。後曾運乾有《喻母古讀考》,舉出相當多個案,試圖論證喻三歸匣、喻四歸定。這些例子,都很有力地證明了喻三跟匣母、喻四跟定母關係密切。其中,喻三歸匣,應該是定論,因爲直到《切韻》音系,喻三還沒有從匣母分化出來。曾運乾注意到這一點,他根據陸法言《切韻序》,得出《切韻》喻三還跟匣母是一類。

曾運乾論證喻四歸定,是以接受錢大昕"舌上歸舌頭"的觀點爲前提展開論證的。王力先生注意到,既然澄母古歸定母,那麼定母已經有三等韻了。如果喻四也歸定母，那麼定母就有很多字上古同音而中古分開，無法講清楚分化條件。上古內證材料也證明喻四（即餘母）不能跟定母合併。先秦至兩漢餘母和餘母、定母和定母分別構成雙聲聯綿詞。例如餘餘"遊衍、夷遊、容與、溶與、猶豫、蝹衔(yǐnyǎn)、蜲蝓(yíyú)、溶瀞、銚芅(yáoyì)、夷由"，決非偶然。"羊腸"見於《楚辭》等多部上古著作，兩字不當同音，但韻母和聲調全同，可證上古喻四和定母有別。揚雄(前53—18)《羽獵賦》有聯綿詞"儲與"，李善注："與音餘。"如果"喻四歸定"，則"儲與"二字同音。從諧聲系列看，據《廣韻聲系》，"同"諧聲系列共52字，除了有1個來母字，其餘全爲定澄透母字，"弟"諧聲系列共29字，全是定透母的四等字，都不雜一個餘母字；"龠(yuè)"諧聲系列共23字，除"爚(yuè)"又讀審母，其餘全讀餘母；"臾"諧聲系列共18字，全是餘母字，説明定餘自上古至中古都有別。祝敏徹《〈釋名〉聲訓與漢代音系》通過《釋名》聲訓證明《釋名》聲訓一般是餘母自相爲訓。只有承認喻四跟定母只是相近而不相同，才能解釋好這些現象。在上古，喻四可能也拼四等韻，《三國志·蜀書·鄧芝傳》"掞張"裴松之注："掞音夷念反。"這是餘母拼四等，可能來自上古。

　　因此，除了上述錢大昕的兩個重要結論，以及曾運乾"喻三歸匣"，其他各家提出的一些學説，儘管大多很有道理，但有明顯缺陷，錢説本身也有缺陷。這些缺陷歸結起來，主要有三點：一是不能通過反映上古語音的內證材料的全面檢驗。二是研究方法上，對於同發音部位的聲母沒有注意到從內證材料去探求其音位之別。例如錢大昕通過異文、異讀、諧聲字、異體字、通假等材料證明舌上歸舌頭，但是端透定(知徹澄)之間有無區別，並沒有從內證材料上很好地證明。上古雙聲聯綿詞表明，端透定各自構成雙聲聯綿詞("輾轉、蜘蛛、蝃蝀、譸張；佗儶、惆悵、町畽；踟躕，躊躇"等)。三是無法解釋古今音演變的條件。例如照三歸端，則必然認爲"知：支""恥：齒""長：掌"等上古分別同音，中古音的不同就沒有上古音的分化條件。

　　王力先生《漢語語音史》綜合各家上古聲母研究成果，得出上古三十三聲母系統，如下（每一聲母旁邊的小號字是對應的中古三

十六聲母的情況,根據《切韻》聲母略有變動):

第一類　喉音
　　　曉曉　匣匣,喻三　影影
第二類　舌根音
　　　見見　溪溪　群群　疑疑
第三類　舌尖中音
　　　端端知　透透徹　定定澄　泥泥娘　來來
第四類　舌面音
　　　章照三　昌穿三　船牀三　書審三　禪禪　餘喻四　日日
第五類　舌尖中音
　　　精精　清清　從從　心心　邪邪
第六類　舌葉音
　　　莊照二　初穿二　崇牀二　山審二　俟俟
第七類　雙脣音
　　　幫幫非　滂滂敷　並並奉　明明微

　　這個系統比《漢語史稿》增加了一個俟母。這種增加是必要的,因爲沒有强有力的證據證明它是後起的。在一個共時的音系中,個別聲母所拼韻母很少,這是可以的。例如《中原音韻》的疑母所拼的韻母就很少。但是如果大量的聲母所拼的韻母都很少,則是不可信的。上面説到,研究上古聲母,沒有研究韻部、聲調那樣大量的、成系統的上古内證材料可以利用來作系統的歸納,只能多多仰仗《切韻》音系的聲母。這就決定了,古音學家得出的上古聲母系統具有更多的假定性。截至目前爲止,各家所定上古聲母系統都有缺陷;對比起來,王力先生的這套系統最爲穩妥,最有説服力,科學性最强。這個系統,對諸家意見的取捨,十分謹慎,不以個別相通的材料定音類,能解決上古聲母的絕大部分問題。

　　有些古音學家,多利用諧聲、假借、異讀、同源詞等材料中顯示出來的聲母的特殊相通現象,來定一個上古聲母。但是諧聲、假借、同源詞的出現,遠在周秦兩漢之前;即使是魏晉以後,也會出現這種現象。所以,這些材料顯示出來的聲母相通現象,我們不能斷定是周秦兩漢這個時間段内出現的；没有時代斷限，没有重視材料的多寡，將特殊相通强扭到上古時期，作爲論定爲一個音類的基礎，缺乏可靠的證據。他們試圖將早期文獻中折射出來的特殊相通都放到周秦兩漢這一時段内進行系統分析，這種做法缺乏嚴密的歷史觀和系統觀。既然是利用特殊相通作爲決定音類的基礎，用來支撐這種相通的證據是極其有限的；那麽將這種特殊相通上升到上古的一類聲母，所搭配的韻母和聲調極其有限，必然導致大量聲韻調配合的空檔，這是很冒險的做法。錢大昕、章炳麟、黄侃、曾運乾等人的研究，聲母和聲母的相通，在不同韻部中都有大量的内證材料做支撐，這是正確的研究方向。

近百年來，學者們花了很大精力，找出了相當多早期文獻中的聲母特殊相通的多種例證，這是有益的探索。但是既有的一些研究不無遺憾：對於這些特殊的相通現象是上古還是上古以前產生的，或者無法確知是何時開始相通的；這種相通是偶然的相通，還是大範圍的，是否在不同的韻部中都存在；有大量證據支撐這種相通現象，能否作爲給上古立一類聲母的證據等等，都没有投入太多精力去謀求解決。對於特殊相通現象消失的時代，也研究得很不夠。

還有一點必須注意，上古漢語的聲母必然是自成系統的，對於一個聲母的研究，不僅僅是這一個聲母的問題，而且是牽一髮而動全身，因此，需要放在整個聲母系統、聲韻調結合的系統中去分析任何一個聲母的古讀。例如中古的邪母字，大量地跟餘母、定母等聲母相通，似乎可以得出邪母在上古是塞音聲母的結論。但是這樣分析問題還不全面，例如我們應該考察一下心母的相通情況，看看心母跟塞音是否相通。如果心母也有這樣的相通現象，就説明我們得出邪母古讀塞音的結論有漏洞。

這些都是關乎上古聲母類别研究的大問題，是今後必須努力的研究方向。

二、上古漢語没有複輔音聲母

從1876年英國人艾約瑟開始，提出上古漢語可能有複輔音聲母的假說,後來一些學者更試圖給上古漢語構擬一套複輔音。以前論證上古有複輔音,最重要的證據是諧聲字折射出來的例外諧聲。例外諧聲,建立在例內諧聲的基礎上。學者們將上古一組一組諧聲系列裒輯在一起,先將每組諧聲系列在《切韻》音系中的聲母類別標識出來;然後將有相同或大致相同語音表現的不同組的諧聲系列集中在一起,通過一定的統計手段,將《切韻》音系中經常碰在一起的相同或不同的聲母看作是符合通例的諧聲,從而確定它們爲例內諧聲,得出諧聲原則;如果碰在一起的不同聲母極少見,或極個別,就處理爲例外諧聲。例外諧聲既反映在聲母方面,也反映在韻部方面。

　　就聲母方面說,上古音中,所謂的例外諧聲,基本上早已例外了。詳參孫玉文《上古音叢論》中《試論跟明母諧聲的曉母字的語音演變》《上古漢語特殊諧聲中聲母出現特殊變化的大致時代的一些例證》諸文。下面只以雙聲聯綿詞和古詩歌的語音技巧爲材料,就《詩經》的例子補充論證:《詩經》時代的漢語已是單聲母格局,沒有複輔音聲母。

　　例如"睍睆(xiànhuàn)",鳥好貌。大家公認它是雙聲兼疊韻聯綿詞。"睍"從"見"聲,從"見"聲的字,中古分屬見、溪、疑、曉、匣、透、泥、心等聲母;"睆"從"完"聲,"完"從"元"聲,從"元"聲的字,中古分屬見、溪、疑、匣等聲母。按照有人的構擬原則,"睍"和"睆"分別都要構擬成複輔音。事實上,有人將"睍"構擬爲geenʔ,"睆"構擬爲fiŋroonʔ。明明是雙聲兼疊韻聯綿詞,被構擬得既不雙聲,也不疊韻。只有承認"睍睆"《詩經》時代是單輔音格局,它們都是匣母,問題才能真正解決。

　　"栗烈",相當於"凜冽",嚴寒貌。大家公認它是雙聲聯綿詞。"栗"是象形字,從"栗"聲的字無一例外都是來母,因此"栗"一定是單輔音來母字。"烈"從"列"聲,"列"可能從"歺"聲,從"歺"聲的字,中古有疑、來、見、精、澄、穿等聲母的讀法。按有些人的構擬原則,"烈"得另擬一類輔音;不這樣,則會在材料的處理上隨隨便便,進退失據。這樣,"栗"是一類輔音,"烈"是另一類輔音,"栗烈"不能雙聲。

"流離",一種鳥,大家公認它是雙聲聯綿詞。"流"是會意字,來母,從來沒有徹母讀法。"離"從"离"聲。"离"是象形字,從它得聲的,中古有徹、來的讀法。按照有些人的構擬原則,"離"得擬爲另一類聲母。這樣,"流"是一類輔音,"離"是另一類輔音,"流離"不能雙聲。

"鷚鸞",小鳥貌,大家公認它是雙聲兼疊韻聯綿詞。它跟"蘼蕪、蠛蠓、溟濛"等同源,都含有"小"義。請注意:這裏的第二個音節"蕪、蠓、霂"都是明母字,因此"鸞"也應是明母。"鷚"是會意字,明母。"鸞"從"䜌"聲,"䜌"也是會意字。從"䜌"聲的字,中古分屬來、見、影、幫、滂、明、山等好幾個聲母。按有人的構擬原則,"鸞"得擬爲另一類輔音。但"鷚"只能是明母。"鷚"是一類輔音,"鸞"是另一類輔音,"鷚鸞"不能雙聲。

"霢霂",小雨,大家公認它是雙聲聯綿詞。它跟"蘼蕪、蠛蠓、鷚鸞、溟濛"等同源。請注意:這裏的第一個音節"蘼、蠛、鷚、溟"都是明母,因此"霢"也應是明母。"霢"從"脈"聲,"脈"從"辰"聲。從"辰"聲的,滂母、明母都有。按有人的構擬原則,"霢"得擬爲跟明母不同的輔音。可是"霂"從"沐"聲,"沐"從"木"聲,從"木"聲的諧聲系列只能是明母。如果"霢"是一類輔音,"霂"是另一類輔音,"霢霂"不雙聲。其實"脈"是"辰"的滋生詞,是滂母改讀明母構詞。

《詩經》中有不少講語音技巧的地方,只要注意一下就可以發現,有些複輔音的構擬不能解決問題。例如《周南·卷耳》:"陟彼高岡,我馬玄黄。"其中,"高岡"和"玄黄"分別雙聲。"高"是個象形字,從"高"聲的字,中古分屬見、溪、曉、匣等聲母,"高"上古無疑是牙音(即王力先生的喉音),見母。"岡"是形聲字,從"网"聲,從"网"聲的字,中古分屬明、見二母。按照有人的構擬原則,"岡"得擬爲跟見母不同的輔音。如果"高"是一類輔音,"岡"是另一類輔音,那麼"高岡"不能雙聲。

大量反映上古聲母信息的材料,無論是出土的,還是傳世的,都有力證明:以前用來構擬複輔音的那些聲母方面的例外諧聲,這種例外在《詩經》時代,就已經成爲例外,跟中古音完全對應,是單輔音格局。例如"鸞",它不是複輔音,而是單輔音的明母。研究上古音,不能忽視這些材料。既然上古已是單輔音的格局,已經形成例外,那麼對於例外諧聲必須進行語言學的科學解釋。應該這樣來解釋:這些"例外諧聲"在上古根本不是例外諧聲,諧聲時代幾乎沒有什麼例外諧聲,讀音的例外相通是在諧聲時代以前的象形、指事、會意的那些階段。解決問題的關鍵是:必須充分重視早期漢語的異讀字。

　　文字上的異讀指一個語言系統中一個字形有兩個或兩個以上的讀音。任何語言、任何時代都會產生異讀。因此,漢語的異讀在漢字出現以前就存在,上古、遠古、原始漢語都必然有異讀。漢字出現後,即使處在象形、指事、會意階段,漢語必然有異讀;這些異讀,有些一定會反映到漢字中,形成一字異讀。清張行孚《說文審音》卷一《古音原流考》說:"蓋造字之初,一字雖止一音,而字之疊韻雙聲,一轉即變。"這種說法沒有可靠的根據。漢字的產生,遠在殷商甲骨文之前。傳說黃帝時倉頡造字,考慮到甲骨文的成熟程度,這個傳說是有相當的事實依據的。由於早期的漢字有限,人們要求漢字能最大限度地記錄漢語,因此古文字中有異讀字是不可避免的事。

　　關於詞語分化造成的異讀,現在可以確知,上古以前的漢語,單音詞的造詞活動十分活躍。這種活躍的造詞活動,必然導致音變構詞。反映到漢字中,必然造成一字異讀。例如"屯"由"艱難,危難"義發展出"屯聚,聚集"義,讀音很早就有別。

　　早期漢字,由於所造出的漢字很少,因此用字假借現象異常突出。音近假借必然帶來一字異讀。例如"其"本是簸箕的"箕"的古字,它很早就用來假借作句中語氣詞的"其",於是"其"一字異讀,甲骨文中"其"就有見群二母的讀音。

　　早期漢字,由於所造出的漢字很少;在甲金文中,人們造字或用字還沒有像後代一樣盡量避免異體字,其中一形多寫法的現象很突出,字與字之間還有不少形體相混的情形。今天還有不少同形字,甲金文中更會如此。因此甲金文中分別為不同的詞所造的字,字形相同的情況異常突出,形成同形字或相當於訓讀字的用字現象。例如"冎"既是"剮"字,也是"骨"字。郭錫良先生《也談古漢語複輔音問題》，舉出甲骨文、金文中"各、戉(yuè)、令、來、立、每、史、月、欒(luán)、黑"十個非諧聲字在聲母方面後代有例外諧聲的異讀例，更從事實上證明了漢語、漢字在《詩經》時代以前，也就是遠古，就存在着大量異讀，例外諧聲的不同聲母甲金文已經分化。

　　我們對於異讀字，還要區分異讀的始現時代和沿用時代。例如今天我們沿用"好"的上去兩讀，但是我們不能説，"好"的上去兩讀是從今天產生的。它的兩讀上古已有，至於具體出現的時代，顯然在上古以前。一個漢字剛開始造字的讀音，也就是所謂的本讀，以及後來不斷形成的異讀，都會傳承下來，甚至可能傳到今天。現在可以確知，我們今天一些字的異讀至少有幾千年。例如從文獻來看，"惡、好、掃"的異讀，上古就有了；至於這三個字是上古才形成的異讀，還是更早的時代就形成了異讀，文獻有闕，無法確知。這樣的材料，完全可以説明，現代的一些異讀，至少有兩千多年的傳承史。所以，漢語異讀字是不同時期的堆積，不能不加論證地放到上古這個共時的系統中解釋它們的來源。

　　一字異讀，在它剛剛產生時，有相當多的字讀音應該是相近的。由於同形字、訓讀字，以及音變構詞的存在，也有些讀音相遠。口語中的一詞多讀，如果太遠了，人們就不會將它們當作一字異讀，在漢字上是當作另外一個字了。由於文字，特別是非拼音文字系統的時空傳遞性，有些極早時代出現的異讀，就會沿用到周秦兩漢，甚至可能會沿用至今。由於異讀在周秦兩漢之前就沿用下來，因此，即使是音近的異讀，其中也有極少的異讀，讀音差別就會越來越大。早先的少數異讀，傳了千百年，傳到周秦兩漢，讀音會變得十分懸殊。也就是説，在漢字還沒有造諧聲字時，就存在着大量的一字異讀，其中少數字在造形聲字之前，就有讀音相差懸殊的異讀。人們利用一個字的不同讀音去造字，有時會造成同一個主諧字，造出的被諧字聲母讀音相差甚遠，這是因爲你沒有注意異讀，只取其中一個讀音去觀察整個諧聲系列。例如"各"是個象形字，中古韻書"盧各切"一讀没有收"各"字，根據古文字，"各"是"至，到達"的意思，《説文》説它的本義是"異辭也"，這其實是假借義，這個意義讀古落切。它的本義中古韻書收錄了，但不是由"各"來承擔，而是由後起字"佫"來記錄，"佫"是古伯切。商代甲骨文中它可能記錄下落的"落"，"各日"只能是"落日"。因此這個"各"是下落的"落"的前身，下落的"落"可能是"各"的滋生詞，屬音變構詞。中古韻書實際上反映了後來的用字現象，"各"本義和下落的"落"的讀音都没有收錄。"各"早期的讀音説明，在造"格閣胳客貉"等喉音字，"洛駱烙絡落路"等來母字之前，主諧字"各"就有見母和來母的讀法。這三種（見母有兩種）讀法，都可以作爲造字的語音基礎。根據見母讀法造字，所造的都是牙喉音字；根據來母讀法造字，所造的都是來母字。

　　再如"百"的被諧字有兩組：一是讀幫並母，如"佰"等；一是讀明母，如"陌、貊"等。有人以並母讀音爲參照點，將明母一讀看作例外諧聲。這是不正確的。"百"原來有異讀，一是明母，一是並母，這裏只討論明母一讀。漢人的注音材料表明至晚漢代仍有明母一讀：(1)《集韻》莫白切收錄了"佰"："《説文》：相什佰也。"這是說，十倍百倍的"百（佰）"讀明母。《集韻》的收錄有依據，可惜没有收"百"字。《周禮·春官·肆師》"表貉"，這個"貉"，《釋文》："莫駕反，鄭音陌。"因爲鄭玄注是："貉，師祭也，貉讀爲十百之百。"用作使動，使達到百倍。《周禮·春官·甸祝》"表貉"鄭玄注："杜子春讀'貉'爲'百爾所思'之百。"其中"百爾所思"見於《詩·鄘風·載馳》，原文"百爾所思，不如我所之"，意思是説，你們衆大夫、君子，即使讓你們的思念加重百倍，也不如我的思念所達到的那種深篤境地。(2)《左傳·僖公二十八年》"距躍三百，曲踊三百"，這個"百"作"努力"講，可能是百倍的引申義，《釋文》："百，音陌。"兩句意思是説，魏犨爲了顯示自己身體很好以保全性命，往前努力跳躍三次，往上努力跳躍三次。(3)"阡陌"指田界，田界縱橫交錯，應是"千百"音變構詞的産物，"陌"也作"伯"。《説文》糸部："絈……讀若阡陌之陌。"（段玉裁以爲"阡陌"應作"什佰"，根據不足，此不從。）《吕氏春秋·離俗》："乃負石而沈於募水。"高誘注："募，水名也，音千伯之伯。"

　　由此可以推出兩個結論：一是，由於象形、指事、會意字的造字階段主要在甲骨文以前，它們的異讀一般也出現在此之前，因此給這些聲母的例外相通構擬上古（周秦兩漢），或者遠古（商代甲骨文時期）的複輔音，是有問題的。二是，由於整個諧聲系統基本上沒有例外諧聲，聲母的例外相通是在象形、指事、會意字階段，這種例外相通是極其零星的現象，因此，即使給這些例外相通的象形、指事、會意字構擬複輔音也是行不通的，這種構擬無法得出一個聲韻調配合的系統；如果另擬一類聲母，那麼大量的這類聲母可能只拼一二個韻母。這是絕對行不通的。

我們應該怎麼從語言學上解釋象形、指事、會意字階段聲母的例外相通呢？應該這樣解釋：非諧聲字階段的異讀產生於文字始創之後的不同時代，不能雜糅到一個共時的系統中，爲它們構擬一個共時的聲母系統；這些字，到諧聲時代那些極少量的讀音相差甚遠的異讀，由於都可以作爲構造諧聲字的基礎，結果造成同一諧聲系列讀音相差甚遠。

第八節　上古音構擬

一、古人對上古音值的假定

歷代人讀前代作品，都是按照當代的方言或通語去發音，讀《詩經》等韻文也是如此。這種讀音傳統對古人關於上古音值的假定有很大的制約作用。"叶音説"盛行時，由於沒有科學的歷史觀和系統觀，因此他們只在碰到某字跟整個韻段押韻不和諧時，才臨時改讀。改讀後的音還是按讀韻文的人當時的音來讀。像《詩經·鄘風·相鼠》"皮儀儀爲"相押，本來是歌部，但由於都是中古支韻字，按中古音來讀仍然是和諧的，所以就不必注"叶音"了。

科學的古音學興起之後，古音學家們都有他們心目中假定的古音音值，這種假定的音值，還是基於古音學家們當時的讀音。例如江永《古韻標準》平聲第四部"總論"説："真諄臻文殷與魂痕爲一類，口斂而聲細；元寒桓删山與仙爲一類，口侈而聲大。而先韻介乎兩類之間。"這無疑是考慮到音值的因素。

就聲母説，江永《四聲切韻表·凡例》："昔人傳三十六母，總括一切之音，不可增減，不可移易。凡欲增減移易者，皆妄作也。"這當然是不科學的説法，没有做科學論證。他顯然認爲上古跟晚唐以後一樣，是三十六個聲母。這裏頭不僅有江永假定的值，也有假定的類。

就韻母説，據《唐韻正》，歌部的正音在顧炎武那裏是 o、a，歌戈二韻是 o，所以不必改讀，而歸入歌部的支韻字，則要改讀爲 o，不然就跟歌部讀音不和諧，所以"移"古音弋多反，"爲"古音訛，"麾"許戈反，"吹"昌戈反，"披"音坡，"陂"彼禾反，等等。至於歸入歌部的麻韻字，顧炎武接受"古音寬緩"之説，不改讀音，"麻"字下批評："昔人讀麻爲磨。不知古音寬緩，歌麻之合而爲一，正猶支微齊佳灰之合二爲一也，故但讀如今音。"他讀歌部的麻韻爲 a。可見，在顧炎武那裏，一部可以有不同的主元音。

江永的東部包括東冬鍾江四韻，東冬鍾三韻在清代已混，是 uŋ，不必改讀。可是江韻就不同了，《古韻標準》第一部（即東部）江韻下説，"此韻古音相通，今音稍遠，詳爲考證"。江韻是二等字，如果站在清代音值的基礎上，二等的江韻不能讀 uŋ，於是要改成另一讀："厖、尨"古音莫工切，"邦"卜工切，"降、缸、洚"户工切，"雙"所工切，"江"音工，"窗"初工切，"腔"苦工切，"幢"宅工切，"憃"丑工切，"樁"株工切。江永跟顧炎武不同的地方在於，他堅持一個韻部基本上要讀成一個主元音。如何讀成一個主元音，還是站在他當時的讀音基礎上。例如第二部包括好多韻，支、脂、之、微、齊、佳、皆、灰、咍，江永讀成 i、əi。佳韻在他看來《詩經》没有入韻，佳韻下説："以後古今音有稍異者，用考證。"皆韻主元音後代不讀 i，於是"階"音居奚切，"懷"胡偎切，"霾"謨悲切；咍韻今音變遠，也要注，於是"來"陵之切，"臺"田飴切，"哉"將黎切，"才"前棲切，"能"奴怡切。尤韻一些字要歸入此部，需要改讀，於是"尤"於其切，"牛"魚其切，"裘"渠之切，"謀"莫悲切。

段玉裁所立的兩套術語："本音"和"音轉"、"音正"和"音變"都牽涉到他對上古音值及其變化的考慮。"本音"和"音轉"是爲了解決一個字，在先秦本來屬於甲部而隨後變到乙部而定的。所謂本音,是指某字先秦本來讀甲部的某音;所謂音轉,是指先秦本來讀甲部某音的字,隨後轉到乙部某音,例如"尤"是之部字,"讀怡";漢代轉到幽部,讀成後來的"尤"。這種音轉,可以用來確定哪些韻部跟哪些韻部具有旁轉關係。"音正"和"音變"是爲了解決一個韻部只有一個主元音、同時也要解釋爲什麼上古一個韻部的字《切韻》音系中變成不同的韻,而這不同的韻主元音讀音不同。這裏頭有段玉裁假定的上古韻部的讀音。《古十七部音變説》:

> 古音分十七部矣,今韻平五十有七,上五十有五,去六十,入三十有四,何分析之過多矣?曰:音有正變也。音之斂侈必適中,過斂而音變矣,過侈而音變矣。之者,音之正也;咍者,之之變也。蕭宵者,音之正也;肴豪者,蕭宵之變也。尤侯者,音之正也;屋者,音之變也。魚者,音之正也;虞模者,魚之變也。蒸者,音之正也;登者,蒸之變也。侵者,音之正也;鹽添者,侵之變也。嚴凡者,音之正也;覃談咸銜者,嚴凡之變也。東鍾者,音之正也;東者,東鍾之變也。陽者,音之正也;唐者,陽之變也。耕清者,音之正也;庚青者,耕清之變也。真者,音之正也;先者,真之變也。諄文欣者,音之正也;魂痕者,諄文欣之變也。元者,音之正也;寒桓刪山仙者,元之變也。脂微者,音之正也;齊皆灰者,脂微之變也。支者,音之正也;佳者,支之變也。歌戈者,音之正也;麻者,歌戈之變也……明乎古有正而無變,知古音之甚諧矣。

段氏這段話告訴人們,"明乎古有正而無變,知古音之甚諧矣",這是假定一個韻部只有一個主元音,才能説明"古音之甚諧"。他當然忽視了介音和語音分化條件的問題,但段氏設想一個韻部只有一個主元音,這是卓越的見解。

總起來説,清代學者對於上古聲母、韻母,都有他們假定的音值,這種音值假定,還是以清代的口語爲基礎實施的。這實際上是假定上古的音位及音位組合或多或少都存在於清代的口語中。這沒有充足根據。不必説上古,就是《切韻》音系的一些音,在今天的口語當中都消失了。無論是中古音也好,上古音也好,我們有時候必須要構擬一個在現代所有方言中本不存在的音素,才好解釋古音的系統。這就要假定古代的某個音素,在後來所有方言中都消失了。要做到這一點,用漢字注直音或反切都不可能解決問題。例如中古有 iu 這樣的音位組合,中古音系必須作這樣的構擬。這種組合後來變成 y,但是歷史上的材料明確顯示 y 是元代以後產生的,由 iu 變來。iu 這樣的組合在現代方言(至少是大家熟知的主要方言)中沒有保留下來。縱使今天非常偏僻的方言中保留下來了,但是借用它來用漢字描述中古的音值也沒有效用。這種現象很容易理解,因為語音史的事實告訴我們,古代有些音類在今天所有的方言中都消失了,更不用說是音值。因此,研究古音者用他們那個時代的讀音、單純用漢字去說明上古的音值,不能真正解決問題。

　　清代學者對於上古韻部以及韻部之間讀音遠近的研究有很好的成就,但是沒有跟音值的假定緊密地聯繫起來。對轉方面,例如魚鐸陽對轉,段玉裁《六書音均表三》明確指出"弟十部(即陽部)與弟五部(即魚部)同入",即魚陽二部跟鐸部相配。段玉裁陽部是 aŋ;據《古十七部本音説》,"弟五部魚虞模韻,音轉入於麻",據《古十七部音變説》,"魚者,音之正也;虞模者,魚之變也(如'都'古音豬,'荼'古音舒之類。)",這是認為魚部上古音值是 iu,主元音是 u。可是如果魚部主元音是 u,陽部主元音是 a,在舌位上是音值最遠的兩個音,怎麼能對轉呢?再如旁轉,段玉裁接受江永侵談分部,根據合韻等材料,得出侵談二部極近。侵部,據《古十七部本音説》,"弟七部侵鹽韻,音轉入於覃談咸銜嚴凡",據《古十七部音變説》,"侵者,音之正也;鹽添者,侵之變也。(如'廉'古音林,'占'古音針之類。)"這是認為侵部讀 im。談部,據《古十七部本音説》,沒有涉及音轉問題,據《古十七部音變説》,"嚴凡者,音之正也;覃談咸銜者,嚴凡之變也。(嚴凡猶弟十四部之元韻,覃談咸銜猶弟十四部之寒桓刪山也。侵猶弟十二部之真韻,鹽添猶弟十二部之先韻。)"這是認為談部讀 iam,主元音和韻尾是 am。可是侵部主元音是 i,談部主元音是 a,在舌位上也是音值最遠的兩個音,怎麼能旁轉呢?所以,清代學者在音類上看出一些韻部之間的對轉、旁轉關係,但是他們由於沒有提煉出構擬方法,結果所假定的音值並不能將對轉、旁轉關係解釋得圓滿。

至於聲母方面的舌上歸舌頭、介音的系統，以及解釋上古到中古語音的分化條件，等等，不從事古音構擬，光憑漢字來注古音，是根本沒有辦法解釋清楚的。上古還有些反映聲母、介音等的好材料，清代學者沒有來得及有效地運用。如果有效地加以運用，也可以看出他們在假定上古音值方面並不能將上古的內證材料都解釋好。

所以，儘管古音擬測不是恢復古音，這是沒有辦法做到的事情；但是在上古音研究中從事古音構擬，能克服漢字注音的局限，給人們提供一個認識上古語音系統的極好手段。古音擬測是上古音研究中不可或缺的部分。歷史語言學的理論也是建立在"以今識古"的基礎之上的，這是二者的相同處。但是歷史語言學的古音構擬對比清代學者的古音假定，在科學性上大大進步了，這是將語音的變化問題考慮得更全面、複雜帶來的好處。

二、上古聲母系統的構擬

上古聲母的擬音要以前面所分析的材料的音類系統爲基礎，上古的多種內證材料，透露出聲母音值的信息。根據上古的多種內證材料所透露的音值信息，以及上古聲母到中古的發展，來構擬上古聲母系統，是目前最穩妥可行的辦法。

(1)章組字原來跟端知組字讀音很近，其中必然要有塞音。因此，只有舌尖後音(也叫卷舌音或翹舌音)ṭ組和舌面前音ƫ組可以選擇。但是由於ṭ組是卷舌音，在漢語中跟i介音相拼不大自然，於是只好選擇ƫ組。各聲母的具體擬音是：章擬爲ƫ，昌擬爲ƫ'，船擬爲ɖ，書擬爲ɕ，禪擬爲ʑ。後面書、禪的擬音跟中古相比沒有什麼不同，但是從實際材料看，可能會有所區別。

對於書、禪二母在上古跟其他各聲母的交涉情況，還可以再進行全面的探討。周祖謨有《審母古讀考》《禪母古讀考》，考證審三(即書母)在古代跟舌音塞音一類字相通，禪母跟定母關係最密。擦音跟塞音、塞擦音能否相通還可以再研究。也許書禪二母原來是塞音或塞擦音，但可能至晚戰國時期，書禪二母已經是擦音了。"信"字是心母字，擦音，在出土器皿中以"身"作聲符，作"䚶"。"信"通"伸"，《易·繫辭下》："尺蠖之屈，以求信也。"《禮記·儒行》："雖危，起居竟信其志。"鄭玄注："信讀如屈伸之伸，假借字也。"還可以通"身"，信圭爲六瑞之一，侯爵所執。《周禮·春官·大宗伯》："以玉作六瑞，以等邦國……侯執信圭。"鄭玄注："信當爲身，聲之誤也。身圭、躬圭，蓋皆象以人形爲瑑飾，文有麤縟耳，欲其慎行以保身。圭皆長七寸。"《釋名·釋形體》："手，須也。事業之所須也。"這是用心母的"須"給"手"作聲訓。東漢三國梵漢對音中，禪母"禪、涉、殊、逝"對譯梵文的 j[dʑ]，是塞擦音，帶有擦音成分，跟定母讀音相差很大。因此，將上古的書禪二母擬爲擦音是可以的。

章組由章 ȶ、昌 ȶʻ、船 ȡ 後來變成了章 tɕ、昌 tɕʻ、船 dʑ，這是由舌面前塞音變成了塞擦音。這種變化至晚東漢已經開始，東漢三國梵漢對音中，章母"周、舟、旃、招、占、瞻、震、支、真、遮"對譯梵文的 c，昌母"車、闡"對譯梵文的 ch。可是章組"提（shí）、遮、闍（shé）、旃、舟、支"又對譯梵文的 tȳ，因此音值不好斷定。但是知組"知、致"對音是 ti，可見跟章組不同。章組變成[tɕ]等舌面前音之後，知組才從端組分化出來，由於[ȶ]等舌尖後音留下空檔，因此知組正好可以填進去，跟章組不撞車。

（2）章炳麟論證娘日歸泥，娘歸泥，直到《切韻》音系可能還是如此。章氏之説揭示了上古日母是個鼻音，不是口輔音。日跟泥娘音近，又跟章組一樣，是拼三等韻，因此它跟章組是同部位的聲母，只能選擇 ȵ 作爲日母的上古音值。

（3）餘母早先跟定母音值很接近，但是它只拼三等，應更接近章組，跟章組同部位。餘母最晚商代中後期就跟舌音音值極近。例如諧聲："勺"（禪）假借爲"礿（yuè）"（餘母），又造了新字"礿"（《金文編》）；"通"（透，《甲骨文編》）從"甬"（餘母）得聲；"瞚（shùn）"（書母，《金祥恒先生全集》）從"寅"（餘母）得聲；"宙"（定母，《漢語古文字字形表》）從"由"（餘母）得聲；"塗"（定母，《甲骨文編》）從"余"（餘母）得聲。假借："隹"（章母）記錄語氣詞"唯（維、惟）"（餘母）。都能證明商代或以前餘母是舌音字。

王力《漢語語音史》將餘母擬爲 ʎ,有道理。不過,ʎ 應該是舌面前音,跟章組字同部位;不當理解爲舌面中音,這跟章組不是一個發音部位。發 ʎ 時,舌尖抵住上齒背,舌面兩邊形成阻礙的區域比較大,帶有塞音化的音色,跟發邊音 l 發音方法有所不同,所以在早期文獻中,這個 ʎ 經常跟端組字相通,而 l 沒有。

李元《音切譜》卷十七《互通》:"邪喻二母偏旁,多有相諧者。"李方桂《上古音研究》將餘母擬爲 r,沒有 j 介音,邪母擬爲 rj,有此介音。這是注意到餘母和邪母的相通現象,但餘母的三等介音不能去掉。從上古材料看,有些疊韻聯綿詞不僅同韻,而且還同韻母,例如"優遊、浮遊、蜉蝣、䲣由"都是尤韻字,"逍遙、招遙"都是宵韻字,"勺藥"都是藥韻字,"須臾"都是虞韻字,"從容"都是鍾韻字,"胥餘、諸餘、藷蕷(shǔyù)"都是魚韻字,"翔佯、強陽、尚羊、相羊、望羊、潤瀁(wǎngyǎng)"都是陽韻字。依歷史比較法,這些字中古同韻母,上古也當同韻母。它們前一個音節爲其他聲母,後一個音節屬喻四。依李方桂構擬,前一音節都有 j 介音,後一音節沒有 j 介音,上古韻母不同。只有給喻四的字聲母之後擬 j 介音,才能把這些聯綿詞的上古音擬成同韻母,能解釋清楚這些疊韻聯綿詞的疊韻規律。李方桂的構擬,邪母是 rj;如果喻四是 rj,講不出分化條件。要講清分化的條件,又要解釋清楚上面這些疊韻聯綿詞的疊韻規律,喻四和邪母的分別應該從聲母上想辦法,不應該從韻母上想辦法。

餘母後來逐步變成 j。這種變化至晚東漢可能已完成。從"兌"聲的字,"閱鷯(yuè)"中古餘母,"說稅涗(shuì)帨(shuì)"書母,"脱挩(tuō)裞(tuì)"透母。《說文》後兩組不說"省聲",前面餘母說是"說"省聲;"犢"從"賣(yù)"聲,"賣"中古餘母,《說文》說是"𧶠省聲",不說"賣聲";"蓧(diào)"中古定母,《說文》說是"條省聲",不徑直說"攸聲",這都可能反映出餘母在東漢時跟端組聲母差別遠,故說"省聲"。東漢三國的梵漢對音中,拿漢語的"夜、耶、夷、閱、延、鹽、閻、衍、翼、由、渝、喻、踰"等字去對譯梵文的 y。也拿"夷、耶、延"等字去對譯梵詞元音中間的 j[ɟ],在其他語言的有些文獻轉寫中,寫作 y[j],"耶"又對譯 jh,"邪、耶、翼、鹽、閱"又對譯 ś[ɕ](實即

ç），"惟、維、夷"又對譯v，"檜、閻"又對c。從種種跡象看，東漢餘母是摩擦性較強的j。餘母原是個ʎ，舌面中音，跟發j部位相當。由於j的摩擦性較強，導致ʎ失落。

餘母還常常跟邪母以及舌音定母相通。錢玄同《古音無"邪"紐證》："就其形聲字的'聲母'（今亦稱'音符'）考察，應歸'定'紐者幾及十分之八，其他有應歸'群'紐者則不足十分之二，有應歸'從'紐者則不足十分之一。從大多數言，可以説：'邪'紐古歸'定'紐。"據此，邪母原來跟塞音相通是事實，但是不能併入定母，這是可以肯定。如果邪母原來是塞音聲母，那麼可能上古某個時期它變成了擦音。不過，邪母的字跟定母、群母、從母很難分開，而且心母是典型的擦音，它跟塞音、塞擦音諧聲者也不少，例如"松"《集韻》有邪母、心母兩讀，"司"得聲的字有清從邪諸母，"西"得聲的字有清母，"辛"得聲的字有清莊初，"心"得聲的字有清，"彡"得聲的字有徹，"算"得聲的字有精清從莊初牀，"肖"得聲的字有澄清從，"沙"得聲的字有清，"叟"得聲的字有清初，"四"得聲的字有徹，"思"得聲的字有清初，"秀"得聲的字有透徹，"昔"得聲的字有精清從莊初牀，等等，因此，這樣的問題不解決，邪母原來讀舌音的塞音之説就存在很大缺陷。也許邪母原來是個舌尖前的濁邊音，跟ɮ部位方法略近，但是有塞化的傾向，所以跟定母、邪母等頻繁相通，後來變成齒擦音。宋鄭樵《通志·氏族略二》："籍氏避項羽諱，改爲席氏。"《廣韻》昔韻"席"下注："亦姓也。出安定。其先姓藉，避項羽名，改姓席氏。晉有席坦。"籍、席，上古鐸部短入，它們只有聲母的區別，"籍"從母，"席"邪母。可見秦漢時從邪有別。有些邪母字早期跟舌音字相通，包括"席"字，這從諧聲上可以看出。據此避諱材料，"籍、席"聲母應該是相近的，"籍"是齒音，那麼"席"可能是齒音。因此，邪母跟舌音相通是更早的語音層次，具體時代待考。

（4）上古莊擬爲 tʃ，初擬爲 tʃʻ，崇擬爲 dʒ，山擬爲 ʃ，俟擬爲 ʒ，跟中古擬音是一樣的。不過，莊組在上古大量地跟精組相通，可能上古莊組跟中古莊組具體音值小有不同。上古的舌葉音發音時，舌尖更靠近舌尖前音的部位，到了後來，莊組發音部位後移了一點，逐步跟章組趨近，以致於趨同。考慮到邪母可能來自早期的ɮ，那麼俟母也有可能來自早期舌葉音的濁邊音。

(5)上古見擬爲 k,溪擬爲 k',群擬爲 g,疑擬爲 ŋ;曉擬爲 x,匣(包括喻三)擬爲 ɣ,影擬爲 O。這跟中古擬音沒有什麼不同,但見溪群疑和曉匣影兩組應該比中古發音部位更靠近,可能見溪群疑上古的發音部位比中古要靠後一些,所以上古文獻中,牙喉音聲母經常相通。上面講到,錢大昕《潛研堂文集》卷十五《音韻答問》中指出,中古的牙喉音在上古"分之實無可分","古無牙音"。清代還有其他學者注意到這種現象,例如李元《音切譜》卷十七《互通》:"曉匣影喻,與見溪郡偏旁,多有相諧者。"王力先生《漢語史稿》將見溪群疑和曉匣影七個聲母都歸入上古喉音,跟中古歸類不同,應該是重視了這種相通現象。

這樣,上古聲母系統就可以得到這樣的構擬:

第一類　喉音
　　曉 x　匣 ɣ　影 O
第二類　舌根音
　　見 k　溪 k'　群 g　疑 ŋ
第三類　舌尖中音
　　端 t　透 t'　定 d　泥 n　來 l
第四類　舌面音
　　章 tɕ　昌 tɕ'　船 dʑ　書 ɕ　禪 ʑ　餘 j　日 ȵ
第五類　舌尖中音
　　精 ts　清 ts'　從 dz　心 s　邪 z
第六類　舌葉音
　　莊 tʃ　初 tʃ'　崇 dʒ　山 ʃ　俟 ʒ
第七類　雙唇音
　　幫 p　滂 p'　並 b　明 m

就已經發現的上古聲母系統的事實來看,這個系統跟中古有相當多的差別。

三、上古韻母系統的構擬

構擬上古韻母系統,既要最大限度解釋清楚上古内證材料,又要合理解釋上古到中古的發展線索,同時要自成一個音系。所謂合理解釋上古到中古的發展線索,要求對漢魏晉南北朝的音系有很好的了解,而不是一下子從先秦音系跳到《切韻》音系。因此,上古韻母的構擬還有不少工作要做。這裏介紹現階段的構擬成果。

(1)主元音的構擬。上面説過,爲了解釋好上古韻文用韻至諧的道理,段玉裁等人假定上古一個韻部只有一個主元音,這是個卓越的思想。其實,不僅解釋好上古韻文需要給一個韻部構擬一個主元音,要解釋好雙聲兼疊韻聯綿詞和疊韻聯綿詞、先秦兩漢人的語音技巧等材料也需要給一個韻部構擬一個主元音。例如《詩經》有之部的疊韻聯綿詞"芣苢",這是大家公認的。"芣"中古是尤韻,"苢"是止韻,如果將之部的尤韻和之韻(舉平以賅上去)擬爲不同的主元音,那麼"芣苢"就是不同的主元音,不好解釋它們的疊韻關係。再如西漢司馬相如《子虛賦》有"其南則有平原廣澤,登降陁靡,案衍壇曼,緣以大江,限以巫山。"這裏連用"案衍""壇曼"兩個疊韻聯綿詞,形成語音技巧。"案衍壇曼"都是元部,必須疊韻。《漢書·司馬相如傳》引了此文,顏師古注"案衍壇曼":"寬廣之貌也。衍音弋戰反,壇音徒但反,曼音莫幹反。"案、衍、壇、曼四字應是去聲,"壇音徒但反","但"可能是"旦"之訛,《集韻》將這個"壇"放到徒案切,應來自顏師古注,可見《集韻》引用顏注時顏注不誤。中古案、壇,是寒韻去聲翰韻字;衍,仙韻去聲線韻字;曼,《廣韻》未收此音,《集韻》放到翰韻,但它是合口,相當於桓韻去聲換韻字。"案、衍、壇、曼"四字,有人没有注意到可以出現在疊韻聯綿詞中,以及《子虛賦》的語音技巧,他們按照等第和開合的不同,構擬爲不同的主元音,缺乏解釋力。這説明構擬音值是一定要注意方方面面的材料,真正使構擬具有解釋力;另一方面,這又説明,一個韻部構擬一個主元音,不僅僅能解釋韻文的押韻,要解釋好上古其他材料,也必須這樣構擬。因此,王力、李方桂一個韻部構擬一個主元音是正確的選擇。我們應該認識到，一個韻部只構擬一個主元音，這是一種音位構擬。主元音構擬爲一個，介音就得增加，介音加主元音一起念，主元音的實際讀音就會有不同。唐宋以來的詩文韻部，包括十三轍十八韻，都有近似的韻母可以押韻的現象，上古同一部的字，其主元音在實際讀音上也會因介音、韻尾的影響而有不同。

構擬主元音要能解釋陰聲韻、入聲韻、陽聲韻的對轉關係。上面說到，清代不少學者在假定上古音值時，對他們研究出來的對轉關係在音值上的關係重視得不夠，結果相配的陰聲韻、入聲韻、陽聲韻在音值上不協調，例如魚部假定爲 u，跟入聲韻、陽聲韻音值相差巨大，難以解釋對轉關係。從高本漢起，現代音韻學家陰聲韻、入聲韻、陽聲韻構擬相同的主元音，這是一個進步。

在相配的陰聲韻、入聲韻、陽聲韻中，有些陰聲韻沒有韻尾，陽聲韻、入聲韻都有韻尾。有韻尾的韻，它的主元音的變化要慢一些。因此，可以先將陽聲韻、入聲韻構擬出來，再根據對轉的原理去構擬陰聲韻。例如根據陽部擬音爲 ɑŋ，鐸部擬爲 ɑk，可以將魚部擬爲 ɑ；根據元部擬音爲 an，月部擬爲 at，可以將歌部擬爲 ai；根據蒸部擬音爲 əŋ，職部擬爲 ək，可以將之部擬爲 ə；根據耕部擬音爲 εŋ，錫部擬爲 εk，可以將支部擬爲 ε；根據真部擬音爲 εn，質部擬爲 εt，可以將脂部擬爲 εi。現代方言也許有個別字的讀音能輔證我們的構擬。

構擬主元音不但要能解釋清楚對轉關係，還要能解釋陰聲韻、入聲韻、陽聲韻內部的旁轉關係。上古韻部之間的旁轉關係是根據上古內證材料得出來的，讀音相近的韻部之間才可以具有旁轉關係，韻部音值相遠則不具有旁轉關係。有人在古音構擬中只重視陰陽入的對轉，忽視旁轉的線索，結果具有旁轉關係的韻部音值擬得很遠，不具有旁轉關係的韻部音值擬得相近，不能解釋上古的內證材料。例如魚部跟侯部上古音值極近，是旁轉關係；跟宵部音值較遠，不具有旁轉關係。李方桂《上古音研究》將魚部擬作 ag，侯部擬作 ug，宵部擬作 agw。按照這種構擬，魚侯二部音值極遠，魚宵二部音值極近，不符合上古的內證材料。再如有人將幽部主元音擬爲 u，宵部擬爲 aw。據《詩經》用韻，宵幽合韻，而這種擬音，宵幽二部相差極遠，不符合《詩經》用韻的實際情況。

既然旁轉關係的確定是基於上古的語音事實，那麼構擬上古主元音時，應該對先秦韻文，特別是《詩經》的合韻現象做一番調查，做到心中有數。當上古合韻的事實跟其他方面的考慮發生衝突時，應該首先要考慮合韻的事實。韻文押韻中，合韻總是很少的，但它提供了韻部和韻部之間音近的事實。構擬上古音，必須充分重視合韻。例如脂質真三部，能否給它們構擬主元音 i 呢？在一個共時的音系中，構擬一個主元音 i，這是很吸引人的考慮。但是，上古韻文中，脂歌合韻，質月合韻，真元合韻，這是不可否認的事實。既然脂質真三部不能再分部；歌月元三部也不能再分部，歌月元的主元音只能構擬爲 a，那麼脂質真的主元音就不能構擬爲 i，因爲主元音 i 和 a 在舌位上是相距最遠的兩個音。只有將脂質真三部構擬爲舌位比 i 低、接近 a，才能解釋好這種合韻現象。不給脂質真構擬主元音 i，不但是解釋上古內證材料的需要，而且世界上沒有 i 元音的語言絕非是個別現象。例如西北高加索的阿布哈茲語只有 a、ə 兩個元音，沒有 i、u 這樣的元音音位。西伯利亞東部的尼夫赫語（也叫吉利克亞語）有 ɪ、u、ɪe、o、ɤ 五元音，沒有 i、a 這樣的元音音位。因此不給上古構擬主元音 i 不值得奇怪。

再如之職蒸三部，能否給它們構擬一個如 ɯ 之類的高元音作爲主元音呢？不可以。因爲上古韻文中，之魚有合韻，既然魚部構擬爲 ɑ，那麼之部應該是應該舌位低於 ɯ 的主元音。上古的介音系統比中古複雜，之部一二三等都有字，如果主元音構擬爲 ɯ，那麼它的前面就很難加上各種各樣元音性的介音了。

像覺部三等構擬了 iəuk（燭），那麼戰國的冬部要構擬 [əuŋ] 這樣的韻母，例如"中"字，才好解釋陰陽入的對轉關係，以及它們的旁轉關係。這種構擬是否有語音類型的支持呢？有。例如福州話就有"強勢元音＋弱勢元音＋輔音韻尾"組成的複韻母，auŋ、aiŋ、aiʔ、auʔ 都是這樣的複韻母。

構擬主元音要能解釋上古音到中古音的發展關係。例如上古歌部包括中古歌戈二韻及麻支的部分字，形成這樣的對應關係：

	開口	合口
一等	歌 ɑ	戈 uɑ
二等	麻 a	麻 ua
三等	麻 ia	
	支 ie	支 iue
		ɨue

可見，上古歌部發展到中古，主元音有ɑ、a、e之別，將上古歌部主元音擬爲a是個不錯的選擇，可以很好地解釋歌部到中古的語音變化：一等可能因爲二等麻韻介音消失時，受到麻韻的排擠，後來變成了後元音；二等麻韻維持原來的主元音；三等的麻韻跟支韻由於介音不同，麻韻維持原來的a，支韻元音高化，成爲e。

（2）介音的構擬。在上文"上古韻部系統、韻母系統"部分，我們曾舉了些例子證明上古的介音系統應比中古複雜。從漢語語音史來看，漢語的介音系統簡化是一個趨勢，這可能與漢語雙音詞急劇增多有關，這會導致語音的簡化。中古時期，漢語是兩呼各四等，加上三等韻重紐裏面有兩類，實際上是兩呼各五類的介音格局。到現代漢語，中古等呼的局面變成了開齊合撮四呼，這說明從中古到現代，漢語介音的格局發生了簡化。

上古的情形如何？既往對上古内證材料中反映的介音信息關注得不太夠，實際上，上古很多材料都反映了介音方面的語音信息，例如聯綿詞和上古的語音技巧、漢代人的注音，等等。根據這些語音信息，我們可以知道，中古的介音系統跟上古有嚴整而系統的對應關係，中古一二三四等，在上古肯定有相應的分別。例如《漢書・司馬相如傳》所引司馬相如《子虛賦》，其中經常使用同等的聯綿詞形成語音技巧："罷池陂陁"郭璞注："罷音疲，陂音婆，陁音駝。"顏師古注："陂音普河反。""罷池"都是三等，"陂陁"都是一等，形成參差，但都是歌部字。"洶湧彭湃，滭弗宓汨，偪側泌瀄"中，"洶湧彭湃"顏師古注："洶音許勇反，湃音普拜反。"可見"洶湧"三等，"彭湃"二等。"滭弗宓汨，偪側泌瀄"連用八個三等字，蘇林注："滭音畢，宓音密。"顏師古注："汨音于筆反。"郭璞注："泌瀄音筆櫛。""隆崇律崒，岑崟參差"，顏師古注："岑音仕林反，崟音吟。"八字也全是三等字，絕非偶然，表明中古三等上古也有相應的區別。"儳胂倩浰"顏師古注："儳音式六反。胂音式刃反。倩音千見反。浰音練。"這裏"儳胂"三等，"倩浰"四等。這樣的例子很多，因此，我們不能像黃侃先生那樣認爲上古漢語只有一四等，沒有二三等。

事實上，如果僅僅將中古漢語的兩呼各四等，以及中古的重紐區別上推到上古漢語，那是遠遠不夠的。中古的一些重紐，不盡來自上古不同韻部，有的來自同一個韻部；而且在上古同一個韻部裏面也有兩種三等韻的區別，所以中古的三等韻在上古應該有兩類不同的介音。如果上古漢語只維持四等的區別，那麼會有大量的中古不同音的字上古要處理成同音字，也就是形成韻重現象。孫玉文《上古漢語韻重現象研究》據郭錫良先生《漢字古音手册》（增訂本）統計，一等韻中有 35 例，二等韻有 40 例，三等韻有 191 例，四等韻只有 3 例。根據前面"上古韻部系統、韻母系統"部分所舉的例子，漢代注音等材料表明，實際上韻重現象不止此數，必須做出合理解釋。

四等的韻重只有區區 3 例，當是讀音例外所致，其他一二三等，尤其是三等，韻重現象達到近 200 例，非常系統，不構擬兩類三等介音就不可能解決問題。如果採取填空檔的辦法，將一些中古屬甲等的字填入上古乙等也不行，那種改變等第的辦法，一是沒有鐵證，二是不能真正解決問題，有些反映上古介音信息的内證材料無法得到解釋。

爲了維持一個韻部只有一個主元音的構擬原則，又要解釋上古反映上古音的一些内證材料，解決上古到中古音的分化問題，除了三等韻要構擬兩類介音，一二等韻也可以各構擬兩類介音，這樣基本上能解決這些問題了。

介音肯定要比主元音的舌位高，因此只能在高元音或半高元音、中元音中選擇，低、半低元音不適合做介音。現代漢語的介音有前元音 i、y 和後元音 u，沒有央元音。前面講到，給中古重紐三等構擬介音時，開口三等（包括假二等、假四等）爲 i，合口爲 iu，排在四等的重紐開口三等爲 i,合口三等爲 iu,其中 ɨ 是個央高不圓脣元音,這是假定中古有央元音做介音。中古重紐既然有一部分來自上古韻重現象,因此 ɨ 應來自上古。既然在上古三等韻裏面有央元音介音,那麼一二等也可以有,因此可以採用央元音構擬上古介音。我們選擇半高的後元音 ɤ 作爲一等乙類的介音,選擇央半高不圓脣元音 ɘ 作爲二等乙類的介音,合口處理爲複合介音。i 等元音既然被三等字占領了,於是將四等介音構擬爲前中不圓脣元音 ɛ。這樣得出的介音系統如下:

開口一等甲類:無介音　　　　合口一等甲類:-u-
　　　乙類:-ɤ-　　　　　　　　　乙類:-ɤu-
開口二等甲類:-e-　　　　　　合口二等甲類:-eu-
　　　乙類:-ɘ-　　　　　　　　　乙類:-ɘu-
開口三等甲類:-i-　　　　　　合口三等甲類:-iu-
　　　乙類:-ɨ-　　　　　　　　　乙類:-ɨu-
開口四等:-ɛ-　　　　　　　　合口四等:-ɛu-

(3)韻尾的構擬。古音學家將上古韻部分爲陰聲韻、陽聲韻、入聲韻三大類。顧炎武開始,就根據上古的材料,將入聲配陰聲,改變了《廣韻》入聲配陽聲的搭配方式。江永開始,陰陽入相配。這些相配,反映了當時人們已經認識到陰陽入是三大類別。戴震《答段若膺論韻》中採用"入聲"爲韻之樞紐,將《廣韻》的陽聲韻看作"有入之韻",陰聲韻看作"無入之韻",並跟上古音掛鉤。孔廣森《詩聲類》主古無入聲之説,他將上古入聲歸到陰聲,明確系統使用"陰聲""陽聲"的術語;後人主張入聲不能歸入陰聲,於是形成陰聲韻、陽聲韻、入聲韻的説法。

有人將先秦的陰聲韻擬成帶有 d、g 等塞音的韻尾。這種構擬是爲了解決陰聲韻跟入聲韻押韻和諧聲等問題的。上文説到,陰聲韻跟入聲韻相通,主要是中古部分去聲字,這些去聲字只跟入聲相通,不跟陰聲相通。另一部分去聲字只跟陰聲相通,不跟入聲相通。多方面的材料證明,中古的去聲上古必須一分爲二,部分歸陰聲,即去聲;部分歸入聲,即王力先生所説的長入。從事實出發,將中古部分去聲字併入入聲,則上古漢語中陰聲韻和入聲韻相通極爲稀少。有人忽視這一點,將中古去聲囫圇地看作上古去聲,既不符合上古的內證材料,導致分部和歸部的失誤;又在構擬上導致基本或完全没有開音尾,脱離了古音構擬求系統的追求目標,成爲人爲性很强的東西。王力先生《上古漢語入聲和陰聲的分野及其收音》,充分論證給陰聲韻構擬輔音韻尾存在的問題,很有説服力。所以,現在的上古音構擬,將陰聲韻的韻尾構擬成無韻尾或元音韻尾是總的趨勢。

這樣,上古的韻部可以進行如下的構擬:

陰聲韻	入聲韻	陽聲韻
之部[ə]	職部[ək]	蒸部[əŋ]
幽部[əu]	覺部[əuk]	冬部[əuŋ]
宵部[au]	藥部[auk]	
侯部[o]	屋部[ok]	東部[oŋ]
魚部[ɑ]	鐸部[ɑk]	陽部[ɑŋ]
支部[ɛ]	錫部[ɛk]	耕部[ɛŋ]
脂部[ɛi]	質部[ɛt]	真部[ɛn]
微部[əi]	物部[ət]	文部[ən]
歌部[ai]	月部[at]	元部[an]
	葉部[ap]	談部[am]
	緝部[əp]	侵部[əm]

這個擬音,基本上是採用王力先生《漢語史稿》的擬音,略作改動。就上古韻文看,微物文三部和之職蒸三部關係遠,擬音中同主元音,但是實際上兩類韻部主元音有差別。王力先生《先秦古韻擬測問題》對微部的擬音有個説明,"也許微部竟是一個ɐi(相應地,物部ɐt,文部ɐn)"。

魚鐸陽三部主元音,《漢語史稿》擬作ɑ,歌部擬成a。《先秦古韻擬測問題》將魚鐸陽三部主元音改爲a,歌部擬成ai。歌部改成ai,能更好地解釋它跟月元二部的陰陽入對轉;但是魚鐸陽三部擬成後元音ɑ,能很好地解釋魚部到東漢、到《切韻》音系的發展,《先秦古韻擬測問題》談到,儘管將魚鐸陽主元音改爲a,但是這個a,

"不一定是前 a,可能是中 a 或後 a(â)",這裏還是採用《漢語史稿》對魚鐸陽三部的擬音。

我們將支錫耕和脂質真的主元音改爲舌位略低一點的 ɛ,這樣能更好地解釋它們拼一等韻的問題。《先秦古韻擬測問題》對支部擬音也有説明:"我們本來可以設想支部爲 ɛ(其入聲錫部爲 ɛk),讓它與歌部比較接近,但是由於支耕對轉的關係,終於擬成了 e。"現在將耕部主元音擬成 ɛ,這個問題就不存在了。

真部本有一等字,"恩"從"因"聲,從"因"聲的字,《漢語史稿》本歸真部,真部一等《漢語史稿》讓臻韻占據了,但"恩"在等韻中是一等,爲了不撞車,同時也有韻文材料中"恩"和文部相押的例子,於是將它歸文部。《漢字古音手册》(增訂本)則將"恩"歸入真部一等。如果歸真部,則二等韻也可以採取 e 介音的辦法。只要將支錫耕和脂質真的主元音改爲舌位略低一點的 ɛ 即可。這樣,"恩"韻母可以擬成 ɛn。"恩"原來應該是真部字,真部拼一等字太少,成爲一個不太合乎系統的讀音;由於音節結構調整的需要,它很早就轉入了文部,可能《詩經》時代就已轉入,《豳風·鴟鴞》"恩"可能跟"勤、閔"這兩個文部字相押。因此,"恩"歸文部和真部都有自己的理由。

耕部"猜"中古倉才切,一等,原來可能是耕部開口一等字,上古音可以擬成 ɛŋ,後來也因爲一等字少,只好調整音節結構,變到了倉才切。耕部原來的二等字如"抨爭生耕幸"等按照擬音系統擬成 əɛŋ。

質部長入"逮"中古徒耐切,意思是"及";"曃"他代切,出現在聯綿詞"曖曃"中,兩個音節都是一等,也證明了"曃"上古是一等。可將這些字擬成 ɛt,將"屆"等二等字擬成 eɛt,這樣也不會撞車。

第五章　近古《中原音韻》音系

我們將南宋後半至元代劃爲漢語史的近古期（公元13世紀至14世紀）。傳統音韻學，只有古音學、今音學、等韻學三個門類，不包括近古中原音韻音系。清《四庫全書總目》卷四十二《經部·小學類三》按語："案韻書爲小學之一類，而一類之中又自分三類：曰今韻，曰古韻，曰等韻也。本各自一家之學，至金而等韻合於今韻（韓道昭《五音集韻》始以等韻顛倒今韻之字紐），至南宋而古韻亦合於今韻（吳棫《韻補》始以古韻分隸今韻，又注'今韻某部古通某部'之類），至國朝而等韻又合於古韻（如劉凝、熊士伯諸書），三類遂相牽而不能分。"這裏面沒有包括中原音韻音系研究。

上個世紀初，受新文化運動和現代語史學的影響，反映近古俗文學語音基礎的中原音韻音系受到重視。錢玄同1917年在北大爲預科生編寫的講義《文字學音篇》對漢語語音史分期，分周秦、兩漢、魏晉南北朝、隋唐宋、元明清、現代六期，第五期爲元明清時期，"此期文學，以北曲爲主，於是有以北音爲主之韻書發生，如周德清之《中原音韻》及《菉斐軒詞林韻釋》之類。"經過一個多世紀的積累，近古中原音韻的研究已經成爲音韻學的一個新分支。

第一節　《中原音韻》音系的性質

近古音以《中原音韻》爲代表。作者爲江西高安人周德清（1277—1365）。《中原音韻》成書於泰定元年（公元1324年），是一部專爲北曲作家作曲押韻、調平仄、正音用的韻書，反映了當時北方話的語音系統。所謂"中原音韻"，已指明該書以中原語音爲語音基礎。《中原音韻自序》:"予曰:言語一科,欲作樂府,必正言語;欲正言語,必宗中原之音。"《正語作詞起例》:"余嘗於天下都會之所,聞人間通濟之言:世之泥古非今、不達時變者衆;呼吸之間,動引《廣韻》爲證,寧甘受缺舌之誚而不悔,亦不思混一日久,四海同音,上自縉紳講論治道,及國語翻譯,國學教授言語,下至訟庭理民,莫不宗中原之音。……合於四海同音,分豁而歸併之。"《中原音韻》是《切韻》之後最具革命性的韻書,它的語音系統在今天各大方言中,只跟北方話最接近。

北方話的區域很大。《中原音韻》的音系可能跟當時華北一帶,尤其是北京的音系更密切一些。河北中西部的順平縣、唐縣,入聲舒化後聲調的分派、文白異讀、陰聲韻的合流情況跟《中原音韻》完全一致,而洛陽方言跟《中原音韻》有較多參差。除了順平、唐縣,膠遼官話的牟平、榮成等地音系中,古清入字也讀上聲,跟《中原音韻》一致。看來,《中原音韻》的入派三聲,跟河北順平、唐縣,山東牟平、榮成有一致性,跟洛陽音很不相同。(劉淑學《中古入聲字在河北方言中的讀音研究》)但還是應該認爲《中原音韻》的音系基礎是泛指跟南方方言相對的"中原"地區,中原地區的語音差別不會太大。元虞集(1272—1348)給《中原音韻》作序,批評五方言語不正,有"吳楚傷於輕浮,燕冀失於重濁,秦隴去聲爲入,梁益平聲似去;河北河東取韻尤遠"之語,儘管是改造前人説過的話,但也反映了虞氏的傾向。其中批評的對象就有"燕冀"。北京古屬燕地,語音也有不正。明祝允明《懷星堂文集》卷二四《重刻中原音韻序》:"惟金元北曲乃用所謂中原之韻,蓋因其國都在幽燕之區,河洛相去不遙,其方言如是也。"也認爲《中原音韻》的"中原"是泛指,各地語音差別不大。比較《中原音韻》和今天的北京話可知,今天的北京話不完全是《中原音韻》直系後裔,例如《中原音韻》的全濁上聲保留在上聲中的字有許多跟今天北京話不同,北京話的這種不同的讀法不可能是從《中原音韻》變來的。

元代,學者們提及中原之音爲正音者不乏其人。范德機(范梈[pēng],字德機,1272—1330)與周德清同時,也是江西人,其《木天禁語》"音節":"馬御史云:'東夷、西戎、南蠻、北狄,四方偏氣之語,不相通曉，互相憎惡。惟中原漢音，四方可以通行，四方之人皆喜於習説。蓋中原天地之中，得氣之正，聲音散布，各能相入，是以詩中宜用中原之韻，則便官樣不凡。"明確提出要用"中原漢音"。元末孔齊《至正直記》卷一"中原雅音"："北方聲音端正，謂之'中原雅音'，今汴、洛、中山等處是也。南方風氣不同，聲音亦異。至於讀書字樣皆訛，輕重開合亦不辨，所謂不及中原遠矣。此南方之不得其正也。"

有人以爲《中原音韻》取的是河南洛陽音，恐怕有問題。宋陸游（1125—1210）晚年所作《老學庵筆記》卷六："中原惟洛陽得天地之中，語音最正。然謂絃爲玄，謂玄爲絃，謂犬爲遣，謂遣爲犬之類，亦自不少。"這是站在"正音"的立場上，批評南宋洛陽一帶開合口相混。陸游説這話下距《中原音韻》一百三十年左右。《中原音韻·正語作詞起例》"'龐涓'呼爲'龐堅'，'泉堅堅而始流'可乎？'陶淵明'呼爲'陶烟明'，'魚躍於烟'可乎……此類未能從命，以待士夫之辨。"周德清還特地列出"羡有旋"，就是説"羡"和"旋"不能讀混了。這顯然也主要是針對當時洛陽一帶的讀音來説的。如此看來，《中原音韻》哪裏有只取洛陽音的道理？今天洛陽話没有這種相混的現象，應該是受到了正音影響的結果。《中原音韻》應該採取了包括河洛地區的廣大中原地區通行的語音，絶不只限於取洛陽音。

《中原音韻》所收5866個字是根據稍前和當時戲曲用韻，結合《廣韻》等韻書歸納出來的。整個音系除了歸納關漢卿、鄭光祖、白樸、馬致遠等佳作的韻脚字，還一定立足於當時北方話的活口語。收録這5866個字，是參考了前人佳作，跟立足於當時北方話的活口語不矛盾，不可對立起來。例如《中原音韻》的聲母系統不可能從既有的元曲佳作中歸納出來；它平分陰陽，元曲押韻不分陰平、陽平，都説明《中原音韻》採用了當時北方的口語。《自序》："樂府之盛，之備，之難，莫如今時。其盛，則自搢紳及閭閻歌詠者衆。其備，則自關、鄭、白、馬一新製作，韻共守自然之音，字能通天下之語，字暢語俊，韻促音調；觀其所述，曰忠，曰孝，有補於世。其難，則有六字三韻，'忽聽、一聲、猛驚'是也。"可見，關、鄭、白、馬"韻共守自然之音,字能通天下之語",是根據是否合乎當時的規範去確定他們佳作中的"韻"和"字"的。有的字音,儘管當時北方口語中有人那樣念,但是因爲字音不能"守自然之音""通天下之語",也不會收錄。例如《正語作詞起例》説到,當時北方話有將"羊尾子"念成"羊椅子"的,這種念法既跟中古缺乏嚴整的對應關係,當時又有跟中古有嚴整對應關係的合口讀音存在,所以周德清不收"尾"讀"椅"的那個音。

第二節 《中原音韻》的體例

上面説,《中原音韻》共收單字5866個,《正語作詞起例》第一條説明了收字的原則:"《音韻》不能盡收,《廣韻》如'崆峒'之'崆'、'覂駕'之'覂'、'佺偬'之'佺'、'鵃鵒'之'鵃'字之類,皆不可施於詞之韻脚,毋譏其不備。"可見,《中原音韻》收字要看這些字能否押上韻,能押韻的字才收進來。《正語作詞起例》還講到不收常用字的不常見讀音,即使是押韻字也要看以前的韻書收没有收,韻書收了的字《中原音韻》才收進來。

《中原音韻》收字的數目不小,甯繼福《中原音韻表稿》據訥庵本統計,共有1586個空,1450個音,重空136個。有的重空是爲了顯示入聲字的歸派,真正的失誤重空只有12個。這説法有參考價值。由此可見,《中原音韻》的同音字組不少,應該能反映出來元朝中原地區的整個音系。

要研究出當時中原地區的聲韻調系統,必須懂得《中原音韻》的編寫體例。《中原音韻》的内容有兩大部分:

1. 韻書。分十九個韻部,依次是:(1)東鍾;(2)江陽;(3)支思;(4)齊微;(5)魚模;(6)皆來;(7)真文;(8)寒山;(9)桓歡;(10)先天;(11)蕭豪;(12)歌戈;(13)家麻;(14)車遮;(15)庚青;(16)尤侯;(17)侵尋;(18)監咸;(19)廉纖。

不難看出,這個韻部系統對比《廣韻》,是大大簡化了,最明顯的是没有入聲韻。周德清在《正語作詞起例》中,多次對《廣韻》提出嚴厲批評。批評《廣韻》,也就是接受了《廣韻》的影響。這十九個韻部的排序，顯然跟《廣韻》各韻的排序具有一致性。清劉禧延《中州切音譜贅論》説："《中原音韻》部目……德清分部，其標目從舊韻出者居多。"

下面是《中原音韻》支思部的截圖（後面是齊微部的部分內容）：

每個韻部下又依平聲陰、平聲陽、上聲、去聲歸字。入聲沒有單獨成爲一個聲調，更沒有單獨立部，而是分別派入陰聲韻各部的平聲陽、上聲、去聲。這些派入各調的入聲字，沒有跟各聲調混同起來，而是另起一欄，作"入聲作平聲、入聲作上聲、入聲作去聲"的字樣，給各入聲字歸字。派入平聲的，實際上是派入陽平，沒有派入陰平的，都在平聲陽之後列"入聲作平聲"。根據語音系統性的原理，平聲陰、平聲陽、上聲、去聲這四聲之間實際上也會像《切韻》音系那樣，具有"四聲相承"的關係，不過是平聲陰、平聲陽、上聲、去聲這種新的四聲相承關係，這透露着元代的語音信息。

凡同音的字都排在一起，用圓圈隔開，這跟《廣韻》一致。對比《廣韻》可知，不同圓圈的小韻的排序，跟《廣韻》也有一致性。據《正語作詞起例》，一組同音字，排在最前面的那個字是常用字，整個一組字都按這個字的讀音來讀，因此沒有必要注上反切，這跟

《廣韻》有所區別；排在不同圓圈裏面的字必不同音（個別重空除外）。除了一般不加注反切，也少注釋文字。

從研究音類的角度說，《中原音韻》既然分十九個韻部，那麼同部的字主元音和韻尾（如果有韻尾的話）一定相同，不同韻部的字或主元音，或韻尾，或主元音及韻尾有不同。既然每一部告訴人們，哪些字屬於哪個聲調，那麼聲調的信息也是明確的。

《中原音韻》沒有告訴我們聲母和介音的信息，但是告訴我們：一個韻部中，哪些字是同音字，哪些是不同音的字；哪些同聲調，哪些不同聲調。因此，同一部的同聲調的字之間，要麼是聲母不同，要麼是介音不同，要麼是二者都不同，只有這三種情況。如果設計出科學的研究方法，將這三種情況剝離開，就可以得到《中原音韻》的聲母、介音以及整個韻母的全部信息。將這些信息綜合起來，就可以得到《中原音韻》的全部音類及音類配合的情況。

2. 正語作詞起例，類似學術筆記性質。由《正語作詞》的名目可知，這部分有"正語"和"作詞"兩部分內容。"正語"部分，討論了收字、收音的原則和一些具體的處理辦法，以及韻部的一些編排體例；"作詞"部分，討論了一些作曲的方法，曲詞用韻，以及作詞在語音上的某些問題。這兩部分都可加以利用，以研究《中原音韻》音系，它們也透露了當時的一些方音信息。

《中原音韻》的音系，是今天北方大部分方言的源頭，跟今天大部分北方話的差別不是太大，因此研究難度比起探求《切韻》音系和上古音系，那要小多了，但是其研究難度仍然不小。

第三節　研究《中原音韻》的方法和步驟

要先求音類，再構擬音值。《中原音韻》沒有反切，給考求音類帶來了困難。可利用比較法：1. 跟《廣韻》作比較。包括：(1) 同一小韻的各同音字跟《廣韻》作比較；(2) 同韻、同聲調內各圓圈隔開的不同小韻互作比較。2. 跟今天北方方音作比較。這樣就可以考求《中原音韻》的聲母、韻母系統了，至於聲調系統，《中原音韻》已經告訴我們了。從《切韻》音系到現代漢語，總的發展趨勢是語音簡化，《中原音韻》正處在簡化的中途，所以可以根據《廣韻》和《中原音韻》的音韻地位比較來進行歸併。

先說跟《廣韻》作比較。無論是考求聲母還是韻母，首先要將《中原音韻》中所收的每一個字都跟《廣韻》的音韻地位做詳細的比對；《中原音韻》大約有 100 多個《廣韻》沒有收的字，可以利用《集韻》等韻書來補充；有的字是宋元時出現的，沒有辦法跟中古韻書比對，那就可以空起來，但是這種情況極少，不影響研究《中原音韻》音系。最好是對《廣韻》聲母系統略作調整，將輕唇音和重唇音分開，因爲晚唐五代時的三十六字母已經有輕唇音了，《廣韻》裏面也有輕重唇互切屬類隔的說明；于母和餘母合併爲喻母。這樣分開或合併，會省掉一些分析手續。以《中原音韻》東鍾部爲例，由於《中原音韻》的音系基礎是元代中原語音，具有獨特的共時語音框架，因此跟《廣韻》音系不同，但是有嚴整而系統的對應關係；跟《廣韻》音系作比較，不至於混淆不同的共時語音系統。

拿同一小韻的各同音字跟《廣韻》作比較，可以看出《中原音韻》跟《廣韻》的對應關係。這是使用求同法。例如平聲陰"風楓非東合三豐敷東合三封葑非鍾合三峰鋒豐蜂敷鍾合三"是一組小韻，即同空，裏面的小字是爲作比較，添加上去的《廣韻》的音韻地位。根據這種比較，以中古的某一個聲母爲線索，不斷牽連，將跟它混同的聲母串聯起來，可以初步得出這樣的判斷：原來《廣韻》的非敷二母《中原音韻》可能混同了，東鍾的合三可能混同了。平聲陽"叢藂從東合一琮從冬合一"是一組小韻，可以初步判斷，《廣韻》的東冬合一《中原音韻》可能混同了。當我們將整部《中原音韻》都作出這種比較後，就完全可以得出結論，非敷二母《中原音韻》確實混同了；當我們將整部東鍾部都作出這種比較後，就完全可以得出結論，東鍾合三、東冬合一《中原音韻》確實混同了。

拿同韻、同聲調內各圓圈隔開的不同小韻作比較，也可以看出《中原音韻》跟《廣韻》的對應關係。這是使用求異法。例如東鍾部平聲陽有：甲，"籠曨朧欚瓏𥭣礱聾嚨來東合一"；乙，"膿農儂泥冬合一"；丙，"龍來鍾合三隆癃窿來東合三"。這三組字既然分屬三個不同的空，那麼讀音一定有分別。現在已知它們同聲調、同主元音和韻尾,東冬合一已混,那麼可以初步判斷:據甲乙對比,來母和泥母對立;據甲丙對比,東鍾部至少有兩類介音,一類來自中古一等,一類來自三等。

　　研究《中原音韻》音系,先從聲母系統做起,然後研究韻母系統,這是最優的研究步驟。這樣比對《中原音韻》之後,可以解決其音系上的大部分問題,尤其是韻基大類方面的問題。至於具體同音字組歸入哪一類韻基,由於中原音韻跟《廣韻》音系和現代北方音系,在開合和有無 i 介音等方面都有同有異,《中原音韻》幾乎沒有注音,因此無法通過同韻基的字的系聯串聯起來,這時候更要比較同時期的文獻,以及《切韻》音系和現代漢語方言音系,才能確定下來。這是必須要注意的方面。得出韻基系統之後,根據平聲陰、平聲陽、上聲、去聲這樣的一種新的四聲相承關係來轉化為韻母。據耿振生《〈中原音韻〉的原始著作權和它的基礎方言問題》,在周德清之前,可能有類似於《中原音韻》中韻譜這樣的作品,燕山卓從之《中州樂府音韻類編》成書當在《中原音韻》之前,《中原音韻》的韻譜編寫可能參考了它。卓從之的這本書今天傳下來了,對確定《中原音韻》的聲母和韻基系統的細節部分很有幫助。

　　例如,東鍾部平聲陰有兩類韻基,這沒有問題。但是"鍾鐘章鍾合三中忠衷知東合三終章東合三"是放到 uŋ 還是放到 iuŋ ? 這就需要研究了。根據相關材料,應該放到 iuŋ,當時這個 i 介音還沒有脫落。《中原音韻》,東鍾部唇音三等已經失去 i 介音。牙音的"弓躬宮"(三等)跟"工公功"(一等)同音,但是舌齒音"農膿"(一等)和"濃穠醲"(三等),"籠聾朧礱"(一等)跟"龍隆癃"(三等),"宗騣"(一等)跟"蹤縱樅"(三等),"叢"(一等)跟"從"(三等),"鬆惚"(一等)跟"松嵩"(三等)均不同音,前者無 i 介音,後者有。宋趙叔問《肯綮錄‧俚俗字義》(成書於 13 世紀前)中給"鬅鬆"作注:"音蓬松。"這時"松"已讀心母一等,所以跟"鬆"同音。可能元朝的一些方言中,中原地區正音的範圍之外,有的方言也已丟失了 i 介音,所以周德清在《正語作詞起例》中要加以辨析:"宗有蹤,松有鬆,龍有籠,濃有膿,隴有櫳,送有認,從有綜。"今後《中原音韻》的韻母研究,這種小韻的歸類是一個研究方向。

既然平聲陰、平聲陽、上聲、去聲之間有一種相承關係,那麽它們之間相配的聲母應該有讀音一致的聲母,對立只在聲調上。可是平聲陽跟平聲陰裏面的聲母中古來源不同,平聲陰一般來自古代清聲母,平聲陽一般來自濁聲母。到底平聲陰和平聲陽哪些聲母是同一個聲母却没有辦法通過"求同法"和"求異法"系聯上呢?在求音類的過程中,單純運用"求同法"和"求異法"難以徹底解决問題。這就要比較今天的北方話的主要方言了。例如平聲陰有"通蓪透東合一",平聲陽有"同筒銅桐峒童僮曈瞳潼定東合一鼕定冬合一",它們已經有聲調的對立。通過比較今天北京、洛陽、鄭州、石家莊、濟南、西安、太原等方言可知,"通"等和"同"等是一類,都是讀t';而且《中州樂府音韻類編》反映了它們是同一個聲母,所以可以放心地將"通"等和"同"等串聯成一個聲母。

從語言學角度研究《中原音韻》,羅常培有《中原音韻聲類考》,創立"歸納法",分出 20 個聲類。其後,趙蔭棠《中原音韻研究》、陸志韋《釋〈中原音韻〉》、王力《漢語詩律學》《漢語史稿》、楊耐思《中原音韻音系》、李新魁《中原音韻音系研究》、甯繼福《中原音韻表稿》等,都作出了貢獻。《中原音韻》的音系問題基本上搞清楚了。楊、李、甯都有《中原音韻》的聲韻調配合表,要了解他們的分歧,可以將各家的表對照起來閱讀,利用更多的内證材料,尋找更好的解决途徑,以更好地解决局部問題。

第四節　構擬音值的材料和方法

要給得出的《中原音韻》的音類賦值,有多種材料可以使用。

1.現代北方方言。就今天發現的方言材料看,現代北方方言跟《中原音韻》的對應關係最爲系統而嚴整,北方各地方言存古情況不一。《中原音韻》音系跟今天北方話的差別不大,因此,拿現代北方方言去構擬《中原音韻》音系,是切實可行的。

2.元代的譯音材料。《蒙古字韻》中的八思巴文和漢語的對音資料。八思巴文是元忽必烈時由歸附於蒙古,被忽必烈尊爲"國師"的藏傳佛教薩迦派第五代祖師八思巴(1235—1280)借助藏文、梵文體式創製的蒙古拼音文字。據《元史·釋老傳》，元世祖中統元年(1260)，八思巴奉詔創製蒙古新字，共四十一個字母，稱"蒙古新字"，又叫"蒙古字"，俗稱"八思巴文"。至元六年(1269)，這套文字頒行全國，並在各州縣設蒙古字學教授來傳習它，但實際應用效果有限；元朝滅亡，這套文字就被廢棄了。元朝利用這套文字拼寫過漢語，編寫過漢語的韻書，《蒙古字韻》就是用八思巴字母爲漢語編寫的漢語韻書，所以又叫《八思巴字韻》。這本書大約是1269—1292年間編寫的，作者未詳，今傳《蒙古字韻》是元朱宗文於1308年重新作的校訂本。還有《蒙古韻略》，此書已佚，但是朝鮮崔世珍《四聲通解》大量轉錄了該書注音。

元朝還有藏漢對音、梵漢對音等其他譯音材料，都可以利用。

3. 元朝以來對當時中原語音的記錄和描述。《中原音韻》中已有一些，元黃公紹、熊忠《古今韻會舉要》也有這方面的內容，此後還有不少有關當時音值的材料，都可以利用。明沈寵綏《度曲須知》、清劉禧延《中州切音譜贅論》比較北音跟南音的一些差別，給《中原音韻》的十九部假定音值，得失參半，可見要利用元朝以來對當時中原語音的記錄和描述成果，必須要有批判眼光。《度曲須知》有《出字總訣》，注云："此訣出《詞隱》《正吳編》中，今略參校一二字。"反映了他們假定的《中原音韻》韻部的音值：

一東鍾，舌居中；二江陽，口開張；三支思，露齒兒；四齊微，嬉嘴皮；五魚模，撮口呼；六皆來，扯口開；七真文，鼻不吞；八寒山，喉没攔；九桓歡，口吐丸；十先天，在舌端；十一蕭豪，音甚清高；十二歌戈，莫混魚模；十三家麻，啓口張牙；十四車遮，口略開些；十五庚青，鼻裏出聲；十六尤侯，音出在喉；十七侵尋，閉口真文；十八監咸，閉口寒山；十九廉纖，閉口先天。

這對我們認識《中原音韻》的音值極有幫助。《度曲須知》對《中原音韻》的音值還有不少描述，都值得參考。

第五節　近古中原漢語的聲母系統及其擬音

研究《中原音韻》的聲母類別，要結合其體例以及跟《切韻》系統、現代北方音的比較，整理周德清及同時代卓從之《中州樂府音韻類編》的語音信息。

這裏以《中原音韻》中的零聲母來示例。我們可以用中古的影母和其他聲母的混用關係為線索，看它跟哪些聲母混併。

幾點說明：

一、列出《廣韻》的聲母系統時，最好將《中原音韻》中所有字的詳細音韻地位都擺出來，因為聲母的演變跟韻母分不開。為了節省篇幅，這裏只列出《廣韻》的聲母，用小號字顯示。

二、喻三、喻四唐代已經合併。為節省篇幅，這裏作合併處理，在《中原音韻》同音字組中，只列出喻母作為《廣韻》于母或餘母的代表。

三、碰到《中原音韻》同音字在《廣韻》中也是同音字時，只選一個字做代表；支思部沒有零聲母，故不列入。

四、有的字《廣韻》《集韻》沒有收，就不列入。

下面是比較表：

1. 東鍾部：平聲陰"翁影癰影泓影"，"邕影"；平聲陽"容喻融喻榮喻"；上聲"勇喻擁影涌喻永喻俑喻"；去聲"甕影"，"用喻詠喻瑩影"，都是中古的影、喻母；平聲陽都是中古喻母。

2. 江陽部：平聲陰"鴦影"，"汪影"；平聲陽"陽喻"，"王喻"；上聲"養喻鞅影"，"枉影往喻"；去聲"瀁喻怏影漾喻"，"旺王喻"，"盎影"。都是中古的影、喻母；平聲陽都是中古喻母。

3. 齊微部：平聲陰"衣影伊影醫影鷖影猗影"；"威影偎影"；平聲陽"移喻兒疑姨喻疑鷖疑沂疑宜疑彝喻貽喻遺喻蛦喻"，"圍喻嵬疑巍疑危疑為喻"；上聲"迤喻倚影蟻疑扆影已喻擬疑"，"委影猥影偉喻唯喻"；入聲作上聲"一影"；去聲"異喻裔喻義疑藝疑毅疑易喻意影翳影瘞影詣疑饐影刈疑劓疑"，"胃喻衛喻慰影穢影魏疑位喻餵影"；入聲作去聲"易喻逸喻一影鷁疑役喻逆疑乙影揖影憶影翼喻"，都是中古的影、喻、疑母。

平聲陽還有"微(微微合三)維(喻脂和三)"，与"圍嵬魏危爲"一組形成最小對立，"圍嵬魏危爲"一組是零聲母，可見"微維"不是零聲母。"微維"是微母(v)，"維"例外，變成了微母。除了"微維"這一組，平聲陽都是中古喻、疑母字，個別影母字，是讀音例外。

4. 魚模部：平聲陰"嗚影"，"迂影於影"；平聲陽"吳疑鋙疑娛疑"，"魚疑虞疑余喻于喻輿喻"；上聲"語疑雨喻與喻"，"五疑忤疑塢影"；入聲作上聲"屋影兀疑沃影"；去聲"御疑遇疑芋喻嫗影譽喻"，"誤疑惡影"；入聲作去聲"玉疑欲喻育喻郁喻"。都是中古的影、喻、疑母；平聲陽都是中古疑、喻母。

5. 皆來部：平聲陰"哀影"，"挨影"；平聲陽"崖疑"，"騃疑皚疑"；上聲"矮影"，"䶹影毒影"；去聲"愛影艾疑噫影餲影"，"隘影"，"外疑聵影"；入聲作去聲"額疑厄影輵疑"。都是中古影、疑母；平聲陽都是中古疑母。

6. 真文部：平聲陰"恩影"，"因影殷影"，"溫影"，"氲影"；平聲陽"銀疑齦疑寅喻"，"云喻匀喻筠喻"；上聲"隱影引喻尹喻"，"穩影"，"允喻殞喻"；去聲"印影孕喻"，"搵影諢疑"，"運喻惲影愠影暈喻"。都是中古影、喻、疑母，平聲陽都是中古疑、喻母。

7. 寒山部：平聲陰"安影"，"殷影"，"彎影"；平聲陽"顔疑"，"頑疑"；上聲"眼疑"，"綰影"；去聲"案影岸疑旰見，例外閒匣，例外"，"雁疑晏影"，"腕影"。都是中古影、疑母；平聲陽都是中古疑母。

8. 桓歡部：平聲陰"剜影"；平聲陽"丸匣，例外蚖疑"；上聲"椀影"；去聲"玩疑腕影"。都是中古疑、喻母，平聲陽"丸"等是避諱造成的讀音例外，其他都是中古疑母。

9. 先天部：平聲陰"煙影嫣影"，"淵影冤影"；平聲陽"延喻研疑言疑緣喻"，"元疑圓喻袁喻"；上聲"兗喻堰影演喻"，"苑影遠喻阮疑"；去聲"硯疑諺疑咽影堰影緣喻"，"院喻願疑怨影遠喻援"。都是中古影、喻、疑母；平聲陽都是中古疑、喻母。

10. 蕭豪部：平聲陰"麌影"，"坳影"，"邀影幺影腰影"；平聲陽"遙喻堯疑"；上聲"襖影"，"杳影夭影舀喻"；去聲"奧影"，"拗樂疑勒影"，"要影耀喻"；入聲作去聲"萼疑惡影"，"嶽疑藥喻約影"。都是中古影、喻、疑母；平聲陽都是中古疑、喻母。

11. 歌戈部：平聲陰"阿影"，"倭影"；上聲"妸影"；去聲"臥疑涴影"；入聲作去聲"鄂疑惡影"，"樂疑躍喻約影"。都是中古影、喻、疑母。

12. 家麻部：平聲陰"丫影呀疑"，"蛙影媧見,例外"；平聲陽"牙疑涯疑啞影"；上聲"雅疑瘂影"，"瓦疑"；去聲"亞影迓疑"；入聲作去聲"壓影"。都是中古影、疑母。平聲陽中"啞"是例外，其他都是中古疑母。

13. 車遮部：平聲陽"耶喻"，是中古喻母字；上聲"也喻"；去聲"夜喻"；入聲作去聲"拽喻噎影謁影葉喻"，"月疑悦喻軏疑越喻"，都是中古影、喻、疑母。

14. 庚青部：平聲陰"甖影英影應影櫻影嬰影縈影"，"泓影"；平聲陽"赢喻螢匣,例外塋喻迎疑蠅喻凝疑"，"榮喻"；上聲"影影郢喻穎喻瘿影"，"永喻"；去聲"暎影應影凝疑硬疑"，"詠喻瑩影"。都是中古影、喻、疑母；平聲陽"螢"是例外，其他都是中古疑、喻母字。

15. 尤侯部：平聲陰"謳影"，"憂影幽影"；平聲陽"尤喻牛疑"；上聲"耦疑嘔影"，"有喻黝影"；去聲"又喻幼影"。都是中古影、喻、疑母；平聲陽都是中古疑、喻母。

16. 侵尋部：平聲陰"音影"；平聲陽"吟疑淫喻"；上聲"飲影"；去聲"蔭影"。都是中古影、喻、疑母；平聲陽都是中古疑、喻母字。

17. 監咸部：平聲陰"菴影"；平聲陽"嚴疑"；上聲"揞影醃影"，"黯影俺影"；去聲"暗影"。都是中古影疑母；平聲陽是疑母。

18. 廉纖部：平聲陰"淹影腌影"；平聲陽"鹽喻嚴疑"；上聲"掩影埯影琰喻"；去聲"艷喻厭影驗疑釅疑"。都是中古影、喻、疑母；平聲陽都是中古疑、喻母。

另一方面，除了兩個例子，如"熊"喻三，《中原音韻》"熊：容"對立，"熊"讀成 x(曉)母；"娟"《廣韻》影母，《中原音韻》讀見母，跟見母"鵑涓"同音，這是讀音例外；其他地方，影、喻這兩個聲母不與別的聲母交涉。因此，中古影、喻、疑母在比較中可以知道基本上混同了。平聲陽的字都來自中古的疑、喻母字，不可能自成一類聲母；由使用比較法的結果可知，都來自中古影、喻、疑母。據此，完全可以將它們跟平聲陰、上聲、去聲的影、喻、疑母歸併爲一類聲母，即零聲母。

不過,有幾個小韻的疑母字跟零聲母有對立:

江陽部　仰(疑養開三):養(喻養開三)

仰(疑漾開三):瀁(喻漾開三)

蕭豪部　傲(疑號開一):奧(影号開一)

虐(疑藥開三):藥(喻藥開三)

歌戈部　我(疑哿開一):妸(影哿開一)

餓(疑箇開一):惡(影鐸開一)

虐(疑藥開三):藥(喻藥開三)

車遮部　業(疑業開三):拽(喻薛開三)

這些跟零聲母對立的疑母字無疑應該另立一類聲母,說明在《中原音韻》中,還保留有疑母的殘跡。其他的疑母字,當它們跟影、喻混同時,自成一類聲母,屬零聲母;至於有幾個小空中沒有跟影喻混同,又沒有跟零聲母形成對立的疑母字,是屬於疑母,還是零聲母,還可以再研究。

《中原音韻》中聲母系統主要是這樣求出來的。歸納的結果,《漢語史稿》給《中原音韻》列有 24 個聲母,加上疑母,共 25 個;根據音位學的理論,可歸併為 21 個。至於聲母的音值,主要是利用歷史比較法,借助今天的北方話,還利用八思巴等對音材料進行構擬。如下:

喉牙音　k(見)　k'(溪)　ŋ(疑)　x(曉)　○(影)

舌音　　t(端)　t'(透)　n(泥)　l(來)

齒音　　ts(精)　ts'(清)　s(心)

　　　　tʃ(知)tʂ(之)　tʃ'(癡)tʂ'(齒)　ʃ(十)ʂ(詩)

　　　　ʒ(日)ʐ(兒)

唇音　　p(幫)　p'(滂)　m(明)　f(非)　v(微)

不同的意見:tʃ(知)、tʃ'(癡)、ʃ(十)、ʒ(日)和 tʂ(之)、tʂ'(齒)、ʂ(詩)、ʐ(兒)不區分音位,可分別合併為一類。不合併則有 25 類聲母,還可以繼續研究。《正語作詞起例》中有:"知有之,癡有眵,恥有齒,世有市,智有志。以上三聲,係與支思分別。"這裏,"之、眵、齒、市、志"都是支思部，"知、癡、恥、世、智"都是齊微部，它們只有一類對立，對立在韻母上，聲母、聲調分別相同，說明這兩類聲母已經混同。如果認爲 tʂ 等聲母後可接 i，那麼只需要 tʂ-類聲母即可。有人考證，廣東大埔、興寧等客家話，可以有 tʂi 這樣的音，山西霍州也是這樣（參看王爲民、喬全生《山西方言與漢語語音史上的 tʂi(-)類音節》）可備一說。不過，這些方言跟 i 相拼的是否 tʂ 類輔音，還需要進一步研究。

這個系統跟今天普通話相比，略有不同：

1. 當時有微母，普通話的微母讀成零聲母。

2. 當時沒有 tɕ、tɕ'、ɕ，普通話有。《中原音韻》中指跟細音（指韻母是 i、y，或以 i、y 爲介音的韻母）韻母相拼的那些聲母，見、溪、曉和精、清、心變成了 tɕ、tɕ'、ɕ。

3. 當時 tʃ（知）tʂ（之）、tʃ'（癡）tʂ'（齒）、ʃ（十）ʂ（詩）、ʒ（日）ʐ（兒）有兩套變體，知、癡、十、日這一套可以拼細音，普通話只有一套，都是卷舌音，後面的細音 i 丟失了。

4. 當時還殘存有疑母 ŋ，普通話讀成零聲母。

第六節　近古中原漢語的韻母系統及其擬音

研究《中原音韻》的韻母類別，也要結合其體例以及跟《切韻》系統、現代北方音的比較，整理周德清及同時代的卓從之《中州樂府音韻類編》的語音信息，得出 46 個韻母。示例：江陽部的三個讀見母的小韻：岡剛鋼綱見唐開一缸䉺江開二扛玒見江開二亢見唐開一：姜見陽開三江杠釭見江開二薑疆䡅殭僵見陽開三：光胱見唐合一，說明江陽部至少有三個韻母。經過系統研究，江陽部確只有三個韻母。

下面以《中原音韻》東鍾部來看韻母是怎麽研究出來的。既然我們已經求出了聲母系統，因此《中原音韻》的聲母系統可以作爲一個已知條件用來考求韻基系統。先求出平聲陰、平聲陽、上聲、去聲裏面的韻基系統，然後根據四聲相承的原理歸併爲韻母系統。

1. 平聲陰。

k（見）："工（見東合一）弓（見東合三）恭（見鍾合三）肱（見登合一）觥（見庚

合二）"，只有一類韻基。

k'（溪）："空（溪東合一）"："穹（溪東合三）傾（溪清合三）"對立，有兩類韻基。

x（曉）："烘（曉東合一）轟（曉耕合二）薨（曉登合一）"："兇（曉鍾合三）兄（曉庚合三）"對立，有兩類韻基。

○（影）："翁（影東合一）癰（影鍾合三）泓（影耕合二）"："邕（影鍾合三）"對立，有兩類韻基。

這幾個聲母，前面兩個均有一等，韻母肯定是 uŋ；後面兩個也好解決，有一等的小韻是 uŋ，只有三等的是 iuŋ。

t（端）："東（端東合一）冬（端冬合一）"，只有一類韻基。

t'（透）："通（透東合一）"，只有一類韻基。

這兩個聲母，韻母肯定是 uŋ。

ts（精）："宗（精冬合一）椶（精東合一）"："縱（精鍾合三）"對立，有兩類韻基。《正語作詞起例》特地點出"宗：蹤"有別。

ts'（清）："怱（清東合一）"，只有一類韻基。

s（心）："鬆（心冬合一）"："松（邪鍾合三）嵩（心東合三）"對立，有兩類韻基。《正語作詞起例》特地點出"松：鬆"有別。

只有一個韻類的聲母，韻母是 uŋ；精心二母，有一等的小韻是 uŋ，只有三等的是 iuŋ。

tʃ（知）tʂ（之）："鍾（章鍾合三）中（知東合三）終（章東合三）"，只有一類韻基。

tʃ'（癡）tʂ'（齒）："沖（澄東合三）充（昌東合三）衝（昌鍾合三）憃（書鍾合三）忡（徹東合三）"，只有一類韻基。

這裏的 i 介音還有沒有，意見不一，可以討論，我們認爲韻母應該是 iuŋ。《中原音韻》東鍾部，江陽部，齊微部，真文部，先天部，蕭豪部，歌戈部，車遮部，庚青部，尤侯部，侵尋部，廉纖部，拼 i 介音的韻母都是知三組和章組。

就反切注音看，例如"充"字，明代以前一直用三等字作切下字，直到《李氏音鑑》《正音咀華》才以一等字"翁"作切下字。"中"字，以前除《說文繫傳》用一等字"紅"作切下字，其餘都拿三等字作切下字。《說文繫傳》的切下字在等第開合方面常溢出常規反切，因此可以認爲"中"仍是三等。直到《中州音韻輯要》《李氏音鑑》才用"翁"字作切下字。可以認爲,《中原音韻》時這些聲母後面還保留着 i 介音。

p(幫):"崩(幫登開一)繃(幫耕開二)",只有一類韻基。

p'(滂):"烹(滂庚開二)",只有一類韻基。

f(非):"風(非東合三)豐(敷東合三)封(非鍾合三)峰(敷鍾合三)",只有一類韻基。

前面兩個韻母是 uŋ,後面一個也只能是 uŋ 才能成系統,說明當時輕唇音的 i 介音已丟失。晚唐五代以前,輕唇音的 i 介音已經開始丟失,所以《廣韻》"豐"反切爲"敷空切","空"一等字。

2.平聲陽。

k'(溪):"窮(群東合三)蛩(群鍾合三)",只有一類韻基。

x(曉):"熊(喻東合三)":"紅(匣東合一)宏(匣耕合二)橫(匣庚合二)弘(匣登合一)"對立,有兩類韻基。

○(影):"容(喻鍾合三)融(喻東合三)榮(喻庚合三)",只有一類韻基。

這幾個聲母,前後兩個韻母肯定是 iuŋ;中間一個也好解決,有一等的小韻是 uŋ,只有三等的是 iuŋ。

t'(透):"同(定東合一)鼕(定冬合一)",只有一類韻基。

n(泥):"膿(泥冬合一)""濃(泥鍾合三)"對立,有兩類韻基。《正語作詞起例》特地點出"濃:膿"有別。

l(來):"籠(來東合一)":"龍(來鍾合三)隆(來東合三)"對立,有兩類韻基。《正語作詞起例》特地點出"龍:籠"有別。

這幾個聲母,前一個韻母肯定是 uŋ,後兩個韻母分別是 uŋ 和 iuŋ。

ts'(清):"叢(從東合一)琮(從冬合一)":"從(從鍾合三)"對立,有兩類韻基。《正語作詞起例》特地點出"叢:從"有別。以上顯然是兩個韻母,有一等的小韻是 uŋ,只有三等的是 iuŋ。

tʃ'(癡)tʂ'(齒):"重(澄鍾合三)蟲(澄東合三)憧(禪鍾合三)崇(崇東合三)",只有一類韻基。

ʒ(日)ʐ(兒):"戎(日東合三)茸(日鍾合三)",只有一類韻基。

這裏的 i 介音還有沒有,意見不一,可以討論,我們認爲韻母應該是 iuŋ。

p'(滂)："蓬(並東合一)彭(並庚開二)棚(並耕開二)鵬(並登開一)"，只有一類韻基。

m(明)："蒙(明東合一)甍(明耕開二)盲(明庚開二)瞢(明登開一)"，只有一類韻基。

f(非)："馮(奉東合三)逢(奉鍾合三)"，只有一類韻基。

前面兩個韻母是 uŋ，後面一個也只能是 uŋ 才能成系統，說明當時輕唇音的 i 介音已丟失。

3. 上聲。

k(見)："拱(見腫合三)"，只有一類韻基。

k'(溪)："孔(溪董合一)恐(溪腫合三)"，只有一類韻基。

x(曉)："汞(匣董合一)嗊(曉董合一)：洶(曉腫合三)"對立，有兩類韻基。

○(影)："勇(喻腫合三)擁(影腫合三)永(喻梗合三)"，只有一類韻基。

這幾個聲母：第一個韻母是 uŋ 還是 iuŋ，可以再研究，可能是前者；第二個，韻母肯定是 uŋ；第三個，有一等的小韻是 uŋ，只有三等的是 iuŋ；第四個，韻母肯定是 iuŋ。

t(端)："董(端董合一)"，只有一類韻基。

t'(透)："桶(透董合一)統(透宋合一)"，只有一類韻基。

n(泥)："𠌵(泥冬合一)"，只有一類韻基。

l(來)："攏(來董合一)：隴(來腫合三)"對立，有兩類韻基。《正語作詞起例》特地點出"攏：隴"有別。

這幾個聲母，前三個韻母肯定是 uŋ，後一個韻母分別是 uŋ 和 iuŋ。

ts(精)："總(精董合一)"，只有一類韻基。

s(心)："竦(心腫合三)"，只有一類韻基。

兩類韻母應該不同，有一等的小韻是 uŋ，有三等的是 iuŋ。因爲精組三等字在《中原音韻》中沒有丟失 i 介音。

tʃ(知)tʂ(之)："腫(章腫合三)冢(知腫合三)"，只有一類韻基。

tʃ'(癡)tʂ'(齒)："寵(徹腫合三)"，只有一類韻基。

ʒ(日)ʐ(兒)："冗(日腫合三)"，只有一類韻基。

這裏的 i 介音還有沒有，意見不一，可以討論，我們認爲韻母應該是 iuŋ。

　　p'（滂）："捧（敷腫合三）"，只有一類韻基。

　　m（明）："蠓（明董合一）猛（明梗開二）"，只有一類韻基。

　　f（非）："覂（奉腫合三）"，只有一類韻基。

　　前面兩個韻母是 uŋ，第一個聲母例外讀雙唇音；後面一個也只能是 uŋ 才能成系統，說明當時輕唇音的 i 介音已丟失。

　　4. 去聲。

　　k（見）："貢（見送合一）共（群用合三）供（見用合三）"，只有一類韻基。

　　k'（溪）："控（溪送合一）"，只有一類韻基。

　　x（曉）："哄（匣送合一）橫（匣映合二）"，只有一類韻基。

　　○（影）："甕（影送合一）：用（喻用合三）詠（喻映合三）瑩（影徑合四）"對立，有兩類韻基。

　　這裏前面兩個韻母肯定是 uŋ；後面兩個，一、二等是 uŋ，三、四等是 iuŋ。

　　t（端）："洞（定送合一）動（定董合一）楝（端送合一）"一類韻基。按：楝，《廣韻》只有平上二讀，上聲是"多動切"，無去聲。《集韻》有多貢切，這是《中原音韻》"楝"讀去聲的來歷。

　　t'（透）："痛（透送合一）恫（定送合一）"，只有一類韻基。

　　l（來）："弄（來送合一）"，只有一類韻基。

　　這幾個聲母，韻母肯定是 uŋ。

　　ts（精）："綜（精宋合一）：縱（精用合三）從（從用合三）粽（精送合一）"對立，有兩類韻基。《正語作詞起例》特地點出"綜：從"有別。

　　s（心）："宋（心宋合一）送（心送合一）：訟（邪用合三）"對立，有兩類韻基。《正語作詞起例》特地點出"送：訟"有別。

　　兩組都有對立，精心二母，有一等的小韻是 uŋ，只有三等的是 iuŋ。

　　tʃ（知）tʂ（之）："眾（章送合三）中（知送合三）仲（澄送合三）重（澄腫合三）種（章用合三）"，只有一類韻基。

　　tʃ'（癡）tʂ'（齒）："銃（昌送合三）"，只有一類韻基。

　　這裏的 i 介音還有沒有，意見不一，可以討論，我們認爲韻母應該是 iuŋ。

p(幫)："迸(幫諍開二)"，只有一類韻基。

m(明)："夢(明送合三)孟(明映開二)"，只有一類韻基。

f(非)："諷(非送合三)鳳(奉送合三)奉(奉腫合三)縫(奉用合三)"，只有一類韻基。

前面兩個韻母是 uŋ，後面一個也只能是 uŋ 才能成系統，說明當時輕唇音的 i 介音已丟失。

將平聲陰、平聲陽、上聲、去聲的各韻基轉化爲韻母，就可以得到 uŋ 和 iuŋ 兩類韻母。當兩類韻基對立時，我們可以看出哪一類是 uŋ，哪一類是 iuŋ：東鍾部有來自中古一等的，是 uŋ；有來自三等的，是 iuŋ。至於沒有對立的情況，是 uŋ 還是 iuŋ，這都需要結合當時其他材料以及語音的系統性進行研究，做出決斷。具體討論見上文。

至於《中原音韻》十九部韻母的音值，主要是利用歷史比較法，借助今天的北方話，以及八思巴文等對音材料進行構擬。《中原音韻》韻母系統及其擬音如下：

1. 東鍾 uŋ, iuŋ
2. 江陽 aŋ, iaŋ, uaŋ
3. 支思 i(ɿ, ʅ)
4. 齊微 ei, i, uei
5. 魚模 u, iu
6. 皆來 ai, iai, uai
7. 真文 ən, iən, uən, iuən
8. 寒山 an, ian, uan, iuan
9. 桓歡 on
10. 先天 ien, iuen
11. 蕭豪 ɑu, uɑu, au, iau/ieu
12. 歌戈 o, io, uo
13. 家麻 a, ia, ua
14. 車遮 iɛ, iuɛ
15. 庚青 eŋ, ieŋ, ueŋ, iueŋ

16. 尤侯 əu, iəu
17. 侵尋 əm, iəm
18. 監咸 am, iam
19. 廉纖 iem

本表基本採用《漢語語音史教程》,據邵榮芬《〈中原音韻〉音系的幾個問題》增加了一個 uɑu。這個 uɑu 不但在今天河北某些地方仍有保留(見劉淑學《大河北方言中的[uɑu]韻母》,《中國語文》2000 年第 5 期),而且見於明喬中和(河北內丘人)《元韻譜》、徐孝、張元善《等韻圖經》,清初佚名《諧聲韻學》。(參看周賽華《諧聲韻學校訂·弁言》。)

這個系統跟今天普通話相比,雙方很接近,但是仍有不同,這裏舉出一些大的不同之處:

1. 當時有 m 尾,普通話 m 尾讀成 n 尾。元代就有一些 m 尾併入 n 尾的材料。例如《中原音韻》不厭其煩地分辨 n 和 m,元王實甫將真文部和侵尋部偶爾相押,遭到攻擊。《等韻圖經》沒有 m 尾,實際演變比它早。

2. 當時沒有撮口呼 y,普通話有。這種變化至晚明代已形成。《洪武正韻》(1375)平聲魚模、上聲語姥、去聲御暮均分爲兩個韻,反映 y 已形成。明王驥德(?—1623)《曲律》卷二《論韻第七》注意到《洪武正韻》的這種處理:"或謂周(德清)韻行之已久,今不宜易更,則漁模一韻,《正韻》業已離之爲二矣。"蘭茂《韻略易通》(1442)將《中原音韻》的魚模分位居魚、呼模二部。

3. 當時有寒山、桓歡、先天三部,普通話中桓歡變到寒山的 an(唇音)、uan 二韻母,先天變到寒山的 ian、iuan[＞yan]、[uan]。唐代刪山和先仙讀音差別較大,所以碰到押韻的例子要注叶音。例如左思《蜀都賦》"山、連、園"押韻,"闤、間"押韻,《吳都賦》"連、間"押韻,佚名《文選集注》引《音決》:"山,協韻所連反,楚俗言也。"又:"間,協韻居連反。"又:"間,協韻九虔反。"陶淵明《雜詩》"喧(元)、偏(仙)、山(山)、還(《集韻》仙)、言(元)"相押,《音決》:"還,協韻音全。"屈原《九歌·山鬼》"蔓、閒"相押,"蔓"桓韻,"閒"山韻,李善《文選注》:"(蔓),莫盤切,叶韻。"盤,也是桓韻,這表明李善時,桓韻和山韻還不是一部,至少一部分方言如此。宋楊簡《慈湖遺書》卷十五:"況(吳棫《詩補音》)又曰韓愈此賦用韻難知,蓋此賦又用難爲韻,亦不甚叶,故轉而爲切,曰漫,彌延切,難,泥沿切,茲其所謂難知者歟?"延、沿,仙韻。可見寒桓和元先仙音值不近。《中原音韻》中,"顔、袢"寒山部,"堅、展"先天部,"嬡"也應是先天部,折射出宋代有些寒山部的字跟先天部主元音不同。寒桓删山不能合成一部,那樣的話,"般:班斑""潘:攀""半伴:半扮""判:潘襻""官冠:關""桓:環還""豌剜:彎灣"等將分別成爲同音字,《中原音韻》不可能按照原來一二等的區別,分屬桓歡、寒山部。

4. 當時蕭豪部有 ɑu 和 uɑu 對立,iau 和 ieu 的對立,普通話消失了。唐代韻文豪是一部,肴是一部,蕭宵是一部。豪韻和蕭宵韻差別大。《文選·張衡〈思玄賦〉》"遨、陶、濤、聊"押韻。李善注:"聊,協韻爲勞。"可見唐代人感覺到"聊"和上面幾個字押不上韻。《楚辭·大招》:"霧雨淫淫,白皓膠只。魂乎無東!湯谷寂寥只。""膠、寥"相押,但吳棫《韻補》以爲"膠、寥"押韻不和諧,給"膠"注音"何高反"。可見宋代"膠"和"高"主元音不同,"高"和"寥"主元音相同。(參看《韻補》三蕭"膠"字條,吳棫誤以爲是《招魂》的詩句。)"高"和"寥"分別是一等和三等,"膠"常見讀音是二等,折射出當時一等和部分三等主元音相同,二等主元音另成一類。據楊慎所引吳棫説,《詩·邶風·凱風》"棘心夭夭,母氏劬勞",吳氏"勞"注音爲"僚";《衛風·碩人》'四牡有驕,朱幩鑣鑣',吳注"驕"注音爲"高"。(參看《音學五書·音論中"古人韻緩不煩改字"條》。)可見"勞"和"夭"主元音不同,"夭"和"僚"主元音相同;"驕"和"鑣"主元音不同,"鑣"跟"高"主元音相同。"勞"是一等,"夭"和"僚"是三等;"驕"是三等,"高"是一等,"鑣"也是三等,似乎又折射出有些一等字跟部分三等字主元音不同,跟另一些三等字主元音相同。金元好問(1190—1257)詞韻中豪韻自成一部,不與宵蕭相混,又韓道升《五音集韻序》(約在13世紀初):"今將……笑嘯同居……依開合等第之聲音,棄一母復張之切脚。"ɑu、au 合併爲 au,是《中原音韻》以後的事。《中原音韻》中,豪肴二韻的脣音字、舌音字開始合流,例如"袍"(一等)跟"炮跑靹匏咆庖"(二等)同音,"獿獿"(一等)跟

"鐃呶恢"(二等)同音。可能元朝一些方言中，唇音字的合流已經完成，所以周德清在《正語作詞起例》中要加以辨析："包有褒，飽有保，爆有抱。"

5.當時沒有兒韻母，普通話產生了。元喬吉(約 1280—1345)散曲《拜和靖祠雙聲疊韻》："至當時處士山祠，漸次南枝，春事些兒。楓漬殷脂，蕉撕故紙，柳死荒絲。目寒澀雄雌鷥鷥，翅參差母子鸘鷥。再四嗟咨，撚此吟髭，彈指歌詩。"也可證明這一點。這首散曲基本上都是隔一字用一個支思部的字，"至、時、士、祠、次、枝、事、兒、漬、脂、撕、紙、死、絲、澀、雌、鷥、翅、差、子、鷥、四、咨、此、髭、指、詩"共 27 字都具疊韻關係，都是《中原音韻》支思部的字，其中有"兒"字。從演變條件上看，ɚ 韻母的產生要早於十六世紀。這個韻母全部來自止攝字，沒有蟹攝字。它的產生無疑是在"日、入"變成舌尖後元音 ʅ 之前。《中原音韻》中，ɚ 韻母歸支思部，"日、入"歸齊微部去聲。如果"日、入"變到支思部，那麼它們就跟"二貳餌"同音，不可能有兩種不同的演變。明蘭茂《韻略易通》(1442)《早梅詩》完全合併了《中原音韻》的 tʃ(知)、tʃ'(癡)、ʃ(十)、ʒ(日)和 tʂ(之)、tʂ'(齒)、ʂ(詩)、ʐ(兒)兩套聲母，支思部的範圍擴大了，那麼 ɚ 韻母的產生一定在 15 世紀中葉以前。

第七節　近古中原漢語的聲調系統

近古漢語的聲調，《中原音韻》等材料表明有：陰平、陽平、上聲、去聲。原來平、上、去、入到《中原音韻》，聲調格局發生了極大變化：一、平分陰陽，清聲母的平聲字讀陰平，濁聲母的入聲字讀陽平；二、全濁聲母的上聲字變到去聲；三、入聲消失。這樣，原來屬字最多的平聲字分流了；屬字相對較多的入聲字經過兩千年來不斷磨損，變得沒有了；原來屬字較少的去聲大大增加了屬字，達到新的平衡。

《中原音韻》無入聲，都併入了陰聲韻。入聲基本分派情況：全濁聲母的入聲派入平聲陽，次濁聲母的入聲派入去聲，清聲母派入上聲。《中原音韻自序》："夫聲分平仄者，謂無入聲，以入聲派入平上去三聲也……派入三聲者，廣其韻耳，有才者本韻自足矣。"《正語作詞起例》："《音韻》無入聲，派入平上去三聲。前輩佳作中間備載明白，但未有以集之者。今撮其同聲。"又："入聲派入平上去三聲者，以廣其押韻，爲作詞而設耳。然呼吸言語之間還有入聲之別。"

有人以爲《中原音韻》還有入聲，派入三聲，只是爲了押韻的方便。恐怕有問題：

一、從跟今天北方話一些方言的對應關係上看。周德清明確地説《中原音韻》無入聲。我們應該區分《中原音韻》無入聲和中原音韻無入聲這兩個概念。但是這兩個概念有聯繫。清王祚禎《善樂堂音韻清濁鑒·凡例》："大抵北方音硬，無入聲字，所念入聲字，皆混入平上去，故周氏因之，遂分叶入聲於三聲之内，北曲從之是也……夫無入聲者，乃北人土音也。"這話有道理，對於《中原音韻》入派三聲應該這樣理解。

今天河北等地有方言仍有入聲，看來元朝時北方有入聲的方言範圍應該比今天廣。於是問題變成：當時中原地區主流方言有沒有入聲。我們認爲，主流方言没有入聲。上面所引周德清説的這些話，並不能證明入聲在中原地區的主流方言還有分别，他是跟《廣韻》作比較説的這些話，所謂"呼吸言語之間還有入聲之别"並没有指明是中原地區。"入聲作平聲"云云，並不是只有入聲周德清才這樣處理。《正語作詞起例》還説到尤侯韻的幾個唇音字收入魚模韻，也是這樣處理的："平聲如尤侯韻'浮'字、'否'字、'阜'字等類，亦如'鞴'字收入本韻平上去字下，以别本聲、外來，更不别立名頭。"這跟入聲的處理一致，只是尤侯韻變入魚模韻的字少，所以没有"别立名頭"，而是放到魚模韻的同音字的最後，例如"浮"放到"扶"字組的最後，"否"放到"甫"字組最後，"阜負"放到"赴"字組最後。因爲入聲字多，所以"别立名頭"。"浮、否、阜"是真正變到了魚模韻，那麽入聲也是變到了相應的陰聲韻各調。

除了清聲母，《中原音韻》的入聲分派跟北京等地的官話完全合拍；據劉淑學《中古入聲字在河北方言中的讀音研究》，《中原音韻》的入派三聲跟河北順平、唐縣完全一致，這説明《中原音韻》的入派三聲有實際語言作根據。而河北唐縣、定縣一帶正是漢朝"中山國"的轄域。元朝時，有人以爲"中山"人的語音最正。元末孔齊《至正直記》卷一"中原雅音"條："北方聲音端正，謂之中原雅音，今汴洛、中山等處是也。"這樣的材料還有多處。（參閱平田昌司《"中原雅音"與宋元明江南儒學》，載耿振生主編《近代官話語音研究》，語文出版社，2007年，56—58頁。）

　　有人將《中原音韻》的入派三聲跟當時的口語對立起來，以爲入派三聲只是爲了"廣其押韻"而做的人爲安排，是純粹根據曲作家的人爲安排而歸納出來的。這種說法將"爲作詞而設"和實際口語也對立起來了。試想：（一）爲甚麼只有入派三聲、平聲陰、平聲陽、上聲、去聲不能派入其他聲調？（二）如果入派三聲只是人爲弄出來的一種東西，那麼爲甚麼不同作家、同一作家在不同作品中都不約而同地派入某一個聲調，以至於《中原音韻》能歸納出入派三聲的具體字的聲調歸屬？（三）如果全濁入聲派入平聲陽、次濁入聲派入去聲是人爲安排的話，那麼這跟後代部分北方話的入聲歸派就是巧合，能有這樣的巧合嗎？因此，以爲《中原音韻》入派三聲只是爲了押韻做出的臨時安排，是不妥當的。

　　二、從北方話音系格局的匹配和演化來看。如果入聲只指入聲調，元代中原音韻的入聲豈不有三個聲調。加上陰陽上去，則有七個聲調。這顯然不可能。如果入聲調只有一個，人們只是爲了押韻的需要而臨時改讀爲其他聲調，這也是說不通的：爲什麼全濁讀陽平、次濁讀去聲跟後代的語音變化完全合拍？有的入聲字還有異讀，如"惡"作蕭豪和歌戈去聲，"一"作上聲、去聲，"局"作平聲、上聲，等等，有的却沒有。既然入聲的這種分派是人爲的，那爲什麼有的字人爲造出異讀，有的沒有？是隨意定的異讀嗎？可是《中原音韻·正語作詞起例》中，有多處說到中古某入聲字讀作某調。例如《喜春來·春思》"閑花醞釀蜂兒蜜，細雨調和燕子泥，綠窗蝶夢覺來遲。誰喚起？簾外曉鶯啼"，周德清評論說："'調'字、'遲'字俱屬陽，妙。'蜜'字去聲，好，切不可上聲。"可見入聲讀某種聲調決非作詞人隨意的處置，必基於語言事實。再說，說派入三聲是人爲的，這跟叶音說有什麼兩樣？持此說的根據何在？要知道,漢語韻文史上還沒有大規模人爲改動字音以押韻的先例。

如果指入聲韻,則應指帶有ʔ尾。就北方漢語ɿ韻母來説,它們一般是不接塞音韻尾的。因此,如果支思部有來自中古入聲的字,這些字就應該是陰聲。《中原音韻》裏,支思部有三個入聲變來的字,"入聲作上聲"有"澀瑟(音史)""塞(音死)。"因此"塞"不大可能讀sɿʔ,只能是[sɿ]。今已知"塞"字的韻母只能是ɿ,則其他的"入聲作上聲""入聲作平聲""入聲作去聲"也應該作統一的解釋,也分別是平聲、上聲、去聲。《中原音韻》還有一例是"鼻"字,處理爲去聲作平聲陽,這個"鼻"一定是陽平,也來自入聲,周德清之所以處理成去聲作陽平,是因爲《廣韻》等韻書只收了去聲一讀。清李汝珍《李氏音鑒》卷一《第八問平仄音異論》舉例有"鼻"字:"今人悉以入聲呼之,而前人列之四實,其音近於避。"再如,蕭豪部有一些入聲變來的字,讀ɑu、au、iau等,如果這些韻部有入聲尾,則韻母是ɑuʔ、auʔ、iauʔ等,這也不符合北方保留ʔ的方言的拼合通例。

三、從元曲之外的其他材料看。金王寂(1128—1194,今河北玉田人)《送王平仲二首》是古體詩,全部疊韻,有一句是"潦倒少躉鑠",其中"鑠"《中原音韻》蕭豪部入聲作上聲,"躉"《中原音韻》没有收,可能在王寂方言中也是蕭豪部的入聲作上聲。這句可以證明當時河北玉田一帶"躉鑠"的入聲尾已經没有了,不是創作元曲時詞人的臨時安排。

據《金史·世祖本紀》:"母弟穆宗,諱盈歌……南人稱'揚割太師'。又曰:揚割追謚孝平皇帝,號穆宗;又曰:揚割號仁祖。金代無號仁祖者。穆宗諱盈歌,謚孝平,'盈'近'揚','歌'近'割',南北音訛。"可見,"割"讀"歌"。《元史·趙良弼傳》:"趙良弼,字輔之,女直人也。本姓术要甲,音訛爲趙家,因以趙爲氏。"這是將"术要"連讀爲"趙",將入聲的"甲"讀成"家"。

劉廣和《元朝指空沙囉巴梵漢對音初釋》説,根據元朝漢譯佛經對音資料,當時入聲韻已經消失;遠藤光曉、諫早庸一《〈伊爾汗天文表〉波斯漢對音資料所反映的元代音系》説,納西爾丁·圖西(Naṣīr al-Dīn Tusi,1201—1274)成書於1272年的《伊爾汗天文表》,"入聲字没有輔音韻尾,完全是開尾韻:乙 yy、策 jh、立 ly、蜇

jh、穀 kww＞kw＞kū、白 by、雪 sh＞šh、朔 šw＞šū、入 ž＞ži、執 jh＞ǰh＞čh＞čih"（這裏的"＞"後面的注音表示後期抄本的音值）。阿拉伯語詞"穆斯林"波斯語形式 Musulmān，元朝譯爲"木速蠻"，木、速，入聲；維吾爾族先民稱自己民族爲 Uyvur，元朝譯爲"畏吾兒""畏兀兒"等，"兀"，入聲；波斯語方言 Dāshumand，元朝譯爲"答失蠻""達失蠻""大石馬"，宋代文獻曾譯作"打廝蠻"，達、失、石，入聲。《元史·世祖本紀二》："己未，括木速蠻、畏吾兒、也里可温、答失蠻等户丁爲兵。"又："儒、釋、道、也里可温、達失蠻等户，舊免租税，今並徵之。"元末明初陶宗儀《南村輟耕録》卷二十八已有"畏兀兒"。吾、兀異文。《宋會要輯稿·蕃夷四》："七月二十八日，熙河蘭岷路經略安撫司言：'于闐國進奉人三蕃見在界首，内除打廝蠻冷移四唱廝巴一蕃已準朝旨特許解發外，今來兩蕃進奉人，緣已有間歲許解發指揮，欲只令熙、秦州買賣訖，納回本蕃。'從之。""達失、打廝"異文。

我們在第三章第五節曾經舉過唐侯思正將"吃"讀成苦敀反的例子，這說明唐代北方方言中就有入聲消失的現象。此後代有用例。到了元代，北方話的主流方言中原話入聲消失是這種歷史音變的合理延伸，不必奇怪。

四、從元代其他學者對北方話入聲分派的表述及時代背景來看。元李祁《雲陽集》卷四《周德清樂府韻序》："蓋德清之所以能爲此者，以其能精通中原之音，善北方樂府，故能審聲以知音，審音以類字，而其説則皆能本於自然，非有所安排布置而爲之也。"《中原音韻》入派三聲必然也是"本於自然"。元鍾嗣成《録鬼簿》卷一《周德清》："周德清……病世之作樂府……有韻脚用平上去不一，而唱者有句中用入聲，拗而不能歌者……迺自著《中州韻》一帙……故以韻之入聲悉派三聲，志以黑白，使用韻者隨字陰陽各有所恊，則清濁得宜，上下中律，而無凌犯逆物之患也。"所謂"無凌犯逆物之患"，是指遵從自然之音。元陶宗儀《南村輟耕録》卷四《廣寒秋》："今中州之韻，入聲似平聲，又可作去聲，所以'蜀術'等字，皆與魚虞相近。"陶氏説，當時的中州韻"似"平聲，"作"去聲，是站在中古音的角度觀察入聲的，但透露出入派三聲基於當時口語。

因爲掌握入聲對於古代讀書人極爲重要，事關科考，所以，儘管北方主流方言很早失去入聲，但是直到清代，北方讀書人必須能辨認出入聲字。清劉熙載《説文疊韻》卷首《古韻大恉·方音得失》："雖《中原音韻》有入作平、入作上、入作去之目，其實以入聲問之北士，具能答也。"爲了能分辨入聲，北方讀書人在入聲的發音上注意跟其他四聲讀得有點不同，劉熙載説"惟北人由去而直下"，這就方便記住入聲字了。周德清在《正語作詞起例》中説，"然呼吸言語之間還有入聲之別"，可能是就這個來説的。他編《中原音韻》，可能考慮到這一點，清潘耒《類音》卷二説："元周德清作《中原音韻》……然第行於詞曲而已。"至於詩賦，是要辨識入聲字的。虞集給他作《序》説，《中原音韻》原來不僅僅有"入聲作某聲"，而且還將派入三聲的字"志以黑白"。

在我們看來，《中原音韻》中，入聲已經消失。周德清花很多篇幅講入聲的存廢問題，那是考慮到當時北方讀書人需要掌握入聲。今天，人們吟詩作賦，入聲問題是必須考慮的重要內容，元代更會如此。

《中原音韵》入派三声是跟着声母的清浊走的的。如果我们承认入派三声不是人为弄出来的，而是基于实际语音的话，那么入声派入阳平、上声、去声，一定是在汉语北方话全浊声母消失之前。如果全浊声母消失之后才发生入派三声，那么变成清声母的入声字"狄敌笛"和"的滴"必然同音，"直掷姪"和"织炙质"必然同音，"服"和"复福覆"必然同音，"白帛"和"伯百柏"必然同音，"夺"和"掇"必然同音，"乏伐罚"和"法發髮"必然同音……后来不可能按照全浊声母消失之前的声母条件再分别将全浊声母变成阳平，清声母变成上声。因此，入派三声一定发生在全浊声母消失之前。我们知道，汉语北方共同语中，全浊声母的消失在中晚唐时期已现端倪；至北宋，汴洛一带全浊声母可能消失了。稍晚，北宋末至南宋，吴棫《韵补》、朱熹《诗集传》反映的时音，全浊声母也几乎都消失殆尽。吴、朱都是南方人，他们注音中折射出来的音系应该反映了北方话大面积的语音现象，这应该是当时北方话全浊声母消失的大势。既然《中原音韵》的入派三声是全浊声母消失之前的声调变化现象,那么可以推断:不但《中原音韵》时期入声已经派入了三声,而且这种分派至晚南宋某一个时期就已经如此了。

參考文獻舉要

[美]愛德華・薩丕爾《語言論》,陸卓元譯,商務印書館,1985年。
白滌洲《廣韻聲紐韻類之統計》,《女師大學術季刊》,1931年第2期。
[日]遍照金剛《文鏡秘府論》,盧盛江《文鏡秘府論彙校彙考(修訂本)》,中華書局,
　　2015年;王利器《文鏡秘府論校注》,中國社會科學出版社,1983年。
鮑明煒《唐代詩文韻部研究》,《鮑明煒語言學文集》,南京大學出版社,2010年。
(清)陳澧《切韻考》,北京市中國書店,1984年。
(宋)陳彭年、丘雍等《廣韻》,周祖謨《廣韻校本》,中華書局,1988年第2版;余迺永《新
　　校互註宋本廣韻》,上海辭書出版社,2000年;李添富《新校宋本廣韻》,臺北洪葉
　　文化事業有限公司,2010年。
陳新雄《聲類新編》,臺北臺灣學生書局,1982年。
陳寅恪《從史實論切韻》《東晉南朝之吳語》,《陳寅恪史學論文選集》,上海古籍出版
　　社,1992年。
(清)戴震《戴震全書》,張岱年主編,黃山書社,1995年。
(宋)丁度等《集韻》,趙振鐸《集韻校本》,上海辭書出版社,2012年。
丁聲樹撰文、李榮製表:《漢語音韻講義》,上海教育出版社,1984年。
董同龢《上古音韻表稿》,《歷史語言研究所集刊》單刊甲種之廿一,1944年;《廣韻重
　　紐試釋》,《歷史語言研究所集刊》第13本,商務印書館,1948年。
(清)段玉裁《六書音均表》,《說文解字注》,上海古籍出版社,1981年。
[瑞典]高本漢《中國音韻學研究》,趙元任、羅常培、李方桂合譯,商務印書館,1995年
　　縮印第1版;《中古及上古漢語語音學簡編》,周達甫譯、陸志韋校,北京大學中文
　　系資料室藏油印本,1957年;《漢文典(修訂本)》,潘悟雲、楊劍橋、陳重業譯,上
　　海辭書出版社,1997年。
耿振生《明清等韻學通論》,語文出版社,1992年。
古德夫《漢語中古音新探》,江蘇古籍出版社,1993年。
(清)顧炎武《音學五書》,中華書局,1982年。
郭錫良《漢字古音手冊(增訂新排本)》,商務印書館,2019年;《漢語史論集(增補

本)》,商務印書館,2005 年;《漢語研究存稿》,中華書局,2017 年。
郭錫良編著、雷瑭洵參訂《漢字古音表稿》,中華書局,2020 年。
洪誠《中國歷代語言文字學文選》,《洪誠文集》,江蘇古籍出版社,2000 年。
黃侃《黃侃論學雜著》,上海古籍出版社,1980 年。
黃易青、王寧、曹述敬選注《傳統古音學論著選注》,商務印書館,2018 年。
吉常宏、王佩增編《中國古代語言學家評傳》,山東教育出版社,1992 年。
(清)江永《古韻標準》,中華書局,1982 年;《四聲切韻表》,渭南嚴氏用當塗夏氏校本刊於成都。
(清)江有誥《音學十書》,中華書局,1983 年。
[德]哈杜默德·布斯曼《語言學詞典》,陳慧瑛、溫仁百等譯,商務印書館,2003 年。
(清)孔廣森:《詩聲類》,中華書局,1983 年
李方桂《上古音研究》,商務印書館,1980 年;《臺語中的若干古代漢語借詞》,《李方桂全集》第一卷《漢藏語論文集》,清華大學出版社,2012 年。
李建強《敦煌對音初探》,中國社會科學出版社,2017 年。
李榮《切韻音系》,科學出版社,1956 年;《音韻存稿》,商務印書館,1982 年。
李思敬《漢語"兒"[ɚ]音史研究》,商務印書館,1994 年。
李新魁《中原音韻音系研究》,中州書畫社,1983 年;《漢語等韻學》,中華書局,1983 年。
李子君《增修互注禮部韻略研究》,社會科學文獻出版社,2012 年。
劉廣和《音韻比較研究》,中國廣播電視出版社,2002 年。
劉淑學《大河北方言中的[uau]韻母》,《中國語文》,2000 年第 5 期;《中古入聲字在河北方言中的讀音研究》,河北大學出版社,2000 年。
魯國堯《"顏之推謎題"及其半解》《盧宗邁切韻法述論》《論宋詞韻及其與金元詞韻的比較》,《魯國堯語言學論文集》,江蘇教育出版社,2003 年。
陸志韋《陸志韋語言學著作集(一)》,中華書局,1985 年;《陸志韋語言學著作集(二)》,中華書局,1999 年。
羅常培《漢語音韻學導論》,中華書局,1956 年;《羅常培語言學論文集》,商務印書館,2004 年。
羅常培、王均《普通語音學綱要》,商務印書館,2002 年。
[法]馬伯樂《唐代長安方言考》,聶鴻音譯,中華書局,2005 年。
甯繼福《中原音韻表稿》,吉林文史出版社,1985 年。
歐陽國泰《原本玉篇的重紐》,《語言研究》,1987 年第 2 期。
潘文國《韻圖考》,華東師範大學出版社,1997 年。
[日]平山久雄《重紐問題在日本》,《平山久雄語言學論文集》,商務印書館,2005 年;《韻鏡二事》,《漢語語音史探索》,北京大學出版社,2012 年。
[日]平田昌司《"中原雅音"與宋元明江南儒學》,《近代官話語音研究》,語文出版社,

2007年。

錢大昕《嘉定錢大昕全集》,陳文和主編,江蘇古籍出版社,1997年。

錢玄同《古音無"邪"紐證》,《錢玄同文集》第四卷,中國人民大學出版社,1999年;《文字學音篇》,《錢玄同文集》第五卷,中國人民大學出版社,1999年。

邵榮芬《切韻研究》,中國社會科學出版社,1982年;《中原音韻音系的幾個問題》,《邵榮芬音韻學論集》,首都師範大學出版社,1997年。

沈兼士主編《廣韻聲系》,中華書局,1985年。

(宋)沈括《夢溪筆談》,文物出版社據《古迂陳氏家藏夢溪筆談》影印,1975年。

施向東《音史尋幽》,南開大學出版社,2009年。

孫玉文《廣韻異讀字研究》,湖北大學碩士學位論文,1989年5月2日;《語詞札記十則》,《語言學論叢》第21輯,商務印書館,1998年;《漢語變調構詞研究》,北京大學出版社,2000年;《漢語變調構詞考辨》,商務印書館,2015年;《上古音叢論》,北京大學出版社,2015年;《談談南北朝至隋唐的反語》,《陳新雄教授八秩誕辰紀念論文集》,臺北萬卷樓圖書股份有限公司,2015年;《字學咀華集》,北京大學出版社,2020年;《从东汉高诱的注音材料看中古韵书未收的一些上古读音》,《西南交通大学学报(社会科学版)》,2020年第5期;《漢字音符的特點和作用》,《語文研究》,2022年第1期;《研究上古音的材料與方法》,《語言學論叢》第64輯,商務印書館,2022年;《漢語音義關係叢論》,北京大學出版社,2020年。

臺灣藝文印書館編:《等韻五種》,臺北藝文印書館,1989年。

唐作藩《音韻學教程(第五版)》,北京大學出版社,2016年;《上古漢語有五聲說——從《詩經》用韻看上古的聲調》,《語言學論叢》第33輯,商務印書館,2006年;《漢語語音史教程(第二版)》,北京大學出版社,2017年;《四聲等子研究》,《漢語史學習與研究》,商務印書館,2001年。

汪鋒《語言接觸與語言比較——以白語爲例》,商務印書館,2012年。

王國維《觀堂集林》,中華書局,1959年。

王建設《明弦之音——明刊閩南方言戲文中的語言研究》,中國社會科學出版社,2012年。

王力《王力全集》(1至23卷),中華書局,2013年至2015年。

(清)王念孫《與李方伯書》,《經義述聞》卷三十一《古韻廿一部》,江蘇古籍出版社,1985年。

(清)王念孫等《高郵王氏遺書》,上虞羅氏輯本,江蘇古籍出版社,2000年。

王爲民、喬全生《山西方言與漢語語音史上的 tṣi(-)類音節》,《漢語學報》,2011年第4期。

王顯《詩經韻譜》,商務印書館,2011年。

向熹《詩經詞典》,商務印書館,2014年。

徐從權《王力上古音學說研究》,臺灣花木蘭文化事業有限公司,2019年。

徐朝東《蔣藏本唐韻研究》,北京大學出版社,2012年。
(北齊)顏之推《顏氏家訓》,王利器《顏氏家訓集解》,中華書局,1993年。
楊耐思《中原音韻音系》,中國社會科學出版社,1981年。
佚名《韻鏡》,李新魁《韻鏡校證》,中華書局,1982年;楊軍《韻鏡校箋》,浙江大學出版社,2007年。
佚名《諧聲韻學》,周賽華《諧聲韻學校訂》,中華書局,2014年。
音韻學方法論討論集編輯組《音韻學方法論討論集》,商務印書館,2009年。
俞敏《後漢三號梵漢對音譜》,《俞敏語言學論文集》,商務印書館,1999年。
尉遲治平、汪璞贇《韻詮五十韻頭三考》,《語言研究》,2013年第4期。
曾運乾《音韻學講義》,中華書局,1996年。
章炳麟《新方言》《文始》,《章太炎全集(7)》,上海人民出版社,1999年;《國故論衡》,商務印書館,2010年。
張日昇《試論上古四聲》,《香港中文大學中國文化研究所學報》第1卷,1968年。
趙秉璇、竺家寧《古漢語複聲母論文集》,北京語言文化大學出版社,1998年。
(元)周德清《中原音韻》,《中國古典戲曲論著集成(一)》,中國戲劇出版社,1959年。
周法高《廣韻重紐的研究》,《歷史語言研究所集刊》第13本,商務印書館,1948年。
周祖謨:《問學集》,中華書局,1966年;《唐五代韻書集存》,中華書局,1983年。
宗福邦、陳世鐃、蕭海波主編《故訓匯纂》,商務印書館,2003年。
宗福邦、陳世鐃、于亭主編《古音匯纂》,商務印書館,2019年。
宗福邦、駱瑞鶴主編《中華大典・語言文字典・音韻分典》,湖北教育出版社、湖北人民出版社,2012年。
朱煒、尉迟治平《韻詮五十韻頭三考》,《語言研究》,2014年第4期。
祝敏徹《釋名聲訓與漢代音系》,《祝敏徹漢語史論文集》,中華書局,2007年。

後　記

　　這是我於 2020 年春夏之際給北大中文系本科生上"音韻學"課程的講義，是我半年以來戰疫的一項成果。

　　我原來講授這門課程，編過一本講義，後來因爲講了好多輪，感覺比較熟練了，就不用自編的講義，而是採用王力先生《漢語音韻學》和唐作藩先生《音韻學教程》做教材，在課堂上將自己的心得體會融合進去，臨場發揮，一直沒有打算親自再來編一套講義。原來都是在課堂上講授，跟同學們面對面交流，因此音韻學中的一些概念、符號乃至某些內容，都可以在黑板上寫下來，通過視覺符號使同學們了解所傳授的內容；爲對症下藥，我還鼓勵同學們課下提問，教學相長，方便大家弄懂這門以前接觸不多，因而不太容易掌握的學問。這種常規做法今年行不通了，新型冠狀病毒傳染性超強，已從我的家鄉湖北蔓延全國，所有老師都被迫隔離在家，只能通過網絡開展教學活動。沒有料到，疫情傳播得這麼快，消失得這麼難，各地學校無法正式開學，北大的教學活動也未能幸免。爲了不至於太影響正常的教學活動，學校決定本學期開展網上教學。這是前所未有的教學方式，對我來說是巨大挑戰。

　　一聽説開展網上教學，我心裏就發怵，因爲這是我最不擅長的事情。同學們分散在全國各地，一般都宅在家裏，有些還身處萬里之遙的海外，加上有外校、外省的老師和同學都想聽聽這門課，開展網上教學實屬不易。這一學期，我一周講三個不同門類的課程，先是給研究生同學上"音義關係研究"課，一共兩節。這是第一次在騰訊網上講授，講到中途斷網兩次，很不方便。思來想去，這個學期不知網課何時能結束，感到光憑講課錄音，沒有文字形式，有可能會使同學們如墜入雲霧，難以完成教學任務；而且常常斷網，組織好的話說到興頭上就讓人給掐斷了，意猶未盡。於是我索性提前將音韻學課程內容寫成講義，然後錄音，一邊寫，一邊講，希望能表達得更爲清楚，對同學們踏入這門學科的門檻有點幫助，不意竟也漸漸有了積微成"著"的模樣了。其間，我的研究生孫建航同學擔任助教，他協助我做了不少工作。

一般來說，大學各門功課的講義有三種編寫方式。第一種，純粹展示個人的研究心得，作遠大於述。像瑞士語言學家德·索緒爾的《普通語言學教程》，本是他在日内瓦大學的講義，這本講義主要體現他語言學的基本思想，是語言學結構主義的開創之作。這種類型的講義非常不容易寫好，索緒爾生前沒有出版，死後由他的學生整理付梓。這種講義在今天大學開設的課程中往往作爲選修課教材。第二種，主要展示一門學科的既有研究成果，基本上述而不作，這種類型講義的好處是，能夠體現一門學科一些重要的研究成果和存在的問題。目前，這種類型的音韻學講義較多，它們共同給當今學術界乃至社會傳授了這門古老學科的知識，服務了當今的文化建設。這種類型的講義很適合作爲大學必修課教材。第三種，既展示既往的研究成果，同時加進編著者本人的研究心得，有述有作，往往述大於作。像王力先生的《漢語音韻學》就是這樣的。他在該書《自序》中說："此篇所述，什九爲古今諸賢之說；一得之愚，則存乎取捨之間。"我通過編寫這本講義，深切感受到王力先生這句話的力量。這種類型的講義，也很適合做大學必修課的教材。我編寫這本音韻學講義，採取了第三種編寫方式。

第三種類型的講義，也很不容易編寫好。在述的部分，我常常擔心取捨不當，敘述有誤差。在"作"的部分，我常常憂懼步入既往"玄虛之談"的泥淖。當年羅常培先生給王力先生的《漢語音韻學》寫序時批評"向來講音韻學的書過於玄虛幽渺、烏煙瘴氣了"，李方桂先生寫序批評既往音韻學書，"在從前語音知識不足的時候，音韻學上的名詞，解釋得不是太空泛，便是太簡略，更常常有不少牽強附會的地方"，王力先生自己寫序批評說："乃自古治斯學者，輒故神其說，以自矜異。"其實三位先生所批評的舊音韻學著作的這些毛病,要想完全避免它,談何容易。我在編寫這本講義時,對於我自己"作"的部分,常常擔心會出現這種毛病,只能是試圖消除,效果如何,尚需檢驗。

  本書的寫作折射了我跟疫情作鬥爭的始末:悲傷、痛苦、奮鬥、喜悦。因爲一直宅於家,所以,"疑惑之所,質問無從",不無遺憾。老師和同學們看講義和聽課都很認真,對講義初稿提了不少寶貴意見,其中邵永海、李建强、崔彦、王東、吳繼剛、劉鴻雁、謝艷紅、趙永磊、趙團員、劉翔宇、雷瑭洵老師和向篠路、周子涵、朱旭東同學的意見尤多,都使我改正了一些錯訛和筆誤,至爲銘感!

  這次疫情,我時時感到醫生和教師的重要性,他們是維護人類向前健康發展的柱石,於是懷着戰戰兢兢的心情寫講義,甘苦自知,錯誤難免。我將永遠銘記這段難忘的宅家日子以及跟同學們微信上互動的一幕幕。

  "寧敢施行人世?直欲不出户庭",這本講義是應教學需要,匆忙趕寫出來的,來不及仔細打磨。現在世界上疫情仍很嚴重,因此這本講義有印出來的需要。爲避免謬種流傳,貽誤更多人,請讀者朋友多提寶貴意見,便於我對本教材加以改進。謹録清孫星衍《問字堂集贈言》載江聲語向朋友討教:"蓋所貴乎朋友者,貴其能箴規訓誨,匡所不逮也;所樂乎朋友者,樂其砭我之失,況我以善也。意見時有不合,固無取乎盡合。不合則辯論生,辯論生則誼理明,是此書之幸也。"

  孫玉文2020年4月12日,武漢解封之第四日,記於五道口嘉園之天趣齋